صفر و یک

نوشته: منیژه رفیعی

عنوان: **صفر و یک**

نوشته: **منیژه رفیعی**

طراح جلد: **کورش رفیعی**

شابک: ۹۷۸-۱۹۴۲۹۱۲۳۶۱

شماره کنترلی کتابخانه کنگره آمریکا: ۲۰۱۸۹۰۱۶۶۵

ناشر: **هنر برتر (آمریکا)**

فهرست

اتاق خاکستری

اتاق خاکستری به بلندای دونفر آدم است، بلندتر از اتاق‌های معمولی، که در جائی میان آپارتمان‌های یک‌شکل و یکسان این شهر، در بین آپارتمان‌های خاکستری همسان جا دارد.

در بالاترین تراز یکی از دیوارهاش، پنجره‌ای است به درازا و پهنای صورت آدمی و این تنها لکّهٔ نوری است که از بیرون به درون می‌تابد. همین نور، زمین را درکنار زن به شکل یک چهارگوش فرش کرده است. سجاده‌ای از نور در کنار پای زن گسترده شده. زن، کنار سجادهٔ نور، چهارزانو نشسته و به مرد نگاه می‌کند.

مرد روی چهار پایه با قلمی در دست به سجادهٔ نور چشم دوخته است. می‌خواهد چیزی بنویسد، اما قلم‌اش کار نمی‌کند. دست‌هاش بی حرکتی روی کاغذ مانده و پاهاش می‌لرزند. تکانی مداوم که به تمام اندامش لرزه‌ای خفیف می‌اندازد.

اتاق خالی‌است، تمام اتاق در هالهای خاکستری احاطه شده است. نور را توان مقابله با این همه خاکستریِ محیط نیست. تنها چند تکّهٔ رنگی از پارچه و ملحفه که آن‌سوتر روی هم چیده شده‌اند، بر خاکستری محیط رنگی پاشیده است. در کنج دیگری از اتاق، گازی کوچک روی کابینت نشسته و اطراف آن ماهی‌تابه‌ای، قابلمه‌ای کوچک به‌اندازهٔ دو نفر، دو بشقاب و چند قاشق و چنگال خودنمائی می‌کنند. شیرآب هم با وجود استیل بودنش برق نمی‌زند، هالهٔ خاکستری در فضا، حکومت بی‌روزنی را برای خود ایجادکرده است.

زن صداش درمی‌آید : می‌گویم از عشق بنویس!

مرد: از عشق؟! لابد قهرمانان این داستان عشقی هم باید خودمان باشیم و هیچ‌کس مزاحم خلوت عاشقانهٔ ما نباشد، خب، چه کسی می‌خواهد این داستان عاشقانهٔ کسالت‌بار را بخواند؟

زن : اگر داستان عاشقانهٔ ما کسالت‌بار باشد، کسالت‌بارتر از آن خود توئی که ساعت‌ها روبه‌روی من می‌نشینی و یک‌کلمه حرف نمی‌زنی

مرد: بهانهٔ خوبی‌است برای شروع یک منازعه، نه؟! ولی الان وقت‌مناسبی برای این‌کار نیست، بگذار روی کارم تمرکز کنم.

زن : از منازعه و جنگ بگو

مرد : ببین الههٔ من، از زمانی که ادّبیات پا به عرصهٔ حیّات گذاشت است، همه از جنگ گفته‌اند و نوشته‌اند، فیلم ها و موزیک های زیادی در این زمینه ساخته شده، شعرها گفته شده، ولی ماهیّت جنگ رنگ عوض نکرده است. جنگ همیشه جنگ بوده و هیچ چیز قشنگی در آن نیست که بخواهد دست مایهٔ کار یک هنرمند باشد، البته فکر می‌کنم در زمینهٔ نقاشی هنوز رنگ سرخ خون، جذابیّت دارد و همیشه جذابیّت خواهدداشت. تصویر چیز دیگری‌است، همه‌چیز در تصویر می‌تواند لطافت خوبی به خودش بگیرد و تأثیرگذار باشد.

زن با درخششی در چشم و لبخندی بر لب : از روستا بگو، از گاو و گوسفند ها

مرد : گاو یک بار سوژه می‌شود جانم و چقدر هم خوش‌ساخت بود لعنتی، یادت هست؟!

زن : من عاشق گاوم

مرد : الهه! من هم گاو را دوست دارم ولی مردم دیگر شهرنشین شده‌اند و به قول خودشان، متمدّن، این مردم دیگر از بوی گاو و گوسفند لذت نمی‌برند. آن‌ها الان «کالوین‌کلی» به خودشان می‌زنند و پارتی می‌روند. اگر قصّه، بوئی از گذشتهٔ ایشان بدهد، دماغشان را بالا می‌گیرند و قیافه‌شان درهم می‌رود، بعد کتاب را می‌اندازند یک گوشه و با پز عالی پیپ روشن می‌کنند و از پوپولیسم در ادبیات امروز حرف می‌زنند.

زن : اگر برای مردم می‌خواهی بنویسی وقت تلف نکن، برو یک کار دیگر برای خودت پیدا کن که نانی و آبی هم برای من داشته باشد.

مرد : حقّ داری، هنر نان‌و آب نمی‌شود، اما من با این‌کار زنده‌ام

زن : منظور من را اشتباه برداشت نکن، من می‌گویم باید برای خودت بنویسی. آن‌چه را به آن باور داری و درست می‌دانی، بنویس. موقع نوشتن نباید به خواننده فکر کنی، گیرم هیچ‌کس اثر تو را نخواند، مهّم نیست. مهّم این است که تو خودت باشی.

مرد: ولی من می‌خواهم نوشته‌هام خوانده شود

زن: به چه قیمتی؟

مرد: منظورت چیست؟ یک وقتی هائی هست که آدم برای دل خودش می‌نویسد ولی همیشه هم اینطور نیست.

زن: مثل فیلم هائی می‌شود که برای گیشه می‌سازند.

مرد: مگر چه عیبی دارد؟ کدام کارگردان یا هنرمندی از دیده شدن بدش می‌آید؟

زن: شاید هیچ‌کس، هنرمند و غیر هنرمند ندارد. انسان از شهرت لذّت می‌برد.

مرد: درست است. پس چرا می‌گوئی به خواننده فکر نکنم؟

زن: می‌گویم در زمان تولید اثر این فکر تو را به بی‌راهه می‌کشاند.

مرد: باید از جائی شروع کنم.

زن: فکرمی‌کنم بهتراست من بروم بیرون تنهایت بگذارم، شاید در تنهائی بهتر بتوانی فکرکنی.

مرد: ولی حضور تو همیشه برای من الهام بخش بوده است

زن: چند لحظه پیش از من خواستی حواست را پرت نکنم

مرد: خودت می‌دانی چه خواستم

زن: شاید من تو را درک کنم ولی این باعث نمی‌شود که مراقب لحن گفتارت نباشی

مرد: همین، شروع نکن ، برو

زن: می‌روم

مرد: کجا؟

زن: این طور وقت نمی‌گذرد، می‌روم پیاده‌روی، خرید هم می‌کنم، می‌آیم. وقتی آدم بی‌کار می‌شود، وقتِ‌اضافه زیاد پیدا می‌کند. در این اتاق نمور ماندن و به دیوار ها خیره شدن برای من کافی‌است. سعی‌کن تا آن موقع یک موضوع هیجان‌انگیز پیداکرده باشی.

مرد به زن خیره می‌شود: خوب‌گفتی بانو، تو خیلی‌خوب گفتی.

زن : گفتم که خسته شدم از بالا و پائین رفتن در این اتاق که همهٔ تصاویرش تکراری‌اند. هرچقدر هم دور خودم می‌چرخم، انگارنه‌انگار، همه‌اش یه صفحهٔ خاکستری جلو چشمانم را گرفته. می‌ترسم کور رنگی بگیریم. کاش تو همان‌جا می‌نشستی و می‌نوشتی، آخر چه کسی شکرخورده که آدم برای نوشتن باید نقل‌مکان کند. در ضمن

یادم نرفته تصاویر ناب من را هم، از من گرفتی. بعد از آن، از رنگ خون و نقاشی هم سخن دراز می‌گوئی، نمی‌بخشم‌ات.

مرد :الهه، آخ الههٔ من، نمی‌شود که لب رود نشست و به اسب کهر بابا چشم دوخت و از بیداد حرف زد، آخرِ وقتی گرگ‌ها در دل شب زمستان زوزه می‌کشند، من از نبودن باد و باران چه می‌توانم بگویم؟! یا از آسمان خاکستریِ شهری که ندیده‌ام، می‌توانم حرف بزنم؟! نویسنده باید برود، بگردد، سوژه پیدا کند، هرکسی هم می‌گوید نه، حرف مفت می‌زند. اصلا" مگر شعرای بزرگ ما، سعدی و حافظ، مگر کنج خانه نشسته بودند وشعر می‌سرودند؟

زن: من که نگفتم از چیزهائی که ندیده‌ای، حرف بزن. از همان‌ها که دیده‌ای می‌گفتی، جذابیّت بیشتری هم داشت. آخر آدم صدای پیچیدن باد را در لابه لای جنگل رها کرد، می‌آید شهر که صدای بوق بوق ابوقراضه‌هارا بشنود. لامصّب این شهر حتّی کلاغ هم برای دیدن ندارد، من باید همیشه یک صفحهٔ خاکستری را رودر روی‌ام ببینم، تکلیف من و سوژه‌های من چه می‌شود.

مرد: من که از همان آغاز به تو گفتم، اگر نمی‌توانی همراهم باشی، بگو.

زن: من می‌توانم همراه تو باشم، تو هم به همان اندازه می‌توانی و یا اصلا" می‌خواهی همراه من باشی یا نه؟! مسئله این است.

مرد: دچار تردید شده‌ای؟!

زن: من؟ تردید؟

مرد: اگر هم دچار شده باشی، به تو حقّ می‌دهم

زن: همیشه فکر می‌کردم هنرمند باید از دنیای دیگری آمده باشد، از جائی دور، غیر ملموس.

مرد: نمی‌فهمم.

زن: می‌دانی زمانی همهٔ داستان‌ها و افسانه‌هااز زبان راوی یا یک دانای کلّ جاری می‌شد

مرد: کلیشه است

زن: منظورم پرداختن به کلیشه‌هانیست؛ می‌خواهم بگویم آن زمان‌ها باور من و شاید خیلی‌ها این بود که هنرمند از دنیای دیگری آمده است، از دنیائی که در آن دانائی حکم می‌راند. از زمانی‌که نقش راوی تغییر یافت، تصویر نویسندگان زمینی شد.

مرد: این خوب نیست؟

زن: وقتی آدمی‌فکر می‌کند که نوشته‌های این کتاب از آن کسی مانند خود من است با همان دغدغه‌هاو درگیری‌های روزمره که من با آن دست به گریبان‌ام، انگیزهٔ کمتری برای خواندن کتاب پیدا می‌کند.

مرد: خوب؟

زن: در این گذر تاریخی تغییر، اتفاق دیگری هم افتاد.

مرد: و آن چه بود؟

زن: خیلی‌ها بی‌پروا آغاز به نوشتن کردند، بدون این‌که حرفی برای گفتن داشته باشند و همین باعث شد که تشخیص خوب از بد برای خوانندگان دشوار شود.

مرد: تحلیل درستی است، چه باید کرد؟

زن: شاید از زبان دانای‌کل سخن گفتن هنوز دلنشین‌تر باشد.

مرد: در مورد آن فکر می‌کنم

زن: فکر کن

زن لباس پوشیده و آماده رفتن می‌شود: چیزی بیرون لازم ندارید، حضرت آقا؟

مرد: نه، برو، مواظب خودت باش

زن: اینجا که شغال ندارد

مرد: کاش جای این آدم‌ها شغال داشت، برو، زیاده‌گوئی نکن

زن خارج می‌شود.

وقتِ‌اضافه

می‌خواستم بی‌مقّدمه شروع‌کنم، بی‌مقّدمه حرف‌زدن خوب است. بی‌مقّدمه رفتن بر سراصل‌مطلب، بی‌حاشیّه وارد متن شدن، اما نمی‌توانم، برای‌این‌که می‌دانم همه آدم‌ها با شنیدن وقتِ‌اضافه، به یاد بازی موردعلاقهٔ خود در وقتِ‌اضافه می‌افتند، بازی فوتبال منچستریونایتد و لیورپول. باید بگویم، من علاقهٔ خاصّی به فوتبال ندارم و در مورد آن چیزی نمی‌دانم. بی‌شک با همین چند جمله تکلیف آن‌هائی که علاقه‌مند به فوتبال هستند و فریب نام نوشته را خورده و می‌خواستند برای آن وقت بگذارند، روشن شد. برای این‌که تکلیف همه روشن شود باید مفهوم‌اصلی عبارت را به طور مختصر بیان‌کنم.

ما در وقتِ‌اضافه زندگی می کنیم «وقتِ‌اضافه در همهٔ زندگی و زندگیِ‌همهٔ ما جریان دارد». در این وقتِ‌اضافه، به ما فرصتی داده شده که به بهترین شکلی که بلدیم، بازی‌کنیم.

نمی‌خواهد به فکر جهان پس از انسان باشید، انسان هست و زندگی ادامه دارد. این هیچ ربطی به من و شما ندارد که اگر ما نباشیم و انسان نباشد، دنیا به کدام سوی روان خواهد شد. اکنون ما هستیم، با علم بر این نکته که هرچیز در این دنیا فانی است. خود این دنیا هم روزی به آخر خواهدرسید، چه تفاوت دارد که قبل از پایان دنیا، فرشتهٔ مرگ را ملاقات کنیم یا همه باهم در یک روز مقرّر که کسی نمی‌داند،کی می‌تواند باشد، وداع دسته جمعی با زندگی و هرچه در آن هست، با تمام دل بستگی‌هایش، داشته باشیم. مثل گروه‌هایی که به خودکشی دسته جمعی روی می‌آورند، نهنگ‌ها را می‌گویم.

مهّم این است که چگونه زندگی می‌کنیم، مرگ، خود تشخیص می‌دهد چه زمان و چگونه سراغ از تن خستهٔ هر موجودی بگیرد.

باید اعتراف کنم در زمان جوانی و خامی، نوع مردن و محل آن برایم مهم بود. دیگر به آن فکر نمی‌کنم، می‌دانم که یک‌روز از راه خواهد رسید.

مرگ را باید پذیرفت، شتری‌است که درِخانهٔ هرکسی می‌خوابد، هر چند دیگر شتری در این مرز و بوم نیست. مرگ، هم چنان قربانی‌های خویش را می‌گیرد آرام و بی‌صدا، گاه غیرمنتظره حتی.

گاه دودکشِ کلبهٔ چوبی درکوهستان، گاه دودکش موتورخانه، دیزل ژنراتور، موتور سیکلت، اتوبوس. اینها همه نشانه‌های تمدّن است که با خویش مرگِ‌زودهنگام را برای انسان به ارمغان آورده‌است.

مسئلهٔ من سود آور بودن انسان برای جامعهٔ بشری هم نیست.چه کسی اهمیّت می‌دهد که برای دیگران مفید است یا خیر؟ ما خیلی هنر داشته باشیم برای خود و زندگی خود حرکتی بکنیم. این ته مایهٔ تمام آن چیزی است که از گذشتگان آموخته ایم، « تو خیلی مردی، گلیم خودتو از آب بکش بیرون»

می‌خواهم جور دیگری به وقت نگاه کنم. وقتی به‌اندازهٔ یک نگاه که گاه می‌تواند سرنوشت ما را تغییر دهد. نگاه عاشقانه را نمی‌گویم که در سرتاسر زندگی جاری می‌شود. حتّی از نگاه کودکی با دسته گل در سرِ چهارراه هم نمی‌خواهم سخنی به میان آورم، هر چند نگاهی است در خور توّجه و به دنیائی می‌ارزد.

من همیشه از این دختران با چشم‌های درخشان و گونه‌های سرخ که به زحمت دستشان به لبهٔ پنجره خودرو می‌رسد، گلی می‌خرم. اما از آن نمی‌خواهم سخن به میان آورم زیرا در پی سیاه دیدن، یا سیاه‌نمائی واقعیت‌های پذیرفته شده در جامعه نیستم. دخترک سر چهار راه زیباترین نمائی‌است که در پی رفتو برگشت مکرّر روزانه‌ام شاهدم و نمی‌خواهم به هیچ دلیلی این منظر از دیده‌ام پنهان شود. حتّی به بهانه جمع آوری گدایان از سطح شهر یا هزار بهانه خوب و بد مسئولان شهرداری و دیگر ارگآن‌های ذیربط، سر انجام خودخواهی این است «دیدن زیبائی مستور در دردِ دیگران».

می‌خواهم داستان وقت را برایتان بازگو کنم، وقت هایی که از دست می‌رود و همه باورداریم «خیلی زود، دیر می شود.»

بی‌گمان برای همه پیش آمده که ساعت ها خیره به نقطه ای بمانند و اگر صدائی آن‌ها را به خود نیاورد، این تداوم خلسه می‌تواند تا لحظهٔ مرگ انسان پیوسته ادامه یابد، این لحظات فرورفتن در خود، در اشیاء، در هیچ حتّی، این لحظه‌هاهم به گمان

من، وقتِاضافه نیستند. من که ادّعا می‌کنم این لحظات، تنها لحظه‌های ناب و ماندگار زندگی است. «چقدر از صداهایی که دنیای هیچ مرا بر هم می‌زنند، گریزانم»

بارها آرزو کرده‌ام ماهی‌گیری باشم که سکوتش، خیره شدنش به نقطهٔ رسیدن نخ قلاب به آب، از سوی دیگران موّجه است. او در پی دیدن نشانی از زندگی که در دام مرگ گرفتار شده ساعت‌ها به یک نقطه خیره می‌ماند. اثرکوچکی از نبرد میان مرگ و زندگی را می‌بیند، درک می‌کند که مرگ ناگزیر است و عامل مرگ یکی می‌شود.

همیشه حوادثی پیرامون ما در جریان هستند که از دیدن آن‌ها عاجزیم. روی‌دادهای دیگری هم هستند که بی‌شک از چشم ماهی‌گیر پنهان می‌ماند ، مثل جریان آب و آن ماهی قرمز کوچک که در عمق، شنا کرد و از جلبک ها تغذیه کرد. او هیچ تمایلی به کرم کوچک آویزان به قلاب ندارد. برای ماهیِ کوچولویِ قرمز، کرمِ آویزان شده از قلاب، می‌تواند نمائی کوچک از یک صحنهٔ ِکشتار تلّقی شود و تأسّف بخورد به حال موجوداتی که بی‌دلیل مرگ دیگری را رقم می‌زنند. او گیاه‌خوار است.

یک شب در خوابی تلخ، ماهی سیاه کوچکی را دیدم که شنا کردن را از یاد برده بود، و من برای کمک به او خود را به آب زدم. یادم نبود که من هیچ‌گاه شناکردن در آبهای آزاد را فرانگرفته‌ام و این بود که من غرق‌شدم. ماهی سیاه کوچک، از دیدن مرگ من، به خود آمد و یادگرفت که چگونه در عمق آب های آزاد، زنده بماند. گاه مرگ دیگری هشداری می‌شود برای دست یازیدن به طناب های پوسیدهٔ این زندگی.

من هیچ‌گاه از آن خواب تلخ بیدار نشده‌ام و کماکان فکر می‌کنم درون آبهای آزاد غوطه‌ورم و جنازهٔ مرا هیچ‌کس در هیچ‌کجا نیافته است. شاید سرنوشت من این بوده که کلّ آبهای آزاد دنیا مزارمن باشد.

چیزهائی هم هست که من می‌بینم، دیگران نمی‌بینید. هر کس، از زاویه‌ای به دنیا نگاه می کند. هر کس از زوایای مختلف می‌بیند و این دریچه‌های متّفاوت دیدن به تعداد موجودات دنیا گسترش می یابد.

کدام نگاه درست می تواند ببیند؟ کدام نگاه دنیا را، رنگ‌ها را درست می‌بیند و می‌شناسد؟

می‌گویند گرگ‌ها تنها رنگ زرد و آبی را تشخیص می‌دهند. انسان ها، انسان نماها یا انسان‌سانان، گونه‌های بیشتر رنگ را تشخیص می‌دهند.

تسلیم شدن در حلقهٔ مرگ که هر روز تنگ تر می‌شود، در چه لحظه‌ای به وقوع خواهد پیوست؟ کسی نمی‌داند و هیچگاه نخواهد دانست. به یک‌باره باید با آن رودر رو گردیم.

هرکدام از ما به دلیلی گاه در طول دورهٔ حیّات خود از زندگی خسته شده و دچار یأس فلسفی شده است. هر کدام از ما، بارها آرزوی مرگ را در دل و سر، به بار نشسته است، اما لحظهٔ دیدار با مرگ برای همه، لحظهٔ هولناکی‌است؟ کاش می‌شد با لبخندی، زندگی را به دیگران سپرد و رفت.

بارها، آرزو کرده‌ام، شکارچی باشم. نه برای رسیدن به شکار، بلکه برای بیدارماندن در دلِ‌شب و خیره شدن به هر تکانِ برگی، برای لمسِ حیّات. برای دیدن خال‌های روشن مارال بچّهٔ در حال گریز، برای درک معنای عشق به حیات، و برای ادامهٔ حیات.

تنها انسان است از بین این همه گونه‌های زیستی که در دل یک شب زمستانی برای خوش‌آیند خویش و برگزاری یک جشن موهوم،گوسفندی را به مسلخ می‌برد.

با این‌حال، ما تمام لحظه‌هائی را که زندگی به ما می‌بخشد، به افسونی از دست می‌دهیم.

کاش نقاشی می‌دانستم، یک رئالیست می‌شدم، نه برای رئالیست بودن، برای شناور بودن در آن چه رئال خوانده می‌شود. واقعیت، زیباست. مثل شکوفه‌های بهارنارنج در باغچهٔ کوچک خاطرات دورمان.

آن سال که باران فراوان آمد، سیلاب خانه‌هامان را با خود برد و شکوفه‌های بهارنارنج را نیز. شکوفه‌ها برروی سطح آب رفتند و من دیگر هیچگاه، شکوفه‌ای را رقصان برروی آب، در حال رفتن به تماشا نایستادم. تمام شد، رفت. خانه با سیلاب رفت و گلها را و شکوفه‌هارا با خود برد.

کاغذ ها را مچاله و به سوئی پرتاب کرد و از نو شروع به نوشتن کرد.

بی‌مقدّمه

بی‌مقدّمه شروع می کنم، بی‌مقدّمه حرف‌زدن خوب است. بی‌مقدّمه واردگود شدن خوب است. این روزها دیگر مجالی برای پرداختن به مقدّمه نیست.

زندگی بی‌مقدّمه آغاز می شود، ناغافل پرتاب می‌شویم داخل آن، بی آن‌که آموخته باشیم دور زدن را، زندگی کردن را. زندگی، دورزدن است. رفتن‌و برگشتن به نقطهٔ آغاز و باز دورزدن، تسلسل بی‌پایان. برای رهائی از دورتسلسل، نیرویی باید فراتر از نیروی جاذبهٔ کانون زندگی، نیروئی بیش از نیروی -گریز از مرکز-

خطی روی چند سطر مرقوم شده می‌کشد و از نو آغاز کرد.

بی‌مقّدمه شروع می‌کنم،از آن جا که زندگی بی‌مقّدمه‌ای آغاز شد و ما بی‌مقدّمه پرتاب شدیم به این دنیا، پرتاب شدیم درون زندگی، بی شناختن چم‌وخم‌های آن.

بی‌مقّدمه بگویم وقتِ‌اضافه، وقت‌هائی است که ما در سکوت، به اضافه بودن آن‌ها مهر تائید می‌زنیم. ناگاه داور سوت پایان را می‌کشد و انتظار همه ختم می‌شود. مجلسِ‌ختم برای ما برپا می‌شود. به همین سادگی و در مجلس ختم آن‌کس که بیش از همه می‌گرید بی‌گمان مرد ماهی‌گیر نیست.

بازکاغذی سپید به سیاهی گرائید، کاغذ را مچاله کرد و خیره به آن مربع نور که آرام‌آرام حرکت کرد، به جست‌وجوی مطلبی‌است برای بازگفتن. یادش می‌آید زمانی خیلی حرف می‌زد. در کلاس درس، در جمع دوستان و آشنایان، هر جا به کسی می‌رسید، بی‌مقّدمه شروع کرد. گاه تا آنجا پیش می‌رفت که مخاطب ملاحظه را کنار می‌گذاشت و در میان جمله‌اش صحنه را ترک کرد.

یادش می‌آید آن وقت ها، گاه جمله‌هااز او پیشی می‌گرفتند و او در فضای خالی اطراف، صدای خود را دنبال کرد مثل صدای بیگانه‌ای و از خود متعجّب می‌شد. « این چه حرفی بود من زدم؟!»

گاه فکر کرد که به جنون صحرا مبتلا شده است، آخر او بیشتر دورانِ‌کودکی خود را در صحرا گذرانده بود. می‌گفتند یکی از نشانه‌های جنون‌صحرا با صدای بلند فکر

کردن است و به زبان آوردن کلامی که از آن خود ما نیست. باز هم می‌گفتند که جنون‌صحرا آدم را بندهٔ شیطان می‌کند و شیطان از زبان آدم بهره می‌برد تا حرف‌های خود را به گوش دیگران برساند.

در صحرا می‌شد صدای آواز شن‌ها را شنید و در بستر گرم و نرم شن‌ها، به آرامی غلتید. شن‌های داغ سوزنده. گاه نمی‌شد در صحرا لحظه‌ای درنگ کرد، آفتاب داغ بود و از هر طرف می‌تابید. چشم آزار می‌دید و فریب بیابان را می‌خورد. از همان وقت‌ها، استفاده از عینک‌آفتابی، برایش مثل یک ضرورت شد و حالا، گاه در اتاق هم از عینک آفتابی استفاده کرد. همین، یکی از دلایلی شده که دیگران در آشکار و نهان او را به استهزاء بگیرند، البته دلایل دیگری هم در میان هست.

دلیل اصلی گریز او از شهر همین بود، هرچند بهانه‌های بسیار منطقی و قابل قبولی برای خود و همسرش تشریح کرد. بعد از مدّتی، سکوت وخلوت روستا او را برآشفته کرد و دوباره به دامن پرهیاهوی شهر بازگشت.

قلم را بر روی کاغذ روان می‌سازد، جنون‌صحرا!

جنونِ صحرا

یک‌روز بعدازظهر آفتابی داغ است و نورخورشید از میان کرکره‌های خاکستری روی پنجره، آن‌چنان به درون می‌تابد که نمی‌توان به پنجره نگریست و در پس آن چیزی دید.

دراین چهارگوش دراز، چیزهای زیادی برای دیدن هست. مبل‌های سبز رنگی که خطوط موازی افقی آن‌ها را عریض‌تر و راحت‌تر نشان می‌دهد. میز کوتاه چهارگوش در وسط،که پر است از مجله‌هاو کتاب‌های زرد. در گوشه‌ای پیشخوان منشی، با ارتفاعی بلند قرار دارد و بالای آن ساعت بزرگ با آرم تبلیغاتی برجسته شده است. چند پیام بر روی تابلوهای پشت‌سر منشی دیده می‌شود، پیام‌ها نمی‌توانند از فاصله‌ای که صندلی‌های انتظار چیده شده‌اند، خوانده شوند. بی‌گمان برای کسی‌که تابلو ها را چاپ کرده، خوانده شدن آن‌ها مهّم نبوده است. تابلوها تنها زینتی هستند بر روی دیوار، مثل آدم‌های کنار ما که زینتی هستند برای نشان دادن محبوبیّت ما و نه برای دیده یا شنیده شدن، کسی برای دیگران، اهّمیتی قائل نیست. آدم‌ها بیشتر از ارگآن‌های فرستندهٔ خود بهره می‌برند تا ارگآن‌های گیرنده.

امروز در بین این همه مراجعه‌کننده ،زنی با سادگی تمام به انتظار نشسته است. زنی‌که رنگ به رخسار ندارد و از بین لوازم رنگی صورت، که امروز انواع فراوانی از آن را در بساط خرده فروشی‌های کنارخیابان هم می‌توان دید، تنها مدادی باریک بر روی لب و چشم خود کشیده، آن هم در حال محوشدن است. زن مثل همان خط پشت چشم و دور لب‌ها باریک‌و بلند است، آنقدر که در حالت نشسته هم باریک بودنش را به راحتی می‌توان فهمید. رگ‌وپی روی دستانش، نقش‌های زیبائی را روی پوست سفیدش ایجاد کرده. پائی را که روی پای دیگر انداخته مدام می‌لرزاند، شاید هم بی‌اختیار می‌لرزد، این لرزش خفیف، جذابیّتی خاصّ را در او ایجاد کرده است.

لباس یکپارچه آبی رنگی به تن دارد، بی‌دوخت اضافه، با روسری سرخابی رنگ و موهای بلوندش، تصویری کامل برای عاشق شدن و دل باختن ارائه می‌دهد.

انتظار دیدن مشاور را می‌کشد، مشاور دردهای مشترک زندگی، راهنمای کنار هم بودن، باهم بودن و مسالمت‌آمیز زندگی کردن که البته کار دشواری‌است و مشاور هم شاید چندان کمکی نتواند بکند، اما برای بسیاری این آخرین راه است.

زن به دورتادور سالن نگاهی می‌اندازد، از دیدن چشم‌های غرق اشک‌وخون تسّلی می‌یابد، در این راه تنها نیست. شماری مانند او هستند، بی‌شماری که شماری از آن‌ها را در این اتاق کوچک می‌توان دید. درد، مشترک که می‌شود، قابل تحمّل‌تر است.

بعضی با اعضای خانواده آمده‌اند، بعضی هم مانند او، تنها.

با خود می‌اندیشد، این دو که با هم آمده‌اند این‌جا و این‌قدر با هم همراهند، مشکلشان چه می‌تواند باشد؟

برای او همهٔ مشکلات در چهارچوب روابط زناشوئی خلاصه می‌شود و این بزرگترین مشکل است و اگر نباشد زندگی بر وفق مراد خواهد بود. همهٔ ما هم مانند او می‌اندیشیم، پس بهتراست او را قضاوت نکنیم. هر کدام از ما به دندان‌دردی کوچک، آشفته می‌شویم و گمان می‌بریم این آخر دنیاست و این درد عظیم، تنها از آن ماست. گاه بد نیست به خود یادآوری کنید که سگِ آپارتمانِ نقلیِ کناری ما هم چند شب پیش دندان‌درد داشت و آنقدر تا صبح زوزه کشید که صبح بعضی شکایت به پلیس بردند و از آن صبح به بعد دیگر کسی صدایش را نشنید.

یکی با فرزند خردسالش گوشه‌ای نشسته، کودک آرام است و سر به زیر دارد. پاهایش را تاب می‌دهد و دستانش را درون هم می‌چرخاند. زن مدّتی خود را سرگرم پائیدن حرکات موزون بچه می‌کند. گوئی بچِه متوجه نگاه زن شده و با حجب و حیا از زیر چشم زن را می‌پاید و دندان قروچه می‌کند. زن نگاه خود را برمی‌گرداند که موجب آزار کودک نگردد.

طیف مشتریان مشاور برایش عجیب می‌نماید. این مادر پس از به بار آوردن فرزندی این چنین، چه مشکلی برایش ایجاد شده است؟ سؤالی که برای امثال او غریب نیست.

او تا این لحظه گمان کرد مشکل ایجاد شده در رابطهٔ مشترک او و همسرش، به دلیل نداشتن فرزند است و البته بر اساس گفتهٔ دیگران، گمان کرد اگر فرزندی برای همسرش می‌آورد، تمام مشکلاتش حل می‌شد. اکنون، اینجا زنی نشسته است با یک فرزند، بار مشکلاتش افزون‌تر از آن دیگران است، چرا که می‌شود اشک هائی را که از

گونه‌هاش سرازیر می‌شود، به راحتی دنبال‌کرد. برای پنهان کردن اشک هاش، به خود زحمتی نمی‌دهد.

چند ماه بیشتر از ازدواج آن‌ها نگذشته بود که کم‌کم صداهائی که پیش‌تر پچ‌پچ می‌شد اوج گرفت، بعد از چندی لحن صداها تغییریافت و با نگاه مغضوب همراه شد. خانوادهٔ همسر که دیدند غرولندها جوابی ندارد تصمیم گرفتند برای بار دیگر آستین‌ها را بالا بزنند: لابد اجاق‌کور است وگرنه تا حالا باید شکمش بالا می‌آمد.

مجله‌ای از انبوه مجلات روی میز برمی‌دارد و خود را مشغول می‌کند تا کمتر در احوال دیگران جست‌وجو کند.

مجله را پیش‌روی خودگرفته و گاهی بی این‌که نگاهی به داخل صفحهٔ گشوده بیندازد، ورق را برمی‌گرداند تا شاید مطلبی، تصویری، در مجله او را از سیر درون افکار بی سرانجام‌اش برهاند.

تصویر چهرهٔ هنرپیشهٔ محبوبش بر بالای صفحه‌ای، او را به خواندن علاقه مند کرد. زندگی او که در افسانه‌هامی‌توانست جاری باشد، اکنون در یک صفحه به خلاصه آمده محل تولد، محل زندگی، محل تحصیل، میزان درآمد در سال و تمام.

همهٔ اینها زندگی بود و در یک‌روز با یک تاریخ تمام می‌شود. زمان مرگ، محل دفن. چقدر ساده است زیستن. و چقدر آسان می‌توان زندگی را خلاصه کرد و از تمام دردهایش که ثانیه‌هارا کش‌می‌دهند، به راحتی عبور کرد.

صدای باد فن کویل نمی‌گذارد، روی سطرهائی که از پیش چشمانش می‌گذرند، تمّرکز داشته باشد. کلمات پیش چشم‌هایش می‌رقصند بی این‌که معنای آن‌ها را درک کند. مانند وقتی‌که منتظر بود تا معلم او را برای درس پرسیدن به پای‌تخته بخواند، احساس خفگی می‌کند.

چند وقتی می‌شدکه این‌گونه از دنیای پیرامون خود جدا می‌افتاد، گاه حتّی فراموش می‌کرد کجاست. با کلمات، با صداها از جائی که بود دور می‌شد.

گاه، صاحب صدا می‌گفت :

- شنیدی چه گفتم؟ با توام.

آری، شنیدم، اگر شنیدن دست خودم بود و می‌توانستم صدایت را نشنوم، حتما" این‌کار را می‌کردم ولی حیف، نمی‌شود صدا را نشنید.

ولی می‌شود آن را نشنیده گرفت.

- نشنیده هم نگرفتم، داشتم به حرفی که زدی، فکر می‌کردم
- منشی با نگاه کردن به کارت های روی میزش، نام ها را می‌خواند. تنها فرق سرش از پشت پیشخوانی که نشسته، دیده می‌شود. چیزی مانند هلال ماه که طلوع و غروبش به فواصل باز و بسته شدن در اتاق مجاور است.

در اتاق باز می‌شود، کسی بیرون می‌آید،کسی، کسانی، دیگرانی روانهٔ اتاق می‌شوند. هر جلسهٔ درمانی حدود نیم ساعت به طول می‌انجامد.

به هلال ماه چشم دوخته است. به راستی اگر طلوع و غروب خورشید هم، با این تناوب و به این سرعت محقّق می‌شد، چقدر عمر ما زود به آخر می‌رسید.

حسن زندگی کوتاه این است که مجالی برای بحث های طولانی منجر به اقامهٔ دعوا وجود نخواهد داشت. البته اگر علم به کوتاهی طول عمر نیز با آن همراه باشد. گاه نادانی ما باعث بروز اختلافات بزرگ می‌شود و زمانی به خود می‌آئیم که برای جبران اشتباه‌هامان، فرصتی نیست.

هم‌اکنون به جز زمان های مجادله، تمام هم‌وغم آدمی به تهیه و تدارک نیازهای اولیهٔ زندگی می‌انجامد. البتّه که رفع نیازهای اولیهٔ آدمی جبر است و از آن نمی‌توان گذشت، ولی شاید بتوان بقیهٔ این عمر مانده را به فعالیِت های مهّم‌تر پرداخت. از مجادله چیزی عاید کسی نشده و نخواهد شد.

دو نفر دیگر پیش از او در نوبت انتظار هستند، انتظار برای داشتن فرصت، شیرین بود. مجال گفت‌وگو که از او دریغ شده بود. مجال دل سپردن، گوش سپردن به حرفهایش، اما در پشت این در کسی بود که خوب می‌توانست به دیگران گوش بسپارد و از عهده‌اش هم برمی‌آمد. اشتباه نکنید، کار آسانی نیست. اگر گوش سپردن به دیگران و شنیدن آن‌ها کار آسانی بود، دنیا جای قشنگ‌تری می‌شد.

با صدای منشی که از پشت پیشخوان به سختی شنیده می‌شود، درمی‌یابدکه نوبتش رسیده است. بالاخره هر زبانی، زمانی که مجال داشته باشد برای شنیده شدن، فریاد خواهد کرد.

جلسهٔ مشاوره

وارد اتاق شد، اتاقی ساده به رنگ استخوانی با لوازمی اندک. در یک نگاه می‌شد صورت لوازم درون اتاق را ارزیابی کرد، میز مشاور با صندلی پشت بلند که خالی مانده بود. یک میز در وسط، با چهار صندلی راحتی به رنگ قهوه‌ای سوخته به چشم می‌خورد. در گوشه‌ای از اتاق، یک آب خوری که وظیفه تأمین آب گرم و سرد را هم زمان به عهده دارد، قرار دارد. کنار آن روی یک چهارپایه، چند لیوان یک‌بارمصرف پلاستیکی با چای کیسه‌ای و شیشه نسکافه و شیر.

مشاور، در کنار میز وسط نشسته صورت گرد و شادش، جلب توّجه کرد. نه چاق است، نه لاغر، زیبا و مهربان به نظر می‌رسد. دست‌های سفید و بی‌رگ و پی‌اش را دراز کرد و از او درخواست کرد،کنار دیگر میز بنشیند،هم‌تراز او.

زن حس مبهمی‌دارد، نمی‌داند این نوع پذیرائی مشاور عادی است یا نه؟ حسّ خوش‌آیندی از نوع پذیرائی دارد، انگار مشاور از مسند طبابت پائین آمده و مانند یک دوست، رودر روی او نشسته است که قدری میهمان نوازی کند.

هیچ‌وقت از این ظروف پلاستیکی یک‌بار مصرف خوشش نمی‌آید. هیچ‌وقت حاضر نبود، محتوای درون آن‌ها را مزّه کند. تناقض غریبی بود، نمی‌توانست احساس میزبان را، در این فضا نسبت به خود به‌راحتی ارزیابی‌کند.

طرّهٔ موی مشاور، نشسته بر راحتی از روسری اش به سهو بیرون افتاده ؟! پیچش مو با حرکتی موزون به سمت بالا، چآن‌هاش را نشانه گرفته بود. همه‌چیز در او و اتاقی که در آن بود بوی خوشبختی و آرامش می‌داد؟! نه، همه‌چیز.

با دیدن میوه و شیرینی روی میز، حسّ ِخوبِ بودن در این فضا، در او قوّت می‌گیرد، فراموش کرد که برای چه به این اتاق وارد شده، لبخند مشاور حسّ رضایت او را از محیط کامل کرد.

همیشه از رفتن به مطب مشاور هراس داشت. در کمال ناباوری، این حسّ را در این اتاق، در همان لحظهٔ ورود جا گذاشت. حسّ رفاقت با مشاور برایش در این چند لحظهٔ پس از ورود عجیب می‌نماید ، هیچ‌وقت با مردم در برخورد اول صمیمی نمی‌شود.

پیش خود فکر کرد، یادم باشد به فلانی هم بگویم از پشت میز بیاید بیرون و کنار دست بیمارش بنشیند. لیوان آبی تعارف بزند و به درد دل بیمار گوش کند، شاید فقط نیاز به یک درد دل ساده داشته باشد و با گوش سپردن، مداوا شود.

مشاور: خواهش می‌کنم، بفرمائید خانم....

مدّت‌ها بود این‌گونه ادب و احترام نشده بود، لبخند زد و با تشکّری از ته‌دل در نگاهش خود را روی مبل جای داد.

مشاور: خوب دوست عزیز، باید ورق‌به‌ورق زندگی‌ات را با هم دوره کنیم، چای؟ یا قهوه؟

با دست‌پاچگی از این پذیرائی : چای، لطفا"

حسّ گناه‌کاری را دارد پای میز محاکمه، اعتراف همیشه سخت است حتّی اعتراف به کارهای نکرده.

قهوهٔ تلخ

صدای چرخش کلید در در، حواس مرد را به سوی در می‌گرداند، نگاهش به در است و در یک لحظه تمام ذهنش خالی می‌شود.

کلید می‌چرخد،در باز می‌شود و زن با چند کیسه داخل می‌شود. با دیدن کاغذهائی روی زمین و کاغذهای سیاه شده بر روی پای مرد، در حالی‌که لباس‌هاش را کرد و به جا رختی می‌آویزد، می‌گوید :

زن: می‌بینم که نبودن من چندان هم بی فایده نیست. از این پس، برای پیشرفت کار تو هم که شده، بیشتر می‌روم بیرون

مرد : هیس،کلاف ذهن‌ام را به هم نریز

زن با دلخوری : من؟! حالا که این‌طور شد،کلاف ذهن‌ات را به هم می‌پیچم که دیگر از این حرف ها نزنی، دیوانه

مرد : می‌شود کمی ساکت باشی، اصلا" چرا اینقدر زودبرگشتی؟

زن : یک ساعت بیرون بودم. فکر نمی‌کردم توانسته باشی هندل بزنی وگرنه پیشنهادات خوبی داشتم که می‌توانست بیشتر از شنیدن غرولند تو من را خوشحال کند.

مرد: خوب برو به پیشنهادات رسیدگی کن. فقط من را رها کن. الان، خیلی چیزها در این کاسهٔ خاکستری‌است که می‌خواهم بیرون بریزم. اگر نمی‌خواهی بروی بیرون، خودت را با چیز دیگری سرگرم کن.

زن : اول از همه بگویم که تو نمی‌توانی و حقّ نداری مرا از خانه‌ام بیرون‌کنی. دوّم، اسباب‌بازی‌هایم را با خودم نیاورده‌ام، فقط تو را دارم.

مرد : با من بازی نکن، اینقدر با کلمات بازی نکن. بگذار حالا که جرّقه زده، بروم جلو

زن : شما، بفرما جلو! من برایت قهوه هم درست می‌کنم، شاید کمی هم مشت‌ومال حالت را جا بیآورد و بدانی که چطور باید با من حرف بزنی.

مرد با شتّاب از جا برمی‌خیزد : ایول!! قهوه خریدی؟

زن : آری، قهوه خریدم. چه شد جرّقه پرید؟!!

مرد، دست در دور کمر زن حلقه کرد: تو خود جرّقهٔ عشقی !

زن : من یا قهوهٔ ترک؟!

مرد بوسه‌ای بر موهای زن می‌زند: تو، خودت هم خوب می‌دانی، بودن تو به من نیرو می‌دهد و امید، تمّام تلاش من، برای جلب رضایت توست.

زن: من، مشتری‌ات نیستم

مرد: چرا؟! یعنی من مشتری ندارم؟!

زن: شاید داشته باشی، حتما" برای هرکسی یا چیزی مشتری هست، اما من مشتری تو نیستم

مرد: جنس فروخته شده پس گرفته نمی‌شود

زن : نمی‌فروشم‌ات

مرد: این شد یک چیزی، داشتم قالب تهی می‌کردم. می‌شود همیشه حرف های خوب را اول بزنی.

زن: نه،حرف آخر باید شیرین باشد، تا مزّه‌مزّه کنی و در دلت بنشیند. کلام آخر.

مرد: درست می‌گوئی، بگذار مزّهٔ ذائقه‌ام هم‌چنان شیرین بماند.

با لبخند برمی‌گردد روی چهارپایه و قلم به دست می‌گیرد.

زن زیرلب آوازی زمزمه کرد و قهوه را می‌پاید که داخل قهوه جوش، در حال بالاآمدن است.

چای یا قهوه؟

مشاور: این‌بارتو میهمانی و من از تو پذیرائی می‌کنم. دفعهٔ اول، همه مهمان‌اند، ولّی بعد، باید با جای‌جای این اتاق آشنا بشوی. البته زیاد هم سخت نیست و اگر چیزی خواستی، بدون تعارف برداری و البته، برای من هم بیاوری. باید بگویم ما در واقع داریم یک زندگی مشترک را با هم شروع می‌کنیم. زندگی مشترک ما، بسته به شرایط تو و من، ممکن است چندروز، چندهفته یا چندسال طول بکشد، و نمی‌شود که در تمام این مدّت من از جناب‌عالی پذیرائی‌کنم. می‌شود؟!

زن پیش خود می‌اندیشد،کاش زندگی مشترک او هم با همین عبارات آغاز می‌شد. به همین صراحت و راستی، حدّ هر دو تعریف می‌شد. واقعا نمی‌شود در تمام طول زندگی، حتّی اگر یک‌روز بیشتر نباشد، یک نفر مانند مهمان رفتارکند و یک نفر میزبان دائم زندگی باشد. حتّی در بین جان‌دارانی که انگل‌وار زندگی می‌کنند هم چنین چیزی نمی‌تواند روی‌دهد. حتما" انگل هم به میزبان خود، خدمتی می‌رساند وگرنه میزبان حضور او را برای لحظه‌ای هم تحمّل نخواهد کرد.

مشاور با لبخند حرف می‌زند. لبخندی تمام وقت بر روی لبانش می‌درخشد. لبخندش، او را زیباتر نشان می‌دهد. آخر هر جمله لبخند با صدا همراه می‌شود.

از کشوی زیرین چهارپایه، چند فنجان بیرون می‌آورد. نقش گلِ‌سرخ روی فنجان‌ها را از دور می‌توان شناخت-یک‌زمانی ظرف‌ها و فنجان‌های چینی با نشان گل‌سرخ نشان دهندهٔ وضعیت مالیِ خوبِ دارنده‌اش بود- چای می‌ریزد. دو لیوان چای داخل سینی نقرهِ قلم‌کار، روی میز می‌گذارد و رودر روی زن می‌نشیند.

قهوهٔ همیشه تلخ

زن، فنجآن‌های قهوه را روی پیشخوان می‌گذارد : تلخ؟!

مرد: همیشه تلخ

زن به آرامی قهوه را داخل فنجان می‌ریزد، بخار قهوه از داخل فنجان بالا می‌رود و موهای پریشان زن را دور می‌زند.

مرد، به تاب موها لابه‌لای بخار قهوه می‌نگرد.

خاطرات

زن با دیدن فنجان گل سرخ لب طلائی، لبخندی می‌زند.

مشاور: چه شد؟ خاطرات کودکی‌ات را زنده کرد؟!

زن : وقتی پرسیدید « چای یا قهوه؟» رودر بایستی کردم گفتم چای

مشاور: قهوه می‌خواستید؟! اگر می‌خواهید قهوه بریزم؟

زن: نه، مشکل من ظروف یک‌بارمصرف روی چهارپایه بود. راستش تعجّب‌کردم که با این سلیقه‌ای که در چیدمان و نوع برخورد خود به خرج می‌دهید، چطور یک‌بار مصرف روی چهارپایه گذاشته‌اید؟

مشاور: برای نوشیدنی‌های سرد است.

زن : ممنون، خیلی‌خوب است. این فنجان‌ها را دوست دارم.

دغدغه‌های زیست محیطی

صدای خش‌خش کیسه‌های پلاستیکی به گوش می‌رسد. زن، مشغول کاری است که زیاد توّجه مرد را به خود جلب نکرد، تنها صدای کیسه‌های پلاستیکی‌است که او را آزار می‌دهد. با خود فکر کرد کاش زن موقع رفتن با خود ساک پارچه‌ای همراه برده بود. پارچه، هنگام سائیده شدن صدای خفیفی می‌دهد، که گاه خوشآیند هم می‌تواند باشد.

باید در اولین فرصت به زن بگوید، استفاده از کیسه پارچه‌ای برای حفاظت از محیط‌زیست، مناسب‌تر است.

حالا وقت فکر کردن به موضوعات حاشیه‌ای نیست. بهر حال او روی موضوع خاصی تمرکز کرد و باید تنها در آن مورد بنویسد. اگر خلاف این عمل کند، منتقدان حمایت از شیوه‌های کلاسیک به این بهانه به او و نوشته‌هایش، خواهند تاخت. پس بهتر است خود را، اندیشه‌اش را جمع کند و حاشیه نرود.

آخر، مسئله نوشتن هرچقدر هم مهم باشد، حفظ محیط زیست مهم‌تر نیست؟! چرا باید این‌قدر خود را در قید کلیشه‌ها نگاه‌دارد؟ بالاخره یک‌روز تمام این کلیشه‌هارا بیرون خواهد ریخت. این را خوب می‌داند و به آن باوردارد، اما، شاید اکنون برای این‌کار زود باشد. هر کاری، زمانی دارد. سیب را نمی‌شود پیش از موعد از درخت چید. گلابی را، چرا؟ گلابی را باید تا کال است از درخت بچینی، بعد بگذاری در گوشه‌ای بماند تا رسیده و آبدار شود.

دیگر به این مثل‌ها هم نمی‌توان اعتنا کرد. هر چیزی، ناقضی، همراه دارد.

بهتر است، داستان را ادامه دهد از همان‌جا و در فرصتی دیگر در مورد محیط‌زیست و عوامل تأثیر گذار مخرب بر آن بیندیشد. اما مگر همین نوشتن، دوست‌دار محیط زیست است؟ برای هر کتاب، چند درخت قطع می‌شود؟آیا فرآیند تولید کتاب بدون تولید آلاینده‌هاممکن است؟!

باید از چاپ‌کاغذی صرف‌نظر کنم. این بهترین راه است. جواب آن‌هائی را هم که می‌گویند کتاب را باید لمس کرد، جور بهتری خواهم داد. اصلا" نمی‌دانم چرا کسی

به این مدّعیان نمی‌گوید، کتاب برای خواندن است آقایان، نه برای لمس‌کردن یا چیدن در کتابخانهٔ مهمان‌پذیر مجللّ تان !

باید فکری به حال خود بکنم، عاقبت این پرّش های کیهانی ذهن، من آن را این‌جور نام‌گذاری کرده‌ام، کار دستم خواهد داد.

نگاهی به اطراف می‌افکند، زن بی‌خود و بی‌جهت از این‌سو به آن‌سوی اتاق چند وجبی را می‌رود و برمی‌گردد. هرولهٔ زن، مرد را به موضوع اصلی باز می‌گرداند.

جوانی

مشاور: شروع کن!

زن: از کجا باید شروع کنم؟

مشاور: از هرجا، تو فقط حرف بزن. بعد با هم پازل را می‌چینیم، حرف هائی که تا حالا دنبال کسی می‌گشتی که به آن گوش دهد. حالا دو تا گوش هست مال تو، درست، بگو!

چقدر خوب بود، ایستگاه حرف‌زدن و شنیده شدن.

زن با سرِ افکنده: مشکل دارم. از همان اول، مشکل داشتم. نمی‌دانم از کی و چطور شروع شد، حالا می‌خواهد زن بگیرد. مادرش می‌گوید بچه‌ام نباید به پای تو بسوزد، من آرزو دارم، نوّه‌ام را ببینم.

مشاور: نوّه دیگری ندارد؟

زن : دارد، ولی نوّهٔ پسری می‌خواهد. شوهرم تک پسر است، پنج خواهر دارد و همه شان هم خوب زادو ولد می‌کنند !

مشاور: مادر شوهر، همه‌شان همین‌طور فکر می‌کنند؟! بهر حال! ما باید به تفاوت نسل‌ها احترام بگذاریم، شاید هم این یک بهانه بیشتر نباشد. شاید از اول رویِ دیدن تو را نداشته، بعد که دیده چند وقتی از ازدواج‌تان گذشته و خبری از بچه نیست، بهانه‌ای منطقی برای دخالت پیداکرده است، ها؟

زن : آخر ما با این خانواده آشنائی قبلی نداشتیم،آمدند خواستگاری، مجلس خواستگاری، اولین برخورد من با آن خانواده و همسرم بود.

مشاور: چطور تو را نشان کرده بودند؟

زن: نمی‌دانم. یک‌روز پیر مرد همسایه آمد با پدرم صحبت کرد. پدرم راضی شد و اجازه داد که آن‌ها بیآیند. اگر همان روز خوشش نیامده بود، می‌توانست مانع این ازدواج بشود. پسرش که عاشق و دلباختهٔ من نبود. از قضا، خانوادهٔ من در همان اول

رضایت ندادند و من، خود نیز راضی به ازدواج نبودم. آن‌ها رفتند و آمدند و تماس های پیاپی گرفتند و پیغام فرستادند تا رضایت ما را بگیرند.

مشاور: خب، دارد جالب می‌شود. می‌دانی این تردیدها که برایت پیش می‌کشم، برای این است که ترا وادارم تا هر چیز را به شرح و تفضیل، با حواشی برایم بازگوئی. نمی‌خواهم یک روایت ساده و خطی، روزنامه‌ای به من تحویل دهی.

زن : همسایه که آمده بود با پدرم حرف بزند. در آشپزخانه پیشِ مادرم که چای را داخل استکآن‌های به ردیف چیده شده، می ریخت، مدام غرّ می‌زدم.

- مامان، شما که نمی‌خواهید مرا مجبور به این‌کار کنید؟

- نه که نمی‌خواهیم، فکرکردی بابات به این سادگی راضی می‌شود تو را به هرکسی‌که از در درآمد، بدهد؟

- پس برای چه نشسته دارد با او حرف می‌زند؟ اصلا" برای چه اجازه داد، این آقا بیاید؟ چرا من باید چای را ببرم؟

- چقدر حرف می‌زنی تو، دختر. بزرگ محّله است، باید بهش احترام بگذاریم. باید محترمانه جوابش کنیم. رسومات را باید به جا آورد، تو دیگر بچه نیستی، باید این چیزها را بفهمی

- مامان جان هر هفته یکی از این مهمآن‌ها می‌آیند و می‌روند. من کنکور دارم، الان باید بنشینم درس بخوانم. شما همه‌اش من را مجبور می‌کنید، از این‌و آن پذیرائی کنم. اگر فردا قبول نشوم، حتما" بابا شوهرم می‌دهد. با این وضعی هم که درست کرده‌اید، نمی‌گذارید درس بخوانم، حتما" قبول نمی‌شوم.

- بیا این چائی‌ها را ببر، اینقدر نق نزن، تو چشم مهمان نگاه نکنی!

- چشم

زن : همان‌موقع که منتظر بودم مادر سینی چای را به دستم بدهد، تمام ساعت‌هائی را که با شوق به خواندن عربی و ادبیّات گذرانده بودم، پیش چشمانم به اختتامیّه‌ای تلخ رسید.

تمام آرزویم این بود که روزی بتوانم شعرهای عرب را برگردان کنم، شعرو ادّبیات دنیای عرب، خیلی شگفت انگیز است، نمی‌دانم با شعرهای عرب آشنا هستید یا نه؟

مشاور: نه زیاد، یک‌روزی باید برایم چند تا از ترجمه‌های خوب را بخوانی یا اسم کتاب و مترجم را بدهی، بروم تهیّه کنم.

زن : متأسفانه ترجمهٔ خوبی از اشعار عرب ندیده و نخوانده‌ام که به شما معرفی کنم، من به زبان عربی می‌خوانم. البته گیرآوردن کتاب ها هم داستان مفصلی دارد، الان فکر نمی‌کنم فرصت مناسبی برای گفتن این‌ها باشد. اگر شما بتوانید عربی بخوانید، برایتان کتاب‌های اصلی را می‌آورم. اگر هم ترجمه بخواهید خودم، دست و پا شکسته، شعرهائی را که زیاد دوست داشته‌ام، ترجمه کرده‌ام.

مشاور : چه جالب، تو مترجم زبان عرب هستی؟ خیلی هم خوب، خوشحال می‌شوم ترجمه‌هات را بخوانم

زن : باشد، حتما" من هم خوشحال می‌شوم بالاخره یکی به ترجمه‌های من یک نگاهی بندازد

مشاور : خب باید بگویم برایم جالب است که کسی برود سراغ ادّبیات عرب و این‌قدر در این‌کار علاقه و اشتیاق داشته باشد که شعر ترجمه کند، واقعا" به شما تبریک می‌گویم. از کی به ادّبیات عرب علاقه‌مند شدی؟ سؤال بعدی من این است که تا کنون، دست به کار چاپ‌و نشر ترجمه‌هایت زده‌ای؟

زن: فکر می‌کنم، اتفاق‌هائی که در زندگی آدمی می‌افتد، بی‌دلیل نیست. خوب، ساده و خلاصه بگویم، من عرب هستم. حوادث و روی‌دادهائی که حتما" در اخبار شنیده و دیده‌اید، مرا به اینجا کوچانده است. متأسفانه هنوز خواندن و نوشتن به زبان مادری را نیاموخته بودم که از دیار خود کوچیدیم. کم‌کم می‌رفت که تمام حافظهٔ زبانی‌ام را از دست بدهم که یک هم‌شاگردی از جنوب، وارد کلاس درس ما شد. از همان لحظه که وارد کلاس شد و معلّم او را به دانش‌آموزان معرفی‌کرد، مهرِاو در دلم نشست. می‌دانید یک‌جور احساس تعلّق به او داشتم. او از دیگر هم‌شاگردی ها به من نزدیک‌تر بود. ما زبان‌مشترکی داشتیم. حضور او باعث شد که حافظهٔ من باز گردد. با او از هردری سخن می‌گفتم، فقط برای این‌که به زبان مادری حرف بزنیم. وقت زیادی را با هم می‌گذراندیم.

مشاور: چه خوش‌اقبال بودی، گاه زندگی به ما لبخند می‌زند و نمی‌گذارد همه‌چیزمان را از دست دهیم. فقط باید فرصت‌هائی که زندگی در اختیار ما می‌گذارد را، بشناسیم و نگذاریم از کف‌مان برود.

زن: درست می‌گوئید. او به من کمک کرد که فراموش نکنم کیستم و از کجا آمده‌ام. یک‌روز زمستان بود، هیچ‌وقت یادم نمی‌رود. اولین برف آن سال بود و

هم‌شاگردی جنوبی من، از دیدن برف، آن‌چنان هیجان زده شده بود که هیچ‌وقت فراموش‌ام نمی‌شود. وسّط حیاط مدرسه، دست‌هاش رو به آسمان باز بود و می‌خندید و می‌چرخید، فریاد می‌زد، هلهله می‌کشید. از آن روز، من به دنیای قصّه‌های او وارد شدم.

مشاور: عجب؟!!!

زن: برایم عجیب بود. آنقدر از دیدن برف شادمان بود، که نمی‌توانستم باور کنم درحالی‌که من از دیدن برف، یاد سرمای زمستان شهرمان می‌افتادم. وقتی جائی برای گرم‌شدن نداشتیم و نه حتّی لباس به حدّکافی که ما را از سرما در امان نگاه دارد. باید اعتراف کنم که گاه برای گرم‌شدن، خودم را خیس می‌کردم، همه این‌کار را می‌کردند، گرمای مطبوع ادرار روی پوستم هرچند برای مدّت زمان کوتاهی دوام داشت، تحمّل سرما را آسان‌تر می‌کرد. بعد شلوار خیس یخ می‌زد، پاهایم یخ می‌زد و با خود درگیر می‌شدم که چرا با خود چنین کردم و به خود قول می‌دادم که دیگربار این‌کار را تکرار نکنم اما سرمای هواکه در جانت رسوخ کند، هیچ قول‌و قراری را به‌یاد نخواهی آورد. گاه هم خیس‌کردن‌ام از روی اختیار نبود، هیچ‌وقت نمی‌توانی حس‌کنی که چطور آدم در سرما اختیار خودش را از دست می‌دهد.

اشک از گوشهٔ چشم زن سرازیر می‌شود. دست‌هاش می‌لرزد و آستین مانتوش را که تا روی مچ پائین آمده، پائین‌تر می‌کشد.

مشاور کنار زن می‌نشیند، دستمالی از جادستمالی بیرون می‌کشد و اشک‌های زن را پاک می‌کند.

مشاور: خب،به این فکرکن که تو توانستی زنده بمانی.

زن: آیا این می‌تواند تسلی‌بخش آن همه درد باشد که همیشه با من همراه خواهد بود؟ زنده بودن من نه افتخاری دارد نه حس خوشنودی، وقتی به‌یاد می‌آورم که موشک روی خانهٔ همسایه افتاد و هم‌آغوشی مادر و فرزند یک‌ساله‌اش را ابدی کرد، می‌توانم ازاین‌که برحسب اتفاق زنده مانده‌ام، خوشحال باشم؟

مشاور: متأسّفم، جنگ همیشه قربانیان بی‌گناه بی‌شماری دارد.

زن: آری، من بیش از آن‌که هرانسانی مستحق است عزیزانم را از دست داده‌ام، شاید برای همین است که نمی‌خواهم دیگرکسی را از دست بدهم. شاید برای همین، به این زندگی آویزان شده‌ام.

مشاور: ببخش، شاید برای بازگشت به گذشته‌ات و یادآوری آن خاطرات زود باشد. می‌خواهی شیوهٔ کار را تغییر دهیم؟

زن: نه، می‌خواهم به خاطر بیآورم. نه این‌که به خاطر بیآورم، هیچ‌وقت از خاطرم نرفته‌اند. همیشه در خواب‌و بیداری آن صحنه‌ها را حس می‌کنم نه مثل یک خاطره، بلکه مثل یک تجربهٔ دوباره. می‌فهمی؟ و می‌خواهم با کسی حرف بزنم. می‌خواهم کسی بنشیند و به دردهایم گوش‌دهد هرچند دررابر آن همه حرف که خواهم زد، ممکن است حرفی نداشته باشید و سکوت در پیش گیرید. من می‌فهمم. فجایع را نمی‌توان توجیه کرد، نمی‌توان از خاطره‌ها زدود.بعضی دردها و زخم ها التیام نمی‌پذیرند. می‌دانم، اما می‌خواهم حرف بزنم.

مشاور: هرچه تو بخواهی.

زن: برای گفتن دردهایم، زبان و قلم من یاری نکرد. برای همین آرزو داشتم که بتوانم آنقدر به هر دو زبان تسلّط داشته باشم که آنچه دیگران گفته‌اند را ترجمه کنم.

مشاور : به آرزویت رسیدی؟!!

زن: نه،مسیر زندگی‌ام چیزی نبود که خودم انتخاب کنم. دیگران برایم تصمیم گرفتند و الان، نتیجهٔ تصمیم دیگران این است. من روبه‌روی شما اینجا نشسته‌ام و می‌خواهم زندگی‌ای که اصلا" نمی‌خواستم را نجات دهم. جالب است، روزی فکرمی‌کردم اگر این ازدواج پایان یابد، برای رسیدن به آرزوهام، راهی خواهم شد. اکنون، بیشتر از هرکس می‌خواهم در این ازدواج بمانم، دیگر برای از دست دادن، نیروئی در من نمانده است.

مشاور : اینطور که من متوّجه شدم، تو آرزوهات را دنبال‌کردی!

زن : آن آرزو خیلی‌وقت است در میان آرزوهای دست نایافتنی من جاگیر شده است. پرونده‌اش گاه سر باز کرد و آزارم می‌دهد، اما از خواندن ادّبیات عرب، نه، نمی‌توانم بگذرم. خواندن برای من راهی برای فرار از روزمرگی‌است. همسرم می‌گوید من معتاد به کتاب هستم، البتّه اگر در هرمورد من را نشناخته و اشتباه قضاوت کند، در این یک مورد حقّ دارد.

مشاور: عالی‌است، از این‌که تو موضع خودت را حفظ کرده‌ای و ادّبیات را فراموش نکردی، بهت غبطه می‌خورم. گاه فکر می‌کنم که روزمرگی زندگی خیلی چیزها را از

من گرفته و من توان مقابله با آن را نداشته‌ام یا راستش را بخواهی، خیلی وقت ها خودم را به کاهلی زده‌ام و اکنون اصلا" نمی‌دانم چه می‌خواسته‌ام.

زن: آرزو را نمی‌شود فراموش کرد. آرزو یک‌جائی در دلِ آدم خانه کرد و برای همیشه آن‌جا می‌ماند. حتّی اگر روی خانه آرزوهایت را آواری از روزمرگی بریزی، باز آن‌خانه همان جا در دل توست و هر وقت بخواهی، می‌توانی آن را از نو بسازی. کمی گردگیری می‌خواهد، آواربرداری و بعد هم زینت‌بخشی. گاه شاید دشوار بنماید اما همان رؤیای دست یافتن به آن، می‌تواند به آدم نیرو و انگیزه بدهد.

مشاور: من فکر می‌کنم، گاه من هستم که توسّط شما درمان می‌شوم. این یک امر دوسویه است، اما فکر می‌کنم، من بیش از همه به این دلیل به این رشته روی آوردم که می‌خواستم راهی برای مشکلات خودم بیابم، می‌دانی چه می‌گویم؟!

زن، اما هیچ نمی‌دانست، یا نمی‌خواست بداند یا که نمی‌خواست بشنود. او در خود بود و به آن شب می‌اندیشید، آن شب که نمی‌خواست تمام شود، نمی‌خواست صبح شود، سخت بود.

زن: تا صبح پلک نزدم، خودم را با تشت رخت های چرک بچه‌هائی که آب دماغشان را مف میکشیدند، مجسم می‌کردم. نه، نمی‌توانستم، شمردن گوسفندان،تکرار جدول ضرب، هیچ‌کدام نتوانست من را کمک کند تا خودم را به فراموشی بسپارم و کمی بیآسایم. چراغ ها خاموش شده بودند و در رج خواب من، چهارنفر دیگر خواب بودند. تکان خوردن، بلند شدن، اصلا" نمیتوانست فکر خوبی باشد. تا صبح چشم به سقف اتاق دوخته بودم و می‌گریستم،گاه به خودم امید می‌دادم « نه، همه‌چیز نمی‌تواند این قدر بد تمام شود. شاید مرد خوبی باشد، شاید بتواند با من و آرزوهام راه بیآید». اما مشکل اصلی من این بود که هیچ‌وقت در مورد خواسته‌ها و برنامه‌هام برای زندگی آینده به صداقت با کسی حرف نزده بودم و نمی‌دانستم چطور می‌شود باب این نوع گفت‌وگو را باز کرد. صبح آن روز، چشم‌هام درشت‌تر از هر صبح دیگری بود اما،دیگر امیدی در چشمانم خانه نداشت، رخت‌بسته و رفته بود. حالا می‌دانستم چطور به ناگاه نگاه درخشان یکی کودک خاموش می‌شود و در پس پردهٔ آن، زندگی را نمی‌توان یافت.

ساعات طولانی شب ها، از آن پس، چه زود می‌گذشت. آخرین شبهای آزادی. آزادی هم نسبی است. من همان موقع هم درند قوانین خانواده بودم همیشه بندی

هست، زندگیاجتماعی با خود بندهائی به همراه می‌آورد. ممکن است قوانین نانوشته و یا ناگفته این‌جا و آن‌جای دنیا با هم فرق داشته باشد و یا حتّی از این خانه به آن خانه اما بی‌قانون نمی‌شود در کنار دیگران زیست.

نمی‌دانم این فکر از کجا در من نهادینه شده بود که در خانهٔ همسر، نمی‌توانم آرزوهام را دنبال کنم. البتّه، الان خوب می‌دانم که این فکر از همان ابتدا اشتباه بود و باعث سستی من در زندگی شد. من بر اساس این اندیشهٔ نهادینه شده در درونم، هیچ تلاشی برای رسیدن به آرزوهایم نمی‌کردم. من با خداحافظی از رؤیاهایم وارد بسترجدیدی از زندگی‌ام شدم. این تقصیر هیچ‌کس نیست، نه حتّی خود من. کسی به من نگفت، می‌توانی. کسی از من چیزی بیش از آن‌که بودم نخواست و من در همان‌جا که بودم، ماندم. مثل یک جلبک دریائی، حس می‌کنم به یک‌جا ماندن تن دادم.

آن شب، نگران فردا، کتاب ها را تلنبارکردم پیش روی‌ام، شیمی، مثلثات، به خاطر سپردن جدول مندلیف، انتگرال، حالا دیگر با تمام علاقه‌ای که به مثلثات و هندسه داشتم، آموختن آن‌ها را بیهوده می دیدم. آخر، جدول مندلیف و انتگرال موقع آب کشیدن کهنه‌های زردآب گرفته، به چه‌کار می‌آمد؟!

صورتم پر شده بود از جوش، جوش دوران جوانی، آکنه، نگرانی مادر از به‌جاماندن آثار این همه جوش، و نگرانی من از قبول نشدن در امتحان. دنیای ما خیلی با هم فرق داشت.

مشاور: برای امروز کافی‌است. جلسهٔ بعد در مورد دوران کودکی‌ات با هم صحبت می‌کنیم، بهش فکرکن. می‌خواهم قبل از آمدن به اینجا داستانت را خودت مرورکرده باشی.

زن با بهت از قطع ناگهانی مکالمه، بدون هیچ حرفی از در خارج می‌شود. بیرون می‌آید، با خود فکر کرد، با وجود این‌که در این نیم‌ساعت هیچ اتفاقی نیافتاد ولی جوری سبک‌تر از زمان ورود به اتاق قدم برمی‌دارد.

چرا در گذشته این‌قدر بین خانه پدر و خانه همسر تفاوت قائل بود؟! مگر در خانه پدری چه بود که در خانه همسر یافت نمی‌شد و یا چرا فکر می‌کرد ازدواج سدّ راه رسیدن به آرزوهایش خواهدشد؟!

انطباق

مرد قلم را زمین می‌گذارد. برخاسته، برنخاسته، فنجان قهوه را برمی‌دارد، سربلند می‌کند. زن،کنارگاز روشن ایستاده، سرش داخل تابه‌ای‌است که بوی سرخ شدن گوشت از آن بلند می‌شود.

مرد: بیا، قهوه‌ات سرد شد!

زن : سرد می‌خورم.

مرد: نمی‌خواهی بدانی از چه دارم می‌نویسم؟

زن : چرا؟ ولی الان نه، کمی که پیش رفت می‌خوانم

مرد: چه شده؟ باز رفتی تو لک!

زن : بیرون که بودم، داشتم فکر می‌کردم می‌توانی بنویسی یا نه؟ آخر، ما عادت‌کرده بودیم در حیاط کنار باغچه‌کار کنیم. تو زیر درخت سیب می‌نشستی، می‌نوشتی و من کنار حوض بساطم را پهن می‌کردم. یادت هست؟! حوض می‌شد محل شستن قلم‌موهام،گاهی به جای کاغذ یا بوم، توی آب با رنگ بازی می‌کردم.

مرد: آری، تو و آن درخت سیب و من، چقدر کشیدی؟! همیشه فکر می‌کردم خسته نمی‌شوی؟ هر روز، باز همان تصویر! من و درخت سیب. البتّه، من برایت هر روز جذاب‌تر می‌شدم، حقّ داشتی. ولی آن درخت سیب چه؟ گاه به آن درخت حسودی می‌کردم.

زن : تو وآن درخت سیب، هرروز رنگ عوض می‌کردید. هرروز تازه‌تر از روز پیش بودید. هرروز رنگ عوض می‌شد، سایه‌هاعوض می‌شد و خط‌ها عوض می‌شد. من،تمام شاخ و برگ‌های آن‌درخت را می‌شناختم، درست مثل شاخ و برگ‌های تو.

زن: آه، بگذریم،داشتم به این فکرمی‌کردم که تو می‌توانی توی این چهاردیوار خاکستری بی‌نور و روزن بنشینی و کارکنی؟

مرد : می‌بینی که پنجره دارد! شعاع نور را نمی‌بینی؟!

زن: می‌بینم، ولی این تابش مستقیم نور نیست. این فقط نشان می‌دهد که این‌جا، تاریک‌تر از آن چالهٔ لعنتی ست که نام بی معنای نورگیر را بر آن گذاشته‌اند. آن چاله، بیشتر چالهٔ نور است، سیاه چالهٔ نور و من گاه فکر می‌کنم که نور هم در آن چاله اسیر است، مثل من، در این خانه و این نور که از آن چاله می‌تابد تنها به یادم می‌آورد که چقدر به نور، به هوای تازه احتّیاج دارم.

مرد: آن چالهٔ لعنتی که تو می‌گوئی، اسمش حیاط خلوت است.

زن : با یک کلمه که معنی چیزی عوض نمی‌شود ادیب عزیز. آخر، خلوت در این فضای تنگ‌وترش که این همه پنجره در آن باز می‌شود،معنی دارد؟ من نمی‌دانم این فرهنگستان لغت، واقعا" این کلمه را از کجا پیدا کرده؟ این هر چی باشد، حیاط خلوت نمی‌تواند باشد.

مرد: ولکن این حیاط خلوت را،داشتی فکر می‌کردی من می‌توانم اینجا کارکنم یا نه؟ خوب، به چه نتیجه‌ای رسیدی؟ می‌بینی که شروع کرده‌ام و می‌توانم و باید به تو بگویم که این‌کار واقعا" اثر خوبی می‌شود.

زن : شما مردها همیشه اعتماد به نفس بالائی دارید، حتّی وقتی بزرگترین خرابکاری که از دستتان برمی‌آید را به انجام رسانده باشید با گشاده‌روئی می‌گوئید که شاهکار آفریده‌ام.

مرد: شما مردها؟ خوب به غیر از من، اعتماد به نفس بالای کدام مردی تو را آزار داده است؟

زن: ای بابا، بی‌راهه نزن، خوب منظور من را می‌فهمی.

مرد : من بی‌راهه می‌زنم یا تو؟ بیا اصلا" برگردیم سر خط، داشتی فکر می‌کردی.

زن : آری، داشتم فکر می‌کردم تو می‌توانی اینجا کارکنی یا نه؟ و پیش خودم خیلی خیال‌ها کردم. اگر نتوانستی چه می‌شود و چه‌کار می‌کنیم؟ آیا حاضر می‌شوی، برگردیم به شهر و خانهٔ خود؟ بعد رسیدم، دیدم که شروع کرده‌ای،داری یک چیزهائی می‌نویسی، حالا خوب یا بد مهّم نیست یا این‌که موضوعی که روی کاغذ می‌آوری چیست. این‌ها، الان اصلا برایم مهّم نیست. مهّم این است که تو شروع کرده‌ای و حالا دارم فکر می‌کنم که تمام خیالاتی که داشتم، از بین رفت. حالا دیگر باید به خودم فکر کنم، باید با این واقعیت کنار بیآیم که مجبورم درهمین فضا زندگی کنم و صفحات روی بوم را خاکستری کنم؟

مرد : اگر سخت نگیری، تو هم می‌توانی. فضا عوض شده، تو هم باید سوژهٔ دیگری پیدا کنی. مثلا" همین خاکستریِ اطراف مگر تغییر نکرد؟

زن : یعنی باید تسلیم شوم.

زن خود را در سکوت مشغول کرد، هاله‌ای از اندوه او را فراگرفته. مرد که در او شور نوشتن زنده شده و ذهنش بیشتر از این‌که درگیر زن باشد، درگیر زن و مشاور است از روی زمین، کاغذها و قلم را برمی‌دارد، به دیوار تکیه می‌دهد،زانوها را پایهٔ نوشتن کرد و بی‌اعتنا به زن وخواسته‌هاش، به‌خود مشغول می‌شود.

ترس های پنهان

ندیدن صورتم در آینه، پنهان شدن از دید مادر زیر کرسی داغ، درس خواندن، به خاطر سپردن تاریخ تولّد حافظ، سعدی. تاریخ سلجوقیان، آل بویه، هندسه فیثاغورثی.

طرح کاد، کمک‌های اولیه، خانه‌داری، شوهرداری از روی کتاب، هرچقدر هم درس بخوانم و شاگرد خوبی باشم، فایدهٔ آن چیست؟!

مادر که اهل شعر و ادب بود، می‌گفت، هرچیزی دانستن‌اش بهتر از ندانستن است. همهٔ درد بشر از ندانستن سرچشمه می‌گیرد. بخوان، یک‌روز می‌فهمی همهٔ این دانسته‌هابه کارت می‌آید، به درد زندگی ات می‌خورد.

نمرهٔ هندسه و مثلثات می‌خواهم؟ بافتنی نیمه افتاده را برمی‌داشتم و می‌بافتم،می‌خواستم حداقل اگر نتوانستم درس بخوانم، زن خوبی بشوم، مادر خوبی بشوم. همیشه بین این دو سدّی بود، یا این یا آن، درهیچ کجای ذهن من، این دو نمی‌توانست به هم پیوند بخورد.

هر جا بودم و هر چه می‌شدم، باید در همان شرائط، آدم مقبولی می‌شدم. چند رج که می‌بافتم، شوق یادگرفتن در من بیدار می‌شد و بازکتاب به دست می‌گرفتم. در کلّ، این یک‌جانشینی یک اضافه وزنی بهم داده بود که با وجود نفرت از آن، دوستش داشتم یادآوری اتفاقاتی که در گذشته مسیر زندگی من را تغییر داد، نارحت کننده است. چون احساس می‌کنم، در هیچ جای زندگی‌ام نقشی نداشته‌ام. همیشه این دیگران بودند که برای من تصمیم گرفته‌اند. کجا بروم؟ چه بکنم؟ چطور و با چه کسی زندگی‌کنم؟ حتّی، چطور لباس بپوشم یا سخن بگویم؟ من یک عروسک خیمه شب‌بازی بیش نبوده‌ام که عروسک‌گردان آن، این روزها، به فکر عروسکی دیگر افتاده‌است.

وقتی بچه بودم فکر می‌کردم روزی بزرگ می‌شوم و امور زندگی‌ام را خودم به دست می‌گیرم. به فکر نجات دنیا بودم، به فکر از بین بردن فقر، تنگ‌دستی و جهل. بزرگ‌تر که شدم، امرو نهی‌ها بیش‌تر شد. اول پدرم بود و بعد همسرم. چرا آن‌ها فکر

می‌کردند من،خوب و بد خود را به درستی نمی‌توانم تشخیص دهم؟ ناباوری آن‌ها به من، باعث ناباوری من به من شده بود. آیا می‌توانستم جز این باشم که هستم؟!

اکنون، درست زمانی‌است که باید خودم انتخاب کنم، جدائی یا ادامهٔ همان راهی که ناخواسته بر من تحمیل شده است. می‌ترسم، اشتباه کنم. حالا پدرم نیست که به من بگوید چه بکنم؟ همسرم هم، مرا به حال خود گذارده است. من آدم بالغی هستم و باید در این برهه از زندگی‌ام، بزرگ‌ترین تصمیم خود را بگیرم. اولین تصمیم من برای خودم، بزرگ‌ترین تصمیم زندگی من است.

رفتن یا ماندن؟ راهی‌است که باید به تنهائی انتخاب کنم، راهی بی‌بازگشت. هر اشتباهی می‌تواند به بهای گرانی تمام شود. ماندن در کنار مرد و خانواده‌ای که دیگر حضور من آن‌ها را راضی نکرد و یا رفتن به تنهائی، به راهی ناشناخته. همیشه از ناشناخته‌ها، ترسیده‌ام و همین ترس از من، آدمی ساخته که هستم. آدمی بدون قدرت تصمیم‌گیری.

زمان انتخاب رسیده. زمان من شدن، تنها شدن. نمی‌توانم خودم را به همسرم تحمیل کنم، هرچند او و آن دیگران، روزی او را بر من تحمیل کرده‌اند.

زندگی خصوصی یک مشاور

صحنهٔ آخرین منازعه =از پیش چشمانش کنار نمی‌رود.

به آخرین منازعهٔ زن می‌اندیشد - در حال آماده کردن غذا در آشپزخانه، به تنها چیزی که فکر نمی‌کرد، سرو غذا بود. ملاقهٔ سوپ دردست، به شیشه‌ای با قطر دوازده میلیمتر می‌اندیشد که دستیِ‌غضب آلود بر آن فرود آمده است. فریاد مرد به هنگام فرود آوردن دست و صدای خرد شدن شیشه بر روی زمین به‌اندازه‌ای می‌توانسته زن را در بهت فروبرد که تا ابد از این بهت بیرون نیاید. با خود می‌اندیشد می‌شد حضورش را برای همیشه فراموش کند، او زن قدرت‌مندی است.

پرونده‌ای که برای مطالعه شرح حال بیمار برایش فرستاده بودند، بسیار مختصر به شرح واقعه پرداخته بود. همان چند سطر کوتاه، ذهن مشاور را درگیر کرده است.

سوپ، درون کاسه بالا می‌آید و با بالا آمدنش، محیط خود را گرم کرد،گرم‌تر وگرم‌تر. تا افق سوپ در کاسه با خط مرزی کاسه، هم‌پایه می‌شود و از لای دالبرهای ظرف شرّه‌های سوپ به اطراف می‌ریزد. ناگهان داغی سوپ را روی دستان خود حس کرد، می‌سوزد. کاسه در هوا معلّق می‌شود. سوپ با رشته‌های دراز گره خورده به سبزی به هوا می‌پاشد و در همهٔ فضا پخش می‌شود. درو دیوار و زمین وخانم تا می‌آید تکان بخورد، پایش به جای زمین به هوا برمی‌خیزد و می‌رود تا نقش زمین شود. دست را حائل بدن می‌نماید که ناگاه خون از زیر آرنجش فواره می‌زند.

ردِّ سرخ خون روی سفیدی بازوانش زیباست، رشته‌های خونین از روی بازو و لباس او تا روی زمین کشیده شده‌اند. بوی خون گرم انسان، فضای خانه را پر کرد. زن گیج می‌خورد و یا این‌که جای پایش دیگر سفت نیست، روی زمین فرش شده از سوپ داغ، پهن می‌شود.

مرد با صدای افتادن زن و داغ شدن ناگهانی فضا، هراسان از اتاقی که آن سوی هال است، بیرون می‌زند: چه کردی با خودت؟!

زن را پشت پیشخوان آشپزخانه روی زمین به حالت نیم‌خیز می‌یابد که در خون و گوشت و رشته‌های گره خورده،گم شده است. صورتش از ترس و درد به هم ریخته و نالان می‌گوید: به اورژانس زنگ می‌زنی؟

مرد پاچهٔ شلوار راحتی‌اش را با دست بالا گرفته، و از میان گنداب ایجاد شده، خود را به زن می‌رساند: آخر این چه جور کارکردن است؟ یک‌ذرّه دقّت کنی، بد نیست. هردفعه می‌آئی یک کاری بکنی، بلائی سرِخودت می‌آوری.

زن: می‌شود به جای این حرف‌ها، زنگ بزنی اورژانس !

مرد دست زیر بغل زن کرد تا او را کمک کند برای برخاستن: همیشه همین است، حرف نزن.

زن درحالی‌که او را پس می‌زند، بلند می‌شود: گفتم زنگ بزن اورژانس، نمی‌بینی چه خونریزی‌ای دارم؟

مرد بالاخره با صورت و نگاهی آویزان به سمت تلفن می‌رود.

گوشی را قطع می‌کند: الان می‌آیند و به‌سمت جعبهٔ‌کمک‌های اولیه که روی دیوارِ آشپزخانه نصب شده، می‌رود و درِ آن را باز کرد. بعد از چندلحظه نگاه و جست‌وجو : باند نداریم؟! همیشه چیزی که لازم‌است، پیدا نمی‌شود. پارچه تمیز کجا داری ببندم‌اش تا این‌ها برسند؟

زن که دیگر رنگی به رخسارش نمانده است، روی دستهٔ چوبی مبل نشسته و مراقب است که خون روی مبل نریزید: مهّم نیست الان می‌رسند، تو برو لباس‌هات را عوض کن، الان می‌آیند با زیرپوش زشت است جلوی مردم.

مرد دستش را توی هوا به سمت آشپزخانه ول می‌دهد: با زیرپوش زشت است زن حسابی؟! الان دیگر معنی زشت و زیبا را به خوبی می‌شود فهمید، من نمی‌فهمم چطور در این حالی‌که هستی، می‌توانی راجع به زشتی حرکت من حرف بزنی.

زن : خیلی خوب، لباس هات را عوض نمی‌کنی، کف آشپزخانه را یک تی بکش، الان پدرو مادرت هم از راه می‌رسند.

مرد: چشم، حتما" توّقع داری جلوشان چای هم بگذارم. زنگ بزن، بگو، تشریف‌شان را نیآورند.

باتندی به سمت حمّام کوچک کنار اتاق خواب می‌رود و سطل بزرگ زباله را که تازه شسته‌اند، برمی‌دارد می‌آورد در ابتدای ورودی آشپزخانه می‌گذارد.

زن: می‌شود خواهش‌کنم خودت زنگ بزنی!

مرد تلفن را برمی‌دارد و دست‌پاچه بهانه می‌آورد که کاری برایش پیش آمده و باید به جلسه‌ای برود، خانم را هم همراه می‌برد. یک وقت دیگر همدیگر را خواهند دید و از این تعارف‌های معمول، مادر از آن‌سوی‌خط، دست بردار نیست و مکالمه‌شان قدری طول می‌کشد. خانم با ناراحتی می‌گوید: بس کن دیگر، عجله کن.

مرد با دستپاچگی آشکار در صدایش از مادر عذرخواهی کرد و می‌گوید دارد دیرمی‌شود و باید زودتر به کارش برسد، خداحافظی می‌کند.

پاچه‌های شلوار راحتی را بالا می‌زند، از داخل جاکفشی یک جفت چکمه پلاستیکی بیرون می‌آورد: ببین هرچه من می‌خرم یک‌روز به درد می‌خورد. هی می‌گفتی، این چکمه‌هارا برای چه می‌خری؟ دیدی حالا به درد خورد.

زن با لبخندی شیطنت آمیز می‌گوید : خوب است، من کاری کردم که به درد بخورد. عمرا" به غیر از امروز به کارت بیآید.

مرد چکمه‌هارا می‌پوشد: بله خانم تمام زحماتت به خاطر این بود که مبادا من الکی پول حرام کرده باشم و دستی به مهربانی بر شانهٔ زن می‌زند.

زن می‌بیند که خون روی زمین در حال توسعهٔ مرز آلودگی است و کم‌کم دارد به فرش نزدیک می‌شود، برمی‌خیزد از روی جالباسی جلوی در روسری‌اش را برمی‌دارد و دور دستش به آرامی می‌پیچد و یک پارچهٔ کهنه را هم روی زمین می‌اندازد و به خط کرد تا خون، مرز خودش را بشناسد.

مرد از داخل کابینت یک کاسه پیدا کرده و با آن، سوپ و خونابه را به داخل سطل می‌ریزد، بویِ خونِ گرم حالش را به‌هم می‌زند: یک روسری هم بده من ببندم جلوی دماغم.

زن می‌رود و از داخل اتاق یک روسری برای همسرش می‌آورد. مرد روسری را دور دهان و دماغش می‌پیچد و با صدائی که از پشت پارچه به زحمت شنیده می‌شود، می‌گوید: حواس‌ات به زنگ باشد،

زن به صفحه آیفون تصویری نگاه می‌اندازد که روشن شده است،گوشی را برمی‌دارد : بله! طبقهٔ‌سوّم

دو مرد وارد خانه می‌شوند، اندام هائی درشت دارند که مجبورشان کرد، یکی یکی داخل شوند. در نگاه اول، آشپزخانه به چشم‌شان می‌خورد و مردی که در میانهٔ

آشپزخانه با چکمهٔ پلاستیکی ایستاده و تا مچ پایش درون خون و لعاب گوشت پنهان است. مردی که جلوتر وارد شده با دست، بوی فضا را پس می‌زند و با نگاه به اطراف زن را می‌بیند که خون از پارچهٔ پیچیدهٔ روی دستش پس زده و قطره قطره به زمین می‌ریزد: خانم، لطفا" بشینید و پارچه را از روی دستتان بردارید

زن، روی صندلی کنار میز ناهار خوری می‌نشیند و مرد بهیار صندلی کنارش را عقّب می‌زند و می‌نشیند. زن، روسری را به آرامی، از دور دستش باز کرده رو برمی‌گرداند. خون هم‌چنان می‌جوشد و به بیرون می‌ریزد.

بهیار دوّم جعبهٔ همراهش را روی میز باز می‌کند و از داخل آن محلول ضد عفونی کننده را بیرون می‌آورد و به بهیار اول می‌دهد. بهیاراول مشغول تمیزکردن دستِ زن می‌شود و بهیاردوّم دفتروخودکاری بیرون می‌آورد و شروع می‌کند به سؤال کردن.

سن؟ جنس؟ محل تولد؟ شغل؟

زن : روان‌پزشک

مرد بهیار: پزشک هستید؟

همسر گرامی با کنایه‌ای همه‌کس فهم می‌گوید : روان‌پزشک هستند !!

زن،لبخند می‌زند : حادثه برای همه پیش می‌آید عزیزم

مرد بهیار با نیم‌نگاهی به آشپزخانه و سرو وضع همسر گرامی : البتّه حادثه داریم تا حادثه، خدا صبرتان دهد.

زن، با خونسردی لبخند می‌زند.

به کنایه‌های همسر عادت کرده است، بیش از آن هم، به هم‌دردی مردان با هم.

مرد بهیار: کاری از دست ما بر نمی‌آید، باید بروید بیمارستان، اگر شریان اصلی پاره شده باشد، که به احتمال زیاد هم اینطور است اتاق عمل نیاز دارد. درهرصورت، بهتر است یک متخصّص شما را ببیند. من خیلی آرام باند را می‌بندم که به استخوان شکسته فشار نیآید، متوجّه باشید که هرفشاری به این استخوان ممکن است باعث پارگی رگ‌های داخلی شود، پس تا آنجا که ممکن است تا رسیدن به بیمارستان، دست خود را ثابت نگهدارید.

همسر : از راهنمائی‌تان ممنونم.

مرد در حال حرف‌زدن به سوی حمام می‌رود. زن هم از آقایان تشکر کرده و تا دم در آن دو را همراهی می‌نماید.

مرد با سرعت زیاد حرکت می‌کند واز این سو به آن سو می‌رود. لباس‌هایش را پوشیده، مدارک مورد نیاز و کیف پولش را برمی‌دارد و در جیب عقب خود جاسازی کرد. در این‌حین، زن هم به سختی آماده شده است. مرد، روسری زن را روی سرش مرتب می‌کند. سوئیچ را از روی پیشخوان آشپزخانه برمی‌دارد و از جاکفشی کفش های زن را پیش پای‌اش جفت می‌گذارد، زن پا در کفش‌هاش می‌کند.

در همین‌موقع، خواهرِ زن از در وارد می‌شود و با صدائی وحشت‌زده و نگران: چه شده است، خدایِ‌من!! چه شده؟! چه بلائی سرِ خواهرم آمده است؟!

مرد: داریم می‌رویم بیمارستان، عجله کن. تو راه بهت می‌گویم، این خواهرت معلوم نیست کجا سیر می‌کند؟! یک دقیقه تنهاش گذاشتم این وضع پیش آمد.

مشاور: برای همه ممکن است پیش بیاید، اتفاق است دیگر!

خواهر: خواهر جان چرا مراقب خودت نیستی؟!

مشاور: برای همه ممکن است پیش بیاید، اتفاق است دیگر!

بیمارستان، زیاد دور نیست. اورژانس، پذیرش می‌شوند و سریع زن را راهی اتاق عمل می‌کنند. مرد پشت در اتاق عمل با نگرانی بالا و پائین می‌رود. بیمارستان ساکت و خاموش است. محیطی آرام دارد که ساعت های انتظار را طولانی‌تر کرد، مرد بیرون می‌رود،داخل می‌آید، آب میوه‌ای می‌گیرد و به خواهرزن می‌دهد.

خواهر: خودت نمی‌خوری؟

مرد: نه، اصلا" نمی‌توانم، یک چیزی انگار راه گلوی‌ام را بسته، خدا کند به‌خیر بگذرد

خواهر : به‌خیر می‌گذرد، زود آمدیم، نگران نباش

مرد: تو نگران نیستی؟!

خواهر : من همیشه نگران او هستم. مگر می‌شود نگران نباشم.

مرد روی صندلی می‌افتد، باز برمی‌خیزد و بیرون می‌رود، در حیاط کمی قدم می‌زند. چهارطرف حیاط بیمارستان را ساختمان‌ها با قدهای کوتاه و بلند احاطه کرده‌اند. بالای در ورودی هرکدام، تابلوئی زده شده و نام بخش‌های زیر مجموعهٔ بنا روی آن درج شده است. ساختمان‌ها از دیوارهای مجاور فاصله دارند و در کنار آن‌ها راهی برای عبور کار شده است. باغچه‌ای دورتا دور حیاط چرخیده و در آن درختان بلند برگ‌پهن به چشم می‌خورد. مرد با خود می‌اندیشد که اینجا باید برگ‌سوزنی

می‌کاشتند تا سدّی باشد برای عبور صدا. اما بی‌شک برای کاشت درختان از متخصصی مشورت نگرفته‌اند، خیلی ولخرجی کرده باشند دعوت از باغبانی پیر بوده است که بیمارستان را مثل کشتزار خود از کشت همسایه جدا کرده است، مرزهای محوطۀ بیمارستانی را تعریف نموده. شاید هم زیاد نتوان ایرادی بر آن‌ها وارد دانست، زیرا علم شناخت گیاهان در محیط زیست شهری، علم نوپائی‌است و امروزه هم هنوز جای خود را به درستی پیدا نکرده است.

در گوشه‌ای از محوطه، تابلوی کتاب‌خانه و سالن کنفرانس به چشم می‌خورد که اشاره به راه عبوری از کنار ساختمان چهارطبقه را دارد. بی‌گمان این کتاب‌خانه یا سالن کنفرانس در جائی آن پشت‌ها مستقّر شده است. در زیر تابلو، نوشته‌ای با خط نه چندان زیبا حکّ شده است «به‌سوی مدیریّتِ‌خون» مقوای حاوی نوشته با ریسمانی به تابلوی اصلیِ راهنما، آویزان شده و به بیننده دهن‌کجی می‌کند.

روزنامه‌ای می‌خرد و به داخل باز می‌گردد. روی نیمکت کنار خواهرزن می‌نشیند، سه بخش روزنامه را ازهم جدا کرده بخش انتهائی روزنامه‌های عصر معمولا" بخش ادبی است، بخش انتهائی را به خواهرزن می‌دهد. بخش میانی را روی بقیّۀ برگه‌ها می‌گذارد، روزنامه را به دقّت تا کرده به‌طوری‌که فقط جدول رویِ صفحه روئی دیده شود. زمان می‌گذرد. مرد جدول را به روی صندلی مجاور می‌اندازد و برمی‌خیزد. خواهر با نگاه به خانه‌های خالی جدول می‌گوید: مدادت را هم بده.

مرد مداد را به خواهرزن می‌دهد و می‌رود.

بیرون، هوا تاریک شده است. از دکّۀ جلوی در اصلی سیگاری می‌گیرد. با فندکی که با ریسمان به جای خود محکم شده است، سیگار را می‌گیراند. قدم می‌زند و سیگار می‌کشد. سیگار تمام می‌شود، سیگاری دیگر می‌گیرد و می‌گیراند.

برمی‌گردد و به درِ اتاق خیره می‌شود. زمان به آرامی می‌گذرد. روی در اتاق عمل ساعتی هست که دارد جان می‌کند، بالاخره عقّربه‌ها که به روی هم می‌لغزند و روی دوازده به‌هم می‌رسند. در باز می‌شود و چند مردو زن سفیدپوش درحالِ گفت‌وگو باهم بیرون می‌آیند.

مرد تا می‌آید به آن‌ها نزدیک شود، زنی از لای در سرش را بیرون می‌آورد و صدا می‌زند همراهِ خانم بحرینی؟!

مرد نزدیک می‌شود: بله خانم

همراه: عمل‌اش تمام شد نیم‌ساعت دیگر می‌بریم‌اش توی بخش. نگران نباشید، همه‌چیز خوب پیش رفت.

مرد: ممنون خانم، کی مرخص می‌شود؟!

همراه : عجله داری؟ بگذار برود توی بخش، دکترمی‌آید با شما صحبت می‌کند. از او می‌توانید بپرسید.

ترخیص

مرد و خواهرزن درحالِ جمع‌کردن وسائل زن هستند، بالاخره بعد از چهل‌وهشت ساعت، جرّاح اجازهٔ مرّخص شدن را صادر کرده است.

مرد : باید دوهفته دستت بسته باشد، مطب را تعطیل کن، استراحت کن!

زن: عزیزم، من که با دست‌هام کاری ندارم، من با زبانم کار می‌کنم.

مرد: آری، می‌دانم، خدا را شکر که با دست‌هات کاری نداری، اعتراف می‌کنم که زبانت خیلی کاربلد است.

خواهرزن : راست می‌گوید، بد نیست چندروزی مطب را تعطیل کنی، اصلا" بیا با هم می‌رویم سفر، مجّردی (با شیطنت رو به مرد)

بعد از اندکی سکوت، مرد باز به زبان می‌آید.

مرد: می‌دانم که نه تنها به سفر نمی‌آید، بلکه همین فردا بعدازظهر می‌توانی او را در محل کارش ملاقات کنی

خواهرزن : بیا برویم دیگرمی‌دانی چندوقت است یک‌روز تعطیل نکرده‌ای؟ آخر نمی‌شود که همه‌اش کار، کار، پس کی زندگی بکنیم؟

زن: من با کارم زندگی هم می‌کنم، این دوتا که ازهم جدا نیست

خواهر: باید یک کمی‌استراحت هم بکنی! این قدر فشار به خودت می‌آوری، حواس‌ات به خودت نیست، همه‌اش یا مریضی یا برایت یک اتفاقی می‌افتد که مجبورمی‌شوی در رخت‌خواب بمانی. بهتراست قبل از این که از زورِخستگی، ازپا دربیآئی، وقت استراحت به خودت بدهی.

مرد: من تعّجب می‌کنم، تو هنوز خواهرت را نمی‌شناسی؟ یعنی امید داری با این حرف‌ها بتوانی برنامهٔ زندگی او را ذرّه‌ای تغییردهی؟!

زن: خیلی خوب، اگر این‌جوری خیال شما راحت می‌شود، فردا را تعطیل می‌کنم. ولی یکی از خانم‌هائی که پس‌فردا می‌آید را نمی‌توانم تنها بگذارم، الان موقعیت

روحی‌اش خیلی حساس است، می‌روم فقط او را می‌بینم و باز می‌گردم به بقیّه زنگ می‌زنم که یک‌هفته نخواهم بود.

مرد: من که هرچه بگویم، شما کارِخودت را می‌کنی،اصلا" بی‌خود نظر دادم. زنِ حسابی یک نگاه به خودت بیانداز، ببین موقعیت چه‌کسی الان حساس است.

زن با عشوه‌ای آشکار در کلامش : خواهش می‌کنم، ناراحت نشو

مرد: وقت برای ناراحتی ندارم، کار آشپزخانه تا نصف‌شب هم تمام نمی‌شود

زن: بگذار فردا زهرا خانم می‌آید

مرد: تا فردا خون و لعاب سوپ می‌ماسد، بندهٔ خدا دیگر نمی‌تواند تمیز کند. درضمن شب از بوی گندش نمی‌توانیم بخوابیم

زن: خون من بوی گند می‌دهد !!!!

مرد: بله خانم خانم ها ، خون شما اگر زمین بریزد، بوی‌اش از هر چیزی زننده‌تر است

زن لبخند می‌زند.

خواهر : من کمک می‌کنم، زود تمیزش می‌کنیم

خودرو متوقف می‌شود مرد کرایهٔ راننده را می‌پردازد و بی‌کلامی به‌آهستگی در را بازمی‌کند. آرام‌آرام از پله‌ها بالا می‌روند.

فضایِ خالی

مرد که به انتهای بخش رسیده است، سر ازکار برمی‌دارد. سیگاری می‌گیراند: الههٔ من، غذا حاضر است؟ ضعف کردم.

زن : الان آماده می‌شود، تا تو بروی دست‌هات را بشوئی، من سفره را می‌چینم

مرد به سمت سرویسِ‌بهداشتی جلوی در ورودی می‌رود، ذهن‌اش اما لایِ کاغذها، روی زمین جامانده

زن کاغذها را روی‌هم جمع کرده مچاله‌هارا برمی‌دارد، صاف کرده و گوشه‌ای دیگر روی‌هم می‌گذارد. پارچه‌ای روی موکت وسط اتاق پهن می‌کند و سفره را روی پارچه می‌اندازد. می‌رود آشپزخانه و برمی‌گردد، می‌رود و باز می‌آید، می‌رود و باز می‌آید. سفره، فضا را رنگین می‌کند. از بشقاب غذا، بخار بلند می‌شود. رگه‌های سرخ و سفید و زرد درون بشقاب به شکلی درهم پیچ‌خورده است که گوئی زن بشقاب بزرگ غذا را با بوم نقّاشی یکی می‌داند. درون کاسهٔ دیگر، برش‌های سبز و قرمز و سفید هم هست. آب می‌آورد.

مرد با دستان آب‌چکان بیرون می‌آید: چیزی می‌خواهی من بیاورم؟

زن : فقط نان مانده

مرد پشتِ دست را به شلوار می‌کشد، می‌رود نان را برمی‌دارد و می‌آید روبه روی زن می‌نشیند.

درسکوت، مشغولِ خوردن می‌شوند. صدای خورن قاشق به بشقاب، صدای ریختن آب در لیوان، صدای برش خوردن نان در فضای خالی اتاق خاکستری طنین می‌اندازد.

بعد ازچندی، از سرعت بلعیدن خوراک کاسته می‌شود. مرد درحین لقمه‌گرفتن می‌گوید: فردا بهتر است برویم یک خورده خرت‌وپرت برای این اتاق بگیریم، خیلی خلوت‌وخالی است.

مرد: یک ضبط‌صوت لازم داریم. موسیقی باید همیشه جائی از زندگی آدم، جای داشته باشد.

زن: این اتاق را یک نگاهی بینداز، هیچی نداریم. ضبط‌صوت تنها دغدغهٔ توست؟!

مرد: نمی‌خواهم صدای قورت دادن لقمه‌هام را بشنوم. این صدا به طور عجیبی، به من یادآوری می‌کند چقدر گرسنه‌ام.

مرد: وقتی کار می‌کنم، می‌خواهم صدای موسیقی در فضا پخش شود. وقتی می‌خوابم، وقتی راه می‌روم یا وقتی اصلا" هیچ کاری برای انجام دادن ندارم یا نمی‌خواهم کاری انجام دهم.گاهی لازم‌است، آدم مثل پدربزرگ‌ها بنشیند، صفحهٔ موسیقی بگذارد و به نغمه‌ها گوش بسپارد.

زن: تمام کاسِت ها و سی‌دی ها را جاگذاشته‌ایم. یادت نیست که گفتی، اینها را بگذار همین‌جا بماند؟

مرد: آنجا خانهٔ ماست. می‌رویم سر می‌زنیم. مگر می‌شود که آنجا را خالی کنیم؟!

زن : باشد، نمی‌خواهد تو بیائی، تو بنشین کارت را بکن، من خودم می‌روم خرید می‌کنم.

مرد : با هم می‌رویم، سخت‌ات می‌شود تنهائی

زن : چیزِ زیادی که نمی‌خواهیم، من می‌روم سفارش می‌دهم بیاورند.

سفره را جمع می‌کنند، بساطِ خواب را به جای بساطِ خوراک پهن می‌کنند و کنارِهم درازمی‌کشند، هردو با چشمان باز سقف را نگاه می‌کنند، هریک در اندیشه‌ای.

مرد : الان نمی‌توانم بخوابم. بعد از مدّت‌ها، قلم‌ام به کار افتاده، ذهن‌ام مرا رها نمی‌کند. نمی‌توانم بخوابم، باید بنویسم.

زن به آرامی می‌پرسد: چه هست حالا؟

مرد: انگار زیاد دوست نداری بدانی؟ صبح که خیلی با انرژی موضوع می‌دادی، چرا به ناگهان اینطور بی‌تفاوت شدی؟ نکند چون از عشق‌و عاشقی و یا از جنگ نگفتم و یا در برابر وسوسهٔ گاو مقاومت کردم، ناراحت شدی؟

زن : بی تفاوت نشده‌ام، دارم می‌پرسم دیگر

مرد : با من بازی نکن. من تو را می‌شناسم، من تو را بهتر از خودت می‌شناسم، می‌فهمی؟ صدات، نگاهت به من انرژی منفی می‌دهد. چه شده؟ رفتی بیرون، برگشتی، اصلا" جور دیگری شده‌ای؟ اتفاقی افتاده؟

زن : نه اتفاقی نیفتاده، اینقدر هم مثل این روشنفکرهای نوپا از واژه‌های نامأنوسی مثلِ انرژی مثبت‌و منفی حرف نزن. چندبار بهت گفتم، این کلمات من را بهم می‌ریزد. بوی دروغ و فریب‌کاری را از چند فرسخی‌اش حس می‌کنم.

مرد : بویِ دروغ چه ربطی به انرژی دارد؟

زن: مردمی که تا دیروز کنار هم بودند، الان به ندائی موهوم فکر می‌کنند که این آدم یا حیوان یا نمی‌دانم سنگ به من انرژی مثبت می‌دهد وآن یکی نه، خنثی‌است یا مثلا" انرژی منفی می‌دهد. من نمی‌دانم این فلسفۀزرد را در دکّان کدام عطّاری به این ملّت انداخته‌اند؟

تا دیروز کسی می‌خواست ادای انسان‌های امروزی و مدرن‌شده را در بیاورد، چهارتا کتاب می‌خواند و چهار تا «ئیسم»یاد می‌گرفت، حدّ اقل حرف‌زدن‌شان به دلِ آدم می‌نشست، این مزخرفات حال من را بهم می‌زند.

مرد: فلسفۀ زرد؟ این را از کجا آوردی؟ خیلی خوب است، تو باید بروی فرهنگستان لغت خودت را معرفی کنی.

زن: مسخره می‌کنی؟

مرد: نه، خیلی هم جدّی می‌گویم. گاه واژه‌هات آن‌چنان محکم وتعریف کننده است که حتّی نیازی نمی‌بینم جمله‌ات را به اتمام برسانی.

زن : می‌دانی ذهن تو خیلی این‌سو و آن‌سو می‌رود. نمی‌توانی هنگام گفت‌وگو روی یک موضوع تمّرکز داشته باشی. این اصلا" خوب نیست.

مرد: خودم هم گاهی اذیّت می‌شوم، ولی نمی‌توانم ذهنم را کنترل کنم. البتّه الان حقّ داشتم، بگویم که هیچ‌وقت یک واژۀ خوب را از دست نمی‌دهم. هرچقدر هم بحث مهّم و ادامۀ گفت‌وگوی حیاتی باشد، من از واژه‌ها به آسانی نخواهم گذشت.

زن: باشه، می‌توانی این جدل با واژه‌ها را در ذهنت مرور کنی، کمی سکوت بین گفتمان بهتراست از این‌که مخاطب ببیند تو داری بحث را به سوی دیگر می‌کشانی. گاه آدم ممکن است دچار سوء برداشت شود، خوب.

مرد: این را در مورد خودت که نمی‌گوئی؟! در بین مردم توصیه‌ات را رعایت می‌کنم ولی هیچ‌وقت نمی‌خواهم تو را از مسیر فکر و اندیشه‌ام دورکنم و یا آنچه را در ذهنم می‌گذرد، برات بازگو نکنم.

زن : همین هم خوب است.

مرد: کدام؟

زن : توصیه‌ام را در برابر کسان دیگر به یاد داشته باشی.

مرد: باشد، اگر دیدی از یادم رفت، همان‌جا یک سقلمهٔکوچک مرا به خودم می‌آورد.

زن: نه، وقتی در حال گفت‌وگو و بحث هستی، سقلمه نمی‌تواند مؤثر واقع شود. دیده‌ام که می‌گویم.

مرد با خنده‌ای کش‌دار : خوب پس خودت یک راهی براش پیداکن.

زن: بالاخره نمی‌خواهی بگوئی موضوع داستان چیست؟ نگو. خودم می‌روم آن کاغذها را برمی‌دارم، می‌خوانم.

مرد: شاید این بهتر باشد. دوست دارم بخوانی و روی نحوهٔ نگارش داستان هم دقّت کنی، اگر موردی برای تصحیح و ویرایش دیدی، علامت‌گذاری کن.

زن: می‌دانستم بالاخره یک جای این داستان، سوءاستفاده از من شروع خواهد شد، اما فکر نمی‌کردم به این زودی باشد.

مرد: اسم این را می‌گذاری سوء استفاده؟ من که می‌دانم تو شروع به خواندن کنی، هزار ایراد می‌گیری حالا که خودم ازت می‌خواهم این‌کار را بکنی نامش را می‌گذاری سوءاستفاده؟

زن: خودت دوباره نمی‌خوانی؟

مرد: البته که دوباره و سه‌باره و صدباره می‌خوانم، تو هم بخوان

مرد برخاسته و در فاصلهٔ یک‌قدمی زیر پای زن با دست‌هایآویزان، ایستاده است.

زن: بیاور بخوانم

مرد: امروز همه‌اش انرژی منفی بهم دادی حرف هم که می‌زنم می‌گوئی روشنفکرِمدرن خب شما روشنفکرِ پسامدرن، به من بگو این‌کاری که‌امروز تو با من کردی را به چه اسمی بخوانم.

زن با تکان انگشت اشاره می‌گوید: به نظرم که «کار، کار انگلیس‌هاست» وقتی دیدند، نمی‌توانند با سیاست‌های قبلی پیش بروند، باورهای جدید را جایگزین کردند.

۴۹

مرد: تو تحلیل‌ات از مسائل کاملا" با دیگران متفّاوت است، من عاشق این تفّاوت تو با دیگران هستم اما باید اعتراف کنم که گاهی آن را نمی‌فهمم. حس می کنم، یکی از همان دیگرانی هستم که به سخره‌شان می گیری.

زن: تو با دیگران فرق داری.

مرد: گوش‌هام دراز شد؟ به‌همین سادگی هم نیست، کمی بیشتر سعی کن.

زن از جا برمی‌خیزد و خودش را به سوی مرد می‌اندازد، مرد سریع خودش را جمع‌وجور کرده و زن را توی هوا می‌گیرد ومحکم بغل‌اش می کند.

زن پاهاش را در هوا بازی می‌دهد و می‌خندد : بگو، سوژه‌ات چیست؟

مرد: سوژه‌ام همین است.

زن: همین؟ یعنی چی؟

مرد: همین. یعنی فاصلهٔ من و تو فاصلهٔ بین تو و دیگران فاصله‌ای که می‌توان با یک حرکت آن را از میان برداشت.

زن: «فاصله‌هائی که به شنیدن یک هیچ می‌شوندکدر»

مرد: آری

زن : از زندگی می گوئی؟! از عشق؟ می‌دانستم

مرد: از تو می گویم، از خودم و از ارتباط بین من و تو، چه چیز دیگری در این زندگی هست که ارزش گفتن و یا خوانده شدن داشته باشد.

زن بوسه‌ای طولانی بر پیشانی مرد می‌زند.

زن: این را هم بگو که من از زندگی در چهاردیواری، خسته‌شده‌ام. هنوز از راه نرسیده، خسته شده‌ام. بگو، مردم چطور در این چهاردیواری‌هایِ خاکستری، روز خود را به شب می‌رسانند؟ آیا این همه مردم شهر از شب هایِ خاکستری نمی‌هراسند؟ خسته شده‌ام از تو، از نوشتن، از بودن‌ات در کنارم و نبودن‌ات.

مرد: من همیشه در کنار تو هستم.

زن: هستی ولی نیستی، با من نیستی. باخود و درخودی.

مرد: آیا این خاصیت یک هنرمند نیست؟

زن: آری

مرد: و تو با یک هنرمند ازدواج کرده‌ای، تو خودت یک هنرمندی.گاه باید به فاصله‌ها ارج نهاد، به حریم ها، اما نباید بگذاریم که فاصله‌ها جا بازکنند.

زن: رعایت این حدّ بسیار دشوار است.

مرد: همین دشواری، عشق را زنده نگاه می‌دارد.

زن کم‌کم خودش را از آغوش مرد به پائین می‌سراند تا جائی‌که پاهاش به زمین می‌رسد.

زن: قول بده از درد سخنی نباشد.

مرد: مگر می‌شود؟

زن: باید بشود. خسته شده‌ایم آنقدر درد را کشیده‌ایم، خوانده‌ایم و دیده‌ایم. درد در این دوران، تمام حواس ما را اشغال کرده است.

مرد: آخر زندگی بدونِ درد هم می‌شود؟

زن: راه آن را پیداکن «زندگیِ بدون درد» خیلی هم خوب است.

مرد: دست نایافتنی است.

زن: «آنچه نایافتنی‌است، آنم آرزوست» همین را می‌گفت؟

مرد: مولانا؟ مهم این است که تو چه می‌گوئی.

زن : در همهٔ آثار هنری درد بیداد می‌کند، از خود زندگی بیشتر. انگار در هنر، چیزی جز درد را نمی‌توان تصویر کرد.

مرد: پاپ می‌خواهی؟

زن: نه. یعنی نمی‌شود یک قصّه را بدون خون‌وخون‌ریزی تمام کرد و به سمت پاپ هم نرفت؟ نمی‌شود در یک داستان همه‌چیز خوب و شیرین باشد؟ از آغاز تا پایان، حتما" باید سکانسی از دردو رنج مردم در آن بین باشد؟ خیلی‌ها کتاب می‌خوانند یا فیلم می‌بینند که برای زمان هرچند کوتاهی از این دنیا و درد جاری در آن بگریزند. آیا درون داستان تو جائی برای گریز از این دنیا و مصیبت‌های آن هست؟

مرد: تو برعلیه خودت انقلاب کردی؟ می‌خواهی برات داستانِ‌زرد بنویسم؟ و آن‌وقت از فلسفهٔ‌زرد می‌گوئی و آن را به باد انتقاد می‌گیری؟

زن: زرد چیست؟ مگر زردها بدون درد تمام می‌شوند؟ راستی، تو زرد خوانده‌ای؟

مرد: این روزها درو دیوار این شهر، مردم، پرده‌های سینما و همه‌چیز در اطراف ما زرد است.

زن: آری، راست می‌گوئی. این روزها، همه‌چیزهائی که برای نمایش روی پرده می‌روند، زرد هستند. اصلا" گاه آدم می‌گوید کاش زرد بودند، یک رنگی مثل...چه بگویم انگار عمدا" تاپالهٔ گوسفند روی همهٔ صحنه‌ها می‌پاشند.

مرد: از همین‌ها می‌خواهی؟

زن: نه، من از دیدن این‌ها بالامی‌آورم.حتّی تبلیغ چنددقیقه‌ای آن‌ها در تلویزیون هم حالم را بد می‌کند. کاش تبلیغ نمی‌کردند. به نظر من برای تبلیغ یک فیلم فقط نامش و نام تهیه‌کننده یا چه می‌دانم کارگردان و بازیگر را بگویند، کافی‌است. همه می‌دانند، فلانی هیچ‌وقت کار باارزشی برای دیدن نیآفریده، نامش را بشنوند، کافی‌است تا تصمیم بگیرند.

مرد : خوب، اولا" که پول تبلیغ را می‌گیرند. دوم، فرض بر این است که خیلی‌ها ممکن است هنرمندان را نشناسند، برای همین چند سکانس به اصطلاح خوب فیلم را نمایش می‌دهند. این چه ایرادی دارد؟

زن: ایرادش این است که خیلی‌ها هم مثل من تلویزیون را خاموش می‌کنند.

مرد: خیلی‌ها نه،تو جزء خیلی‌ها نیستی.

زن : گیرم نباشم آخر وقتی یک فیلم سکانس فوق‌العاده‌اش جیغو داد و خاله زنک‌بازی باشد، فاتحه‌اش را باید خواند. آن تبلیغ را نشان ندهند، ممکن است به خاطر کنجکاوی هم که شده، بعضی بروند فیلم را ببینند.

مرد: این می‌شود فریبِ گیشه

زن: یادت هست فریبی که خوردیم؟ « داوینچی» فکرکن، آخرین پول توی جیب‌ات را بدهی، بلیط بخری به‌امید این‌که فیلمی دربارهٔ داوینچی ببینی بروی ببینی، اسم یک پسر نوجوان نیمه‌دیوانه در فیلم داوینچی است.

مرد: بدترین قسمت آن فیلم از نظر من رواجِ خرّافه بود

زن : آری، هیچ‌وقت یادم نمی‌رود وقتی از سالن بیرون آمدم چقدر عصبانی‌وگرسنه بودم

مرد: آن‌هم شبی بود.

در آغوشِ هم می‌خندند. زن با فشارِ دست بر سینهٔ مرد، خود را از آغوش مرد رها می‌سازد.

زن: منظورِ من فراموشی نیست منظورم این است که رویِ خوب دنیا را هم نشان بدهند، بد نیست.

مرد: رویِ خوب دنیا؟! رویِ خوب زندگی؟!

زن: آری مگر چه می‌شود؟ مثلا" داستان زندگی مودیلیانی را یادت هست؟ خیلی‌خوب بود، انسانی سرشار از عشق و زندگی با موسیقی خوب.

مرد: من هم خیلی دوستش داشتم.

زن: وسائل صوتی، تصویری را باید هر چه زودتر بگیریم.

مرد: دیدی؟! اولویّت ما.

زن: موافق‌ام

زن چندمیوهٔ شسته‌شده را درون بشقاب می‌گذارد و روی صفحهٔ پیشخوان مشغول پوست کندن سیبی می‌شود. مرد نزدیک می‌شود، سیب را از دست زن می‌گیرد و گاز می‌زند.

مرد: سیب را باید با پوست‌اش خورد.

زن لبخند می‌زند و پرتقالی را برمی‌دارد و پوست می‌گیرد.

زن: همه‌چیز را نمی‌شود با پوست خورد.

مرد: می‌شود، من حاضرم تلخی پوست‌اش را هم مزه‌مزه کنم.

زن درحالی‌که پوست پرتقال را به لب‌ودهان مرد می‌مالد، می‌گوید: تو دیوانه‌ای؟

مرد می‌خندد : دیوانهٔ توام.

زن با طرحِ بوسه‌ای، لب‌هاش را در هوا جمع کرده و ازهم باز می‌کند: برای همین است که دوستت دارم.

مرد: فقط برای همین؟

زن: و خیلی چیزهای دیگر.

زن پرتقال پوست‌کنده را دونیم کرده هرنیمه را به دونیم دیگر. یک بخش را به سوی دهان مرد می‌برد و با دست دیگر، بخش دیگر را در دهان خود می‌گذارد. صورت هردو از مزّهٔ درون دهانشان، درهم می‌شود.

زن : بالاخره نگفتی؟

مرد: چه را؟

زن: اذیت نکن طفره نرو. موضوع داستان چیست؟

مرد: وقتِ‌اضافه، وقتی که به ما داده شده که زندگی کنیم

زن: خب ما داریم زندگی می‌کنیم. چون زنده‌ایم، مجبوریم که زندگی کنیم.

مرد: نه، این اسمش زندگی نیست. زندگی خوردن، خوابیدن و نفس‌کشیدنِ تنها نیست. چیزی بالاتر از این‌هاست، ما باید بفهمیم و زندگی کنیم.

مرد : فهمیدن و درک کردن دو نوارِ موازی هم هستند. دو نوارِ موازی که بهم نزدیک می‌شوند و ما را به‌اشتباه می‌اندازند، اما هیچ‌وقت بهم نمی‌رسند کاملا" ازهم جدا هستند.

زن : خب؟

مرد: درک کردن زندگی یعنی به کار بردن تمام حواس در تمام لحظات زندگی. یعنی من تو را ببینم، بشنوم، بو کنم، لمس‌کنم و ستایش‌کنم

زن : از آخر داستان‌ات خوش‌ام آمد، داستان عشقی شد؟

مرد : وقتی بین حواس آدم فاصله می‌افتد، دیگر از عشق خبری نیست.

زن : در مورد رابطهٔ بین دونفره؟

مرد: رابطه نه نبودِرابطه، یعنی یک‌جوری در مورد فاصله‌ها و جدائی بین آدم‌هاست

زن: چه‌طور می‌خواهی جدائی را به تصویر بکشی؟

مرد: خود جدائی را نمی‌خواهم به تصویر بکشم. اصلا موضوع من جدائی نیست، موضوع من اتفاقات، کنش‌ها و واکنش‌هائی است که کم‌کم منجر به جدائی می‌شود.

زن : نمی‌فهمم

مرد: می‌خواهم آن فضاهای خالی را که در زندگی بین آدم‌ها ایجاد می‌شود و بی‌این‌که متوّجه شوند،کم‌کم آن‌ها را از هم دور می‌کند، به تصویر بکشم. فضاهائی که ما گمان می‌کنیم در آن زندگی می‌کنیم، اما در حقّیقت فضاهای خالی هستند. یعنی فضاهائی که در زندگی ما، وقفه ایجاد شده است و رونِدزندگی و رونِد رو به رشد رابطه را کُند می‌کند. اصلا" می‌توانم بگویم زندگی در آن فضاها، در آن لحظات متوقف شده است یا رو به عقّب در جریان است.

زن: این مسئله خیلی پیچیده است، می‌دانی؟! به تعداد آدم‌ها، می‌تواند روابط و فضاهای متّفاوت تعریف شود و به همین اندازه می‌تواند آن وقفه‌هائی که می‌گوئی، معانی متّفاوتی را شامل شود.

مرد: می‌دانم الهه، و اصلا" به دنبال شناسائی آن‌ها نیستم. من، به دنبال مفاهیم مشترک هستم. مفاهیم یا فعالیت هائی که انسان‌ها بر حسب عادت، فرهنگ یا سنّت یا هرچیزی که بخواهی اسمش را بگذاری، انجام می‌دهند و فکر می‌کنند امری طبیعی‌است، ولی به مرور به رابطهٔ بین آن‌ها و دیگران لطمه می‌زند بدون این‌که هشّدار جدی در آن دیده شده باشد و سرانجام به جدائی می‌رسد. آدمی هیچ‌وقت نمی‌فهمد چرا به آن مرحله رسیده است؟ دنبال بهانه و ایراد منطقی می‌گردد و وقتی به هیچ دلیل و منطقی نمی‌رسد، همان‌گونه که در ابتدا برای وصل شدن دلیل منطقی نیافته است، بی‌هیچ دلیل منطقی‌ای، جدائی را برمی‌گزیند.

زن : نه، همیشه هم این طور نیست. گاهی دلایل اینقدر بزرگ و وحشتناک هستند که آدم فکر می‌کند این‌ها، این آدم‌ها با این‌همه فاصله از هم، چرا زودتر ازاین ازهم جدا نشده‌اند یا چرا اصلا" با هم همراه شده‌اند؟

مرد: شاید یک عشقِ کور

زن: عشق، کور نیست

مرد: منظورم حسّی است که با یک نگاه آدم را گرفتار کرده و با اولین کامیابی کم‌رنگ می‌شود. من به این قسمت زیاد توّجهی ندارم، زیرا این بیشتر به درد کار روان‌مشاورها می‌خورد و من در این وادی دانشی ندارم که بخواهم در مورد آن سخنی بگویم، بیشتر می‌خواهم آن چیزهائی که به مرور زمان با تکرار، آدم را عذاب می‌دهد و در نهایت منجر به انقلابِ‌بزرگ در احساس آدم و نهایت سبب طغیان در برابر شرائطِ موجود می‌شود را واشکافی کنم.

زن: این‌ها که تو گفتی همه به یک روان‌شناس نیازدارد.

مرد: سعی می‌کنم به آن حیطه وارد نشوم

زن: نمی‌توانی، نوشتن پهلوبه پهلوی روان‌شناسی، جامعه‌شناسی و خیلی از تخصص‌های دیگر می‌زند.

مرد: یعنی باید همهٔ آن‌ها را فراگیرم؟

زن: در مورد آن‌چه می‌خواهی بگوئی، باید اطلاعات کسب کنی

مرد: شاید

زن: حتما"، باید در مورد آن به مطالعه بپردازی نمی‌شود بی‌دانش وارد چنین حیطه‌ای شد «بی‌گدار به آب زدن» است.

مرد: شاید نوشتن به روان‌شناسی و روان‌درمانی نزدیک‌تر از آن است که می‌پنداریم؟

زن: به طورقطع همین‌طور است.

مرد: چه کنم؟

زن: به نظر من برو پیش یک روان‌شناس به عنوان بیمار. بهتراست آن چیزهائی که به نظرت می‌رسد را بازی کنی و واکنش‌های او را ثبت نمائی.

مرد: کار دشواری است.

زن: جزاین هم نمی‌تواند باشد.

مرد: در موردش فکر می‌کنم.

زن: فکرهات را بکن، بگذریم. این‌طور که من متوجّه شدم، موضوع بر سر جدائی آدم‌هاست.

مرد: مسیر رفتن به سوی جدائی.

زن : می‌خواهی بگوئی آدم‌ها یک‌روز عاشق می‌شوند و یک‌روز بدون آن‌که بدانند چرا، فارغ؟ و کل این مسیر بدونِ علم و آگاهی پیش می‌رود؟

مرد: اگر علم و آگاهی باشد، مسیر دیگری را برخواهند گزید. بی‌گمان هیچ‌کس برای رسیدن به جدائی، تن به وصل نمی‌دهد.

زن : بی‌شک. آدم‌ها یک‌روز بی‌آن‌که بدانند چرا عاشق می‌شوند و یک‌روز هم فارغ.

مرد: کاش فارغ می‌شدند. آدم‌ها، بعد از جدائی با یک حس قوی‌تر، با هم ارتباط دارند. جدائی، صورت ظاهری قضیه یا بهتراست بگوئیم، صورت عمومی ماجراست. ارتباط آدمی با آدمی، برای همیشه در روح و ذهن باقی می‌ماند.

زن: قوی‌تر از عشق؟

مرد: آری، گاهی حتّی قوّی‌تر از عشق، خاطره از ذهن آدم‌ها محو نمی‌شود. خاطره آن‌جا می‌نشیند، ضبط می‌شود. همیشه آن‌جاست و دردی همراه، خاطره‌ها را همراهی می‌کند.

زن : و؟

مرد: دردی همیشگی، خاطره‌ها را همراهی می‌کند. هم خاطره‌های تلخ با درد به‌یاد می‌آیند، هم خاطره‌های شیرین. چیزی که از روال زندگی بر جای می‌ماند، صفحه‌ای است پر از درد.

تو بخواب عزیزم، من باید بنشینم و مسئلهٔ خودم را با این درد روبه‌فزونی، حل کنم. با تو، با خودم و با خاطرات مشترک‌مان. اگر روزی تو را از دست بدهم، حتّی همین لبخندت را با درد به خاطرخواهم آورد، باحسرت و این عذاب‌ام می‌دهد.

زن : یک کتاب از داخل چمدان به من بده بخوانم، خوابم نمی‌آید و نمی‌خواهم به خاطره‌های شیرین و تلخ بیاندیشم و به از دست دادن تداوم آن‌ها در زندگی‌ام. می‌خواهم تمام خاطرات‌ام به یک روال طبیعی پی‌درپیِ هم بیآیند وبروند. من از سکتهٔ احتمالی که در روال زندگی ممکن است، پیش بیآید، هراسانم.

مرد: تو نباید از هیچ چیز بترسی. باید به عشق من به خودت ایمان داشته باشی.

زن: مگر عشق را سپری آهنین دربرابرِ روی‌دادهای زندگی هست؟

مرد: عشق خود سپر ماست و من به تو اطمینان می‌دهم که تنها مرگ مرا از تو جدا خواهدکرد.

زن: می‌توانی اطمینان دهی؟

مرد: به خودم و به احساسی که نسبت به تو دارم، متعهد هستم و خواهم بود. بی‌خود برای خودت دل‌مشغولی درست نکن.

زن : سعی می‌کنم.

مرد: یکی از دلایل پرداختن من به این مسئله در داستانم، زندگی شخصی خود ماست. می‌خواهم از هرگونه آفتی در امان بدارم‌اش.

زن: موّفق باشی. در این راه، هرکاری از دستم بر بیآید، انجام می‌دهم. حالا بیشتر دوست دارم، داستانت را به سرانجام برسانی و بنشینم آن را بخوانم.

مرد: و برای تولید آن به من کمک می‌کنی؟ می‌دانی که این پروژه به تنهائی اجرائی نخواهد شد.

زن : البتّه که کمک می‌کنم. شاید اصلا"من بروم دنبال روان‌شناس به‌عنوان بیمار و برداشت‌های شخصی‌ام را برات بیآورم.

مرد: راه حلّ خوبی‌است هم تو می‌روی، هم من. هرکدام به بهانه‌ای. از دو زاویهٔ دیدِ متفاوت به بررسی مسئله می‌پردازیم.

زن: این خیلی خوب است.

مرد: در روند نوشتن هم می‌توانی کمکم کنی.

زن: داستانی با دو مؤلّف.

مرد: هرکاری، آغازی دارد.

زن: خوب است. از تجربه‌های منحصر و بکر خوشم می‌آید هیجان‌انگیز است.

مرد: تو بهترین زنی هستی که به عمر خود دیده‌ام.

زن: مگر پیش از من زنی را دیده‌ای؟!

مرد به لبخند شیطنت‌آمیز زن با لبخند پاسخ می‌دهد و درون چمدان را می‌جوید

مرد: کتاب ها را کجا گذاشته‌ای؟

زن: فکرکنم "م. آزاد" را گذاشته‌ام تو جیب جلوئی کوله‌ام که در راه بخوانم

مرد زیپ جیب را می‌کشد دست به داخل آن می‌برد و بعد از کمی این‌سوآن‌سو کردنِ دست، کتابی بیرون می‌آورد،« بهارزائی آهو » را به زن می‌دهد.

مردکاغذ ها را برمی‌دارد می‌رود و در کنار زن دراز می‌کشد « بهارزائی آهو » را در دست زن می‌بیند که ورق می‌خورد. نمی‌تواند در برابر عطشِ خواندن دوباره مقاومت کند. سرک می‌کشد داخل کتاب و غرق خواندن می‌شود. زن می‌خواهد ورق بزند. انگشت مرد مانع می‌شود، زن تأمّل می‌کند مرد می‌خواند و سطرِ آخر که می‌رسد، انگشت برمی‌دارد. بعد از چند ورق هم‌خوانی، زن می‌گوید : نمی‌خواهی، داستان خودت را ادامه بدهی و بگذاری من تنهائی با آهو وقت بگذرانم؟!

مرد : چرا، بگذار «از برگ‌های همهمه» را هم با هم بخوانیم، بعد

و بعد از خواندن، به روستای گمشده می‌اندیشد. روستائی که در او نیزگم شده است. برای چندی، خیره به سقف می‌ماند. به تشنگی در میان صحرا می‌اندیشد، به سونامی شنزار درگرما. به یادمی‌آورد که برای رفع تشنگی گاه مگس‌های سرگردان در صحرا را در هوا می‌قاپید و در دهان می‌انداخت.آبِ جاری در صحرا شور بود، آبی که از شوره‌زار عبور کرده، بیشتر تشنگی می‌زاید، اما جویدن مگس‌ها، رفع عطش می‌کند. اکنون از به یادآوردن آن دچار اشمئزاز می‌شود، اما آن‌روزها از کشف بزرگی که کرده

بود، بر خود می‌بالید و به هرکس که از راهِ دراز روستا تا کشتزارها گلایه می‌کرد و از تمام شدن آب می‌نالید، با افتخار می‌گفت که هرگز تشنگی نمی‌تواند بر او غلبه کند.

چند سطرِ انتهائی نوشته‌هاش را از نو می‌خواند، تا رشتهٔ امور نگسلد. خواننده خیلی‌زود متوّجه می‌شود که نویسنده به کار نوشتن خود وفادار مانده است و روزهاوشب‌های پیاپی بی‌اعتنا به خستگی به نوشتن ادامه داده یا اسیر ناتوانی و نیازهای جسمی و روحی خود شده و ازجا برخاسته است. خود او هم با بازخوانی نوشته‌ها، این گسست را می‌بیند، چندبار باید از نو خواند و از نو خواند تا اثر یک جرعه آب نوشیدن، رفوشود.

گذرهایِ خالی از حیات

من روستائی‌ام، روستائی دور از مرکز که به آن منطقهٔ محروم می‌گویند، در یک روستا به دنیا آمده‌ام و در روستائی دیگر، دوران خردسالی‌ام را گذرانده‌ام و در یک روستائی بزرگ‌تر که بیهوده نام شهر به خود گرفته است. مدرسه رفته‌ام و در یک روستایِ کلان به بلوغ رسیده‌ام.

این دیار از روستاهای بی‌شمار بزرگ‌وکوچک شکل گرفته است. در طی‌زمان روستاها بزرگ و بزرگ‌تر شده‌اند، گاه بهم پیوندخورده، سطح و جمعیّتی را در خود جای داده‌اند که نام شهر به آن‌ها اطلاق شده است. اما هم‌اکنون هم می‌توان از نام محلات شهرها، حدّومرز روستاهای گذشته را تشخیص داد.

روستائی دوران کودکی ندارد.

دوستی حکایت می‌کرد در این فیلم‌ها آدم می‌بیند که بچه‌ها می‌ترسند و بزرگ‌ترها در مقابل ترس‌ها، تردیدها، و یا سؤال‌های بچه‌ها، با مهربانی آن‌ها را در آغوش می‌گیرند تا به بچه احساس امنیت بدهند. تا آنجا که یادم می‌آید، ما جرأت نداشتیم از چیزی بترسیم.

دورانِ کودکی ما با افسانه‌ها و داستان‌هایش گره خورده بود. تنها خاطرهٔ خوب دوران کودکی من، قصّه‌های شبانه بابا بود. قصّه‌هایِ موزون که گاه با سازوآواز همراه می‌شد. من درون قصّه‌ها بازی می‌کردم،زندگی می‌کردم. شعر جزء جدائی‌ناپذیر کار بود و آن که شعر را درست‌تر بلد بود می‌شد راهنمای دیگران و مشخص می‌کرد که هرکسی چه جایگاهی دارد. این روزها همه‌چیز شکل دیگری به خودگرفته، شعر از زندگی روزمرهٔ آدم‌ها جداشده و رتبهٔ آدم‌ها هیچ ربطی به دانسته‌های آن‌ها ندارد.

از آن گذشته، خوب یا بد، جز نامه‌های پرطمطراق بی‌معنای اداری که چیزی جز پاچه‌خاری را تداعی نمی‌کند، برجای نمانده است.

گذرهای شهری امروز فقط جای گذر است، خالی از حیات . بچه‌ها به‌ناچار ماندن در چهاردیواری اتاق خود و سرگرم شدن با بازی‌های رایانه‌ای را آموخته‌اند. بچه که در کوچه نباشد، کوچه دیگرجای زندگی نیست. جای گذر است، وقتی از خیابانی یا گذری،

بی‌دیدن لبخند بی‌پروا و بی‌قاعدهٔ کودکان می‌گذری، هیچ‌چیز دیگری زندگی ترا و مرا رنگ نخواهد کرد.

برای دختر جوانی که لبخند کودکی دلش را نلرزاند، مرد هزاربار خوش‌تیپ هم باشد، جذابیتی نخواهد داشت.

بچه‌های امروزی برای بازی کردن، درس خواندن و آموزش دیدن، برای ارتباط با جهانِ پیرامون به دیدن یک قاب چنداینچی باید خوکنند.گاه تا آن‌جا پیش می‌روند که برای ارتباط از اتاقی به اتاق دیگر هم زحمت ورکشیدن پاشنه‌ها و گام برداشتن را به خود نمی‌دهند.

دنیا تغییر کرده، تکنولوژی پیشرفت کرده و آدمی به‌ناچار باید خود را با تغییرات وفق‌دهد تا آن‌جا که هوشِ مصنوعی جای آدمی را در این دنیا بگیرد.

می‌خواستم از دوران کودکی خودم بگویم، رفتم به پیچی که نمی‌بایدم رفت. سعی می‌کنم، بیش از این بی‌راهه نزنم و به آن چه درکودکی‌ام شکل گرفته، فکر کنم. داستان خودم برای خودم. باید روی آن تمرکز کنم.

مادر من خاله‌بازی را به شکل تمام عیاری مجهز کرده بود. طوری‌که دیگر نمی‌شد آن را یک بازی دانست، بازی ما خود زندگی بود. در یک کنج تراس، دو اتاق بالای هم، به قد ما بچه‌ها دائر شده بود. من و خواهرم، هرکدام ساکن یک اشکوب از این بنا بودیم. اتاق من که در بالاخانه بود، با چند پله چوبی با تراس ارتباط می‌گرفت. داخل اتاق‌ام، اجاق کوچکی بود و مواد غذائی به قدرکفایت که من از خواهرم و دوستانی که می‌آمدند، پذیرائی کنم. خوشحال بودم که بزرگ شده‌ام و می‌توانم غذائی تهیه کنم. برنج همان برنج بود، باید طبخ می‌کردم.

جای سوختگی ها و شکستگی های زیادی از آن ایّام به یادگار بر روی پوست و استخوانم برجای مانده است. اما همهٔ اینها را که اکنون با خود واگویه می‌کنم، بیشتر به دردِ روان‌شناس می‌خورد؟ چرا چیزی به یاد نمی‌آورم؟ خاطره‌ای تلخ یا شیرین، هیچ‌چیز خاصی در زندگی من نبوده است آیا؟ یا حافظهٔ دور من مختل شده است؟ نمی‌دانم.

چاره‌ای ندارم، باید هر چه به ذهنم می‌رسد را بنویسم، تا او نیز بداند که کودکیِ بدون یادو خاطره، چقدر می‌تواند انسان را آزار دهد. می‌گویند آدم‌ها برای فرار از

تلخی‌های زندگی روزانه، به گذشتهٔ خود پناه می‌برند، اما هیچ‌کس نگفته آنکه گذشته‌ای برای پناه گرفتن ندارد، چاره‌اش چیست؟

من از دورانِ کودکی جز این‌ها چه دارم که بگویم؟ پرواز هواپیماهای دشمن برفراز شهر یا شکستن دیوارِصوتی، افتادن موشک در زمین بازی فوتبال در حیاط مدرسهٔ پسرانه یا فرار از مدرسه هنگامِ شنیدنِ خبرِ سقوطِ موشکیِ دیگر در جائی نزدیکی‌های آن‌جا که خواهرم بود.

پیش از آن‌که بازی کردن را بیاموزیم، وارد زندگی شدیم. بعضی می‌گویند زندگی بازی‌ای بیش نیست، پس باید بگویم از آن‌رو که بلد نشده‌ام بازی کنم، زندگی کردن را هم بلد نیستم. زندگی راه و رسم خودش را دارد، باید آموخت. آموزگاری که نبود، حدّاقل یک کاتالوگ تبلیغاتی هم برای نشان دادن زیبائی های زندگی و دوست داشتن آن، به ما تحویل ندادند. حتی به خود زحمت ندادند، قدری فریب‌مان بدهند. پدرو مادرم را می‌گویم، آموزگارانم را. کاش به جای آن همه اهتمام در آموختن جدول ضرب،کمی از زندگی گفته بودند.

مادرم، طبع شاعری داشت، درد و تنهائی، او را شاعرکرده بود. در تنهائی برای خود شعر می‌سرود. با ریتم خوش‌آهنگی آن‌ها را می‌خواند. با شنیدن آن ابیات موزون، همیشه گمان می‌کردم حافظهٔ خوبی دارد مادراین همه شعر را ازبر است. بعدها دانستم که او، خود شاعر است و این را وقتی دانستم که پدرم مرد.

پدر وقتی مرد، مادر در انظار عموم شاعر شد. شعرهاش را در مجامع می‌خواند و از تحسین دیگران لذت می‌برد. حالا دیگر برای نوشتن شعرهاش، دفترچه‌ای هم با خود داشت.

با حروف درشت می‌نوشت و به مرور زمان نوشته‌هاش درشت‌تر و درشت‌تر می‌شد تا آنجا که دیگر یک کلمه در یک صفحه جا نمی‌گرفت. از آن پس، برآن شد که فقط به خاطر بسپارد تا زمانی‌که کسی را برای نوشتن بیآبد. دیری نپائید که هرکس را رودر روی خود بی‌کار می‌دید که به دیوار خیره شده و یا سکوت اختیار کرده است، به نوشتن می‌گرفت.

از فراموشی می‌ترسید. همهٔ انسان‌ها از فراموشی می‌ترسند. از فراموشی و فراموش شدن. نمی‌دانند چقدر خوب است فراموشی چیزهائی که دوست نمی‌داشته‌ای و بر تو

تحمیل شده. چقدر خوب است فراموشی چیزهائی که دوست می‌داشته‌ای و از دست داده‌ای. فراموشی، چیز خوبی‌است و از آن خوب‌تر، فراموش شدن است.

فراموش شدن و کوچیدن از ذهن کسانی که تو را دوست می‌دارند، موهبتی است که به کسی ارزانی نمی‌شود. حتّی مرگ هم نمی‌تواند، جای خالی افراد را در ذهن بتابد. آدم‌ها در ذهن آدم به زندگی خود ادامه می‌دهند و در برابر هر روی‌دادی، واکنشی از خود بروز می‌دهند، گاه حتی تأثیرگذارتر از زمان حضور فیزیکی‌شان هستند. تنها مرگ ذهن است که ما را از حضور دیگران نجات می‌بخشد.

گاه انسانی که سعی می‌کند همه‌چیز را به یاد داشته باشد، به هجوم خاطرات تلخ و شیرین زندگی، از پای درمی‌آید. باید برای فراموش کردن و فراموش شدن،کلاس‌های آموزشی بگذارند، من که استقبال خواهم کرد.

مادر، این‌همه سال خودش را در پستوی خانه پنهان کرده بود، بی‌آن‌که نیروئی از بیرون او را از ابراز خود، منع کرده باشد. سنّت، گاه آن‌چنان در آدم نهادینه می‌شود، که سرپیچیدن از آن از عهدهٔ آدمی برنمی‌آید.

هر چه بود، من خوشنود بودم که او بالاخره، خود را بروز می‌داد.

مادر در اتاق بزرگی که دیوارهاش از دود سیاه شده بود، به کمک زنی از اهالی که خبرهٔ کار بود، در گرمای تابستان نان می‌پخت. حالا برای بعضی که ندیده‌اند سؤال پیش می‌آید خب چرا در زمستان این کار را نمی‌کردند که از گرمای تنور لذّتی هم ببرند؟

این رسم روزگار است، هرکاری را نمی‌شود در زمانی که لذّت‌بخش است، انجام داد. انتخاب زمان انجام کارها به عهدهٔ ما نیست. زمان، خود را بر ما تحمیل می‌کند.

این را باید زیرنویس بیاورم برای بچه‌های امروزی که نان را فقط فانتزی می‌خورند. آرد را نمی‌توانستند در جای مناسب انبار کنند که تا فصلی دیگر کپک نزند. ازاین‌رو هنگام درو، برای همهٔ فصول نان می‌پختند. نان خشک شده در گرما هم، دوام می‌آورد. هرچیزی اگر خشک شود، بیشتر دوام میآورد ،حتّی جان خسته آدمی.

جانت از گرمای مرداد ماه خشک نشده است، اگر حرفم را نمی‌فهمی. گرما هم برای بعضی زیرکولرهای گازی خوش‌آیند است مانند سرما و برف فراوان در زمستان از پشتِ‌پنجره، کنار آتش سوزان. اوضاع مالی که بر وفق مراد باشد همه‌چیز را می‌توان از پشتِ‌قاب‌هائی دید که آدمی برای آسایش خود خلق کرده است.

ورزدادن خمیر را دوست داشتم هرچند گاه گرمایِ تابشی آتش آن‌چنان گدازنده بود که نمی‌شد تاب آورد. هنوز هم ورزدادن خمیر را دوست دارم و گاه با آن شکل‌های عجیبی برای خود می‌سازم.

خاطره‌ای به یاد نمی‌آورم و شرائط زندگی‌ام را مرور می‌کنم. کاش می‌دانستم دیگران از کودکی خود چه چیزهائی به یاد می‌آورند؟ آیا از هم‌سالان من، کسی داستانی برای گفتن دارد؟

شب رؤیائی

سر از نوشتن برمی‌دارد، نمی‌تواند زیاد وارد حیطهٔ دورانِ کودکی خاتون شود، او یک مرد است و نمی‌تواند احساس‌های لطیف یک دختربچه را درک کند و از آن بنویسد، هرچقدر هم تلاش کند، نتیجهٔ خوبی نخواهد داشت. تردید دارد به جان ایدهٔ آغازین رسوخ می‌کند، باید از آن بپرهیزد. شاید هم درست باشد، باید جنسیّتِ شخصیّتِ اصلی داستان را تغییر دهد. بی‌شک، در مورد یک مرد نوشتن و احساس‌های او را به قلم جاری کردن برایش ساده‌تر می‌تواند باشد، اما این چالش را باید ادامه دهد. نباید اجازه دهد، این تردید در ذهن او ریشه بدواند.

به الهه نگاه می‌کند. کتابِ باز روی صورت زن را پوشانده، موهاش که از پشت کتاب روی بالش دراز شده‌اند، نرم و لطیف می‌نماید. دستی زیرِسر می‌گذارد و با دست دیگر آن همه زیبائی را به آرامی لمس می‌کند و می‌اندیشد که چقدر از او فاصله دارد، نه، او نمی‌تواند در مورد احساس الهه در کودکی‌اش چیزی بگوید و به رود می‌اندیشد که جاری‌است، به ذهنِ زن که کنار درخت سیب جامانده است و به این همه مهری که نمی‌داند چگونه باید به آن پاسخ دهد.

کاش به جای قلم، دست افزار دیگری برای کار کردن و تولید برگزیده بود بین این همه کار تولیدی، او کار فرهنگی را برگزیده است که نمی‌تواند درآمدزا باشد و از این‌رو هیچ‌گاه نمی‌تواند الهه را در بین باغچهٔ پر از گل‌سرخ کنار کلبه‌ای از عشق تصّور کند. تمام خیال او در همین فضای خاکستری محصور خواهد ماند. اشک در گوشهٔ چشم‌هاش حلقه می‌زند.

باید ادامه دهد، شروع کرده است. به جائی‌که نباید قدم بگذارد، قدم گذاشته، و حالا مجبور است یک‌جوری این صفحه را ببندد.

خانهٔ کودکی

خانهٔ ما، در روستا بود. روستای ما محصور در دشتی پر از بوته‌های خشخاش. گاه بین مزارع خشخاش، گردگان سر برآورده بود. یاد کودکی که می‌کنم، شعری که پدر زیرلب زمزمه می‌کرد، ذهنم را قلقلک می‌دهد :

" درخت گردگان با این بزرگی ، درخت خربزه ، ا..... "

یکی از سرگرمی‌های ما در فصل تابستان، بالارفتن نهانی از درخت‌های کهنسال گردو و چیدن دزدانهٔ چند عدد گردوی نارس تلخ و لزج بود، که تنها باعث رنگ گرفتن دستان کوچک‌مان می‌شد و جرم ما را فاش می‌ساخت. همیشه ردّی از جرم، در جائی باقی می‌ماند.

آن‌جا هم که بوتهٔ خشخاش جای‌اش را به جالیز خیار و هندوانه داده بود، زمین، حاصل‌خیزی خود را مدیون گذشته‌ای بود که در آن خشخاش کشت می‌شد کشاورزان به توالی جای کشت خشخاش را تغییر می‌دادند، به این شیوه همیشه زمینِ بارور در اختیارشان بود.

در یک‌سوی دشت پر از شکوفه‌های خشخاش، تپّه‌ای در آستانه، از رشد مانده بود. در دیگرسو، درّه‌ای بود که از میان آن باریکه آبی می‌گذشت، آبی که حیاتِ اهالی به آن بسته بود، حیات اهالی، احشام و گیاهان. در میان این دو، زمین‌های پست با بوته‌های خودرو ریشه دوانده و پیش می‌رفتند تا همهٔ دشت را اشغال کنند. بوته‌های خودرو، گلِ بومادران در خود پرورش می‌دادند و خاک را از دید پنهان می‌کردند. گاه، این گل‌های کوچک و ظریف با برگ‌های زرد درخشان خود، نگین انگشتری می‌شد به دور انگشتان‌مان.

در کنار رودِ نزدیک، مدرسهٔ روستا که یک کلاس درس بیشتر نداشت با بوته‌های زرشک خودرو محصور شده بود. چه تقارن منحوسی بود، روئیدن بوته‌های زرشک کنار مدرسه، گاه این بوته‌های زرشک نادانسته و ناخواسته اسبابِ ترکه زدن بچه‌ها به دست معلم، مدیر و ناظم مدرسه بودند. نزدیکی‌شان به مدرسه سبب می‌شد به هرگناه کوچک و بزرگ، مدیرمدرسه فریاد بزند : بدو خودت دو تا ترکهٔ نرم و نازک، بچین بیار.

بچه‌ها که می‌دانستند کاربرد این ترکه‌ها چیست، در هنگام چیدن سعی می‌کردند لاغرترین شاخه را انتخاب کنند و هنگام آوردن تیغ های روی آن را به‌کل بچینند. جرم اگر کوچک بود، اثر تنبیه تا مدت‌ها بر روی کف دست بچه‌ها می‌ماند و اگر بزرگ بود، کف پای بچه‌ها بود که با تیغ‌های جامانده و چیده نشدهٔ ترکه‌ها، شکاف برداشته و رنگین می‌شد.

در مدرسه، تنها دورهٔ مقدماتی تدریس می‌شد. معلم مدرسه هم معلم بود، هم مدیر و هم ناظم و هم تمام دیگر رشته‌های کاری که می‌بایست در یک مدرسه حضور داشته باشد، را یک‌تنه رتق‌وفتق میکرد.

اتاقی هم برای خوابیدن داشت. مدرسه، شب ها خانهٔ او بود، روزها محل کارش.

با این همه معلم مهربان و خوش‌ذوقی بود، و اواخر سکونت ما در آن روستا با افزایش تعداد دانش‌آموزان روستا خانم معلمی را به کمک‌اش فرستادند.

زنی از دیاری دیگر، از دنیائی دیگر، حتی پوشش خانم معلم با اهالی روستا فرق داشت. او برای همه یک معلم بود و کسی او را به چشم یک زن نمی‌دید معلّم‌ها از دنیائی دیگر می‌آمدند. آن‌ها اهل این‌جا نبودند.

خانم معلّم شکنجه‌گرِ بزرگی بود. شاید پیش از آن‌که معلم شود، مسئول شکنجه بوده. شاید هم او را به روستا تبعید کرده بودند و همهٔ آن پیش‌فرض‌ها که در مورد دلیلِ آمدنش به روستا در ذهن ما نقش بسته بود، پیش داوری غلطی بیش نبود آن‌روزها روستاهای دورافتاده تبعیدگاه خوبی به‌شمار می‌رفت.

بزرگ‌ترینِ شکنجه‌ای که به‌کارمی‌برد گذاشتن مداد لای انگشت‌های ترد و نازک بچه‌ها بود و بعد دستان کودک را درون مشت خویش که مانند مشت مردان پر از موی سیاه و زبر بود و زورِ زیادی هم در آن‌ها موج می‌زد، می‌فشرد. هنوزهم وقتی به یادش می‌افتم، انگشتانم تیرمی‌کشد. به گمان‌ام انگشتِ میانیِ من، به دست خانم معلم چنین از ریخت افتاده و کج شده است.

مدرسه با آن حیاط بزرگ هرروز صبح شیری می‌شد و فردا باز قبل از حضور ما به رنگ خاکستری درمی‌آمد.

تغذیه، رایگان بود. شیر، موز و سیب بدون این‌که از فواید آن در تغذیهٔ روزانه حرفی به میان آید. آخر آن یک نفر چقدر می‌توانست مسائل متفاوت را به همگان توضیح دهد و این بچه‌هائی که به خوردن کمی نان خشکیدهٔ کوبیده شده در هاون

مخلوط با پنیر، که بسیار هم خوشمزه بود، عادت داشتند از ترکاندن پاکت شیر زیر پاهاشان بیشتر لذّت می‌بردند تا از خوردن‌اش.

مدیر، بچه‌ها را به ترتیب دانسته‌هاشان دسته‌بندی کرده و هرگروه را در یک پایهٔ درسی قرارداده بود. او هم‌زمان هر پنج پایه را درس می‌داد. به کلاس پنجمی‌ها، مسأله ریاضی می‌داد برای حل کردن کلاس چهارمی‌ها باید انشاء می‌نوشتند آن دیگران، به نقاشی سرگرم می‌شدند و گروهی را نیز حروف الفبا می‌آموخت. برنامه‌ها را طوری ترتیب می‌داد که گروه‌ها در کنارهم، بدون مزاحمتی برای یکدیگر مسیر آموزشی خود را طی کنند و اگر می‌شد به‌هم کمک کنند.

در کل مدرسه، در تنها کلاس مدرسه تنها دو دختر حضور داشتند و بقیه پسر بودند، البته آن‌ها هم انگشت‌شمار بودند.

جمع کردن یک دهگان از بچه‌های ده برای نشستن سر کلاس درس، فقط به میزان دوساعت در روز وقت مدیرمدرسه را می‌گرفت و عجیب این که او با جهدی غیرقابل‌باور هرروز این‌کار را انجام می‌داد.

او که مرد عمل بود، توانسته بود کمتر از پنجاه درصد اهالی را مجاب کند که دو ساعت فرزندشان را برای کار اجباری فراموش کنند و آن دو ساعت، زمان فراغت بچه‌ها به حساب می‌آمد. و تمام این‌ها در جائی اتفاق می‌افتاد که تحصیل تا انتهای مقطع مقدماتی اجباری و از آن مهم‌تر رایگان بود و اگر بازرس اداری، در مراجعه برای کنترل این ماده از قانون، افرادی را شناسائی می‌کرد که فرزندشان را از تحصیل محروم کرده‌اند، مشمول جریمه می‌شدند. گاه هم سرپرستی بچه را به حکم دادگاه از والدین‌اش سلب می‌کردند. این مسئله به لحاظ از دست دادن نیروی کار، بیشتر آن‌ها را آزار می‌داد با این وجود والدین مانع حضور فرزندان‌شان در مدرسه می‌شدند.

جائی که اکثریت غالب، پس از طی یک‌دهه از زندگی‌اش، توهم می‌زند که همه‌چیز را می‌داند، یک‌نفر نمی‌تواند برای اصلاح، قدم بزرگی بردارد.

آن‌زمان در روستای کوچک ما، همهٔ اهالی جزء یک خانوادهٔ بزرگ بودند. یک قبیله، یک طایفه. من از این طایفهٔ بزرگ، فقط سبیل‌های بلندشان و پشت موهای صاف مردانش را به‌خاطردارم، چرا که آن‌ها به آرایش موی سرو صورت خود نمی‌پرداختند و هراز چندگاهی با مقراض موی سرشان را می‌بریدند.

در نظر ایشان کوتاه کردن موکار فرنگ‌رفته‌ها بود. پسر جوانی که برای آرایش موی سر خود به سلمانی می‌رفت به استهزاء گرفته می‌شد. می‌گفتند مگر مرد هم جلوی آئینه می‌ایستد و موی خود را به دست دیگری می‌دهد که برایش برش بزند؟!

از خاطرم نمی‌رود در شب خاصی از سال اهالیِ کلِّ روستا به پخت سمنو می‌پرداختند.

دیگی بزرگ به قطری که اندازه وسیع‌ترین گذر اجازه می‌داد، بر پا می‌کردند. به ارتفاع بیش از قدّ آدمی، به‌طوری که برای ریختن مواد لازم داخل دیگ از نردبانی که به یک‌سوی آن بسته شده بود، بالامی‌رفتند. این‌کار را به نوبت ریش‌سفیدان محل تا مردانِ جوان به عهده می‌گرفتند. بعد از ریختن مواد و افروختن آتش، با بیلی که دسته‌اش بلندتر از بیلِ باغبانی بود، وخاص این مراسم ساخته شده و در محل خاصی نگهداری می‌شد، غذا را هم می‌زدند تا ته نگیرد. سمنو زود ته می‌گیرد و می‌سوزد.

پخت سمنو شب تا صبح ادامه داشت و همهٔ اهالی حتی دختران و زنان، دورآتش به انتظار می‌نشستند. بعد از اتمام پخت، به هرخانواده به اندازه ظرف به‌امانت گذاشته شده، که در آن خوشه‌های گندم موردِ نیاز برای طبخ را آورده بودند، سمنو تعلق می‌گرفت.

شب سرد زمستان، بلندترین شب زمستان با برف سپیدی که گاه تا کمر آدم می‌رسید، کنار آتش بر افروخته همهٔ تن‌ها گرم و شکم‌ها سیر می‌شد.

چشمه را یادم هست. لای بوته‌های زرشک، پنهان شده بود.کنار چشمه رفتن، با به جان‌خریدن تیغ تیز بوته‌های زرشک همراه بود، اما ما می‌رفتیم. از آبِ زلال و خنک چشمه نمی‌توانستیم گذشت، آن‌هم در فصل بهار که هم‌خوانی قورباغه‌ها بیداد می‌کرد.

گاه از بین بچه قورباغه‌هایِ کوچکِ شناور با کمک کیسهٔ پلاستیکی، چندتائی شکار می‌کردیم و پنهانی به خانه می‌آوردیم. در نیمه شب تاریک، به تماشای رشد و بلوغ بچه قورباغه‌های زشت می‌نشستیم. بزرگ‌تر که می‌شدند، آن‌ها را با آرزوهامان که چون رازی در دل خود داشتند، به آب می‌سپردیم به امید این‌که طیِّ زندگی، ما را برای رسیدن به آرزوهامان یاری کنند.

صبح هنگام در شهر

مرد با تمام بار رؤیاهاش روی کاغذ های سیاه شده، به خواب می‌رود. خواب پنجره‌ای را می‌بیند رو به سوی طلوع خورشید در صبح دل‌انگیز سپید زمستان و از گرمای شعاع نور زنده می‌شود. با صدای جاروئی که بر آسفالت خیابان کشیده می‌شود، خواب جا خالی می‌دهد. مرد چشم باز می‌کند. شهر دارد به آرامی، از خواب بیدار می‌شود.

زن همچنان بی‌حرکت با کتابی برروی صورت غنوده است. می‌خواهد کتاب را کنار بزند و صورت زن را ببیند هراس می‌کند، مبادا خواب او را پریشان کند. به آرامی،کاغذهای سپید را برمی‌دارد و به آشپزخانه می‌رود. روی چهارپایه می‌نشیند وکاغذها را روی کابینت می‌گذرد. دلش آن بیرون است و صدا را دنبال می‌کند. صدا دارد دور می‌شود. کاش می‌توانست از همین‌جا، آن مرد را به تماشا بایستد. مردی که در زمان خواب همهٔ شهر، خیابان را از زباله‌ها پاک می‌کند او را ببیند و به او صبح به‌خیری از تهِ دل بگوید اما روزنی نیست. به زن حقّ می‌دهد که از نبود دریچه‌ای رو به جهان بیرون در این اتاق سراسر خاکستری بنالد.

با خود می‌اندیشد، زندگی یعنی همین‌ها، خواستن و نتوانستن، برمی‌خیزد و به کوچه می‌زند برای دیدار مرد و به او صبح به‌خیر می‌گوید.

چقدر هوای کوچه در صبحگاه خوب است. مثل هوای پاک دست نخورده می‌ماند، بوی نزدیکی می‌دهد. بوی آدم‌ها را، و چند ساعت بعد این بو در ازدحام دودو دم از حافظه‌ها پاک خواهد شد. نانِ تازه‌ای برای صبحانه می‌خرد و بازمی‌گردد پشت همان کابینت، روی چهارپایه که از همین‌ها بنویسد، از زندگی.

کوچ

به دلیلی که بر منِ خردسال معلوم نبود، خانواده کوچ کردند. بساطِ ما بقچههای لباس بود، بار زیادی نمیتوانستیم با خود حمل کنیم. مادر وعدهٔ بازگشت داد، اما وقتی ما بازگشتیم که همهچیز درحال سوختن بود. میان حیاط بازیهای کودکیمان، تلّی از آتش، تمام خاطرات کودکی ما را بلعید. از بین تل آتش برگهای دفتر و کتابهای درحال سوختن، پرمیگرفتند و به اطراف پراکنده میشدند. یادم میآید از مادر پرسیدم: کتابها هم سوختهاند؟

مادر زیرلب چیزی گفت که به سختی میشد شنید: همهچیز را به آتش میکشند.

آتش پیش از آن، برای من معنای گرمیو سلامت، معنی شادی میداد اما هرچیز میتواند در گذر روزگار، معنای خود را از دست بدهد. آتشی که از کنده برمیخیزد، همیشه اشکها را روان میسازد.

به شهر روانه شدیم. ما از آن جا گذشتیم و رفتیم و هیچچیز از ما بر روی اشیاء آن خانه، اشیاء آندیار برجای نماند خیلیها هم مثل ما رفتند، یا به پای خود یا به زور تیغِ آختهٔ دشمن.

روزی فرا میرسد که هیچچیز از انسان در زمینی که پا به دنیا گذاشته است برجای نمیماند.

برای همینها است که میگویم فراموشی خوب است. گاه باید همهٔ اتفاقهای زندگی را به فراموشی سپرد. خیلیوقت میشود که خاکهای نشسته بر خاطرات را تکان نداده بودم، مشاور اگر میدانست چه رویدادهائی در زیر این همه خاک پنهان گشته است، شاید مرا از شخمزدن خاطراتام معاف میکرد. کاش آن روز پیشنهادش را میپذیرفتم و روندکار را تغییر میدادیم. اما حالا دیگر دیر است، زخمها سرباز کردهاند و باید با زخمی کهنه که سرباز کرده است مدارا کرد وگرنه خیلی زود به یک دمل چرکی تبدیل میشود و کار دست آدم میدهد.

شهر برای ما، دوری از پدر بود. از آن‌زمان به بعد زندگی ما در کنار موش های فاضلاب دیدهٔ شهری، ادامه‌یافت و در کنار تنهائی مادر. شهر آن جای رؤیائی قشنگی که ما در پشت شیشهٔ چرخ فرنگ دیده بودیم، نبود.

مادر دو اتاق استیجاریِ کوچک برای زندگی‌مان یافت، چهارخانوادهٔ دیگر در اتاق‌های اطراف حیاط سکنی داشتند. سهمِ ما از آن حیاط،که زیاد هم وسیع نبود، در ضلع شمالی قرارداشت. این موقعیت استقرار برای مادر خیلی مهم بود. همیشه می‌گفت کلی جست‌وجو کردم که اتاق‌هامان آفتاب‌گیر باشد. بدن آدمی به‌خصوص شما بچه‌ها آفتاب می‌خواهد وگرنه چهارستونِ بدن به یک راستا نمی‌ماند. حالا که دیگر نمی‌توانید در کوچه‌وخیابان آفتاب بخورید، بهتراست خانه آفتاب‌گیر باشد.

اما از بختِ بد، درجهت مقابل ما یک عمارت دو اشکوبه مانند سدّی در برابر اشعهٔ خورشید ایستاده بود. تنها ساعات کمی پیش و بعدازظهر که خورشید در بالاترین جای خود قرارداشت، نور مستقیم آن به حیاط می‌تابید. داخل حیاط هم زیاد با کوچه فرقی نداشت. مادر می‌گفت این روزها به هیچ‌کس نباید اطمینان‌کرد، هرکسی می‌تواند یک اهریمن باشد.

دالان ورودی از زیر آن عمارت می‌گذشت. در بالاخانهٔ عمارت، مادر پیرصاحب‌خانه، به تنهائی زندگی می‌کرد. شخصِ خان در همسایگی ما، یک عمارت کامل در اختیار داشت. ما هیچ‌گاه داخل عمارت را زیارت نکردیم. آرزوئی که در کودکی‌مان گم شد. آدم وقتی کودک است، آرزوهای عجیبی دارد، آرزوهائی که گذر زمان آن‌ها را بی‌رنگ می‌کند.

تنها، پس از درنظرگرفتن زمان عبورو مرور مالکین و یک برنامه‌ریزی دقیق‌و حساب شده، توانستیم تا نیم‌طبقه از پله‌ها بالابرویم، جائی‌که پنجره‌اش رو به خیابان باز می‌شد.

من از این پاگرد پله و از این پنجره خیلی خوشم آمد، بعد از کشف دید آن، بعدازظهرها که بزرگان خانه به خواب قیلوله می‌رفتند، دقایق زیادی را پشت پنجره به تماشای خلوت خیابان روبه‌رو می‌ایستادم.

روزهای خلوت خانه و خیابان به اتمام رسید. خیابان‌ها پر شد از صدای تیروتفنگ، خانه پر شد از صدای گفت‌وگوهای سیاسی، صدای خِش خِش رادیوی پیر آقاجان تمام‌وقت به گوش می‌رسید و تنها یادی بود که از او باهم به‌اشتراک می‌گذاشتیم. مادر

اسمی از او نمی‌برد، ما هم بی این‌که دلیلی برای این‌کار داشته باشیم، به تبعِ مادر هیچ یادی از او نمی‌کردیم. گاه در خلوتی که مادر نبود از همدیگر پرس‌و جوی بیهوده می‌کردیم. کم‌کم داشتیم امیدمان را به دوباره دیدن‌اش از دست می‌دادیم.

من در آن خانهٔ استیجاری، بزرگ شدم، با صداهائی که برایم مفهوم نبود. من از تمام این صداها، تعطیلی مدرسه‌هارا مزّه کردم، خوب نبود. سنگرهائی را که در خیابان‌های نزدیک مدرسه‌مان برپا کرده بودندکیسه‌های پر از شن و ماسه که قرار بود از آدم‌ها دربرابر تیر و تفنگ محافظت کنند. بزرگ‌ترهائی را که پشت سنگرها پنهان شده بودند.

درنهایت، روزی صدای نفیر گلوله از بیخ گوشم گذشت. از همان‌روز، رفتن به مدرسه تمام شد. تعطیلی مدارس رسما" اعلام شد. من که تازه کلاس‌اولی بودم و آموختن حروف الفبا را شروع کرده بودم، زودتر از آنچه گمان می‌کردم از تحصیل فارغ شدم فراغت اجباری.

تعطیلیِ مدارس با خود، برهم‌خوردن نظم اجتماعی را به همراه داشت. خانواده‌ها نمی‌دانستند با این بچه‌هائی که مجبورند در خانه بمانند، چه کنند. پدر و مادرها مجبور بودند انتخاب کنند. یکی باید در خانه می‌ماند و مراقب بچه‌ها می‌بود.

از دوستان و هم‌کلاسی‌ها بی‌خبر ماندیم. از فامیل‌های دور و نزدیک، نیز. خیلی از این بی‌خبری ها برای ابد، ادامه یافت. هرکس به ناچار، روزی ازدست دادن را به باور نشست.

طعم تلخ هجرت و بعد از آن گسست همیشگی از دوستان و هم‌کلاسی ها، بدترین طعم دوران کودکی بود؟ بریدن از تعلّقات، از دیگر سو، شاید بهترین‌اش.

زندگی به من آموخت، به هیچ‌جا و هیچ‌کس تعلّق نداشته باشم. تعلّق نداشتن خوب است درد ندارد، اما این بی‌دردی، خود همه، درد است.

بیهوده و بی‌جا، دفتر خاطرات کودکی ام را ورق می‌زنم، جای بازگوکردن ندارد. او، تمام این‌ها را در اخبار دیده و شنیده است.

نمی‌دانم یادآوری تمام این خاطرات و بازگوکردن آن‌ها به چه درد زندگی مشترک من می‌خورد؟ مشاور چه نتیجه‌ای از این‌ها می‌خواهد بگیرد؟ این علم روان‌درمانی هم عجیب پیچیده است. برایم قابل‌درک نیست.

شاید بهتر باشد دفتر خاطراتم را به او بدهم، اگر به‌راستی کودکی من سبب ناهنجاری زندگی مشترکم شده است، بهتر است آن را بی‌کم‌وکاست بداند. و اگر هم این‌ها را گفته که یک‌جوری جلسهٔ بعدی حرفی برای گفتن داشته باشیم، با دادن دفتر خاطراتم به او می‌فهمانم که من حرف برای گفتن زیاد دارم، اما گوشی برای شنیدن نیست. اصلا" می‌خواهم دفتر خاطرات‌ام را به او بدهم ببینم چقدر برای من وقت می‌گذارد.

تمام این قصّه‌هائی که به یادمی‌آورم، قصّهٔ آن دیگران است. من در زمان وقوع این حوادث در کجای صحنه ایستاده بودم؟ آیا اصلا" این اتفاقات را که به‌یادمی‌آورم، خاطراتِ من است یا من خاطراتِ دیگری را دزدیده‌ام؟!

همیشه وقتی به گذشته فکرمی‌کنم، خودم را مثل یک ناظر حس می‌کنم که در گوشه‌ای ایستاده و نگاه می‌کند و هیچ تأثیری روی‌اتفاقی که درحالِ روی‌دادن است، ندارد. به‌راستی من در کجای این داستان، فاعل بوده‌ام؟

باید باورکنم که من همیشه در حاشیّه بوده‌ام، متنِ ماجرا را کسی یا کسانی دیگر ساخته‌اند، زندگیِ من بدون هیچ اتفاقی، روزها و شب‌ها در پیِ نظارهٔ زندگیِ دیگران گذشته است، من، خود من، کی زندگی را زیسته‌ام؟

برای مشاور حرف‌زدن کار سختی نیست، از هردری حرف بزنم، او می‌شنود. وقت می‌گذرد و او به ساعت خود نگاه کرد و می‌گوید برای امروز کافی ست، همین.

برای او می‌توانم قصّه سرِهم‌کنم که زندگیِ من این‌چنین بوده و یا چنین در حالِ گذر است، اما برای خودم چه دارم ؟ من زندگی می‌کنم؟ آیا تنها نفس‌کشیدن و روزها را به شب رساندن، زندگی است؟

میوه فروش: خانم چه می‌خواستید؟

هویج، یک‌کیلو هویج.

من در این روندِکسالت‌بارِ زندگی باید برای گفتن حرفی داشته باشم، نه به مشاور، به خودم.

لطفا" یک‌کیلو سیب‌زمینی هم بدهید

سیب‌زمینیِ پشندی داریم، می‌خواهید؟

بله، سیب‌زمینیِ پشندی، لطفا"

سیب‌زمینیِ پشندی

جلویِ در مغازهٔ قصّابی می‌ایستم. با دیدنِ استخوان آویخته شده از حلقه به یاد دست مشاور می‌افتم، بندهٔ خدا، ولی عجب آدمی‌است، با دست‌بسته هم کارش را تعطیل نکرده.

بویِ لاشه می‌زند توی دماغ‌ام، روسری‌ام را بالا می‌برم که جلوی بو را بگیرم.

قصّاب، در حال تیزکردن چاقو از پس همه مشتری‌ها گردن می‌کشد:

خانم سبزی‌ها را روی میز نگذارید، گِل دارد

- چشم آقا، ببخشید

همیشه این تذکر را می‌دهد و من همیشه به هنگام ورود به دکان قصّابی به دلیل خستگی و بوی عجیب لاشه که به مشام‌ام می‌خورد، نیروی خود را از دست می‌دهم، و ترجیح می‌دهم گوشه‌ای دور از چشم‌های تیزبین‌اش بارم را بگذارم پائین، او هم من را شناخته، تا از پشت شیشه می‌بیند، دارم می‌روم داخل مغازه‌اش، بارم را وارانداز کرده و اگر ببیند سبزی همراه دارم، وارد نشده تذکر می‌دهد.

آن‌قدر حرف نزده‌ام که حرف‌زدن یادم رفته است گاهی‌که می‌خواهم حرف بزنم به آواهائی که از دهان‌ام بیرون می‌آید گوش می‌سپارم، هراس‌ام از این است که آوائی را اشتباه تلفظ کنم و این‌روزها خیلی هم برایم پیش می‌آید. وقتی متوّجه اشتباه گفتار خود می‌شوم که شنونده با نگاه غریبی می‌پرسد چه گفتی؟

از خریدِگوشت صرف‌نظر می‌کنم، این برای داشتن فرصت مورد نیاز پخت کوکو و دادن وقتِاضافه به خودم برای اندیشیدن و شاید هم چند خطی نوشتن، در داخل انباری، ایدهٔ خوبی‌است.

در حیاط را بسته‌ونبسته، لباس‌های بیرون را از تن به درمی‌کنم، روی بندِرخت پرت‌می‌کنم، گوشهٔ مانتوم روی زمین به سمتِ من تمایل دارد. نمی‌خواهم برای مرتب‌کردن آن روی بند وقت بگذارم.کیسه‌ها و پاکت‌های خرید را کنار تراسِ کوچک جلوی اتاق‌مان رها می‌کنم و پله‌های مرتفع را به سمت زیرزمین، پائین می‌سرم.

صندوقچهٔ قدیمی را از زیر قفسهٔ تلنبارشدهٔ لوازم همسرم بیرون می‌کشم، خاک برمی‌خیزد. خاکِ روی خاطرات ،کاش ذهن‌ام هم به همین راحتی در دسترس بود و خاکش را می‌تکاندم. برای یادآوری روزمرگی‌های دیروزی، باید حتما" نشانه‌هائی از دیروز را مشاهده و لمس کنم. بی‌نشانه نمی‌شود به دیروز رفت. بی‌نشانه، نمی‌شود راهی فردا شد. هرراهی نشانه‌های خودش را می‌خواهد وگرنه آدمی در میان راه می‌ماند.

بدترین جا برای ماندن، جاماندن و درجازدن در دیروز است. باید نشانه‌هائی با خود داشته باشم تا به دیروز سری بزنم و بازگردم. امروز هرچقدر هم تلخ بگذرد، نمی‌خواهم در دیروز بمانم. برای گریز از امروز باید راهی فردا شد. هرچقدر هم ناشناخته‌ها ترسناک باشند.

درِ صندوق را بازمی‌کنم. پاچهٔ شلوار زاپاس، اولین چیزی‌است که جلب توّجه می‌کند، چه اشیاء بی‌نظیری داخل صندوقچه جای داده‌ام پاچهٔ شلواری که همیشه از دید همه پنهان می‌کردم، جزئی از خاطرات جدائی ناپذیر چهارسالهٔ متوسّطه است.

نگران اندازهٔ پاچهٔ شلوار بودن جلوی درِ ورودی مدرسه، از بزرگ‌ترین نگرانی‌های آن دوره از زندگی همهٔ جوان‌ها بود و این مختصّ من نبود، بیشتر بچه‌های مدرسه از غریو صدای مسئول انتظامی مدرسه هراس داشتند. از آن‌جا بود که نمی‌دانم بار اول به فکرِ بکر چه‌کس خطورکرد که پاچهٔ شلوار یدکی همراه داشته باشد. در انتهای پاچه زیپی دوخته می‌شد برای اتصال آن به دامنهٔ شلوار، مشکل کوتاهی شلوار حل می‌شد، دور پاچهٔ شلوار می‌بایست چهل‌سانتی‌متر باشد.

مسئولِ انتظامی مدرسه با متر جلوی در ورودی مدرسه انتظار شاگردها را می‌کشید، او تنها نبود. بلکه گروهی از بچه‌های هم‌شاگردی را به خدمت گرفته بود، یک گروهان جلوی در مدرسه، پاچه‌های شلوار را می‌پائیدند و اگر پاچه‌ای به نظر آن‌ها تنگ‌تر از حد مورد قبول بود، مسئول را صدا می‌زدند و او با مترش جلو می‌آمد، "هر روز باید بگوئیم چهل سانتی‌متر نه کمتر. برو خانه، با ولیّ‌ات برگرد ".

عدّه‌ای هم مثل من پاچه‌ای داشتیم برای بلند جلوه دادن شلوار، نخی هم از داخل لبهٔ تاشده پائین شلوار ردمی‌شد که هنگام خروج از مدرسه و بازکردن پاچهٔ شلوار با کشیدن و گره زدن آن، فرم شلوار به چیزی نزدیک مدّ روز تبدیل می‌شد.

بالاخره مسئولین انتظامی دلیل وجود زیپ را هم در پای شلوارها کشف‌کردند. روزی که این تقلّب بزرگ فاش شد والدین فراوانی به مدرسه فراخوانده شدند. برای حل معضل پاچهٔ شلوار جلسات متعدّد اولیاء و مربیان برگزار گردید.

در نهایت تصویب شد که شلوار زیپ‌دار ممنوع است و از آنجا این پاچه به صندوقچهٔ خاطرات من پیوست.

یادم است ترفند دوستان بعد از تصویب لایحهٔ جدید تا پوشیدن شلوار از روی شلوار هم رسید و کوچه‌پس‌کوچه‌های اطراف مدرسه محل تعویض لباس شد. پاچهٔ

شلوار را کناری انداختم و تمام خاطرات آزاردهنده آن هم از ذهن‌ام پاک شد. کاش همهٔ خاطرات را می‌شد به این‌راحتی از ذهن زدود.

از دورهٔ کودکی خود هیچ یادگاری ندارم, دوره‌ای از زندگی من در میان شعله‌های جنگ از میان‌رفته, دوره‌ای از زندگی هم در زمان هجرت در خانهٔ جامانده است. نمی‌دانم آن‌خانه اکنون سرپاست یا تلّی از آوار آن را در خود پنهان کرده‌است.

روی وسایل، دوکلاف پارچهٔ گولّه شده هم هست. با دیدن آن لبخند می‌زنم، از این‌که در عنفوان جوانی مشغلهٔ ذهنی من چه مسائلی بوده خنده‌ام می‌گیرد.

از سوی دیگر غضب می‌کنم که چه مسائلی برای ما بزرگ و مهّم جلوه داده می‌شد، چقدر انرژی فرصت و همّت به خرج می‌دادیم که این‌گونه مسائل بغرنج را از پیش‌پای خود برداریم.

اولین لباسی که وقتی خانم شدم، برای‌ام خریدند را از صندوق بیرون می‌آورم، بازمی‌کنم و به آن پیراهن چین‌چین نگاه می‌کنم، نشانهٔ بلوغ.

بلوغ درد داشت، بی‌خوابی، تنهائی و هراس همراه خود داشت و هزار سؤال بی‌پاسخ. زمزمه‌های مادر و خواهر بزرگ‌ترم را گوش می‌ایستادم، تا شاید از رمز و رازِ بزرگ‌شدن چیزی دستگیرم شود، بی‌حاصل بود. از حرف‌های آن‌ها هیچ نمی‌فهمیدم.

به دوران نوجوانی‌ام که فکرمی‌کنم، نومیدی به سراغم باز می‌گردد. حسی از همان دوران در من مانده و هیچ‌وقت مرا رها نکرده است حسی غریب که با گذشت زمان غریب‌تر هم شده. بخشی از وجود من هست که هیچ‌وقت آن را نشناخته و با آن کنار نیامده‌ام. گوئی آن من، یک من دیگری بوده است که در من ریشه دوانده و جایگزین منِ من شده است.

از پله‌ها بالا می‌آیم، هوا گرگ و میش است. مانتو را از روی بند برمی‌دارم و با برداشتن پاکت‌ها و کیسه‌های خرید روانه مطبخ کوچکی می‌شوم در گوشهٔ دیگرِحیاط.

مطبخ مشترک را یادم می‌آید، مستراح مشترک و همه‌چیزهای به‌اشتراک گذاشته شده از سوی مالک برای همهٔ مستأجرین، چیزی که در خانهٔ اشتراکی به‌خوبی رشدکرده، درد مشترک است نگاه‌هائی که در سکوت درد را با هم تبادل می‌کنند.

سبزی‌ها را از داخل کیسه بیرون می‌کشم، چهارزانو می‌نشینم گوشهٔ مطبخ برای پاک‌کردن‌سبزی‌ها.

گذشته چندان خوش‌آیند نبود فقط به جای من، مادر در مطبخ بود و همسایه‌ها هم آن‌جا بودند. یکی همیشه بوی قرمه‌اش برپا بود. قرمه‌ای که به خاطر وجود چهارتکّه‌گوشت بوی‌اش همهٔ معده‌ها را به صدا درمی‌آورد. یکی قابلمهٔ آبِ را خالی بار می‌گذاشت.

جای من و خواهرم،پشتِ دارقالی بود. قالی‌ای که تابستان ما را با رنگ‌هاش پر می‌کرد. آخر آن‌تابستان هردوِ ما بیمار شدیم، راه نفس‌مان تنگ شده بود.

روزِ نو

زن در جای خود کش می‌آید،کتاب از روی صورتش کنار می‌رود، نیمی از صورت او پیدامی‌شود. مرد به او می‌نگرد، حتی در خواب هم دغدغه روی پوست شفاف صورتش نقش بسته مرد خود را ملامت می‌کند. او با خودخواهی خود، دنیای زن را از او گرفته است، اما چاره‌ای هم نداشته، نمی‌توانست با تسلیم‌شدن در دنیای زن، به مرگ رؤیاهای خویش بیاندیشد و نمی‌توانست بی همراهی زن راهی شود.

زن همهٔ اوست، همان حرف‌هائی که می‌زند، بی این‌که بداند، چراغِ راه است. چشم‌هاش بیدارگر انسانیت درون مرد است و دست‌هاش، دست‌های مهربانش زندگی است. چطور می‌توانست او را در دنیای خودش بگذارد و به دنبال رؤیاهای‌اش بیآید؟ رؤیاهای مرد بدون تجسم زن در آن، رنگی ندارد و اصلا رؤیا نیست چیزی مثل کابوس می‌شود.

زن روبه سوی مرد چشم می‌گشاید. نگاهش مات است، چشم‌هاش باز است اما بیدار نیست، زمان می‌گذرد. مرد به آن چشم‌ها خیره می‌ماند و می‌اندیشد که همیشه عاشق خواهد ماند.

آن چهارگوشِ نور روی دیوار است، صبح رسما" وارد فضا شده. زن، صبح به‌خیری می‌گوید و با کسالتی آشکار که از شب پیش و شب‌های پیش‌تر از آن برجانش نشسته است، به آرامی برمی‌خیزد و به سویِ موال می‌رود.

مرد کتری را روی اجاق نه، روی گاز می‌گذارد. چقدر واژه‌های دیروز را دوست‌تردارم، اما اجاق دیگر در این فضای کوچکی که من تعریف کرده‌ام، جایگاهی ندارد. درست مثل واژه‌ای که به آن نام می‌خواندندش در ادبیات امروزی غریبه شده است و اگر به کار بگیرم باید زیرنویس بزنم که این اجاق چه بوده و در چه قرنی کاربرد داشته است و تا چه‌زمانی با وجودِ از بین رفتن کاربرد فیزیکی‌اش، هم‌چنان در ادّبیات رخ‌نمائی می‌کرده است. مثل رود، دریا، آب، باران، افسانه. چقدر غریب می‌نمایند برای انسان امروزی و شاعر برای خلق فضائی شاعرانه هم‌چنان به آن‌ها پناه می‌برد شاید

علت گسست شعر امروز از عامهٔ مردم، همین باشد. زبان شعر در دیروز جامانده و مردم دیگر آن را نمی‌فهمند و تقصیری هم ندارند.

فندکِ‌گاز را می‌زند و به تماشای شعلهٔ آبی رنگ آن می‌ایستد، اینک اگر شعلهٔ این آتش سرخ باشد یا زرد باید از آن ترسید. حالا من چگونه از شعلهٔ سرخ آتش سخن می‌توانم گفت؟

زن با دست و صورت خیس بیرون می‌آید، مرد نگاهش به آتش است، زن او را می‌بیند.

زن: نخوابیدی اصلا"؟

مرد: چرا خوابیدم، با صدای جارو بیدار شدم

زن با لبخندی : خوبه با صدای جاروی من بیدار نشدی

مرد می‌گوید : چائی را دم می‌کنم، تو سفره را بیانداز

زن بساط خواب را برمی‌چیند و بساط سفره را می‌گستراند، نان و پنیر، مرد با دو فنجان چای می‌آید.

صبحانه در سکوت خورده می‌شود، چند لقمه و بعد برچیده می‌شود.

مرد: بیا بخوان، خوب دارد پیش می‌رود

زن : به موقع می‌خوانم

مرد با تکّدر خاطر سکوت اختیار کرده، زن لباس می‌پوشد

مرد: جائی می‌روی؟

زن : می‌روم خرید برای خانه، خودت دیشب گفتی

مرد : بگذار با هم برویم

زن : نه، تو به کارت برس

مرد: یعنی به کل از من بریدی الهه؟ از من فرار می‌کنی؟ نمی‌خواهی قبل از بیرون رفتن کمی با هم حرف بزنیم؟

زن : نه عزیزم، می‌روم بیرون، باید اینجاآمدن برای یکی از ما سودی داشته باشد، حالا که قلمات به کارافتاده، بنشین بنویس. بالاخره این‌ها تمام می‌شود و بعد با خیال آسوده می‌نشینیم با هم سخن می‌گوئیم، فرصت زیاد است برای حرف‌زدن.

مرد: شاید هم دیگر فرصتی نباشد، تا وقت هست، باید سخن‌گفت

مرد روی چهارپایه می‌نشیند

زن دستی مهربان بر سر مرد می‌کشد: نگرانی بیهوده به خودت راه نده، من وتو خیلی‌وقت داریم

و می‌رود، خارج می‌شود.

مجالِ دیدارِ دوباره

رفتن به ملاقات مشاور خوب است، مجال راه رفتن ،مجال سخن گفتن،مجال نفس کشیدن . در راه به تمام حرف‌هائی که باید می‌گفتم و گفته بودم، فکرکردم. به زندگی‌ام، که چگونه بدون نقش‌فعّال من شکل گرفته بود. منِ منفعل، همه‌چیز را بر حسب پیش‌آمد، تجربه کرده بودم.

شاید این فرصت زمانی بود برای فکرکردن به قابلیّت‌های خودم، به این‌که حالا باید خودم برای خودم تصمیم بگیرم، بزرگ‌تر از آن شده بودم که تصمیم‌گیری را به عهدهٔ دیگران بگذارم. همیشه مقصّری خارج از دایرهٔ دوست داشتنی‌هام یافت می‌شد، حتّی یک نگاه می‌توانست مقصر باشد.

چه‌کسی خود را گناه‌کار می‌داند، هیچ‌کس. حتّی آن که آتش بر جان دیگری می‌افکند، خود را گناه‌کار نمی‌داند. این بی‌مسئولیّتی من در قبال تصمیم‌گیری برای زندگی خودم، بیشترین گناه من بود.

مشاور مانند پیش، اما صمیمانه‌تر، مرا پذیرفت. دستش وبال گردنش بود.

این بار برای خودم و او قهوه ریختم:

زن: خدا بد ندهد، دستتان چه شده؟

مشاور: خدا که بد نمی‌دهد، خودم کردم. حواس‌ام نبود، کاسهٔ سوپ ریخت.

زن: ای بابا، امیدوارم زودتر خوب شوید،کی این اتفاق افتاد؟

مشاور: چه فرقی می‌کند کی بود و چه شد؟ حالا که این‌جای‌ام، آمده‌ام که حرف‌های تو را بشنوم و بروم.

زن: شرمنده کردید،کاش چندروزی استراحت می‌کردید.

مشاور: به کلّ این هفته را تعطیل‌کرده‌ام البتّه به اصرار همسرم، امروز به خاطر شما اینجا هستم.

زن: گفتید قبل از آمدن به دوران کودکی‌ات فکرکن و یک‌بار گذشته‌ات را مرورکن، من هرآن‌چه را بر من گذشته در دفترچه خاطرات‌ام دارم، و آن را براتان آورده‌ام تا اگر حوصله‌تان گرفت بخوانید

مشاور: عالی‌است. حالا من یک داستان دارم که در این یک هفته بخوانم، خودت دوباره خواندی؟

زن: داستان که نه،حکایت ما حکایت قشنگی برای خواندن در دوران بیماری نیست، بله خودم بارها و بارها مرورکرده‌ام.

مشاور: آیا چیزی در دوران کودکی‌ات پیداکردی؟ چیزی که فکرکنی هنوز سایه‌اش روی زندگی‌ات ادامه دارد؟

زن: به نظرم همۀ مردم یک ناحیه، گذشته‌ای شبیه به هم دارند. تاریخ منطقه سایۀگسترده‌ای روی زندگی همۀ ما دارد؟ برای‌ام سؤال بود که اصلا" شما چرا از من خواستید دوران کودکی خود را مرورکنم و به خاطر بیآورم؟ خیلی از اتفاقات در زندگی آدم هست که ترجیح می‌دهد به فراموشی بسپارد.

مشاور: من هم دقیقا" می‌خواهم آن اتفاقات فراموش شده به یادت بیآید. وقتی خاطره‌ای از زیر سایه بیرون بیآید، تأثیرش کم‌رنگ‌تر می‌شود.

زن: فکر نمی‌کنم این حرف شما زیاد درست باشد.

مشاور : ممکن است، کتاب‌ها که این طور نمی‌گویند.

زن: روح‌و روان آدمی پیچیده است. آیا همۀ آن چیزها که در کتاب‌ها خوانده‌اید، در مورد بیماران‌تان صدق کرد؟

مشاور: نه همۀ آن‌ها، کتاب‌ها هم بر اساس تجربیّات و مطالعات اشخاص تهیه می‌شوند، جای شک‌وشُبهه همیشه هست.

زن: یک نکته را هم باید به این شک‌وشُبهه افزود که کتاب‌های مرجع شما را افرادی از جامعۀ دیگر با فرهنگ و تاریخ خود نگاشته‌اند که ممکن است با جامعۀ ما مطابقت نداشته باشد.

مشاور: درست می‌گوئی، به این مسئله توجه دارم، خودم هم دراین‌زمینه درحال تحقیق‌وبررسی هستم.

زن: دفترخاطراتم نزد شما باشد. شاید آن‌چیزی که مرا به این‌جا رسانده است را در آن بیابید.

مشاور: می‌خوانم‌اش و بعد با هم در مورد آن صحبت می‌کنیم، آماده‌ای تمرین این هفته را شروع‌کنی؟

زن : تمرین؟ من در کلاسِ درس هستم؟ یا این یک برنامهٔ روان‌درمانی‌است؟

مشاور: برنامهٔ روان‌درمانی‌است و در هربرنامه باید مهمان برنامه یا به قول همکاران من درمان‌جو خود نیز با ما همکاری کند.

زن: این هفته باید چه بکنم؟

مشاور: زندگی روزانه‌ات را بادقّت ارزیابی‌کن، برنامه‌های روزانه را که به اجبار انجام می‌دهی و از انجام دادن آن‌ها خشنود نیستی را برای خودت بنویس و برنامه‌های روزانه‌ای که باعث احساس خوبی در تو می‌گردد را هم بنویس حتّی برنامه‌هائی که دوست‌داری انجام‌دهی و نمی‌توانی، دلیل احساس ناتوانی‌ات را هم می‌خواهم بیآوری. به این فکرکن که اگر آزادانه و با توانمندی‌های خاص می‌توانستی هر فعالیتی را که دوست‌داری انجام‌دهی، چه می‌کردی؟ برنامه‌ای با هدف دراز مدت برای خودت تعریف می‌کردی یا؟..

نه این بخش را می‌گذاریم برای جلسات بعد، همان روی‌دادهای روزانه‌ات را این هفته مرورکنی، کافی‌است.

زن: جالب است، حتما" انجام می‌دهم

مشاور : خوب پس تا جلسهٔ بعد، کمی درد دارم، این جلسه را همین‌جا تمام می‌کنیم.

زن : ممنون، امیدوارم زودتر بهبود بیابید.

سبکیِ تازه

زن وارد می‌شود، با کوله‌باری که به‌راحتی آن را بردوش گذاشته و شاید همۀراه را با شوق پیاده آمده باشد. بوم نقّاشی‌است و کیسه‌های رنگ و قلم‌مو، سه‌پایه‌ای هم بردوش دارد.

مرد با لبخندی پیروزمندانه: خوش‌آمدی عزیزدلم

و برمی‌خیزد و به پیشواز می‌رود، سه‌پایه را از روی دوش زن پائین می‌آورد.

مرد: دلم برای بوی تینر تنگ شده بود.

زن : معتاد

مرد: آری، من معتادِ تو، بوی تینر و رنگ‌روغنی توام، اعتراضی داری؟

زن : نه، ولی جدا" ممکن است به بوی تینر اعتیاد پیداکرده باشی

مرد: من به تو معتادم و به هر چیزی که به تو تعلّق دارد، ایرادش چیست؟

زن : ایرادی که ندارد. خوب می‌دانم که الان چقدر خوشحالی اعتراف می‌کنم، من بالاخره تسلیم شدم

مرد: چقدر تسلیم شدن‌ات را دوست‌دارم

زن : فقط نمی‌دانم در این اتاق خاکستری بی‌در و پنجره، در این قفس، چه‌چیزی هست که نظر مرا به خود جلب کند.

مرد: من، همان هستم که کنار درختِ سیب بود. درختِ سیب هم نباشد، من هستم یا شاید می‌خواهی بگوئی دیگر نظر شما را جلب نمی‌کنم؟!

زن : خود خواه، تو را در این نورِخاکستری با سایه روشن‌های نامفهوم تصویر نمی‌کنم، تصویر تو در کنار درختِ سیب معنا داشت.

مرد در خود فرو می‌رود، این نوعی اعلام جنگ علنی از طرف زن است. او تسلیم نشده و نمی‌خواهد تسلیم شود، فقط فرم منازعه را تغییرداده است. او با سیاست پیش می‌رود و مرد خوب می‌داند روزی از پا درخواهد آمد.

زن لوازم کار خود را می‌چیند، مرد او را به تماشا نشسته است.

تردید

مرورِ روزمرگی‌های‌ام، عجب کاری از من خواسته است. من از زمانی‌که ازدواج کرده‌ام، نوشتن روزانه را گاه‌به‌گاه دنبال می‌کنم.

احساسات روزانه‌ام در برابر وقایع را تا حدامکان کتمان کرده‌ام، این‌کار را برای حفظ زندگی مشترکم کرده‌ام و حالا باید برای نجات این زندگی، روزمرگی‌هام را هم بنویسم، حتّی روی‌دادهای ناخوش‌آیند و بدتر از آن آرزوهام را و آن‌چه که دوست داشتم در این لحظه انجام دهم، اگر بنویسم و همسرم یا مادرش یا حتّی مادر خودم ببیند و بخواند، چه؟ آن‌ها من را قضاوت خواهندکرد.

آرزوهام را، به قضاوت خودم عادت‌کرده‌ام اما هیچ‌وقت دوست‌ندارم کسی آرزوهای مرا، دلخوشی‌های کوچک مرا به قضاوت بنشیند و هم‌چنین دوست ندارم آن چیزها یا اتفاقاتی که مرا آزارمی‌دهد را بدانند و مرا به نصیحت بنشینند. این را اصلا" نمی‌توانم تحمل‌کنم. حتّی اگر مادرم دل‌خوشی‌ها و ناخوشی‌های مرا به سخره بگیرد، از او دوری خواهم جست. این دیگر چه تمرین ناخوش‌آیندی ست. این همه سال دفتر خاطراتم را در پستو پنهان کرده بودم که کسی آن را نخواند، بعد دودستی بردم تحویل خانم دادم. حالا از من می‌خواهد باز بنشینم و هر چه هست‌ونیست را بنویسم. نمی‌دانم این‌راه به کجا خواهدانجامید.

شاید از ابتدا نباید اینقدر به او اعتماد می‌کردم. اگر نوشته‌ها و گفته‌هام را فاش‌کند؟! اگر همهٔ این‌ها نقشه‌ای باشد برای اعتراف‌گرفتن از من و از این نوشته‌ها و گفته‌ها علیه من استفاده شود؟ اگر سرآخر زیر برگه را امضاءکند و بنویسد که من درمان نخواهم شد؟ نه، نمی‌توانم به او اعتمادکنم. اما چه باید بکنم؟ آیا اگر دروغ بگویم، آیا اگر آن چه را که دیگران می‌پسندند بنویسم، می‌فهمد؟ نه، از کجا می‌خواهد بفهمد؟ او فقط یک مشاور است، علمِ غیب که ندارد.

می‌نویسم خوب، مگر در طیِ روز، من چه‌کارهائی می‌کنم که قابل بازگوکردن نباشد؟

من هم مثل همهٔ آدم‌ها از خواب برمی‌خیزم، صبحانه آماده می‌کنم و مثل همهٔ زن‌ها بعد از آماده شدن صبحانه، می‌روم و آرام همسرم را صدامی‌کنم که اگر کار صبح‌گاهی دارد، برخیزد. او حتما" غرّولندی کرد. بعد از چند دقیقه باز می‌روم و به آرامی صداش می‌کنم، صدای غرّولند او بلندتر از پیش به گوش‌ام می‌رسد و من باز برمی‌گردم بعد از چنددقیقه و این‌کار را آن‌قدر انجام می‌دهم که آن غول پرهیاهو برخیزد، صبحانه‌اش را میل‌کند و از خانه‌ام خارج شود.

خط می‌زند و به جای غول می‌نویسد همسرِعزیزم و به جای خانه‌ام می‌نویسد خانه‌مان.

خانه را آب و جارو می‌کنم، همه جا را گردگیری می‌کنم، لباسی اگرکثیف باشد، می‌شویم. همه‌چیز را مرتب می‌کنم. به خریدِروزانه می‌روم و هرچیز را که فکرمی‌کنم، ممکن‌است شب همسرم را شادکند می‌خرم و با خود به خانه می‌آورم.

این‌روزها دارم برای همسرم بلوزی می‌بافم، چندساعتی مشغول بافتن بلوز می‌شوم و وقتی زنگ ِساعت به صدا درمی‌آید – من همیشه ساعت را کوک می‌کنم که شام سرِوقت آماده باشد – به آشپزخانه سرمی‌زنم، غذائی آماده می‌کنم، سبزی پاک می‌کنم – او همیشه دوست دارد سبزی تازه سرسفره باشد – ظرف‌های شام را می‌چینم،چای دم می‌کنم و دوش می‌گیرم – همسرم دوست‌ندارد بوی پیازِداغ بدهم – و منتظر می‌مانم تا از راه برسد.

اگر کاری برایش پیش نیآید و با دوستی قرارومداری نداشته باشد، ساعت هفتِ‌عصر در خانه است اما معمولا" کار زیاد دارد و ساعت آمدن‌اش مشخص نیست.گاه هم آن‌قدر کار دارد که اصلا" شب به خانه نمی‌آید، اما از آنجا که دوست‌دارد و البتّه من هم دوست‌دارم که با هم شام بخوریم، من منتظرش می‌مانم. اگر بیآید با هم شام می‌خوریم و اگر نیآید هم من هم چنان منتظرش می‌مانم. اگر او نیآید اشتهایِ‌من کورمی‌شود و خواب از سرم می‌پرد. نمی‌توانم فکرکنم که من آسوده‌وراحت در خانه می‌خورم و می‌خوابم و او برای آسایش من شب تا به صبح مشغولِ‌کار است. این بیشتر آزارم می‌دهد. کاش می‌توانستم کارکنم و کمکِ خرجی برای خانه باشم تا همسرم مجبور نباشد تا صبح کارکند.

تمام شد، همین، همین خوب است. این یعنی یک زن خوب، دیگر اگر بخواهد از نوشته‌های‌ام برعلیه من استفاده‌کند هم، نخواهدتوانست.

چقدر بدبخت شده‌ام من. این بی‌اعتمادی دیگر از کجا به دلم افتاده‌است؟ او از نوشته‌های من چه سوءاستفاده‌ای می‌تواند بکند؟ اصلا" برای چه باید با من دشمنی داشته باشد؟

کاغذها را مچاله کرد و درون سطل زباله می‌اندازد. از خودش عُق‌اش می‌گیرد و بیش از آن از تصویری که از یک زنِ خوب ترسیم کرده‌است.

حضور

مشاور: برنامهٔ روزانه‌ات را می‌توانی بدهی، بعد بخوانم.

زن : در مرور روزمرگی‌ها به خیلی‌چیزها برخوردم که می‌خواهم در مورد آن با هم صحبت‌کنیم، ننوشته‌ام، نتوانستم بنویسم یا بهتر است اعتراف‌کنم نخواستم بنویسم.

مشاور: اشکالی‌ندارد، باشد برای بعد، دلیل‌دارم برای این‌کار، بعد در موردش صحبت خواهیم‌کرد، می‌خواهم در مورد چیز دیگری با هم حرف بزنیم.

زن: چه؟

مشاور: دو مورد برای من سؤال شده است، مطرح می‌کنم. هر کدام را خودت خواستی موضوع بحث قرارمی‌دهیم.

زن: خب؟

مشاور: در مورد مفقود شدن پدرت حرف زدی، در جلسه‌ای دیگر در مورد ازدواجت به پدرت اشاره کردی، پدرت پیش شما بازگشت؟

زن: این را بگذار جواب بدهم، پدرِمن هیچ‌گاه بازنگشت. ما آن‌خانه را بعد از مدّتی ترک‌کردیم، آن‌دیار دیگر جای زندگی نبود. به کلّ از آنجا دور شدیم، طوری‌که اگر پدرم زنده مانده بود و بازمی‌گشت هم نمی‌توانست نشانی از ما بیابد. ما کوچ کردیم و بعد از چندوقت، مادرم با مردِدیگری ازدواج‌کرد. مردِ خوبی بود، پدرِدوم من یا ناپدری من خیلی مهربان بود، او هم مثل همهٔ آدم‌ها شیوهٔ خودش را برای فکر‌کردن و زندگی کردن داشت و گاه اعتقادات و باورهاش بود که مرا آزار می‌داد، او این‌همه را می‌دید اما باورهاش قوی‌تر از احساسات او بود.

مشاور: که این‌طور.

زن: دیگر چه؟

مشاور: دیده‌ام که همیشه آستین لباس هات از حدّمعمول بلندتر است و وقتی چیزی آزارت می‌دهد آستین‌هات را حتّی پائین‌تر هم می‌کشی، جوری‌که نمی‌شود دست‌هات را دید. چیزی را پنهان می‌کنی؟

زن آستین‌هاش را کمی بالامی‌زند، روی دست‌هاش خطوط تازه و کهنهٔ جراحت به چشم می‌خورد.

مشاور: این‌ها نشانی از تلاش برای خودکشی‌است؟

زن : نه، من نمی‌خواهم بمیرم. در آن‌روزهای تلخ و سخت دوام آوردم و به زندگی چنگ زدم، حالا به دنبال خودکشی باشم؟

مشاور: نشان چیست؟ می‌توانی بگوئی؟

زن : می‌خواهم دردهایم را بیرون بریزم.

مشاور: این‌طوری؟

زن : عمل می‌کند. وقتی خودم را زخمی می‌کنم، احساس بهتری دارم، دردها سبک می‌شوند. می‌دانی حسّ می‌کنم که دردها در درون آدم به دنبال روزنی برای رهائی هستند و با ایجاد این روزن آن‌ها رها می‌شوند، من نیز رها می‌شوم.

مشاور: فقط روی دست‌هات این روزن‌ها را ایجاد می‌کنی؟

زن : بیشتر روی دست‌هام. آسان‌تر است.

مشاور: البته موارد مشابه این را زیاد دیده‌ام اما بیشتر در نوجوانان. کمتر کسی با سنّ‌وسال تو دست به این‌کار می‌زند.

زن : شاید من هنوز در نوجوانی مانده‌ام.

مشاور: شاید. از این پس هروقت خواستی دردهات را از بند وجودِ خود رهاکنی، زنگ بزن با هم حرف بزنیم.

زن: باشد.

خواستگاری

زن: قرار گذاشته بودند هفتهٔ بعد بیآیند، این‌بار پیرِهمسایه به همراه یک فوج آمدند.

مشاور: جالبه! معمول‌است که فقط پدرومادر دختروپسر حضورداشته باشند.

زن: نمی‌دانم، هرخانواده‌ای رسوم‌خاص خود را دارد، پدرومادرِ خودش بودند، پدرومادرِ پدرومادرش، علاوه براین‌ها مادربزرگ پدری‌اش هم حضورداشت و ابراز شرمندگی‌کرد که همسرش در بسترِ بیماری بوده و توان آمدن به جلسهٔ خواستگاری نوهٔ بزرگش را نداشته است.

لبخندِ مشاور نشان از ناباوری دارد.

مشاور: به، چه طول‌عمری دارند این خانواده.

زن: آن‌ها بر این باور هستند که ازدواجِ زودهنگام باعث افزایش عمرِآدم می‌شود و می‌گویند به همین دلیل است که قدیمی‌ها همه صد سال عمر می‌کردند و امروزه به قول آن‌ها، همه جوان‌مرگ می‌شوند ونوّه و نتیجهٔ خود را هم نمی‌توانند ببینند.

مشاور: البتّه این باورِ غلطی‌است، پیشرفت علم پزشکی طولِ‌عمرِآدم را به دنبال داشته است. این‌که آن‌ها نوّه و نتیجهٔ خود را می‌دیدند، به‌دلیل ازدواج زودهنگام و باروری زود هنگام‌شان بوده‌است.

زن: من بودم و مادروپدرم، پیرِ همسایه وقتی دید، تعداد اعضای ما کم است، کنار پدرِ من نشست.

مشاور: و بعد؟

زن: حرف‌های معمول، فکرمی‌کنم این مراسم همه‌جا تا حدی شبیه به هم است و حرف‌های تکراری و کلیشه‌ای ردوبدل می‌شود که هیچ تأثیری هم در زندگیِ آتی افراد ندارد.

مشاور: این‌طور هم نیست، من مراجعین زیادی داشتم که حرف های آن روز را موبه‌مو به‌خاطر داشتند و این‌که حرفی که فلان‌کس زد، از همان‌روز زندگی من را در مسیرخاصی قرارداد، ادعائی است که من از زبان خیلی شنیده‌ام.

زن: شاید، در زندگی من که این اتفاق هیچ تأثیری نداشت، آن‌روز پدرم خط و نشان زیادکشید و آن‌ها هم با کمال احترام همه‌چیز را به دیده منّت پذیرفتند.

خواهرهام در اتاقِ بغلی نشسته بودند صدائی از آن‌ها درنمی‌آمد. آن‌ها بیشتر به یاددارند که آن‌روز چه چیزها داخل اتاق گفته وشنیده شد. هروقت من از زندگی‌ام شکایتی پیش یکی از آن‌ها می‌کنم، به سرعت می‌گوید از همان‌روز اول معلوم بود، فلانی که این را گفت من فهمیدم که می‌خواهد سنگ سرِ راه‌تان بندازد.

مشاور: همیشه کسی‌که بیرون گود نشسته بهتر می‌تواند ببیند

زن: پدرم عجله‌ای نداشت، می‌شنیدم که با مادرم در خلوت حرف می‌زنند. پدرم از این‌که کسی را ندارد تا با او مشورت کند، بسیار گلایه می‌کرد. من با دل‌نگرانی حرف‌های آن‌ها را دنبال‌می‌کردم.

دلم می‌خواست یک‌بار هم که شده، پدرم نظر خود مرا هم بپرسد، اما او هیچ‌گاه رودررویِ من قرارنگرفت. نظرم را مادرم پرسید و به اطّلاع پدر رساند.

هیچ‌وقت ندانستم که مادرم واقعا" نظر مرا به او گفته است یا نظر خودش را؟ نظر مادرم مثبت بود. جوابِ آخر هم بعد از طی چندهفته و تماس های مکرّر خانوادهٔ ایشان مثبت بود.

مشاور: خوب این هم از جلسهٔ خواستگاری که به خوبی‌وخوشی برگزارشد.

در مورد روی‌دادهای روزانه فکرکن، اگر خواستی با هم در مورد آن صحبت می‌کنیم، بهرحال باید بدانی که من برای کمک به تو اینجا هستم و هیچ حرفی که بین ما ردوبدل می‌شود جای دیگری درز نخواهدکرد. این اطمینان را به تو می‌دهم و باز هم می‌گویم تو کاملا" آزادی، هرچه را خواستی با من درمیان بگذاری. من مفتِّش نیستم. هرچه را هم که نخواستی،به من نگو. من به حریمی که برای خود تعیین می‌کنی، داخل نمی‌شوم.

زن: ببخشید که به شما شک‌کردم

مشاور: من ترا می‌فهمم و نمی‌خواهم حضور تو در اینجا باعث آزارت بشود. تو اینجائی که از آزارهای دیگران مصّون بمانی. من می‌خواهم تا آنجا که در توان دارم به تو کمک‌کنم، و تا آنجا که تو به من اجازه دهی، وارد زندگی‌ات می‌شوم، نه بیشتر.

سکوت، نشانِ رضایت نیست

زن، قلم‌مو را روی بوم می‌کشد، نرم‌وآرام. و بعد از اولین حرکت قلم‌مو روی بوم، نفسِ عمیقی می‌کشد و در همان حالتی که به بوم می‌نگرد، می‌گوید :

حالا،آمادهٔ گوش‌کردن به تو هستم، هروقت خواستی و هرچقدر خواستی حرف بزن.

مرد: خیلی ممنون، مسلّح و آماده

اما حرفی نمی‌زند، درسکوت زن را تماشا می‌کند. حرکات نرم قلم‌مو را برروی بوم و انحنایِ گردنِ خمیدهٔ زن را که به‌آرامی با قلم‌مو همراه است، با نگاه دنبال می‌کند. زندگی چه تصویری زیباتر از این می‌تواند به او هدیه دهد؟

زن، گوشیِ خود را برمی‌دارد، موزیکی را آپلود کرده، گوشی را کنار پالت رنگ می‌گذارد و به کشیدن ادامه می‌دهد، نوایِ نی رنگِ فضا را تازه می‌کند.

مرد: به، آفرین به تو. چرا زودتر این‌کار را نکردی؟

زن: چه‌کاری؟

مرد: موزیک

زن: یادم نبود چنین وسیله‌ای هم هست، خودت چرا این‌کار را نکردی؟

مرد: من هم مثل تو، اینقدر به نداشته‌هامان فکرمی‌کنیم که چیزهائی را که داریم، از یادمی‌بریم.

زن می‌خندد، مرد نیز با او همراهی می‌کند.

مرد: کاش من جایِ تو بودم

زن : کدام قسمت؟

مرد: نقاش

زن: آها، فکرکردم می‌خواهی تغییر جنسیّت بدهی.

مرد : آن‌هم خوب است، اگر بدانی چه‌حسّی نسبت به تو دارم، به من حقّ می‌دهی که بخواهم جایِ تو باشم کاش یکی هم این‌قدرکه من تو را دوست‌دارم مرا دوست‌می‌داشت

زن : خوش‌به‌حالِ من

مرد: آری، اگر یکی این‌چنین که من به تو نگاه می‌کنم، به من نگاه می‌کرد، دیگر هیچ اندوهی نمی‌توانست از هیچ روزنی در دل من ورود کند.

زن: معلوم است داری عاشقانه می‌نویسی

مرد: نه، نه، ربطی به نوشته‌هام ندارد. گاه هم فکرمی‌کنم من از تو خوشبخت‌ترم که تو را دارم. در همین لحظه، من از تو خوشبخت‌ترم.

زن : خوش‌به‌حالِ تو

مرد برمی‌خیزد و به سویِ زن می‌رود، از بالایِ سر او، تابلو را می‌نگرد و با تعجّب تمام می‌گوید: سبکِ کاری‌ات را عوض کرده‌ای؟ این چیست؟

زن: نمی‌دانم، فقط می‌دانم این‌جا، روبه‌رویِ من و حتّی آن‌طرف‌تر در این‌شهر، در این‌کوچه و خیابان‌های خاکستری نمی‌توان رئالیست بود.

مرد: کاش زودتر تمام‌اش کنی، همین خط‌هائی که کشیده‌ای دارد مرا به هم می‌ریزد.

مرد با چهره‌ای درهم از زن دورمی‌شود، هراسی عجیب در او جوانه زده که نمی‌داند چیست. تصویر برایش نامفهوم بود اما حسی که در همان لحظه به او هجوم آورده، ترس‌ودلهرهٔ عجیبی درون‌اش به‌راه انداخته، از آن دلهره‌ها که فکر نمی‌کند بتواند به‌راحتی از آن رهائی‌یابد.

پیاده‌روهایِ خالی

آمده بودم به شنیدن سخنی آرام‌گیرم، می‌خواستم از روی‌دادهایِ روزانه سخن به میان‌آورم، از همان اتفاقات روزمرهٔ بی‌اهمیت که آزارم می‌دهد. زمان‌هائی هست که می‌خواهی شنیده شوی و زمان‌هائی به همان‌میزان هست که می‌خواهی گوش بسپاری. من که یک عمر شنیده نشده بودم، به شنیده‌شدن خونگرفته‌ام، همیشه گوش بوده‌ام و گوش بودن تبدیل به بخشی از ماهیّت من شده است گاه می‌خواهم با دل‌وجان گوش بسپارم، کاش سخنی درخور به زبانی جاری می‌شد.

کاش پیش از این‌که دفتر خاطرات‌ام را برایش ببرم، باز آن را می‌خواندم. همیشه از این‌که کسی دفتر خاطرات‌ام را بخواند، وحشت داشته‌ام. هر چند خاطره‌ای پنهان از دیدگانِ دیگران نداشته‌ام، ولی این حسِ ترس از افشاشدن رازهای درونی‌ام همیشه با من بوده‌وهست. لحظاتی هست که آدم از نزدیک‌ترین کسان‌اش هم نومید می‌شود،در مقابل عبور یک رهگذر حسِ خوبی را به آدم می‌دهد، رهگذری که کمک کرد پرتقال‌های ریخته شده بر روی زمین سریع‌تر جمع‌گردد و در هنگامِ دادنِ آخرین پرتقال به دست آدم، لبخندی می‌زند و می‌گوید: بیشتر مراقب خودتان باشید. همین اتفاقات کوچک خوش‌آیند در زندگی، رازهای مرا شکل می‌دهد.

گاه اتفاقاتِ کوچک برای من روزهای بزرگی ساخته‌اند که نمی‌خواستم با دیگران به اشتراک بگذارم. هیچ‌گاه از اتفاقی کوچک برای کسی سخن نگفته‌ام، از چیزهائی که مرا شگفت زده کرد، حرفی نزده‌ام. همیشه نوشته‌ام، به دورازچشم دیگران و حالا این جلسات و درخواست‌های مکرّر مشاور برای دیدن‌وخواندن من، مرا می‌ترساند.

همین که رازی فاش شود، دیگر راز نیست. حالا، رازِ نوشتنِ من پیش مشاور فاش شده و من دیگر نمی‌توانم به او اعتماد کنم. همیشه همین اتفاق می‌افتد، آدم رازش را با محرمی درمیان‌می‌گذارد، راز از بین می‌رود و شکِّ نسبت به محرمِ راز زاده می‌شود. کاش باز هم سکوت می‌کردم کاش دفترم را به او نداده بودم. این شک بی‌بدیل، آخر مرا از پای درخواهدآورد.

همیشه به کم‌حرفی شهره بوده‌ام و همان‌قدر که کم حرف بوده‌ام، دستم به نوشتن آشنا بوده. هر اتفاق بی اهمیتی، برایم موضوعی می‌شد که ساعت‌ها در مورد آن بیندیشم و بنویسم. حتّی زردشدن برگ این بوته‌ها در پائیز مرا به خود مشغول می‌دارد.

تمام آن‌چه ذهن مرا به خود مشغول می‌کرد را می‌نوشتم، نمی‌خواستم ذهن‌ام پیش کسی فاش شود، نمی‌دانم شاید این ترس از افشاء شدن از کودکی در من ریشه‌دوانده‌است. از همان‌زمان که به گفتن حرفی، نگاه‌های تند ملامت‌گر، فضا را برای‌ام تنگ می‌کند یا وقتی با اظهارنظر مطالعه شدهٔ دقیقِ علمی به جای‌استقبال، با استهزاء دیگران روبه‌رو می‌شدم.

دلیلِ این خموشی در ارتباطات روزانه‌ام را باید مشاور عزیز بیابد.

همسرم هیچ‌گاه نمی‌دانست من دفترخاطراتی داشته‌ام و نمی‌دانست یا نمی‌خواست بداند که من دستم به نوشتن آشناست. دفترم همیشه در کمد خانهٔ پدری، داخل چمدان لباس هام پنهان بود. گذاشته بودم آن‌جا بماند، ایمن، دورازدسترس.

هرازگاهی، بااشتیاق و البته به اجبارِ آغشته با اشتیاق، که شب را درخانهٔ پدری می‌خوابیدم به جای خوابیدن تا صبح می‌نوشتم. به جای حرف‌زدن با کسی، می‌رفتم در اتاق و می‌نوشتم. آن‌ها فکرمی‌کردند دلتنگ همسرم می‌شوم و با دلسوزی می‌گفتند: غصّه نخور، راهِ دوری نرفته، زودبرمی‌گرده و من برای دلخوشی آن‌ها از اتاق بیرون می‌آمدم و دیگر غصّه نمی‌خوردم.

همیشه چیزهائی هست که اتفاق می‌افتد و فراموش می‌شود، بعضی وقایع را نمی‌خواهم فراموش‌کنم. بعضی وقایع را هم نمی‌توانم فراموش‌کنم. اشتباهاتی که به هیچ شکلی نباید در زندگی تکرار شوند مثل در آغوش نگرفتن کسی‌که به او عشق می‌ورزی، شاید دست‌تقدیر دیگر چنین فرصتی را دراختیارت قرار ندهد. همهٔ این‌ها، در جائی درون دفترم ثبت شده است. شاید هم هیچ‌گاه دوباره آن دفتر را نخوانم، اما نوشتن به ثبت وقایع در ذهنم کمک کرد حتّی اگر برای باردیگر به آن نوشته‌ها مراجعه نکنم.

حالا یک اتفاق ساده افتاده و مشاوری ازراه‌رسیده و خاطرات نوشته شدهٔ مرا می‌خواند و من روزهاوشب‌هاست که در این کابوس به سرمی‌برم.

میوه‌هارا سر می برم، سبزی ها را قطعه قطعه می‌کنم، نان‌ها را برش می زنم، سبزی‌های مثله شده را داخل کاسه می‌ریزم، روی شان تخم‌مرغ ها را می‌شکنم.

برای یک نفس بیشتر زنده ماندن ما چقدر موجود جان‌دار باید نفله شود.

روغنِ داغ صدای‌ام می‌زند، مشغول چیدن میوه‌های برش‌زده داخل ظرف مخصوص خودش هستم. همیشه در چیدن موادغذائی وسواس خاصّی دارم، در هیچ بخش دیگری از زندگی‌ام این وسواس به چشم نمی‌خورد.

غذای آماده و ظرف میوه را داخل سینی مسی یادگار مادرم می‌چینم و به اتاق می‌خزم و به انتظار آمدن‌اش می‌نشینم.

از آن‌جا که این‌روزها در پیِ یافتن همسری با توانِ مادر شدن، همراه مادرش از این‌خانه به آن‌خانه می‌رود، دیرخواهدآمد. سعی می‌کنم این لحظات انتظار برایم سخت‌تر از آن چه هست، نشود. جعبهٔ سوزن و نخ را از روی طاقچه برمی‌دارم.

شکاف‌های زندگی را درز می‌گیرم، با سوزنی که به دشواری نخ از سوراخ آن رد می‌شود و به شنیدن کوچک‌ترین صدائی درون من چیزی فرومی‌ریزد. سوزن مرا سوراخ می‌کند. انتقام یک‌سوزن از من در روشنای شمعی که بیشتر دودش در چشم من می‌رود تا زندگی‌ام را روشن کند. من می‌ترسم. برق ها قطع شده است، هرشب ساعاتی معین برق‌ها قطع می‌شود.

من می‌ترسم، از تاریکی شب، از نورهائی که در آن دورها می‌رقصند، می‌ترسم. از صداها در دل‌شب و از همین سوسک کوچک حنائی رنگ گوشهٔ اتاق هم می‌ترسم.

در حین دوختن درزهای رخت‌ها به لحظه‌هائی فکر می‌کنم که می‌توانست بهتر باشد و ما را به جای بهتری در زندگی برساند.

لباس‌ها را به گوشه‌ای می‌اندازم. به‌اندازه یک عمر خسته‌ام.

رؤیاروئی

مرد آب در کتری می‌ریزد و روی گاز می‌گذارد ، به سوی زن می‌چرخد. زن پشت به او و رو به بوم نقاشی‌است، موهاش را با چارقد کوچکی از پشت بسته ، مثل همان فرم گره‌زدن چارقد از پشت گردن که همیشه در روستا می‌زد.

او همان زن است چه در روستا باشد چه در شهر، نوری انحنای گردن زن را روشن کرده است.

مرد می‌گوید : کاش من نقّاش بودم

به زن نزدیک می‌شود و از پس گردن او کلّه می‌کشد و تابلو را می‌بیند، زن تابلوی قبلی را روی زمین رو به دیوار گذاشته و کار دیگری را شروع کرده است.

اتاقِ خاکستری و چهارچوب نور در بالای آن، کار نیمه‌تمام است.

مرد، به شدت از آن حس می‌گیرد ،جای مرد آن جاست، آن گوشهٔ تابلو که هنوز کار نشده است، مرد هنوز امیدوار است، حتما" او را در آن‌جا خواهد کشید.

بوسه‌ای به گردن زن می‌زند.

زن لبخند می‌زند، داستان‌ات را بگو

مرد: داستان در مورد وقت هائی‌است که یادمان می‌رود برای‌چه کنار هم هستیم

زن، هم‌چنان مشغول همزدن رنگ روی پالت روی پاشنهٔ پا می‌چرخد : آن فیلم را به یادداری که زن روی کف زندگی می‌کرد، مرد روی سقف، به صورتِ وارونه؟ فیلم کوتاه بود ولی هنوز زمان‌های زیادی ذهن من را به خود مشغول کرد

مرد: فیلم خوبی بود

زن : عالی بود، زن‌و مرد دنیایِ هم را وارونه می‌دیدند و هرکدام فکر می‌کرد که خودش دنیا را درست می‌بیند، هر دفعه که از جلو قاب عکس رد می‌شدند، قاب را به سمتِ دید خود از دنیا برمی‌گرداندند. عالی بود، همهٔ ما با وجود این‌که کنار هم هستیم، از هم فاصله داریم، دید ما نسبت به محیط پیرامون‌مان یکی نیست، گاه حتّی مخالف هم است.

مرد : من فکر می‌کردم ما از یک زاویه به دنیا نگاه می‌کنیم

زن : آن زاویهٔ دید تو بوده است

زن : من فکر می‌کنم این‌که در یک‌زمان حضور داشته باشیم و دید ما نسبت به دنیا از زوایای متفاوت باشه بازهم خوب است، ولی مسئله این‌جاست که ما در یک‌زمان حضور نداریم، ما به زمان‌های متفاوت تعلق داریم

مرد : مثلا" من از صدسال جلوتر برگشته‌ام

زن : شاید هم صد سال عقب‌تر، دنیای مردها با دنیای زن‌ها متفاوت است، به لحاظ ساختاری‌و زمانی. مسئله این‌جاست که زن‌ها به دنیای مردها وارد شده‌اند، آن را شناخته و با آن کنار آمده‌اند با این وجود هرزنی گاه دلش برای دنیای خود تنگ می‌شود و می‌خواهد به آن بازگردد. ولی شما مردها با دنیای زنانه بیگانه مانده‌اید و می‌خواهید که بیگانه بمانید. برای شما یک دنیا وجود دارد وآن دنیای مردانه است

مرد : بی‌انصافی می‌کنی، همین که همهٔ مردها را در یک‌جمله کنار هم می‌گذاری، بی‌انصافی است

زن : این‌چیزی است که شما می‌خواهید، من شما را در یک‌واژه تعریف نمی‌کردم تا این‌که شما خودتان از خود و دنیای خود یک‌واژه ساختید،«ما مردها تنوع طلبیم» هیچ مردی هنگامِ گفتن این‌جمله فکر نمی‌کند که فرقی با دیگران دارد، شما خودتان از خودتان یک‌واژه ساخته‌اید و تمام ویژگی‌های منفیِ غیرانسانی را در قالب آن واژه و تاریخ تکوین آن واژه پذیرفته‌اید.

مرد : ولی خودت خوب می‌دانی، من یک فمینیست‌ام

زن: در زندگی اجتماعی شاید، ولی در زندگی خصوصی‌ات، نه. داخل این اتاق و کنارمن، تو مردسالاری (با لبخند ادامه می‌دهد) شاید یک‌روز این رازت را برای همه برملاکنم. بعد از کمی سکوت و با تأمّل زیاد : از شما مردها، روشنفکر درنمی‌آید

مرد با سکوت خود مهر تائید می‌زند بر اختتامیهٔ منازعه و می‌نشیند روی چهارپایهٔ خود روبه‌روی زن و می‌نویسد، او محکوم به نوشتن است.

سور

به انبار بازمی‌گردم و درون صندوق خودم را گم می‌کنم، دستمال کوچک گلدوزی شده، چه گلهای سرخ زیبائی، آن را دوستی به یادگار به من داد.

کوچ نشینی رسم ماست، گله‌داران برای یافتن آذوقهٔ خود کوچ‌نشینی اختیار می‌کردند و ما برای یافتن آرامش، صلح و سرپناهی ارزان که هرسال کوچک‌تر می‌شد. از شهری به شهری و از محله‌ای به محله‌ای، هرجا که در زبان مردم نامش می‌چرخید که کار هست و پول هست، آن‌جا مقصد بعدی کوچ‌نشینان بود.

بعضی‌ها،کولی به دنیا می‌آیند،بعضی به دلیل شرائط اجتماعی کولی می‌شوند, کولی‌ها همیشه در حرکت‌اند و سکون برای آن‌ها مرگ است. سکون، نشان باور ناتوانی انسان است.

بعضی ساکن به دنیا می‌آیند، در یک روندِطبیعی جاپای جای بزرگ‌ترهاشان می‌گذارند، زندگی پدران‌شان را زندگی می‌کنند و تمام می‌شوند. آن‌ها که ساکن‌اند، از حرکت می‌ترسند و آن‌ها که به کوچ‌نشینی عادت کرده‌اند، از یکجانشینی هراس دارند. ذات انسان را فرهنگ و زاد و بوم او شکل نمی‌دهد، بلکه همهٔ اینها زائیدهٔ نیاز انسان است.

درخت گردو،ریشه می‌دواند، ریشه‌اش بنیادی‌است قوّی‌تر از شاخ و برگش. برای این‌که از ریشه ارتزاق کرد. شمشاد، خرامان حرکت کرد، آرام‌و آهسته برای خود جا باز می‌کند و می‌رود، برای این‌که به تمامی از ریشه تغذیه نمی‌کند. قاصدک، با باد همراه می‌شود، زندگی کوتاه، دل‌نشین و زیبائی دارد.

آدمی شبیه همهٔ این‌هاست و با همهٔ این‌ها متّفاوت است. هرآدمی برای خود، روش خاص خودش را دارد. یکی از ریشه ارتزاق می‌کند، یکی از شاخ و برگ. یکی از سر، یکی از دنباله.

رؤیاها را باید جان داد و با آن‌ها همراه شد.

گذشته

مرد با اندوه زن را می‌نگرد : می‌توانم ازت خواهشی بکنم؟

زن : چه؟

مرد : اگر آزارت نمی‌دهد، در مورد ختنه شدن‌ات حرف بزن

زن : آزارم می‌دهد

مرد: ولی باید در موردش حرف بزنی، به خاطر بقیّهٔ دخترها.

زن : مگرکسی به خاطر من حرف زد؟

زن: اگر بخواهم حرف بزنم هم، حتما" با تو نخواهد بود.

مرد: توباید این مسئله را برای خودت حل کنی.

زن: مسئلهٔ من است، خودم می‌دانم با آن چطور برخوردکنم.

زن : دردآور است، همیشه فکر می‌کنم، چیزی را از من گرفته‌اند، حسّی را که نمی‌دانم چیست، از من گرفته‌اند. حتّی به من اجازه ندادند تجربه‌اش کنم و خودم در مورد آن تصمیم بگیرم. مثل این می‌ماند که قبل از زبان گشودن و حرف‌زدن، کسی بیآید و زبانت را ببرد یا قبل از به راه افتادن، پای آدمی را ببرند.

مرد: چقدر وحشتناک توصیف می‌کنی، کاش به یادت نمی‌آوردم، مرا ببخش

زن : هیچ‌وقت فراموش نمی‌کنم، همیشه به یادم هست. مگر کسی‌که نمی‌تواند قدم از قدم بردارد، از دست دادن پاهاش را فراموش کرد؟

مرد : این بلائی‌است که نادانی مردم بر سر دختران می‌آورد.

زن : مسئلهٔ من این است که کس دیگری برای من تصمیم کرده و قبل از بلوغ من این‌کار را با من کرده‌اند. هیچ‌کس حقّ ندارد برای کس دیگری نسخه بپیچد. همهٔ مشکلات ما از همین‌جا شروع می‌شود که عده‌ای به جای دیگران و برای دیگران تصمیم می‌گیرند.

مرد : درست می‌گوئی

زن: بگذارید هرکس همان‌طور که می‌خواهد، زندگی کند.

مرد: حقّ با توست ولی باید یک نگاه تاریخی به شروع مسئله بیاندازیم، شاید دلایل ابتدائی شروع این قضیّه بتواند به پایان‌دادنش کمک‌کند

زن : شاید؟! ولّی با حرف‌زدن منوتو منابع تاریخی قضیه کشف نمی‌شوند و شاید اصلا" هیچ منبع تاریخی در این مورد پیدا نکنی، هنوز هم در دنیای مدرن با این همه اطّلاعات و تکنولوژی‌های ارتباطی، حرف زیادی راجع به این مسئله و مسائل دیگر مشابه آن زده نمی‌شود، جائی خواندم که منشاءتاریخی ختنهٔ‌دختران در اقوام آفریقائی دیده شده است و از آن‌جا به همهٔ جهان گسترده شده، اما سکوت عجیبی در این مورد در بین اندیشمندان و محقّقان وجوددارد.

وقتی یک قضیّه قباحت دارد، باید برای از بین بردن‌اش، در مورد آن حرف زده شود، منابع و ریشه‌های آن پیدا شود. باسکوت که چیزی حلّ نمی‌شود.

زن : حالا چرا از این مسئله یادکردی ؟ در داستانات می‌خواهی به آن بپردازی؟
مرد : اشارهٔ کوتاهی به آن کرده‌ام ولی نه زیاد، چون زیاد در موردش نمی‌دانم

زن : من فقط می‌توانم از خودم حرف بزنم، از احساسات خودم و از رابطه‌ام با تو، زناشوئی ناموفق، این را نمی‌توانی تعمیم بدهی، شاید من مسائل نهفتهٔ دیگری هم داشته باشم که در کنار این مسئله باعث‌شده این‌کسی باشم که هستم. شخصیّت انسان تابع فاکتورهای متفّاوتی‌است

مرد: می‌دانم، ولی تو نمونهٔ قابل مشاهده هستی،من که نمی‌توانم بروم شاخ‌آفریقا تا در مورد این مسئله تحقیق کنم و البته درست هم نیست وقتی یک نمونه نزدیک رودر روی من هست، با فرهنگ و ریشه‌های فرهنگی نزدیک به من از آن دست بردارم

زن : همین نزدیکی تو به من، قرابت ما، ممکن است در استنتاج نهائی تأثیر بگذارد که به لحاظ روش‌شناختی تحقیق می‌دانی، درست نیست.

مرد: من که محقّق نیستم.

زن : نه ،البته، تو محقّق نیستی ولی موظّفی وقتی می‌خواهی در مورد چیزی بنویسی، در مورد آن تحقیق کنی

مرد: من هم همین‌کار را تا آنجا که بتوانم می‌کنم و اگر هم نتوانم، به همان اشارهٔ گذرا به مسئله اکتفا می‌کنم. اشاره‌ای که کس دیگری را به میدان بفرستد.

حالا برای شروع تو باید حرف بزنی، باز هم می‌گویم اگر آزارت می‌دهد، همین‌جا بحث ما تمام می‌شود و من فکر دیگری می‌کنم، اما اگر آموزه‌های کهنه را دوربریزی و حرف بزنی، خیلی بهتر است

زن : می‌خواهم اما نمی‌توانم

مرد: سعی‌کن

زن : تو چیز زیادی در مورد من نمی‌دانی، بگذار از بخش‌هائی از زندگی‌ام شروع کنم که برای خودم هم جذاب و هم به یادآوری و حرف زدن در مورد آن‌ها برایم آسان‌تر باشد.

مرد مشتاقانه: بالاخره به گوشه‌های تاریک زندگی‌ات راه‌ام می‌دهی، این خیلی خوب است.

و خیره به زن منتظرِ شنیدن است.

زمینِ خدا

زن درحالی‌که هم‌چنان با قلم‌مو روی بوم مشغول است، شروع به گفتن می‌کند. آقاجان بعد از یک‌سال دوری از منزل - برای خرید نان رفته بود و دیگر نیامده بود — با چند نانِ تازه بازگشت. خوبیِ آقاجان همین بود که هیچ‌وقت فراموش نمی‌کرد برای‌چه‌کاری راهی شده است.

همان‌روز بعد از چندجملهٔ کوتاه در گوش مادر، شروع کردیم به بقچه‌بندی لوازمِ خانه که زیادهم وقتی نگرفت. بعد مادر ما را برد ترمینال، آقاجان و خان داداش هم کنار رانندهٔ کامیون حمل لوازم از پی ما آمدند.

از مادر پرسیدم : تا حالا آنجا رفتی؟

- خیلی‌وقت پیش، وقتی فقط برادرت را داشتم

- بلدی؟

- نه، پرس‌وجو می‌کنیم.

-مدرسهٔ من چه می‌شود؟

- تو همهٔ شهرها مدرسه هست، مدرسه‌های‌اش بهتر هم هستند. می‌روم یک‌جای خوب برایت پیدا می‌کنم، غصه نخور.

بوسه‌ای بر پیشانی من زد، سرش را بالا گرفت و بادستی که نزدیک من بود شروع کرد با موهام بازی‌کردن.

خانهٔ جدید، دست‌آورد پدر از تغییر بود، همین‌طور خانه همهٔ اهالی آن محل، همه مهاجر بودند، هریک از گوشه‌ای از این دیار و یا دیار همسایه، جنگ مهاجران زیادی از کشور همسایه و از شهرهای جنگ‌زدهٔ داخلی و همین‌طور از شهرهای دور و نزدیک که امکانات زندگی در آن‌ها کم بود به همراه آورده بود.

حاشیّهٔ شهر با چین‌های بی‌قواره در اطراف شهر رشد می‌کرد. رشدوتوسعهٔ شهری ظرف چندروز. هرصبح تعدادی خانهٔ بی‌قواره به ردیف خانه‌ها اضافه شده و حریم شهر به این‌ترتیب، گسترده می‌شد.

محل‌و قوارهٔ زمین هرکس به نسبت اعتباری که پیش دیگر کارگران مهاجر برای خود کسب کرده، تعیین می‌شد. بعد از آن، بر حسب تجربه‌ای که در کار گل‌وخشت داشتند، دیوار می‌چیدند.

خانه‌های جدید از امکانات شهری بی‌بهره نمی‌ماند. با انداختن سیمی روی آخرین تیر برق شهری و انداختن سیم هائی دیگر در پی آن، برق‌رسانی به خانه‌های جدید به آسانی و سرعت امکان‌پذیر بود. آب، با کمی مشکل بیشتر از فلکهٔ اصلی که در میدانی آن سوتر قرارداشت، از زیرِ زمین آورده شد. برای سرعت بخشیدن به روند آب‌رسانی، زمین تا حدّ مخفی‌کردن لوله خاک‌برداری می‌شد. لوله‌ها را درون کانال می‌خواباندند و باسرعت روی آن را می‌پوشاندند. عمق کم باعث شد که نیمهٔ‌سرد سال با یخ‌زدگی و ترکیدگی لوله‌ها مواجه شوند.

مسیرعبور لوله‌هابه مانند گوری‌تازه، از خاک بیرون‌زده بود. خاکی که زیر و رو شده، بر حجم آن افزوده می‌شد و مقداری رطوبت هم همراه خود دارد. برآمدگی این گور تا مدّت‌ها بر زمین کوچه‌ها برجای می‌ماند، این خود کمک می‌کرد که در حفّاری‌های بعدی، آسیبی به لوله‌های خوابانده شده در زمین نرسد. از سوی دیگر اگر می‌خواستند انشعابی تازه برای خانهٔ دیگر که در محاسبات‌شان نبود اضافه کنند پیدا کردن محل تلاقی لوله‌ها از روی برآمدگی‌های خاک آسان بود.

بسیار هم پیش می‌آمد که همسایه‌ای جدید وارد شود. در پی هر همسایهٔ جدیدی فوجی از ایل‌و تبارش از راه می‌آمدند. زمین، زمینِ خدا بود و توسعه به صورت ارگانیک داشت رونِد خود را طی می‌کرد. کوچه‌ها، باریک و باریک‌تر می‌شد و بی‌نظمی در کنار هم قرارگرفتن خانه‌ها هرروز بیشتر از پیش می‌شد.

آن نظم اولیه و دوستی بین همسایه‌ها با رشد سریع جمعیّت بیگانه رنگ دیگری به خودگرفت. آن‌ها که قدیمی‌تر بودند در بین خود بزرگ محلی را ناگفته برگزیده و هرتازه‌واردی را وادار می‌کردند که طبق نظر بزرگ محل جاگیر شود. کم‌کم دسته‌های کوچک شکل می‌گرفت. دسته‌هائی که نمی‌خواستند از بزرگ محل تبعیّت کنند.

تازه‌واردها، به ابعاد و اندازهٔ ملک خود و نوع ساخت آن توجهی نداشتند. از ورق و آهن و زباله‌های شهری گرفته تا پارچه و... در چیدن دیوار استفاده می‌کردند. براشان مهّم نبود آب و برق داشته باشند یا نه. محّله‌شان دیگر محّله نبود. شد حلبی‌آباد.

حلبی‌آبادها ، همه‌جا شکل‌گرفت. مثل زگیلی که در سرتاسر بدن پخش می‌شود، در سطح شهر پخش شد.

برای طراحی و نقّاشی ، به حلبی‌آبادها می‌رفتم. بی‌نظمی و بی‌قوارگی خاص خانه‌ها و تجمیع آن‌ها در کنار یکدیگر مرا به خود جذب می‌کرد. هیچ‌چیز، آن‌جا که فکر می‌کردی باید باشد، نبود. از خود حلبی‌ها که بگذریم، ساکنانش خوب بودند که بی‌پروا مدل نقاشی می‌شدند و چندریال بیشتر سبب می‌شد ساعت‌ها خود را به نگاه من و دوستانم بسپارند.

برای ما، دیدن مدل‌های انسانی و طراحی کردن در آن فضا، آنقدر جذابیّت داشت که فراموش می‌کردیم در کجای جغرافیای شهری هستیم. گاه ساعت‌ها در کوچه پس‌کوچه‌های آن‌جا یا در بالای بام خانه‌ها می‌نشستیم و خط می‌کشیدیم.

بعدها که به جای دیگری نقل‌مکان کردیم بیش از همه دل‌تنگ حلبی‌آباد و ساکنین‌اش شدم. گاه که برای خرید بیرون می‌رفتم، سعی می‌کردم مسیرم را دوربزنم و از جائی بگذرم که بتوانم نیم‌نگاهی به دوران نوجوانی و خامی خودم داشته باشم. حیف، هرچه حلبی‌آباد بود تخریب شد و ساکنین‌اش غریبانه در شهر پراکنده شدند. دیگر نه آن‌ها قابل شناسائی‌اند، نه دردهاشان. مسأله حل شده، صورت مسئله از بین‌رفته است.

در آن چهاردیواری‌ها، یا بهتر است بگویم در میان آن حلبی‌ها، خاطراتی شکل گرفت. خاطرات بیشتر درون چهاردیواری‌ها شکل می‌گیرد. چهاردیواری‌ها همه شبیه هم‌اند، فقط جنس‌شان فرق‌دارد. حتّی رنگ‌و روی‌شان نیز عینِ هم است، فرق ندارد خانه باشد، اتاق‌خواب یا مدرسه، اتاق‌درس یا اتاق جراحی یا آسایش‌گاه باشد و سلول‌انفرادی. در شهر ما، همه‌چیز یک‌رنگ است. کرم، شیری، یا خیلی بخواهد مدرن باشد، استخوانی.

اینجا همه‌چیز یک‌رنگ است، به غیر از آدم‌ها.

در چهاردیواری زندگی می‌کنیم و می‌میریم و در چهاردیواری به فراموشی سپرده می‌شویم. چهاردیواری پس از مرگ نیز با ماست، جنس دیوارهاش فرق کرد.

چهاردیوار مرگ، خاک‌اش نپخته است، آدم‌هاش، پخته. چهاردیوار زندگی، خاک دیوارهاش پخته است، آدم‌هاش نپخته‌اند، هنوز.

پختگی و ناپختگی آدم‌ها به سنّ‌و سال نیست، هرکس یا هرچیز، به زمان پختگی با مرگ آشنا می‌شود.

همین لوبیاهای داخل قابلمه که در جنب‌و جوش‌اند. هرچه به زمان پختگی‌شان نزدیک‌تر می‌شود، از جنب‌و جوش آن‌ها کاسته می‌شود. وقتی کاملا" پخته می‌شوند، اجاق خاموش می‌گردد، آرام می‌گیرند ودر چشم برهم زدنی زیر دندان های یکی، مثله می‌شوند، می‌میرند. بعد از مرگ، به دستگاه جهاز هاضمه می‌روند و بعد از آن به خاک باز می‌گردند. دایره، نقطهٔ آغاز و انجامی ندارد.

همهٔ‌چیزها دراین دنیای فانی روزمرّگی دارند. دیر یا زود، هرچیزی می‌میرد، حتّی همین حرف‌های من ، تاریخِ مصرف دارد. همین خاطراتی که جلوی چشم من و در ذهن من راه می‌روند می‌روند تا فراموش شوند.

تاریخِ مصرف، گاه چندروز بیشتر نیست، گاه چند ساعت. اکنون اگر بخواهم ساعتی قبل را به یاد بیآورم که کدام صحنه را به خاطر آورده بودم، باید از نو بیندیشم. شاید هم هیچ‌گاه به یادنیآورم. تاریخِ مصرفِ اندیشه‌هایِ آدمی‌کوتاه‌تر از روی‌دادهای بیرونی است.

یا همین رنگی که با دقّت بر روی بوم می‌نشیند، اگر نامش را هنر بگذاریم، هنر هم می‌میرد. آن‌چه می‌ماند، تاریخ است، تاریخِ اشیاء، تاریخِ هنر، تاریخِ زندگیِ فردی، بیوگرافی. هراتفاقی در این لحظه، متعلّق به این لحظه است و این‌زمان. زمان، بزرگ‌ترین قاتل است. ما از زمان تولّد، درحصار زمان گرفتار شده‌ایم.

فاصله

زن ایستاده هم‌چنان روبه‌روی بومِ نقاشی، مرد هم‌چنان نشسته روی چهارپایه، زندگی در دوسوی اتاق جاری است.

آفتاب می‌رود غروب کند، هوای اتاق رو به تاریکی‌است و دیگر آن قابِ کوچکِ نورِ رویِ دیوار برای دیدن تفاوت رنگ‌ها روی پالت کافی نیست.

مرد، هم نوشتن را کنارگذاشته و به او می‌اندیشد.

مرد: هوا دارد تاریک می‌شود،چیزی برای خوردن گرفته‌ای؟

زن : الان یک چیزی سر هم می‌کنم،گرسنه‌ای؟

مرد : از صبح آب هم نخوردیم.

می‌رود کیسه‌های روی کابینت را هم می‌زند و از بین آن‌ها دو عدد سیب بیرون می‌آورد، آخرین یادگار روستا که می‌رود کم‌کم فاسد شود.

مرد : باید قبل از هر چیز برویم، یک یخچال بگیریم

زن : کاش وسایل را آورده بودیم

مرد: کرایهٔ حملش می‌شد اندازهٔ قیمت خودش، بعد هم تو راه داغان می‌شدند، نمی‌شد دیگر ازشان استفاده کرد. همان‌جا بمانند بهتر است، گاه که سری به آنجا خواهیم زد، چیزی داشته باشیم.

زن : نگه‌داشتن خانه و وسایل در روستا ایدهٔ خوبی بود. حس از دست دادن ندارم، فکرمی‌کنم همیشهٔ راهی برای بازگشت وجود دارد.

مرد: البته که برمی‌گردیم،تعطیلات، دورانِ پیری.

زن : هروقت که فرصت پیش بیآید، باید برویم یک هوائی تازه کنیم!

مرد: باشد،هرچه تو بخواهی، همان می‌شود.

زن: حالا شد، هرچه من بخواهم؟ موقع آمدن از این حرف ها نمی‌زدی.

مرد: جابه جا شدن خوب است، دنیا را باید دید، باید مردم را از نزدیک دیدوشناخت، برای ما لازم است.

زن : ولی برای من دیدن طبیعت کافی‌است.

مرد: ببین، امروز دو تا کارکردی، سبک‌ات هم که عوض شده، جابه جائی هیچ‌وقت بی‌تأثیر نیست

زن : من که نمی‌گویم بی‌تأثیر است، اتفاقا" در این خصوص کاملا" با تو موافق‌ام، جابه جائی تأثیرگذار است، اما گاه تأثیری آزار دهنده و مخرّب دارد

مرد : هنر در رنج زاده می‌شود

زن : شما، نویسنده‌ها شعاردادن را دوست دارید

مرد: شعار نیست، این واقعیّت است. تو از بودنِ درونِ یک چند ضلعیِ خاکستری رنج می‌بری و رنج را تصویر می‌کنی. این قابِ زندگیِ بشرِ امروزی است. یک چندضلعی خاکستری بی‌نو، بی‌روزن.

زن: ولی این انتخاب تو است. کدام آدم عاقلی رنج کشیدن را انتخاب می‌کند؟

مرد: برای رسیدن به آرزوهای بزرگ، باید از خواهش‌های روزمره حقیر عبورکرد.

زن: نه، من با این یکی موافق نیستم. فکر می‌کنم اگر از خواهش‌های روزمره به قول تو حقیر بگذرم و آن‌ها را فدای رسیدن به آرزوئی بزرگ در آینده بکنم، باخته‌ام. چه تضمینی وجوددارد که به آینده برسم؟ حال را هم از دست داده‌ام.

مرد: بی امید به آینده

زن: داری با کلمات بازی می‌کنی

مرد : تو بازی با کلمات را بهتر از من بلدی

زن : ببین این حرف را چه کسی می‌گوید، تو با همان کلمات ات مرا فریب دادی

مرد با لبخند : تو خود خواستی، فریب بخوری

زن : کلامت زیبا بود و البته پر از امید و آرزوهای رنگارنگ برای آینده. امیدوارم قول‌هائی که داده‌ای، را فراموش نکنی.

مرد، نمی‌کنم، تمام سعی من این است که به قول‌هائی که داده‌ام، عمل کنم.

زن: مثل همین جابه جا شدن؟ مگر قول ندادی انتخاب محل زندگی با من باشد؟

مرد: هنوز هم با توست. همه‌چیز این زندگی، و از همه مهّم‌تر خود من در اختیار توست. این‌جا محل زندگی ما نیست، محل آفرینش آثار ماست. محل کار ما و بعد از اتمام کار می‌رویم به هرجا که تو خواستی

زن : می‌ترسم عادت کنی به این‌کار

مرد: نترس،من ایدآل‌های خودم را فراموش نمی‌کنم

زن: امیدوارم روزی نرسد که مجبور بشوم این حرف‌ها را به یادت بیاورم

مرد دو سیب در دست: نه،نمی‌رسد. بیا این سیب را بخور، مالِ همان درخت است

زن سیب را در دست می‌گیرد و با اندوه و حسرت آن را نگاه می‌کند، بو کرده و گاز می‌زند. خودش را گاز می‌زند و اشک می‌ریزد.

مرد: به همین زودی دلت تنگ شد؟!

زن : من همیشه دل‌تنگ آن‌جا بودم، حتّی وقتی آن‌جا بودم. دل‌تنگ تو، کنار درخت سیب

مرد دست زن را بوسه می‌زند: من را ببخش

سیب را گاز می‌زند. به زن می‌نگرد و به دوران کودکی زن می‌اندیشد.

سیلاب، شکوفه‌های بهارنارنج را با خود برد

یک شب سردپائیز بود، فکر می‌کنم که بارانِ شدیدی باریدن گرفت. در خانه به قطار خوابیده بودیم، به ناگاه با خیس شدن زیرم – تشکِ زیرم - چشم باز کردم قبل از اینکه بتوانم فرصت داشته باشم فکر کنم چرا زیرِ من خیس است. هیاهو و فریادهای همسایگان را شنیدم. آمدم برخیزم، تشک در آب فرا رفت. مادر که تا زانو درآب بود، دست مرا گرفت و بلندکرد.

مردان محل با بیل‌و کلنگ رفتند. سیلاب از دیوارها، از درز بین آجرها بیرون می‌زد. ملات را خورده بود، راه نفوذ خود را گشوده و به صورت خطوط متقاطع درجریان بود. بعد از شست‌و شوی اتاق و حیاط، به سوی خانه‌های آن‌سوی خیابان هجوم می‌برد. نشتِ آب از بین درزها نمی‌خواست تمام شود، همین‌جور می‌آمد. خیره مانده بودم توانِ حرکتی نداشتم. یکی دست مراگرفت و کشید بیرون.

در حیاط، قدِ آب ِجاری کوتاه‌تر بود. حالا تا مچ پایم می‌رسید. سرما درجانم نفوذکرده بود. تمام جانم می‌لرزید نمی‌دانم از ترس بود یا سرما یا هردوی آن‌ها که توأمان به من هجوم آورده بودند. دندان‌هام به هم می‌خورد. از تمام سوراخ های صورتم، مایع گرم بیرون می‌زد. جریان گرمای روان را تا سینه می‌توانستم دنبال کنم. کم‌کم از حرارت آن نیز کاسته می‌شد، دمای زیر صفر را به صورت خطی روی تنم درج می‌کرد و به پائین می‌سرید.

خانه‌خراب نشدیم. به موقع جلوی آب را سدکردند. در روزهای بعد از آن، تا مدّت‌ها همه‌چیز خیس بود. خیس‌و گل آلود. همه جای خانه، تن‌مان و لباس‌هامان بوی گل می‌داد.

سیلابی که از مسیرش منحرف شده بود، خرابی زیادی به بار آورد. می‌گفتند چند نفر را سیلاب با خود برده و هیچ خیری از آن‌ها نیست. مردم به دنبال گم‌شدگان تا پائین دست‌های مسیل را رفته بودند، اما هیچ نشانی از رفتگان نبود. می‌گفتند کسی را که آب برد، باید به فراموشی سپرد وگرنه داغاش، آدم را ویران خواهد کرد.

در روزهای بعد، مردان پشتِ خانه‌ها را با بالا آوردن خاک مسدود کردند، سیل بند. بیهوده نیست می‌گویند نیاز، آدم‌ها را به فکرکردن وا می‌دارد و نتیجهٔ فکری که زائیده نیاز است، بیشتر اوقات کاربردی و مفید خواهد بود.

دیگر سیل نمی‌آمد، اما خاک که در هجوم آب خیس خورده به مرور زمان نا پس میداد. تمام فصل سرما، بوی خاک و گل استشمام‌کردیم.

آن روزها را که به یاد می‌آورم، دلم برای بوی خاک باران خورده تنگ می‌شود. عجیب است که برخی روی‌دادها در طی زمان تلخی خود را از دست می‌دهند.

در رطوبت جامانده بین دیوارها، موجودات میهمان جان گرفتند. موریانه‌ها داخل کمد، جیرجیرک‌ها لای درز دیوارها، قورباغه‌های سبز درحیاط. حالا صاحب یک خانهٔ اشتراکی شده بودیم.

دیگر برای دانستن انواع و اقسام حشرات و حیوانات هوازی و خاک‌زی، نیاز نبود کتاب علوم را ورق بزنم. در خانه و حیاط قدم می‌زدم و از نزدیک با زندگی حشرات آشنا می‌شدم.

ازدیاد جمعیّت جیرجیرک‌ها از بالارفتن صدای هم‌خوانی مدام‌شان زیر قالی پیدا بود. ازدیاد جمعیّت قورباغه‌ها و سرایش شبانه‌شان. ازدیاد جمعیّت سوسک‌ها و لولیدن‌شان بین همه‌چیز. من از بین این‌همه، از سوسک‌ها می‌ترسیدم-هنوز هم می‌ترسم- به‌خصوص سوسک‌هائی که در رطوبت زادو ولد می‌کنند بسیار چندش‌آورتر از بقیهٔ انواع آن هستند. کافی‌است یکی از آن‌ها راببینی تا تصویرش برای مدّت‌ها به یادت بماند.

من از سوسک‌ها می‌ترسیدم، خواهرم از بندپایان، از پاهای دراز باریک‌شان وحشت داشت. قرار ناگفته‌ای بین ما بود، او سوسک‌ها را از من دور می‌کرد، من هم به تلافی عنکبوت‌ها را از دید او پنهان می‌کردم. با این معامله پایاپای، کابوس‌های شبانهٔ هردوی ما کمتر شد.

خواب در آن فضا، برایم سخت بود و از همان زمان‌ها به بی‌خوابی شبانه و شب‌گردی در بین کاغذها خوگرفته‌ام.

برای این‌که بیداری‌ام مزاحم خواب دیگران نشود، گاه آرام به حیاط می‌خزیدم و در کنجی مشغول خواندن و نوشتن می‌شدم. گاه که سرمای هوا اجازه بیرون رفتن نمی‌داد، همان جا زیر لحاف، مشغول نوشتن می‌شدم. با لمس صفحه و دنبال کردن

خط نوشتار با انگشتانم، سعی خودم را می‌کردم که خطوط زیاد درهم نشوند و مرز خود را رعایت کنند. رعایت مرزها و خطوط در همهٔ زندگی مهّم است. هرکس برای خود مرزی دارد، هرچیز مرزی دارد و برای رعایت حقّ، باید مرزها را شناخت و محترم شمرد.

حرکت شناسائی مرزها و حدود، خیلی‌وقت‌ها به‌درستی انجام نمی‌گیرد و ناخواسته خطی وارد مرز خط دیگر می‌شود، خطوط برهم می‌ریزند و دیگر نمی‌شود نوشته‌ها را از هم تمیز داد. با این همه،با علم بر بی‌حاصلی کار شبانه‌ام باز شب دیگری که از راه می‌رسید، خودکار و دفترم را زیرلحاف می‌بردم. مثل همین اکنون که می‌دانم بیهوده دارم خودم را خسته می‌کنم اما می‌خواهم همه‌چیز را از ذهن‌ام بیرون بریزم و رها شوم. در نوشتن نوعی رهائی را حس می‌کنم که با هیچ فریادی نمی‌توان به آن دست یافت.

از آن فصل، حرکت پاهای سوسکی در داخل دهانم، روی زبانم برای‌ام به یادم مانده است. از آن آموختم، چیزهای آزاردهنده بیشتر به یاد آدم می‌مانند. لحظات خوب را آدم به سادگی فراموش کرد، مگر این‌که لحظات خوب به پایان دردناکی ختم شوند. یک مراسم ختم خوب، همهٔ خاطرات گذشته را زنده کرد.

فراغت

مشاور، دست از خواندن می‌کشد. هوا خوب است، خورشید می‌تابد و برای او که مدّت‌ها طول‌روز را در خانه سپری نکرده است، همه‌چیز تازه می‌نماید.

حیاط کوچه که در آن پائین پیداست رفت‌وآمد مردم را در کوچه تعقّیب کرد. زندگی با تصاویر متفّاوت در جریان است. هرکدام از آدم‌هائی که می‌آیند و می‌روند، هزارقصّه درون خود پنهان دارند. قصّه‌هائی که هیچ‌وقت گفته نمی‌شود. قصّه‌هائی به دور از جنجال،کشمکش، قصّه‌هائی که برای شنیده شدن خریدار ندارد، اما زندگی به‌درستی، در همان قصّه‌های آرام جاری است.

به خود می‌اندیشد. به دوران کودکی خود، شاید آن‌چنان که باید هیچ‌وقت در مورد خود و گذشتهٔ خود نیاندیشیده است. همه‌چیز در زندگی او برنامه ریزی شده و منظم پیش‌رفته هیچ اندوه سنگینی قلب او را رنجیده نکرده، هیچ درد عظیمی را تجربه نکرده است. چرا هم‌چنان گاه، نارضایتی در او موج می‌زند؟ آیا این طبیعت آدمی‌است که هیچ‌گاه به طورتمام اعلام رضایت از وضعیت خویش نکند؟

آن‌چنان هم در اوج زندگی نکرده است، اما حسرت‌های او در مقابل دردهای بزرگ آن زن، چقدر احمقانه جلوه کرد. آیا نباید برای نشستن در همین تراس و آفتاب‌گرفتن شاد باشد. چرا شادی‌های بزرگ زندگی را لمس نمی‌توانیم کرد؟

بیگانگان

مرد چیزی ندارد در مورد مشاور بنویسد، چقدر عجیب است. اما به نظر او مشاور یا یک روان‌شناس باید انسانی به دور مخاطرات و ناملایمات روحی باشد، چنین تصوّری اما به نظرش بسیار غیرواقعی است. مگر می‌شود آدمی به دور از ناملایمت ها زندگی کند؟ مگر می‌شود زندگی‌ای را بدون مشکل تصورکرد؟ بدون درد، می‌شود زیست؟ اما، از طرفی اگر مشاور مشکلات روحی روانی داشته باشد، چگونه می‌تواند به دیگران کمک کند؟ بر سر دوراهی عجیبی قرارگرفته شخصیّت مشاور و همسرش را باید واکاوی کند، اما از عهدهٔ هیچ‌کدام بر نمی‌آید.

زن دست از نقّاشی‌کردن کشیده و در آشپزخانه مشغول است. مرد نگاهش کرد. زن سنگینی نگاه مرد را برخود حس کرد، رو برمی‌گرداند به سوی او و می‌پرسد : چه شده است؟

مرد : چیزی نشده، گیر کرده‌ام

زن : چرا؟

مرد : در مورد شخصیّت مشاور داستان

زن: حالا لازم‌است که به کسانی که نمی‌شناسی، بپردازی؟

مرد : همهٔ داستان به خواست من اتفاق نمی‌افتد. ناگهان می‌بینم کسی وارد داستان شده است، حالا که وارد ماجرا شده است، باید او را بشناسم اما نمی‌توانم.

زن: نمی‌توانم کمک‌ات کنم، شاید بهترین راه این باشد که بروی یک روان‌شناس را از نزدیک ببینی و بشناسی، قبلا" هم این را گفته‌ام،اگر می‌خواهی راجع به شخصیّت حرفه‌ای خاصّی بنویسی و حرفهٔ شخص در شکل‌گیری داستان تأثیرگذار است، بدون شناخت او نمی‌توانی. برای خودت هم خوب است.

مرد: منظورت چیست؟

زن : منظور خاصّی ندارم، هرکسی بهتر است در زندگی یک مشاور خبره یا روان‌شناس در کنارش داشته باشد. یک وکیل و یک پزشک، این‌ها در زندگی پیچیدهٔ امروزی لازم‌است.

مرد: خودت هیچ‌وقت این سه نفر را در کنارت داشته‌ای؟

زن: نه، ولی خیلی‌وقت‌ها کمبود آن‌ها را حس‌کرده‌ام. می‌دانی من فکر می‌کنم که ما از دوستان‌مان به جای این متخصّصین استفاده می‌کنیم. مثلا" سرما می‌خوری، دوست عزیز برایت دارو تجویز کرد. با کسی اختلاف داری، باز سروکلهٔ دوست عزیز پیدا می‌شود و راه جلوی پای‌ات می‌گذارد. ناراحتی، افسرده‌ای یا اصلا " دلت می‌خواهد بمیری، باز سروکلهٔ دوست عزیز پیدا می‌شود و تو را از افسردگی رها کرد.

مرد: این‌ها که می‌گوئی، بد نیست.

زن : نه، ولی درمان قطعی نیست. مرهم موّقتی‌است. برای درمان قطعی هرمشکلی، باید سراغ متخصّص آن رفت.

مرد: تو شخصیت جالبی داری. دوست‌داری در یک روستا یا شهرستان دورافتاده، به دور از مظاهر تمدّن زندگی کنی و از آن‌سو برای حل هرمسئله‌ای دنبال کارشناس یا متخصّص آن کار می‌روی

زن : تناقضی ندارد، تکنولوژی پیشرفت کرده و از همان روستا هم می‌شود به همهٔ این ارتباطات دست یافت. در ضمن، محلّ زندگی آدم هر چقدر کوچک‌تر باشد، مشکلاتش هم کوچک‌تر است.

مرد : به نظرم تو خودت می‌توانستی یک روان‌شناس خوب باشی

زن : حالا که نیستم. من نمی‌توانستم چون خودم خیلی مشکل دارم

مرد : به تو که نگاه می‌کنم، می‌بینم با همه مشکلات‌ات می‌توانی به دیگران کمک کنی، این‌کار روح بزرگ می‌خواهد، فقط همین

زن : پس نکته را پیداکردی

مرد: شاید، ولی پیشنهاد تو هم خیلی خوب بود، شاید بروم و با یک مشاور آشنا شوم، چه‌اشکالی دارد؟!

زن : فکر بدی هم نیست

مرد: آری، می‌روم به مطب چند تا روان‌شناس، هرکدام بیشتر به سوژه‌ام نزدیک بود، به او نزدیک می‌شوم

زن: این‌جور کار کردنات را بیشتر دوست‌دارم،

مرد: به غیر از کار کردن‌ام،چه چیز دیگری را دوست داری؟

زن: در سکوت با تغیّر او را می‌نگرد.

مرد کمی طول‌و عرض اتاق را بالا و پائین می‌رود.

مرد: دفعهٔ پیش که با هم حرف زدیم، گفتی کمکم می‌کنی.

زن: بله، گفتم.

مرد: من فکر می‌کردم تو می‌روی پیش مشاور یا مشاور، برای همین خودم دنبالش را نگرفتم.

زن: قرار بود هر دوی‌مان برویم. نه؟!

مرد: خب من یادم رفت،یا بهتر است بگویم که می‌خواستم تو بروی. فکر می‌کنم تو زودتر و بهتر از من آدم‌ها را می‌شناسی. من برای شناخت یک نفر باید سال‌ها وقت بگذارم.

زن : بگو می‌خواهی از سرت باز کنی.

مرد: نه، باور کن این‌طوری نیست. یک مشکل اساسی این است که شخصیّت مشاور داستانم، یک خانم است.

زن: خب؟

مرد: خب بهتر است تو بروی.

زن: من که نگفتم نمی‌روم، بحث سر رفتن یا نرفتن من نیست.

مرد: پس چیست؟

زن: رفتن تو، این خیلی مهّم است که تو از نزدیک با او روبه رو شوی.

زن بعد از کمی مکث: می‌ترسی؟

مرد: از چه؟

زن: می‌ترسی، ولی باید با آن روبه رو شوی.

مرد: می‌شود با هم برویم؟

زن : نه

مرد: چرا؟

زن: من، پیشتر رفته‌ام، از تو جلوترم و تا زمانی که مشاورم صلاح نداند، همسرم را با خود نخواهم برد.

مرد: کی رفتی؟ چرا به من نگفتی؟ کی بود؟ چه طوری بود؟ زود باش بگو.

زن : هیچ نمی‌گویم، فقط تا جلوی مطّبش با هم می‌رویم. من با نوبت خودم می‌روم، تو هم برای خودت وقت بگیر.

مرد: خیلی نامردی !

زن: حالا بیا و خوبی کن. من طبق قرارمان عمل‌کردم تو بودی که قرارمان را فراموش‌کردی.

مرد: خیلی دوستت دارم، می‌دانی.

زن: قرار بعدی یادت نرود. ما همدیگر را نمی‌شناسیم.

مرد: تا کی؟

زن: تا وقتی که لازم باشد، حواست نیست، ها!

مرد: به چه؟

زن: مرد حسابی ما داریم می‌رویم که او را بشناسیم، برای این‌کار بهتر است ما دو شخصیت مجزا با مشکلات متفاوت باشیم که بتوانیم حداقل از دو زاویهٔ متفاوت او را نگاه کنیم.

مرد: آها، از آن لحاظ

زن: خدا را شکر

مرد در فکر فرو می‌رود. با ناخن صفحهٔ پیشخوان آشپزخانه را می‌خراشد.

مرد: من هر کاری می‌کنم، به خاطر توست

زن : ولی تو کاری برای من نمی‌کنی. تو برای خودت کار می‌کنی، می‌نویسی، حرف می‌زنی. حتّی حرف هم که می‌زنی، برای بیرون کشیدن ایده‌ها و نظرات من است که جائی در نوشته‌های‌ات به کار بگیری.

مرد: گاه خیلی با بی انصافی به من می‌تازی، من چنین آدمی هستم؟

زن: تو خودت را از من گرفتی، درخت سیب را از من گرفتی. خانه‌ام را از من گرفتی، خودخواهی تو بیداد می‌کند.

مرد: ولی ما با هم تصمیم گرفتیم.

زن : با هم، نه. تو تصمیم گرفتی، من باید انتخاب می‌کردم. باتو بودن به قیمت از دست دادن همه‌چیز یا از دست دادن تو برای حفظ زندگی و خآن‌های که دوست داشتم.

مرد : تو حقّ انتخاب داشتی، تو من را انتخاب‌کردی

زن : آری، برای این‌که چاره‌ای نداشتم، من عاشق بودم.

مرد: و دیگر نیستی؟

زن: اگر نبودم، برمی‌گشتم

مرد: هیچ‌وقت بیشتر از ظرفیت ات مایه نگذار، همیشه به تو گفته‌ام، این باعث از بین رفتن عشق می‌شود

زن: و تو فکر می‌کنی من بیشتر از ظرفیت‌ام مایه گذاشتم؟ یا تو بیشتر و بهتر از من عشق را میشناسی و می‌دانی چطور باید از آن مراقبت‌کرد؟ من همهٔ زندگی‌ام را به خاطر تو می‌دهم، هنوز ظرفیت مرا نمی‌دانی

مرد: الان حس می‌کنم بیشتر از ظرفیت ات، مایه گذاشته‌ای. اگر اینطور نبود، اصلا بهش فکر نمی‌کردی. وقتی شروع می‌کنی به فکرکردن و شمردن ایثارهائی که برای عشق انجام داده‌ای، این درست همان لحظه‌ای‌است که فاتحهٔ عشق را خوانده‌ای و داری سبک سنگین می‌کنی.

زن : تو چه؟ تو چه کردی؟

مرد : من در وهلهٔ اول، ظرفیت خودم را شناسائی کردم و درون محدودهٔ ظرفام، قدم برمی‌دارم. برای بقای عشق، بقای خودم و احساسات ام این لازم بود.

زن : پس خیلی کم ظرفیت تشریف داری، چون همیشه کفّهٔ ترازو به سمت من است.

مرد : نکن عزیزم! این‌کار را با خودت نکن! با من نکن! بگذار کفّهٔ ترازوی دوطرف در یک خط باشد، وگرنه زمین می‌خوری،مرا هم با خودت زمین می‌زنی.

زن : من با تو چه‌کارکنم؟

مرد: خودخواهی خودت را داشته باش، این‌جوری پسندیده‌تری.

زن : تمرین می‌کنم

مرد: آفرین

زن: اگه من خودخواهی خودم را داشته باشم، تو هم خودخواهی خودت را، چه‌طور با هم کناربیائیم؟

مرد: کنار می‌آئیم نگران نباش، راحت‌تر هم کنارمی‌آئیم. قرارنیست، یکی از ما در وجود دیگری مستحیل شود و از بین برود. ما دو نفریم کنار هم و باید با هم سفرکنیم. نه قرار است من در سایهٔ تو حرکت کنم نه تو در سایه من. ما با هم هستیم. در این راه، چیزهائی را با هم به‌اشتراک می‌گذاریم، برای اعتلای روحی روانی همدیگر اما هویّت فردی هر کدام از ما جای خودش را دارد. نباید هویّت فردی هیچ‌کدام از ما از بین برود. این را هرکسی برای خودش و برای کسی‌که دوست می‌دارد، باید بخواهد.

زن: سخت است

مرد: آری،سخت است. مراعات حقوق هم راکردن، سخت است. ولی من مراعات‌ات می‌کنم. تو خودت هم، خودت را مراعات کن! من نمی‌خواهم، برای من بمیری، می‌خواهم برای من زندگی کنی. کنار من،و برای خودت با من زندگی کنی.

زن،عاشقانه مرد را می‌بوسد: دوستت دارم.

مرد: گاه دلم برای شنیدن دوستت دارم از زبان تو تنگ می‌شود. گاه، بگو!

زن: دوستت دارم، یعنی نمی‌دانی؟

مرد: لازم‌است، گاهی به هم یادآوری کنیم.

زن : تو هم تازگی‌ها کم می‌گوئی.

مرد: من هر لحظه به تو می‌گویم، با هر نگاه و هر نفس‌ام به تو می‌گویم، دوستت دارم.

زن نوشته‌های مرد را، کاغذهای مچاله را برمی‌دارد و درحال قدم زدن، با خود زمزمه کرد.

حاشیه نشینی

در حاشیهٔ شهر نه مدرسه‌ای بود نه خیابانی، نه حتی مغازه و دکانی. برای رسیدن به مدرسه باید راه‌درازی میرفتیم، در واقع تا محدودهٔ تعریف شدهٔ شهر باید می‌رفتیم. با پای پیاده حدود نیم‌ساعت طول می‌کشید که به مدرسه برسیم. هیچ خودروی از آن سوها ردّ نمی‌شد که انتخابی برای‌مان وجود داشته باشد.

در هوای نیمه روشن صبح سرد زمستان، چشمان بُرّاق شغال‌های کوچک که با ترس به ما خیره می‌شدند، باعث ترس ما می‌شد. نمی‌شد گفت آن‌ها به محدودهٔ زیستی انسان‌ها نزدیک شده‌اند. روباه‌ها و شغال‌ها، سگ‌های وحشی و سایر حیوانات در میان درختان جنگل در لانهٔ خود بودند که سر و کلّهٔ آدم‌ها پیدا شده بود. غاصبان سرزمین.

ما به خاطرترسی که از آن‌ها داشتیم، به سوی‌شان سنگ پرتاب می‌کردیم. گاه که خیلی نزدیک می‌شدند یا به ناگاه از سرِپیچی جلو راه‌مان قرار می‌گرفتند و فرصتی برای یافتن سنگ و دفاع از خود نداشتیم، پا به فرار می‌گذاشتیم.

سگ‌سانان، ترس را بر می‌کشند. به محض این‌که در چشم انسان ترس بدود، حیوان به خودش غرّه شده و گارد می‌گیرد. اگر ترس ریشه‌دار باشد و منجر به فرار انسان گردد، بی‌شک مورد حمله واقع خواهدشد. باید در برابر سگ‌سانان و گرگ‌سانان بایستی و با شهامت به چشم آن‌ها خیره‌شوی، مدّت زیادی طول نمی‌کشد که از رو می‌روند و رو برمی‌گردانند و به آرامی دور می‌شوند.

با عبور از بین کوچه‌ها با بستری از خاک کوبیده از کنار مسیل، از میان جنگل و از بین ساختمآن‌های منفرد پراکنده بالاخره به مدرسه می‌رسیدیم. خسته، خیس و در روزهای بارانی، گل‌آلود.

مدرسه، یک عمارت قدیمی دوطبقه با سقف شیروانی داشت. تأکید برای گفتن این مطلب از آن‌روست که زیر آن شیروانی فلزی رنگ شده، پر بود از داستآن‌های ترسناک، تنهایی، تاریکی. پرونده‌های کهنهٔ دانش‌آموزان قدیمی در زیر این شیروانی‌ها، درحال هضم شدن توسط جان‌داران کوچک بود.

هرجا که سایهٔ سیاهی و ترس حاکم باشد، جای آدم‌ها آن‌جا خالی‌است. ترسوها با قیافهٔ حق‌ّبه‌جانب از درعقّل،خود را توجیه می‌کنند. آن‌جا که خبری نیست، فقط کثافت است، برویم آن بالا که چه بشود؟

این‌روزها،کمتر جائی را می‌توان پیداکرد که حضور آدم‌ها در آن کم‌رنگ باشد، پس اگر چنین جائی را یافتید حتما" از آن نهایت استفاده را ببرید.

من، بی‌خبر از همه در ساعات استراحت بچه‌ها از نردبان داخل انبار که در انتهای سرسرای طبقهٔ دوم بود بالا می‌رفتم. ابتدا خلوت آن‌جا و آرامشی که سکوت حاکم به من پیشکش می‌کرد، مرا به آن‌جا کشاند. طولی نکشید که به جست‌وجوی لوازم داخل انبار پرداختم و در آن میان پرونده‌های دانش‌آموزان قدیمی چشمم راگرفت و میان آن‌ها با شگفت دست نوشته (انشا) های بچه‌های قدیمی را یافتم.

برگه‌های انشای بچه‌های قدیم مثل سایر پرونده‌ها دسته‌بندی شده و دسته‌های مختلف بر روی هم چیده شده بود. قفسه‌های فلزی به ردیف میان انبار ایستاده بودند و دو ردیف کامل از قفسه‌ها را نوشته‌های شاگردان اشغال‌کرده بود. بالای هر ردیف سال بایگانی مدارک نوشته شده بود. در همان چرخش اول، نظام بایگانی راکشف‌کردم.

از دورترین زمان‌ها شروع‌کردم، نوشته‌ها را به ترتیب زمانی می‌خواندم، برای انجام هرکاری باید نظمی داشت، هرچند نانوشته.

از وقتی‌که این گنج نهفته را یافتم، بیشتر زنگِ تفریح‌های من در زیر شیروانی سپری می‌شد. بعضی از نوشته‌ها، آن‌چنان تأثیرگذار بود که چندباره می‌خواندم. لازم بود گاهی برای فکرکردن به یک نوشته، وقفه‌ای در زمان خوانش نوشته‌ها بیاندازم. این وقفه‌های گاه‌به‌گاه، زمان حضور من در حیاط مدرسه بود، اما باز هم نه در بین بچه‌ها.

حیاط مدرسه بزرگ بود، جای کافی برای بازی داشت. جائی کافی برای بازی از نکاتی بود که این مدرسه قدیمی را همیشه خواستنی می‌کرد. ساختمان مدرسه در یک‌سوی حیِاط قرار داشت اما بین ساختمان و دیوارها فاصله‌ای از هرطرف بود. نحوهٔ قرارگیری ساختمان در محوطه، فضای باز را به بخش‌های مختلف تقسیم کرده و از بین همهٔ این بخش‌ها، بخش موردعلاقهٔ من — که از نظر ناظم مدرسه رفتن به آنجا ممنوع بود- حیاطِ پشتی بود. حیاط پشتی با چند پله از بقیهٔ محوطه، پائین‌تر قرارداشت. این فاصله به فضاهای زیر زمین اجازهٔ نفس‌کشیدن و بلعیدن نورخورشید را می‌داد.

زیر شیروانی و حیاط پشتی مدرسه، هنوز هم دلم می‌خواهد چنین فضاهائی را کشف کنم و در آن‌جا پناه بگیرم.

در گوشه‌ای از حیاط مدرسه، نزدیک در ورودی بزرگ آهنی که دو برابر دیوار بلندا داشت، خانهٔ بابای مدرسه بود. او پیش‌ترها با خانواده‌اش، آن‌جا زندگی می‌کردند. حالا، تنها همسرش برای اومانده بود. پسر جوان آن‌ها، در جریان یک نزاع خیابانی کشته شده بود.

داستآن‌های زیادی از مشاهدهٔ شبح پسر جوان که به خون غرق شده، در مدرسه دهان‌به دهان می‌گشت. می‌گفتند او را دیده‌اند با خونی که از جای دستان بریده‌اش میریزد، سرگردان به دنبال لنگه پای‌گم شده‌اش بوده است.

او همه جای مدرسه گشت‌وگذار نداشت، محل اختفای او در داستآن‌ها، زیرشیروانی، حیاط پشتی مدرسه و داخل چشمه‌های سرویس بهداشتی بود. شاید فکرمی‌کرد،کسی لنگهٔ پای‌اش را در انبار آن بالا جا داده باشد. گاه هم تنگش می‌گرفت و برای خالی کردن زردآب به سرویس دانش‌آموزان سرمی‌زد.

داستآن‌ها را کسی انکار نمی‌کرد، به خصوص ناظم مدرسه که دنبال بهانه‌ای بود برای امکان اجرائی کردن قوانین مربوط به مناطق تردّد ممنوع. شاید هم داستآن‌ها را خود می‌ساخت.شایعه‌پراکنی کار زیاد دشواری نیست،کافی‌است یک مطلب را به شکل راز به کسی بگوئی، خیلی زود دهان به دهان می‌چرخد. شبههٔ شایعه‌پراکنی توسط ناظم مدرسه از آن جا قوّت می‌گرفت که شبح سرگردان در محّل‌های تردّد ممنوع، تردّد داشت. می‌گفتند ناظم به خاطر ترس خود از تاریکی‌و خلوت، این محّل‌ها را ممنوع اعلام کرده است.

بارها به خاطر این که قوانین را رعایت نمی‌کردم و مدام از حیّاط میانی که ناظم از پشت شیشه هم به آن اشراف داشت غیب می‌شدم، توبیخ شدم. بچه‌ها به بودن من در بازی‌هایشان شهادت می‌دادند، ناظم قبول نمی‌کرد. هیچ‌وقت کسی از من نپرسید، کجا غیب‌ام می‌زند. بچه‌ها می‌گفتند ناظم از پشت شیشهٔ غبارگرفته در این هوا، نمی‌تواند خوب ما را دنبال کند و بی‌خودی ما را تنبیهکرد. من هم با سرافکنده و چشم اشک‌ریزان، آن‌ها را تائید می‌کردم.

زنی جوان، دراز، باریک که استخوآن‌های گونه‌اش بیرون زده است. گوشۀ تیز استخوآن‌ها، خال‌های ریز و درشت سیاه پراکنده است.خال‌های روی گونه ترکیب عجیبی با فریم مشکی عینک دارد. فریم بزرگ با عدسی‌های قطورکه تمام صورت او را پوشانده. آن روزها مرد و زن از این نوع عینک استفاده می‌کردند ـ نشان می‌داد که فرد اهل سواد و مطالعه است ـ ترسناک بود.

موهای سیاه زبرش مانند دم اسبی از پشت سرش آویزان بود. همیشه با کفش‌های پاشنه‌بلند سیاه خود، محکم قدم بر می‌داشت و چوب‌دستی سیاه‌اش را در حال راه رفتن بر زمین می‌کوبید. حتّی از آن ناظم مدرسۀ شبانه روزی که در داستان بابا لنگ دراز توصیف شده بود، هم ترسناک‌تر بود. این خانم عزیز از جمله افرادی بود که بیشترین نقش را در کودکی من داشت. هنوز هم درکابوس‌های شبانه‌ام نظیر او را بسیار می‌بینم و در خواب خودم را خیس می‌کنم.

چشمان تیزی داشت، حتّی اگر در پشت درِبسته، آدامس می‌جویدیم می‌دید که آدامس داخل دهان ما شیک است یا خروس نشان. آدامس شیک بسیار قریحۀ هنری داشت، انتهای استعداد مولّد برای بادکردن را می‌توانستید با آن به نمایش بگذارید. آدامس سکه‌ای، گرد بود و سفت. به رنگ‌های متفاوت که طعم متفاوتی نداشتند، بسته بندی می‌شد. بسته‌های براق به نقش سکه در بین ما به ارزش مبلغی که روی آن درج شده بود معامله می‌شد.

کابوس

فرزندم به اتاق آمده، با احتیاط می‌پرسد : شپشِ آبی هم وجود دارد؟

من : نه عزیزم، برای‌چه به این فکر افتادی؟

دخترکم :دیشب خواب دیدم که شپش‌های آبی به من حمله کرده‌اند وتمامِ مرا خورده‌اند.

من : من کجا بودم که حساب آن شپش‌های لعنتی را برسم؟

دخترک: آنجا نبودی، صدای کلیدهائی که می‌زدی را از دور می‌شنیدم.

من: ای وای برمن ! چرا صدایم نکردی؟

دخترک : صداکردم نشنیدی

من: ببخش عزیزم، از این به بعد در اتاقم را باز می‌گذارم که هروقت صدایم‌کردی، بشنوم. خب، تو چه‌کردی؟ مطمئن‌ام دختر شجاع من، از پس شپش‌ها برآمده است.

دخترک : من را خوردند، تمام شدم. کاری نمی‌توانستم بکنم.

من : ولی می‌بینی که شپش‌ها تو را نخورده‌اند. خواب بودی، یادت رفته که چطور دمار از روزگارشان درآوردی.

دخترک : من واقعا" نمی‌خواستم آن‌ها را اذیت کنم

من : می‌دانم، دختر مهربان من هیچ جان‌داری را اذیت نکرد، فقط از خودش دفاع کرده است.

دخترک : من اصلا" نترسیدم

من او را در آغوش می‌فشارم و می‌بوسم : آفرین به تو

دخترک با ترس و تردید: حالا، واقعا" شپش آبی وجود دارد؟!

من : نه عزیزم، شپش‌آبی وجود ندارد، شپش‌ها آدم را نمی‌خورند.

دخترک : بچه‌ها می‌گویند، شپش تن آدم را سوراخ می‌کند، می‌رود داخل بدن آدم و آنجا بچه می‌گذارد.

من : نگران نباش اگر کسی شپش داشته باشد با یک شامپو چند هفته خودش را می‌شوید و شپش‌ها می‌روند، قبل از این‌که آن شپش‌ها تمامِ او را در خواب بخورند

دخترکم : پس چرا همه از شپش می‌ترسند؟

من : فکر کنم نباید بترسی ولی باید مراقب باشی که شپش سراغت را نگیرد. وقتی شپش به تنبان آدم می‌افتد، دیگر نمی‌تواند راحت بخوابد همیشه باید خودش را بخاراند.

در حالی‌که شروع می‌کنم به قلقلک دادن او می‌گویم: وقتی داری اینجا را می‌خارانی، می‌بینی اینجا هم می‌خاره.

دخترکم بالاخره شروع کرد به خندیدن و ریسه رفتن.

فکر می‌کنم باید توضیح کاملی به او بدهم که جانب احتیاط را از دست ندهد در اخبار شنیده‌ام که شپش در مدارس شیوع پیداکرده است، برای همین با لحن جدّی برایش توضیح می‌دهم: شپش‌ها، ناقل بیماری هستند و در زمان‌های قبل، آن موقع که مادربزرگ تو بچه بود، جنگ جهانی بود و به خاطر نبود امکانات بهداشتی، بیماری تیفوس شیوع پیدا می‌کند، بیماری خطرناکی است و خیلی‌ها به خاطر ابتلا به آن مرده‌اند. شپش‌ها ناقل این بیماری هستند. به خاطرهمین، همه از شپش می‌ترسند.

دخترکم: الان دیگر تیفوس نیست؟

من: نمی‌دانم، فکر می‌کنم ریشه کن شده!

دخترکم: ریشه‌کن شده، یعنی چه؟

من: یعنی دیگر فقط باید در قصه‌ها باید به دنبالش بگردی

دخترکم: مثل زرّافه؟

من: یک جورائی می‌شود گفت آره، در مورد زرافه باید بگوئیم، منقرض شده. البته زرافه هنوز منقرض نشده، بلکه درحال انقراض است.

دخترکم: در حال انقراض، یعنی چه؟

من : یعنی چند تا دانه بیشتر از آن‌ها نمانده است، آن‌ها هم ممکن است به زودی بمیرند و تمام شوند.

دخترکم : مثل من که در خواب تمام شدم؟

من : آره، مثل تو که در خواب تمام شدی. تا خودم نخوردم و تمامات نکردم یک بوس بده، برو

بوسه‌اش را می‌دهد و از اتاق بیرون می‌رود. صدای پاهای ظریفش را می‌شنوم که دارد لی‌لی کرد و آرام‌آرام دور می‌شود.

بهداشت شخصی

مربی بهداشت با خط کش موها را پس می‌زد و به دقت، به کف سر بچه‌ها خیره می‌شد، آن‌قدر خیره می‌شد که شپش‌ها به اعتراض برای برهم خوردن آرامش‌شان، تکان می‌خوردند. بچه را از صف خارج می کرد: برو خانه به مادرت بگو، شپش داری.

ناخن‌ها را دید می‌زد، اگر ذرّه ای سپیدی ناخن بیرون زده بود، با خط‌کش آن‌چنان محکم می‌کوبید که اضافهٔ ناخن به آن دورها پرتاب می‌شد.

رنگ یقّه‌ها و روبآن‌های سر باید سپید می‌بود اگر به زردی می‌زد، دشنام درخوری داشت:

- شما را چه به درس خواندن، قبل از هرچیز باید نظافت شخصی را یاد بگیرید.

به رج آخر میزها که می‌رسید، همهٔ دانش‌آموزان در یک سمت کلاس ایستاده بودند. انصاف داشته باشم، باید بگویم بیشتر دانش‌آموزان شپش توی سروتن‌شان می‌لولید. اگر کسی شپش نداشت، نوک ناخنش که به سپیدی می‌زد؟ به این‌ترتیب، در بازبینی صبح‌گاهی هیچ‌کس از تنبیه و دشنام، بی‌بهره نمی‌ماند. ردیف آخری‌ها، این شانس را داشتندکه تا مربی به رج آن‌ها برسد، ناخن‌های خود را بجوند.

برای همین هم بود که آغاز سال برای اشغال ردیف آخر، بین بچه‌ها دعوا می‌شد. به غیر بچه خرخوآن‌ها، بقیه همه ترجیح می‌دادند در رج آخر جا خوش کنند. رج آخر می‌توانستی راحت‌تر حرف بزنی، و سرِ بعضی کلاس‌های کسالت‌بار بخوابی و خیلی تنبیه‌ها تا نوبت به رج آخر برسد تمام می‌شد، گاه هم بین ردیف‌های وسط زنگ می‌خورد.

مواد شوینده نایاب بود، آب کم بود. جیره بندی برق، گاز و مواد سوختنی هم آن‌چنان بود که به جای اعلام ساعات قطعی برق، ساعات وصل شدن را اعلام می کردند. در حومه زندگی کردن، مشکلات خاص خودش را داشت. مادر نمی‌توانست بیشتر از حد معینی بار حمل کند، ناگزیر باید تعداد دفعات رفت‌وآمد به مرکز شهر را برای خرید، بیشتر کند.

مربّی بهداشت دارو می‌داد ناخن‌گیر می‌آورد، همان‌جا ناخن‌های بچه‌ها را می‌گرفت. دستور صادر می‌کرد داخل سرویس‌های بهداشتی مدرسه، صابون بگذارند. وظیفه‌اش را انجام می‌داد و می‌رفت. صابون‌ها فاکتور شده و به ناظم مدرسه تحویل گردید، او هم به سرایدار داد تا در دستشوئی معلم ها و دانش‌آموزان به تعداد کافی گذاشته شود، اما هیچ‌وقت در دستشوئی دانش‌آموزان یک قالب صابون تمیز تازه از پاکت درآمده را نمی‌توانستی پیداکنی. صابون‌ها آنقدر سیاه بود و لزج که آدم دلش نمی‌آمد آن را به دستانش بزند. هرچیزی که به کاری نیآید، شاید به کار دیگری بیآید.

بچه‌ها که دیدند صابون‌ها بی‌خود و بی‌جهت آنجا روی جا صابونی مانده‌اند، به طور خودجوش تصمیم گرفتند از صابون استفادهٔ دیگری بکنند که در هیچ‌کجا معمول نبود. صابون وسیلهٔ تدافعی خوبی می‌توانست باشد. ابتدا صابون را کمی در زیر آب خیس می‌کنید، بعد کافی‌است آن را روی زمین جلوی آبخوری یا خروجی سرویس‌های بهداشتی ول کنید و بروید یک گوشه کمین کنید تا کسی‌که حال شما را گرفته از آنجا عبورکند و پاهاش رو به آسمان بلند شود و با کپل به زمین بنشیند. وقتی صدای آخ آمد، زمان خوبی برای بیرون آمدن و نشانه گرفتن شخص با انشگت اشاره و سردادن خندهٔ پیروزمندانه است. بعضی‌ها در فرود آمدن استاد بودند و تنها با مالش کپل از جا برمی‌خواستند. بعضی اما در هنگام افتادن با دست و یا حتّی سر، به سوی زمین می‌رفتند و صدای‌استخوآن‌هاشان خنده را بر روی لب می‌خشکاند.

با اتفاقاتی که در همان چندروز اول اجرائی شدن پروژه به وقوع پیوست، جلسهٔ اضطراری اولیاء تشکیل شد. پروژه‌ای که صدمهٔ جانی و مالی داشته باشد، محکوم به شکست است و ادامهٔ روند اجرائی آن باید هر چه زودتر متوقّف شود. این حکم جلسهٔ اولیاء و مرّبیان در جلسهٔ اضطراری، پس از اجرای توزیع صابون‌ها بدون مطالعه و برنامه‌ریزی دقیق بود.

نظام قدیمی‌ها

تغییر پوشش در نظام آموزشی به طور کامل انجام نشده بود. ما باید با پوشش تازه تعریف‌شده، راه خانه تا مدرسه را می‌رفتیم. داخل مدرسه، همان لباس فرم، یقّه و روبان سفید، باقیماندۀ نظام آموزشی گذشته، باید بر تن‌مان می‌بود.

تغییر ناگهانی همۀ نمادها سخت است. همیشه سخت بوده، آدمی همیشه نشانی از گذشته را همراه خود دارد و به سختی از آن محافظت کرد و تغییر اجباری را به سختی قبول کرد.

به مرورِ زمان تمام شواهد و نشانه‌های نظام آموزشی قدیم حذف شد وتنها نامی از آن‌ها بر جای ماند، نظام قدیمی‌ها. در ادای این کلمه ناکارآمدی نظام قدیم مستتّر بود.

آن‌ها که سیستم را تغییر میدادند هیچ فکر نمی‌کردند که تغییر محتوای دروس به یک‌باره، چه شوکی به جامعه و ساختارهای اجتماعی و روابط بین آدم‌ها وارد می‌کند.

انسان تا کودک است از هر تغییری به خصوص ظاهری استقبال می‌کند. برای بچه‌ها تکرار ملال‌آور است. همان‌قدر هم، تغییر بزرگسالان را می‌ترساند.

نظام قدیمی‌ها، در مقابل سؤال‌هائی که از آن‌ها می‌شد، هاج‌و واج می‌ماندند. دیگر به این یقین رسیده بودیم که نظام قدیمی‌ها بر عکس ادعاشان چیز زیادی هم نمی‌دانند. بی‌باوری به علم و دانش نظام قدیمی‌ها به ما جرأت و جسارت می‌داد که رودر روی آن‌ها بایستیم و برایشان نحوۀ حل مسائل را توضیح دهیم. اعتماد به نفس کاذبی در نسل ما شکل گرفت. آدم‌های هم سن‌وسال مرا که ببینید همه با گردن افراشته، بادی در غبغب می‌اندازند و راجع به تمام مسائل و مشکلات بشری، ساعت‌ها سخنرانی می‌کنند و در ایراد نظریه‌های علمی و فلسفی بی‌پایه و اساس استادان بزرگی هستند.

بهترین قسمت ماجرا این بود که نظام دوباره دستخوش تغییر شد و ما تنها نظام جدیدی‌های تاریخ سیستم آموزشی ماندیم.

جریمه‌های نا نوشته را رج می‌زدیم تا ورق‌های سفید دفترمان را صرفه‌جویی کرده باشیم. با دفتر مشق می‌رفتیم داخل صف گوشت و مرغ یخ‌زده که از جاهای دور می‌آمد و همان‌جا روی زمین، کف خیابان، مشق‌هامان را می‌نوشتیم.

معلّم ها واقعا" از دنیای دیگری می‌آمدند و از دنیای ما هیچ خبر نداشتند. نمی‌دانستند صفّ‌ها طولانی‌است اگر مشق نمی‌نوشتیم کتک بود و اگر برای عقب نماندن از مشق‌های شبانه سر صف و روی زمین می‌نشستیم برای نوشتن، دفتر و کتاب‌مان کثیف می‌شد و نتیجهٔ آن متهّم شدن به بی‌انضباطی بود. باید به این فکرمی‌کردی که کدام مکافات را به بهانهٔ کدام جرم می‌توانی به جان بخری و بعد تصمیم بگیری که چه باید بکنی. نظام آموزشی جدید تصمیم‌گیری در شرائط بحرانی و کنارآمدن با شرائط سخت را خوب به نسل ما آموزش داد.

حاشیه‌نشینی

مرغ همسایه را که می‌دیدم، برایم سؤال پیش می‌آمد که چرا به جای رفتن به مغازه و زمان را در صفّ سپری کردن، این مرغ را نمی‌کشند با هم بخوریم و خیال‌مان هم راحت باشد که هنوز تاریخ مصرف‌اش نگذشته است.

به روستا که می‌رفتیم، مرغ‌ها و خروس‌ها، گوسفندان و گاوها به طور غریبی، با کرشمه از جلوی ما عبور می‌کردند. ما نیاز به محصولات آن‌ها داشتیم و آن‌ها از بذل‌و بخشش خویش بر ما ابا می‌کردند.

در کودکی با حسرت به سفره‌های رنگینی که در روستا برامان بازمی‌شد، می‌نگریستم. نان تازه و تخم مرغ عسلی، شیر، عسل، کره و مربّا برای صبحانه. مرغی سربریده می‌شد برای ناهار و گوسفندی برای مراسم شام. بذل و بخشش را باید از روستائیان آموخت.

بزرگ‌ترها به امید بهره‌مندی از مواهب زندگی در شهرهای بزرگ مهاجرت را انتخاب‌کرده بودند. چیزی که عاید ما از این انتخاب بود، حاشیّه نشینی بود. می‌دانی یعنی چه؟ حاشیه مثل زائده‌ای ناخواسته است که از متن جداست. تمام برنامه‌ها و تلاش‌های آن‌هائی که در متن ماجرا بودند، حذف حاشیه‌نشین‌ها بود. مثل غدّهٔ سرطانی؟

با این‌که بعد از گذشت سال‌ها به زندگی در شهر به رفت‌وآمدهای بیهوده، به زمانی‌که در بیست‌وچهارساعت شبانه‌روز برای دستیابی به حدّاقل‌های زندگی از دست می‌رود، خوکرده‌ام و یک‌جورهائی یک شهرنشین لعنتی به تمام معنا شده‌ام، اما باز هم از حاشیهٔ شهر که عبورمی‌کنم و آلونک‌های بی‌قواره را می‌بینم، می‌خواهم بروم و بزنم همه را نابودکنم ما هم از همان‌جا شروع کرده بودیم.

مهاجر از خانهٔ خود دل کرد و به جائی می‌رود که نمی‌تواند به آن دل بسپارد. این دل به هرجائی نمی‌تواند تعلق داشته باشد. انسان مهاجر، مرغ مهاجر نیست. انسان در هجرت، جای بهتری نمی‌یابد و راه برگشت را هم گم کرد. این لحظه‌ای است که طعم

غربت در جان آدمی ریشه می‌دواند، لحظهٔ سختِ قبولِ گذر از پل‌هائی است که برای ازهم‌پاشیدن و فروریختن منتظر عبور آدمی می‌مانند.

صدای سائیده شدن استخوان‌ها در دل تاریکی

آدم‌ها برای من همیشه کم‌رنگ بوده‌اند، وقایع پررنگ. وقایع یا فجایع هر لحظه زخمی عمیق بر روح و جان آدمی می‌زند و اثر ماندگاری پدید می‌آورد که فراموش شدنی نیست. در لحظهٔ حساس زخم خوردن و جراحت برداشتن، آدم‌های پیرامون به چشم نمی‌آیند، تنها زخم است که دیده می‌شود و برجای می‌ماند با یادی مبهم از کسی‌که کنار آدمی بوده یا می‌توانسته حضورداشته باشد و نداشته است. آن یاد با گذرِ زمان محو می‌شود ولی آن زخم همیشه برجای خواهد ماند.

زبانی که نتواند دردها را فریاد بکشد، ناگزیر به خاموشی‌است.کسی چه میداند درون یک کودک، سکوت تا چه حدّ می‌تواند نشانهٔ انزوا و یا افسارگسیختگی او باشد.

زندگی پیر و بیمار و دردمند را از هم باز نمی‌شناسد. کسی‌که می‌خواهد زندگی کند، باید به پای زندگی بایستد و همراه آن هرروز و هرلحظه رنج بکشد. لبخند، طرح تحّمل رنجی‌است که تاب آورده‌ایم.

کسی به من نگفته باید خواهرزاده‌ام را تروخشک کنم و یا کهنهٔ او رابشویم. من با حس نیاز او به توجّه، دست به این‌کار زده‌ام. به مرور زمان، ظرف چندروز کوتاه، این حرکتِ خودجوش به عنوان وظیفهٔ من شناخته شد و هرگاه خواهرزاده‌ام شروع می‌کرد ونگ زدن، صدائی از سوی دیگر مرا می‌خواند:

- چرا حواس‌ات به بچه نیست؟ حتما"، جایش را خیس کرده است.

- چرا حواس‌ات نیست؟ بچه دو ساعت است چیزی نخورده، لابد تشنه یا گرسنه است؟

- چرا حواس‌ات نیست؟ برو ببین، بچه چه مرگ‌اش است.

کسان دیگری هم در اطراف بودند که می‌شد نیاز آن‌ها را به کمک و مراقبت حس‌کرد و به یاری‌شان رفت، نه این‌که من ذات خوبی داشته باشم، بیشتر این رفتارخیرخواهانهٔ من به این دلیل بود که راه دیگری برای پرکردن وقت‌های اضافه‌ام نداشتم. فصل درس و مشق که تمام می‌شد، بیست‌وچهارساعت کشدار لعنتی تابستان بود که خیلی بیشتر از بیست‌وچهارساعت طول می‌کشید. چند ساعت‌اش را با داستان

های تکراری سرمی‌کردم چندساعت بازی با دوستان، چندساعت کمک به کارهای خانه، تمام نمی‌شد.

با وجود این‌که تمام نیازهای زندگی در خانه تولید می‌شد از ترشی، خیارشور، انواع مرّباها، انواع و اقسام عرّقی‌جات، خشک کردن سبزی برای زمستان، تا بافتن بلوز برای سربازان، کوک زدن لباس های راحتی تا رفوی پیراهن و شلوار میهمانی، بافتن قالی وگلیم، گلدوزی و قلّاب‌بافی، لیست بلند بالائی بود که باید در آن به مادر کمک می‌دادم، اما باز هم وقتِ اضافه می‌آمد.

خانمِ جوانی که در همسایگی ما زندگی می‌کرد، دو کودک داشت. یکی نوزاد پسر یک‌ساله، آن یکی دختری هفت‌ساله. همسر او اغلب، دیر از سرِکار برمی‌گشت یا این‌که اصلا" برنمی‌گشت و خانم جوان از تنهائی می‌ترسید. در این اوقات، من تنهائی او را پر می‌کردم. نه این‌که خیلی بزرگ‌تر از کودک هفت‌ساله او باشم، در واقع او با دوسه سال سنِ کمتر، هم‌بازی من بود.

باری،یک‌شب از خانم جوان پرسیدم: اگر اتفاقی بیافتد، من چه کمکی می‌توانم به تو بکنم؟ درواقع اگر قرار باشد، اتفاقی بیافتد تو علاوه بر این‌که باید مراقب فرزندان خود باشی، باید حواس‌ات به من نیز باشد.

سؤال من بر ترس او افزود و از آن پس از مادرم خواهش کرد که علاوه بر من یکی دیگر از بچه‌ها را هم همراه‌ام بفرستد، و مادر هم این‌کار را کرد. خواهرم همراه من شد.

یک‌چیزی را باید اعتراف کنم، آدم که نباید همیشه از خوبی‌های خود بگوید. گاه باید شهامت داشته باشد و به خود اعتراف کند که در کجای زندگی و به چه دلیل، به عمد مایۀآزار دیگران شده است. این یکی از آن اعترافات سخت است ولی گویا باید هرچه در درون من هست، بیرون ریخته شود. بهرحال در صندوقچه را که باز کنی، تمام اشیاء آن خودی می‌نمایانند.

استخوآن‌های من با هرحرکت کوچکی، صداشان درمی‌آمد و این صدا در خلوت شب، دیگران را می‌ترساند، به جز خواهرم که می‌دانست صدا از کجا می‌آید و البتّه شجاع هم بود. صحنۀ اصلی و رعب‌آور در زمان قطعی برق و خاموشی مطلق بود. تا شمع‌ها را پیداکنند و فضا اندکی روشن شود سکوت حاکم بود و ترس دردل. همان‌وقت استخوآن‌های من صداشان درمی‌آمد. معصوم همۀ خانه را با کبریت روشن در دست،

برای پیدا کردن منبعِ صدا کندوکاو می‌کرد، البته باید همراهی‌اش می‌کردیم. با کبریت‌های روشن در دست، شعلۀ کبریت زود تمام می‌شد. اگر همۀ شعله‌ها با هم خاموش می‌شدند، صدای فریادش برمی‌خاست. کبریتی دیگر می‌زد، نفسی که از ترس به هِن‌هِن افتاده بود، شعله را روشن نشده، به خاموشی می‌گرایاند. هول و هراس مسری است. یک‌باره دل آدم خالی می‌شود و احساس گنگ و سبکی جان‌اش را فرا می‌گیرد.

با همۀ این احوال حس خوبی از یادآوری آن شب‌ها در دلم زنده می‌شود مثل همان کودکی، دلم مثل گنجشکی که گرفتار شده است، دِل‌دِل می‌زند.

در آن خانه می‌شد کمی بازیگوشی کرد او جوان بود و هنوز بایدها و نبایدها را خوب نمی‌دانست و حدّو مرزی نمی‌شناخت. از او سؤال‌های کودکانه می‌پرسیدیم و با داستآن‌هاش می‌خندیدیم و می گریستیم.

معرکه

نیمه‌های شب مرد با اردنگ پدرزن به داخل اتاقی که ما به قطار در آن خوابیده بودیم، پرتاب شد. با وحشت کنار هم قطار شدیم.

منازعهٔ آن دو مرد ترسناک بود. قدرت مردانه در نبرد آن‌ها، هوای اتاق را گرم کرده بود. صدای نفس‌هاشان که بریده بود و با کلمات نامفهوم ترکیب می‌شد وحشتناک بود.

سر وکلهٔ آقاجان هم، آن‌جا در چهارچوب در پیدا شد.

آقاجان از حضور دو مرد نا متعادل در بالای بستر خواب ما عصبانی بود. با نگاه غضب‌آلود، بین آن دو قرارگرفت و با گوشهٔ چشم فهماند که باید میدان معرکه را خالی کنیم. ما هم بدون هیچ حرفی سریع از جا برخاسته و به‌دو از معرکه دورشدیم.

در راهِ رفتن، فریادرسایش که اعلام آتش بس بود، در گوشمان پیچید:

" خجالت بکشید، بچه‌ها را ترساندید....." صدایش آرام‌تر شد و به زن گفت:

– شما هم بفرمائید منزلِ ما، پیش خانم و بچه‌ها!

زن جوان با بچه‌ای در بغل و دستی‌دردست آن یکی از پشت ما روان شد.

مردها، از اوج منازعه پایین کشیده شده بودند حالا فقط به تهدید یکدیگر اکتفا می‌نمودند، چاره دیگری هم نداشتند. آن‌قدر زور در بازوی آقاجان بود که دست هردوی آن‌ها را قفل کند.

بعد از مدّتی چند، آقاجان برگشت و خانم همسایه را راهی کرد.

آقاجان بیشتر امرونهی‌هاش را با نگاه انجام می‌داد، زبانِ نگاه او را همه می‌دانستند.

این آخرین شب بود که در خانهٔ همسایه سپری شد و خط پایان را آقاجان به وضوح برای همه، حتّی مرد همسایه آشکارکرد. پس از آن شب، شب‌های دیگر صدای مرد از آن سوی دیوار می‌آمد. حضور او در خانه دائمی‌شده بود و هرسال تعداد بچه‌هاشان اضافه می‌شد.

خاطرات می‌آیند و می‌روند ذهن آدمی آشیانهٔ خاطرات مرده و راکد است و به هراتفاقی یکی از آن‌ها از آرشیو بیرون می‌آید، خودی نشان می‌دهد، پرونده‌اش بسته می‌شود و دوباره در همان قفسه همیشگی جای می‌گیرد. اما بعضی از خاطرات آدمی هستند که هیچ‌وقت به بایگانی راکد سپرده نمی‌توانند شد. همیشه در پیش چشم آدم می‌مانند، حس این خاطرات به همراه‌شان است، خوب یا بد. با یادآوری این دست خاطرات کهنه نشده، می‌توان حس همان لحظهٔ وقوع را دوباره مزّه کرد. بعضی‌وقت‌ها می‌خواهی آن‌ها را دوربریزی، حتّی خوب‌ترین‌شان را اما سازوکار ذهن آدمی مگر به فرمانِ خود اوست؟

خاطرات خوب گاهی از خاطرات بد بیشتر آدمی را می‌آزارند وقتی آدمی می‌داند که دیگر چنان لحظه‌ای تکرار نخواهد شد، همین واژهٔ کوتاه «هرگز» طعم دیگری به همه‌چیز می‌بخشد. طعمی که قابل باور نیست. دو واژه « هنوز» و « هرگز» بار معنائی خاصی برایم دارند با جاری شدن آن بر کلام گوئی برای زمان حدّ و مرزی تعریف می‌شود.

فاصله‌ها

همسرم می‌گوید: این خانم برای هرجلسه کلی پول می‌گیرد، اما رفتار تو هیچ فرقی نکرده است. نه، با این خانم نمی‌شود امیدوار بود که اوضاع ما فرقی هم بکند. بهتراست زودتر یا مشاورت را تغییر دهی یا...؟

ساکت می‌شود و به چیزی مبهم در همان نزدیکی چشم می‌دوزد.

من : یا چه؟ این مشاور را دادگاه خانواده به ما معّرفی کرده و تو هم باید در جلسات حضور داشته باشی. نمی‌دانم چطور تا حالا صدایش درنیامده که چرا تو همراه من نمی‌آئی؟

همسر : من برای چه بیایم؟ من که مشکلی ندارم. تو هم بهتر است به جای وقت تلف کردن، بیآئی زودتر رضایت بدهی.

من : رضایت بدهم؟

همسر: بله، من می‌خواهم بچه داشته باشم. اصلا" برای همین زن گرفته‌ام نکند فراموش کرده‌ای؟

من : نه، فراموش نکرده‌ام که اگر نسل شما ادامه پیدا نکند، این دنیا چیزی کم خواهد داشت.

همسر : بله، مادرم هرچه بگوید، همان می‌شود.

من : و من؟

همسر : او مادر من است.

من : بله مادر یکی‌است و تکرار نمی‌شود، اما زن تکراری که شد باید عوض شود.

همسر : ترا نگه می‌دارم، اگر مشکل‌ات این است.

من : نمی‌دانی مشکل من چیست؟

همسر : مشکل تو این است که معنی خانواده را نمی‌فهمی.

من : تو می‌فهمی؟!

همسر : بله من می‌خواهم خانواده داشته باشم، می‌خواهم اسم و رسم خانوادگی‌ام حفظ‌شود.

من : نکند نام با ارزش تاریخی‌ای داری و من آن را نمی‌دانم؟!

همسر : حالا مسخره هم می‌کنی؟

من : جوری راجع به نام و نسل حرف می‌زنی که انگار نسل یوز پلنگ ایرانی‌است که دارد منقرض می‌شود؟ خب بچه می‌خواهی می‌رویم پرورشگاه یک بچه می‌گیریم، بزرگ می‌کنیم.

همسر : بچه پرورشگاهی که بچهٔ خود آدم نمی‌شود.

من : چه فرقی کرد؟ بچه، بچه است دیگر، اگر تو مرد پدرشدن باشی، برای هر بچه‌ای می‌توانی پدری کنی. صوّاب دنیاوآخرت را هم دارد.

همسر : من صوّاب دنیاوآخرت را نمی‌خواهم، من بچه‌ای از تخم وتَرکهٔ خودم می‌خواهم.

من : نمی‌دانم دیگر با چه زبانی با تو حرف بزنم، باید خودت به مشاور مراجعه کنی.

همسر : تو پول دورمی‌ریزی، کافی‌است.

من : این‌قدر پول‌پول نکن، من که می‌خواستم بروم سرکار، جناب‌عالی فرمودی نه

همسر : هنوز هم می‌گویم

من : پس برای این چندرغاز پولی که من خرج می‌کنم تا زندگی‌مان را سروسامان دهم، این‌قدر سرکوفت نزن

همسر : بدهکار هم شدیم

من : بله که بدهکاری.

مرد برمی‌خیزد، لباسش را از چوب لباسی برمی‌دارد:

من می‌روم یک‌سر پیش مادرم، شب هم همان‌جا می‌مانم.

سلام من را هم برسان

و بی نگاه به آنچه از او برجای مانده است می‌رود.

تصمیم بزرگ

مرد تصمیم خود را برای ملاقات و آشنائی با یک مشاور گرفته است. در کوچه‌وخیابان به دنبال مطّب مشاور یا روان‌شناس یا روان‌پزشک یا معادل آن، زیاد تفّاوت بین آن‌ها را درک نکرد، می‌گردد.

چشمش به تابلوئی که عمود بر نمای ساختمان نصب شده بود و روی آن نام‌ها و تخصص‌های متفاوت در ستون‌ها و ردیف‌های چندگانه به تحریر درآمده است، می‌خورد.

دنبال عنوانی می‌گردد، آن‌جاست «مشاور خانواده، روان‌شناس و روان‌پزشک بالینی» وارد ساختمان می‌شود.

ابتدای ورودی دالان درازی‌است که دو نفر در عرض آن به‌سختی می‌توانند از کنار هم عبور کنند. مرد می‌ایستد تا زنی که از روبه رو می‌آید به‌آسودگی خارج شود.

زن پوشش ساده‌ای دارد، در سیمایش چیزی مثل امید، شادی یا بارقّه‌ای از نور می‌درخشد.

یک لحظه نگاهش با نگاه مرد تلاقی کرد، در نگاهش می‌شود ترکیبی از اندوهی عمیق و شادی‌ای سطحی را دید. سرش را پائین می‌اندازد. به نظر آشنا می‌آید، اما هیچ‌کدام برای این آشنائی به نظر کم‌رنگ اهمیتی قائل نمی‌شوند و از کنار هم می‌گذرند.

مرد از راهرو عبور کرد و به پشت سرش نگاه کرد. زن را درحال رفتن به خوبی می‌نگرد. نوع قدم برداشتن او حکایت از بارِسنگینی بر دوش دارد.

مرد به طبقه دوّم می‌رسد. در باز است،در سالن چند نفر ایستاده‌اند و منشی خطابه‌ای رو به همه می‌خواند.

متأسفانه باید به اطلاع همه برسانم که برای خانم دکتر اتفاقی افتاده و یک هفته نمی‌تواند شما را ببیند، وقت‌های شما به ترتیب روزوساعت به هفتهٔ بعد منتقل می‌شود.

یکی از میان جمع: چرا پس آن خانم را دیدند؟!

منشی : قربان، ایشان مشکل حادّی دارند، باید هرهفته ویزیت شود.

یکی بین جمعیت به استهزاء : خانم مشاور چه راز نگهدار هستند.

خانم مشاور متوجه گفت‌وگوها شده یا تنها به دلیل صدای همهمه و اعتراض ایجاد شده، از اتاق بیرون می‌آید.

مشاور: همان‌طور که می‌بینید من دچار سانحه شده‌ام، باید چندروزی استراحت کنم. امروز آمده‌ام تا خودم خدمت همه اعلام کنم که این یک هفته عذر مرا بپذیرید.

فرد سخن گو : خانم عزیز، الان مشکل من این است که منشی شما با یک سؤال ساده، مشکلات آن بیماری را که همین الان نزدتان بود برای همه افشاکرد.

خانم مشاور با ناباوری به منشی خود نگاه کرد.

مشاور: حتما" به این موضوع هم رسیدگی خواهم کرد. ازهمه اجازه مرخصی می‌خواهم.

بیماران که دست بسته بر گردن او را می‌بینند و لنگ زدنش را حین راه رفتن، سکوت می‌کنند.

مرد کناری می‌ایستد تا مزاحم خروج دیگران نشود، از آن‌ها چندنفری آهسته سؤال‌هائی از مشاور می‌پرسند و پاسخی می‌شنوند همه خارج می‌شوند.

مرد می‌ماند، مشاور و منشی که به دلیل خطائی که کرده سرش پائین است.

مرد به سوی مشاور می‌رود.

مرد: درود مهربانو

مشاور: سلام

مرد: پاسخ درود، سلام نیست.

مشاور: الان آنقدرخوب نیستم که بخواهم با شما در این مورد بحث کنم، بفرمائید.

مرد: آمده‌ام، برای درخواست کمک.

مشاور: متأسفانه حال مرا می‌بینید و شنیدید که این هفته نمی‌توانم درخدمت عزیزان باشم.

مرد: چه زمانی باید به حضور برسم؟

مشاور رو به منشی : برنامه‌های هفتهٔ آینده را به دقت ببینید و برای ایشان یک‌ساعت وقت بگذارید !

مرد: برای دیگران چقدر وقت می‌گذارید؟

مشاور: بنا به مورد فرق کرد.

مرد: روال معمول را بفرمائید، ممنون می‌شوم.

مشاور : بیست‌دقیقه تا نیم‌ساعت، مطمئن باشید به خاطر زمانی که خودم صلاح می‌بینم به هرکس وقت مناسبی اختصاص می‌دهم، پول بیشتری هم نه از آن‌ها و نه از شما نمی‌گیرم.

مرد: مطمئن هستم.

مشاور: با اجازه

به اتاقش می‌رود. منشی برگه‌ای پر از سؤال پیشِ روی مرد می‌گذارد.

منشی : لطفا"، این فرم را پرکنید.

مرد در حال پرکردن فرم است که مشاور بیرون می‌آید.

مشاور روبه منشی: در مورد آن موضوع که پیش آمد، به طور مفصّل با هم صحبت خواهیم کرد.

منشی : ببخشید، یک سوءتفاهم پیش آمده است.

مشاور رو به مرد : به امید دیدار

مشاور از درخارج می‌شود.

گاه یک اتفاق، بهانهٔ خوبی برای حرف‌زدن از هردری به دست می‌دهد.

مرد : موردِ آن خانم چه بود؟ هیچ‌وقت فکر نمی‌کردم درخصوص مراجعین به روان‌شناس‌ها، مورد اورژانسی وجود داشته باشد.

منشی : البتّه که اورژانسی وجود دارد، گاه خیلی هم خطرناک هستند ولی آن بیمار اورژانس نبود فقط به مراقبت بیشتری از دیگران نیاز دارد. دوران حساسی را طی می‌کند.

مرد: شما تشخیص می‌دهید؟

منشی : نه، بعد از هربار ملاقات، خانم برای وقت بعدی بیمار دستور را برای من می‌فرستد.

مرد : هزینهٔ این افراد بیشتر است؟!

منشی : نه، مبلغ جلسات برای همه یکسان است مگر در مواردی که نیاز به مراقبت‌های بالینی باشد.

مرد: یعنی‌چه؟

منشی : مواردی که دکتر تشخیص می‌دهد باید تماس بیشتری با بیمارداشته باشد، یا اجازه می‌دهد بیمار در ساعت‌های مشخصی از روز که احساس نیاز به حرف‌زدن و حمایت دارد، با دکتر صحبت کند.

مرد: این‌جا؟

منشی : نه، برنامۀ ملاقات‌های هفتگی خیلی کم تغییرمی‌کند. بیشتر به صورت تلفنی یا گفت‌وگوی تصویری.

مرد: یعنی خانم شمارۀ شخصی خود را در اختیار بیماران قرار می‌دهد؟!

منشی : آن هم نظام‌نامۀخاصِ خودش را دارد.

مرد: این خانم که صحبت‌اش بود، وقتی من آمدم تازه بیرون رفته بود.

منشی : نمی‌دانم، من متوجه آمدن شما نشدم. شاید! موقعی‌که همه اطراف میز من ایستاده بودند، شما وارد شدید؟

مرد: بله

منشی : فکرمی‌کنم، تازه رفته بود. امروز دکتر فقط ایشان را ویزیت کردند.

مرد: می‌شود بپرسم..؟

منشی وسط حرف مرد می‌دود: دیدید که هنوز چیزی نگفته، مرا متهم به افشای راز بیماران کردند، نمی‌توانم چیزی به شما بگویم.

مرد : اما شما اجازه ندادید من سؤال‌ام را تمام کنم، شاید درخصوص دیگری نبود.

منشی در حال ورق زدن تقویم روی میز و دفترچه برای یافتن زمانی به مدّت یک‌ساعت، می‌گوید : چرا کسی را که ممکن است یک‌بار هم ندیده باشید، برای شما مهم است؟

مرد : فکرمی‌کنم در راهروی پائین دیدم‌اش.

منشی : این که دلیل نمی‌شود، شما او را نمی‌شناسید. چرا این آدم برای شما مهم شده است؟

مرد: راستش را بگویم، زنی را در حال آمدن در راهرو دیدم که احساس کردم آشنائی دوری با او دارم بعد که شنیدم در مورد مسئله یک خانم با بیماران مشاجره داشتید باخودم گفتم لابد هم ایشان بوده که من در راهرو دیدماش.

منشی : بدتر شد، اگر آشنائی قبلی با او داشته باشید که دیگر من مهر سکوت بر دهانم می‌زنم.

مرد: نه آشنائی حقیقی با او ندارم، خیال می‌کنم او را از جائی دور می‌شناسم می‌دانید که چه می‌گویم؟!

منشی : درهرصورت من نمی‌توانم اطلاعات بیماران را به هیچ‌کسی بدهم. خواهش می‌کنم فرم را تمام کنید، من باید کل پرونده‌ها را پیش ازرفتن منظم کنم.

مرد: می‌توانم در حین صحبت‌کردن به شما کمک‌کنم.

منشی : نه نمی‌توانید.

مرد : چرا نمی‌توانم؟

منشی : شما می‌خواهید هرجور شده، سر از کار آن خانم در بیآورید؟!

مرد : راستش از خدا که پنهان نیست...

منشی : و از من می‌خواهید پرونده و سوابق او را در اختیارتان قراردهم؟

مرد : می‌توانم بگویم، بله.

منشی : فکر می‌کنید این‌کار درست است؟

مرد : برای شما یا برای من؟

منشی : برای من که مطمئنم به لحاظ حرفه‌ای درست نیست و برای شما آقا به لحاظ اخلاقی درست است؟

مرد : به اخلاقی بودن مسئله، فکر نکردم.

منشی: بهتر است قبل از هرکاری به اخلاقی‌بودن آن بیندیشید.

مرد: شما این را می‌گوئید، همین چند لحظه پیش حرف های شما باعث شد که راز آن زن برملاشود. اگر شما آن حرف‌ها را نمی‌زدید، مطمئنا" من این سؤال‌ها را از شما نمی‌کردم.

منشی : من چیزی را به زبان آوردم که همه از پیش می‌دانستند، لا اقّل تمام کسانی که روزهای اول آمدنش به اینجا را به خاطر می‌آورند.

مرد : من که ندیده بودم !

منشی : من متوجه آمدن شما نشدم. راستی شما چطور داخل شدید؟ من همیشه در را می‌بندم و بیماران برای ورود باید زنگ بزنند.

مرد : از شانس شما یا من باید بگویم در باز بود و من وارد شدم. شاید همان خانم در را بازگذاشته است؟ اینها را می‌گویند دست سرنوشت، درست نمی‌گویم؟

منشی : نمی‌دانم آقا، فرم‌تان را تکمیل کردید؟

مرد : بله، بفرمائید

منشی : این که کامل نشده است

مرد: مواردی را که پاسخ ندادم، به طورِخصوصی به دکترخواهم گفت

منشی : هر طور راحت‌اید

کارت پیش روی‌اش را پرکرده و به دست مرد می‌دهد.

منشی : خوش آمدید

مرد: یعنی دارید بیرون‌ام می‌کنید؟

منشی : ببینید آقا من یک منشی بیشتر نیستم، حرف‌های‌تان را با دکتر در میان بگذارید. در مورد دیگر بیماران هم من هیچ نوع اطلاعاتی به شما نخواهم داد، مطمئن باشید.

مرد : زیاد مطمئن نیستم، با این‌حال، روزخوش

منشی : روزخوش آقا، در را هم پشت سرتان ببندید

مرد جلوی در نیم‌چرخی می‌زند و با خم کردن سر و ادای احترام: روزخوش خانم

کودک گمشده

باغی در انتهای کوچه بود که به سبب مهاجرت اجباری مالکش متروک مانده بود. چندگاهی بود که این مکانِ متروک، محل سکونت مهاجران غیرقانونی بی‌خانمان شده بود. درحرف‌ها و حدیث‌ها دهان به دهان می چرخید که چندمرد در آن‌جا خانه گزیده‌اند و همیشه ما را از نزدیک شدن به آن باغ و خانه می‌ترساندند. آن مردها خطرناک خوانده می‌شدند، با این‌که هیچ‌وقت، کسی آن‌ها را ندیده بود و خطری از سوی آن‌ها متوجه هیچ‌کس نشده بود.

ما با آن کنجکاوی‌های بچه گانه از شنیدن خطر بیشتر تحریک شدیم به رفتن و کشف کردن ناشناخته‌های پنهان شده در آن باغ متروک، اما هیچ‌چیز عجیبی در آن باغ نبود، جز چند تکه‌رخت شسته شدهٔ آویزان بر بند که حکایت از حضور کسی یا کسانی میداد. رخت‌ها خیلی معمولی بودند و هیچ ترسی در دل ما ایجاد نکرد. من همیشه فکرمی‌کردم یک آدم غیرمعمول وخطرساز حتما" لباس‌هاش باید جور غریبی باشد، برای همین آن همه افسانهٔ خطر در لابلای درختان باغ، رنگ خود را از دست داد تا روزی که اتفاق عجیبی روی‌داد.

روزی از روزها، دختر کوچولوی همسایه برای بیست‌وچهارساعت مفقود شد.

دختر که مفقود شد،حرف‌ها در مورد باغ و ساکنانش شاخ و برگ بیشتری گرفت و دهان به دهان چرخید. اولین چیزی که در ذهنم جرّقه زد، تصویر آن پیژامه سفید با راه‌های صورتی و آبی آویزان بر بندِ بسته شده بر درختانِ گردو بود.

این قصه برای بچه‌ها جذابیت خاصی داشت، جذابیتی که ترس با خود به همراه دارد. داستآن‌هائی که از هیچ شروع می‌شوند و در بطن آن‌ها ترس نهانی لانه دارد، بیشتر آدم را به دنبال خود می‌کشد.

این‌جور قصه‌ها در بین مردم از دهانی به دهانی بزرگ‌تر می‌شوند و هولناک‌تر. هرکس، نشانه‌هائی از ترس خود را بر آن‌ها می‌افزاید. این‌گونه داستآن‌های کوچکی که از تخیّل بیمارگونه یکی آغاز شده است، ظرف مدت کوتاهی به یکی از افسانه‌های محلی بدل می‌شود که هرکس، بخشی از آن را باور کرده است. داستان باغ ته‌کوچه و

مردان بیگانهٔ نشسته درآن به این‌ترتیب در محل به داستانی هولناک تبدیل شد، بزرگان فکرکردند باید هر چه سریع‌تر راه‌حلی برای آن بیندیشند. حالا، آن باغ بزرگ و ساکنین‌اش، خطری برای اهالی محل به حساب می‌آمدند.

اهالی در گیرودار حل مسئلهٔ ساکنین باغ بودند که افسرجوان مهربانی، دست دخترکوچولو در دست، از ماشین پیاده شد. دخترک بستنی قیفی را آن‌چنان لیس می‌زد که همه با حیرت به او نگاه کردند، افسرجوان یک کیسه پر از پفک نمکی در دست دیگرش بود.

با بچه‌ها به استقبال گم شده شتافتیم، به نظرنمی‌آمد که روز بدی را گذرانده باشد. من که روزها و شب‌های زیادی را با ترس از دزدیده شدن به سربرده بودم، از حال خوب او، به یک‌باره به تمام ترس‌های خود شک‌کردم. شاید تمام آن چیزهائی که ما را از آن منع می‌کردند، به همین سادگی بود. چقدر ترس‌های بی‌هوده در دل ما خانه کرده بود.

آدمی چقدر زود می‌تواند تمام باورها و آموخته‌هایش را دوربریزد به شکی که منشاء آن، هنوز قطعیت خود را به اثبات نرسانده است.

سؤال اصلی من از او این بود که در تمام این مدت کجا بوده؟ چگونه رفته است؟ آیا خود رفته یا کسی او را به اجبار از محل‌های آشنا دورکرده؟ و آیا اصلا" از دوکوچه آن طرف‌تر که همیشه برای خرید نان و کلوچه با هم به آن‌جا می‌رفتیم دورتر شده است؟ آن دورترها چه خبر است؟ آیا آسمان هرکجا، همین رنگ است؟

البته در هرحالت می‌دانستم جوابی که او میداد، دزدیده شدن بود. نه او، نه هیچ کدام از بچه‌هائی که من می‌شناختم حاضر نمی‌شد داستانی این‌چنین هیجان انگیز را از دست بدهد، به‌خصوص وقتی درآن نقش اول را ایفا می‌کرد. حالا او برای مدت‌ها مرکز توجه حلقهٔ دوستان بود وچه چیزی بیش از این می‌خواهد. دیگر برای همیشهٔ زندگی اش، داستانی جذاب و شنیدنی برای بازگوکردن دارد.

خلق یک داستان، شاید به نظر خیلی کار ساده‌ای باشد،اما خلقِ داستانی که همه آن را باورکنند و به گونه‌ای با آن ارتباط برقرارکرده و همزاد پنداری نمایند، نیازمند خلق صحنه‌هائی واقعی و هیجان‌انگیز است که همیشه برای همه دست نمی‌دهد. شاید وقتی پیر شود داستان او همان‌قدر ناباورانه به نظر برسد که شرح قهرمانی‌های آن یکی

که در پرشی ناموفق خود را برای همهٔ عمر افلیج ساخت. اما یک نقطهٔ قوت داستان افلیج این بود که او شاهدی برای همهٔ عمر با خود به همراه داشت. پائی که لنگ می‌زد.

سقوط از چند پلّه

زن، نوشته‌های همسر را کناری می‌گذارد، سیگاری می‌گیراند. به یاد می‌آورد که آن دورها، خانه‌ها همه در دو طبقه ساخته می‌شد. نیمی از طبقهٔ زیرین در زیرِزمین پنهان شده بود، این طبقه معمولا" به عنوان انباری و آشپزخانه به کار می‌رفت. طبقهٔ روئی با چندپله بالاتر قرارمی‌گرفت، جلوی آن بالکن کوچکی بود که عصرِ روزهای خوب بهار در آن‌جا می‌شد نشست و کاهو سکنجبین خورد.

درِ خانه‌هائی که رو به آفتاب بود، ساختمان با حیّاط کوچکی از کوچه و خیابان جدا می‌شد. حیّاط، به باغچه‌ای پر از گل و یک یا دو درخت میوه آراسته بود، همیشه حوضی هم آن‌میان، در بین باغچه‌ها یا کنارِ پایهٔ بالکن خودنمائی می‌کرد.

روزی از روزهای خوب بهار با بچه‌هایِ محل در کوچه مشغولِ بازی بودیم. ناگهان صدای تالاپ افتادن چیزی به گوش‌مان خورد. در نزدیکی ما، پشت در یکی از خانه‌ها، چیزی از بلندی سقوط کرده بود. درهای خانه‌ها باز بود، نیمه باز.

آن‌روزها درِخانه‌ها همیشه نیمه‌باز بود و هرکس می‌توانست به خانهٔ دیگری رفت‌و آمد کند. همسایه‌ها، تنها بعد از عبور از حیّاط و پلهٔ جلوی درِ ورودی ساختمان حضور خود را با صدای بلند اعلام می‌کردند. از لایِ درهای باز داخل حیّاط ها دیده می‌شد.

به جائی که صدا از آن برخاسته بود، سرک کشیدیم. داخل حوض آب چیزی بود. آب سرخ بود. داخل شدیم. از هیچ‌کس صدائی بیرون نمی‌آمد. بخشی از ذهن من برای همیشه در بهت آن اتفاق، آن روز، جامانده است. بچه‌ای که تازه چهاردست و پا راه می‌رفت و عروسکِ بازی همه بچه‌ها بود، به صورت درآب افتاده بود.

آن جا ماندیم هیچ‌کس از جایش جم نمی‌خورد. صدای جیغِ زنی صحنه را پر کرد. مادرِ بچه از در ساختمان بیرون آمده و آن بالا، روی بالکنی بر سرو روی خود می‌کوفت و نعره می‌زد: آرزوی‌ام، آرزوی‌ام را چه شد؟! "

از چشمانش اشک سرازیر بود.

زن، آن‌چنان سیگار پشت سیگار می‌گیرانَد که مرد نمی‌تواند به خود جرأت سؤال‌کردن، بدهد.

کابوس

مرد سرش بر روی میز افتاده، حالت نیمه‌هوشیاری دارد. حس می‌کند او را در سلولی تنگ و خاکستری زندانی کرده‌اند، می‌خواهد دست‌هاش را تکان بدهد، خوب است دست‌هاش به زنجیر نیست. می‌خواهد از جا برخیزد، برمی‌خیزد، حس می‌کند این یک کابوس بیشتر نیست. می‌آید قدم از قدم بردارد، سنگینی زنجیرها را روی پاهای خود حس می‌کند.

این واقعیّت ندارد. نه، نمی‌تواند واقعیت داشته باشد. سر برمی‌دارد و الهه را می‌بیند که هم‌چنان روی بوم نقاشی خود با قلم‌مو بازی می‌کند. زیرلب آواز دل‌انگیزی می‌خواند، آوازی که مرد همیشه دوست می‌داشت.

مرد خوشحال می‌شود.

مرد: الههٔ من، تو اینجائی؟

زن: اینجای‌ام

مرد: فکرکردم رفته‌ای

زن: صبح رفتم بیرون و برگشتم، بعدش کلی با هم حرف زدیم، یادت نمی‌آید؟

مرد: یادم است، چرا یادم می‌آید، حرف‌های قشنگی زدی

زن: زیاد هم قشنگ نبود، ما با هم کلّی حرف زدیم

مرد: گاهی احساس می‌کنم رفته‌ای، احساس می‌کنم ترا از دست داده‌ام و این تنهائی خیلی مرا می‌ترساند. الهه !

زن: بله؟

مرد: قول بده هیچ‌وقت مرا تنها نمی‌گذاری

زن: قول می‌دهم

زن از رویِ چهارپایهٔ خود برمی‌خیزد و به سمت چهارپایه مرد می‌آید.

زن: بهت گفتم برویم شهر حالت بدتر می‌شود، نگفتم؟!

مرد: گفتی، حالا که آمده‌ایم قول بده، قول بده، همیشه پیش من می‌مانی. هرجا خواستی بروی، من را هم با خود ببر!

زن: چشم، چشم عزیزم، مگر می‌شود من بی‌تو جائی بروم. آرام باش. فقط مرگ ما را از هم جدا می‌کند

مرد: حتّی آن را هم نمی‌خواهم

مرد: من،بعد از مرگ بدون تو چه کنم؟

زن: بعد از مرگ همه تنها هستند، همراهی نخواهد بود

مرد: اما من ترا آن جا هم می‌خواهم، در برزخ یا دوزخ، هرکجا می‌خواهد باشد، فقط تو باید با من باشی.

زن: من تا آنجا که در اختیارم باشد، همراه تو خواهم بود

الهه به سمت آشپزخانه می‌رود و زیرِکتری آب را روشن می‌کند.

زن: فکرمی‌کنم خیلی با داستان‌ات همزاد پنداری می‌کنی، بیا بیرون و به عنوان راوی دانا بنویس

مرد: همان کار را دارم می‌کنم

الهه یک چای کیسه‌ای درون قوری می‌اندازد و شیرِآب را باز می‌کند.

زن: روان‌پزشک چه شد؟ نگفتی

مرد: نگفتم؟! یکی را در همین نزدیکی پیداکردم از قضا خانم است، اما امروز بیمارِجدید نمی‌پذیرفت

زن: می‌گفتی برای چه‌کاری رفته‌ای، تو که بیمار نیستی

مرد: از کجا می‌دانی بیمار نیستم؟ البته اصلا" به این فکرنکردم که ممکن است خودم احتّیاج به روان‌پزشک داشته باشم. روی تابلو نوشته بود مشاور خانواده، روان‌شناس، مگر این تخصّص‌ها جداازهم نیست؟

زن: چه می‌دانم، لابد مثل پزشکی‌است، روی تابلو زیرنویس می‌گذارند که هرکسی با هردرد و مرضی سراغشان نرود.

مرد: خوب، بیمار که قرار نیست خودش تشخیص مرض دهد؟

زن: البته که شناختِ بیماری باید توسط کسی انجام گیرد، پزشک‌عمومی یا نمی‌دانم، این میان جای‌اش خالی‌است، کسی‌که شناسائی بیمار را انجام دهد و بیمار را پیش متخصّص مربوط بفرستد. برای همین مردم مجبورند خودشان تشخیص دهند، بیشتر اوقات هم اشتباه می‌روند.

مرد: باید یک برنامه پیشنهادی برای وزارت بهداشت، درمان بنویسیم.

زن: ایراد کار این‌جاست که محل ارجاعی ندارد.

مرد: یعنی چه؟

زن: من اگر مدیر بودم، حتّی مدیر یک مجموعۀ کوچک، بخشی را به دریافت و بررسی پیشنهادات و انتقادات مراجعین اختصاص می‌دادم، باورکن در پیشرفتِ کار تأثیر چشم‌گیری دارد.

مرد: امید وارم مدیر بشوی.

زن: ممنون، حالا بگو این همه کاره برای‌چه امروز کسی را ملاقات نمی‌کرد؟!

مرد: دکتر را دیدم، دستش وبالِ گردنش بود، خانم منشی گفت مدت یک هفته نمی‌آیند ولی برای هفته بعدش وقت دارد مرا بپذیرد، من هم وقت گرفتم

زن: یعنی به عنوان بیمار؟!

مرد: بله خوب، اگر حقیقت را بداند ممکن است همکاری نکند

زن: ممکن است هم نتیجۀ بهتری داشته باشد

مرد: با احتمالات نمی‌شود، کاری را از پیش برد

زن: خود تو هم بر حسب احتمالی که می‌دهی، داری واقعیت را پنهان می‌کنی

مرد: یکی دو جلسه بروم، ببینم اصلا" می‌خواهم از او استفاده کنم یا نه؟! اگر دیدم مناسب است، حتما" حقیقت را به او می‌گویم

زن: صلاح کار خویش خسروان دانند

مرد: تو که خود پیشنهاد این‌کار را دادی، گفتی همراهی‌ام می‌کنی و تا آن‌جا که به خاطر دارم گفتی رفتهای ملاقات یکی، حالا چرا نظرت عوض شد؟

زن: نمی‌دانم شاید چون رفتم و برخورد او را دیدم نظرم عوض شده

مرد: چه برخوردی؟

زن: برخورد خاصی نبود می‌گویم شاید این نظرم را عوض کرده است، فکر می‌کنم اگر صادقانه با او برخورد کنیم شاید جواب بهتر و سریع‌تری بگیریم

مرد: بگذار هفتۀ بعد ببینم‌اش با هم تصمیم می‌گیریم

زن: باشد

زندگی مشترک

آن مرد آمد، درست در زمانی‌که انتظار زن به‌سرآمده بود. زن، دیگر منتظر چیزی نبود. آمدن مرد در این‌زمان تنها برهم زدن خواب را به همراه داشت. نیمه‌شب بود.

مرد، هنگام آمدن با اخم وترش‌روئی وارد می‌شود، زن طاقت ترش‌روئی او را ندارد.

زن: چه شد؟ برای چه برگشتی؟ تو که گفتی شب همان‌جا می‌مانی. هنوز هم مامان جان برایت زن پیدا نکرده است؟ بعد از این‌که پیدا کرد، قبل از هرکاری بهتر است بدهی آزمایشات لازم را انجام دهند،چون من مطمئن هستم که اگر فردا بچه‌ات دختر باشد، مادرت راضی نخواهد شد و دنبال زن پسرزا خواهد رفت برای خودت می‌گویم، همین‌جور خرج روی دستت می‌گذارد

مرد: تو نمی‌خواهد نگران من باشی.

زن: نگران تو نیستم، دیگر نگران خودم هم نیستم. از این بدتر که نمی‌شود.

زن نفس می‌گیرد.

زن : نمی‌خواهد دیگر به این خانه بیآئی. من خودم می‌توانم گلیم خود را از آب بکشم. از گرسنگی نخواهم مرد. تازه اگر هم بمیرم، برای شما بد نخواهدشد.

مرد: این چه حرفی‌است می‌زنی،آخر؟

و بی‌تفاوت و بی‌نیم نگاهی به زن روی تشک افتاده در کنار اتاق می‌لمد.

زن: چه شده؟ می‌خواهی بگوئی نرفته‌ای خواستگاری؟ می‌دانم رفته‌ای هر چه باشد، قبل از آن‌که تو خودت را به خانه برسانی مادرجان شرح وقایع را به من می‌گوید.

مرد: اصلا" رفتم که رفتم.

مرد کانال تلویزیون را عوض می‌کند.

فصلِ بازی

مسابقات آسیائی این هفته شروع می‌شود و من با وجود این‌که هیچ‌وقت به طورجدی فوتبال بازی نکرده‌ام و قواعد بازی را هیچ نمی‌دانم فصل بازی‌ها را به خاطردارم ونتایج آن‌ها را دنبال می‌کنم.

در دوران مدرسه،به خاطر بدبازی کردن و سرعت عمل پائینی که داشتم، هیچ‌وقت در بازی‌های جدّی مرا به داخل زمین راه نمی‌دادند. یک نیمکت‌نشین دائمی بودم. با این‌وجود، بازی‌ها را با لذّت دنبال می‌کنم. گاهی حتّی در مسابقاتِ جنبیِ بازی ها شرکت می‌کنم. در این مسابقات که گاه بین دوستان برگزار می‌شود، جدولی از تیم‌ها را تهیّه می‌کنیم و روی برد و باخت تیم‌ها و حتّی امتیازهائی که در بازی‌های مختلف می‌توانندکسب کنند، شرط بندی می‌کنیم. خالی از هیجان نیست، به خصوص برای من که بدون هیچ آگاهی‌ای شرط می‌بندم، تنها شانس می‌تواند به کمکم بیآید. بهرحال در این زمینه، هر مردی باید حرفی برای گفتن داشته باشد وگرنه کسی او را جدی نمی‌گیرد.

تماشای فوتبال، یک کار مردانه است؟ حرف‌زدن زنان از فوتبال و اعلام حمایت ایشان از یک تیم، همیشه به استهزاء گرفته می‌شود. من اصرار زنان را برای دخالت در هرچیزی نمی‌فهمم. همسرم با همه یک‌دلی که با هم داریم، وقتی این حرف‌ها را از من می‌شنود، شعار همیشگی‌اش را سرمی‌دهد: از شما مردها، روشنفکر در نمی‌آید.

او همیشه مختصرو مفید در این زمینه ابرازنظر کرده و از بحث‌های به قول خودش بی‌هوده می‌گریزد. به نظر او هیچ‌کس نمی‌تواند خود را در جایگاه دیگری قرار دهد و حس هم‌دردی واژه‌ای فریب‌کارانه بیشتر نیست.

فوتبال هم، مثل هرچیز دیگری به یک دست‌آویز برای ابراز خواست‌های اجتماعی تبدیل شده است.

حالا دیگر زن می‌داند برای رسیدن به زمان پخش مسابقه فوتبال است که زود به خانه آمده است. برنامهٔ نود سال‌هاست، در برنامهٔ تفریحات سالم مردانه جابازکرده است.

مردانِ با شکم‌هایِ برآمده، بازیکنانِ حرفه‌ای لیگ را که سریع عکس‌العمل نشان نمی‌دهند، به باد انتقاد می‌گیرند.

- اصلا" بازی بلد نیست، چه کسی او را وارد تیم کرده؟

- فوتبال هم خراب شده، همه‌جا پارتی بازی می‌کنند.

-وقتی که من بازی می‌کردم...

ویکی از آن سمت می‌گوید : مگر تو هم بازی می‌کردی؟

آره،تو تیم محّله‌مان، من همیشه نوک حمله می‌ایستادم

ای بابا، نمی‌دانستم، ما با بچه‌ها می‌رویم بازی، باشگاه...، هفته‌ای یک‌بار

چهارشنبه شب‌ها ساعت ده، اگر پایه هستی، تو هم بیا

چه شده؟ یار کم دارید؟

نه بابا، زیاد هم داریم، دو تا تیم می‌شویم، چندنفر هم ذخیره می‌نشینند. به همه وقت بازی داده می‌شود، مربی‌مان خیلی آقا است

گفتی کدام باشگاهی؟ من هرجائی، بازی نمی‌کنم ها؟

یعنی اگر تیم ملی هم دعوت شوی، بازی نمی‌کنی؟

نه بابا، با این مربی که برای تیم ملی گرفتند، کسی حاضر نمی‌شود برود توپ بزند.

نکند دعوت هم شده‌ای، ما بی‌خبر هستیم؟

نه، بابا، چه کسی این... آقا را دعوت کرد؟ بازی بلد نیست که؟ ضربه‌ها همه گوشهٔ زمین یا تو سرِ تماشاچی‌هاست.

- نه که تو خیلی بازی بلد هستی؟!!

بی‌خیال، دعوا نکنید، خلاصه هرکسی خواست زمین را ما اجاره کرده‌ایم، می‌تواند بیآید خوش می‌گذرد.

بازی در حال تمام شدن است، به وقتِ‌اضافه کشیده شده و هیجانِ بازی زیاد است.

ای بابا اینقدر حرف زدید، نفهمیدیم چه شد

حالا دم نزن، وقتِ‌اضافه را ببینیم

بازی تمام می‌شود، تیم موردعلاقهٔ مرد، پیروز میدان بیرون می‌آید. زن خدا را شکر کرد.

زمان بازی کردن تمام شده است. زمان بازی که سر برسد، بازی تمام می‌شود. گاهی، ممکن است بازی‌ای به وقتِ‌اضافه بکشد، اما این قطعی نیست و وقتِ‌اضافه هم آن‌قدر نیست که بشود تمام فرصت‌های از دست رفته در بازی را جبران کرد.

گاه، زمانی می‌رسد که واگذارکردن بازی، آبرومندانه‌تر از ادامه دادن آن است. آن‌ها که بازی می‌کنند، خوب می‌دانند، چه می‌گویم. حالا وقت‌اش رسیده باید بازی را مردانه واگذار کرد و از زمین خارج شد.

مرورِ ملال آور

مشاور: خوب، بهتر است برگردیم به اولِ داستان،چه‌طور شدکه به او جواب مثبت دادید؟

زن: گفتم، زیاد رفتند و آمدند و پیغام فرستادند. پدر هم تحقّیقات مفصلی کرده بود. وضع مالی بدی نداشتند، دست‌شان به دهن‌شان می‌رسید و قول دادند که با ادامهٔ تحصیل من هم مخالفتی نداشته باشند. دیگر بهآن‌های برای نه گفتن نبود.

مشاور: خوب، البته اینها که گفتی برای تشکیل یک زندگی مشترک لازم است اما کافی نیست

زن: گویا آن وقت‌ها، همین‌ها کافی بود

مشاور: به نظر تو،همین‌ها کافی‌است؟

زن: نمی‌دانم، من در این زمینه تخصّص ندارم. یک‌بار زندگی کرده‌ام و دلیل مشخصی هم برای برهم زدن زندگی مشترک‌مان از سوی او و دیگران وجود دارد. من نمی‌توانم اظهارنظری در این‌مورد بکنم

مشاور: اگر به تو اجازه می‌دادند خودت تصمیم بگیری، سنگِ محّکِ تو چه بود؟

زن : نمی‌دانم، من در آن سنّ و در آن موقعیّت فقط می‌دانستم که نمی‌خواهم ازدواج کنم، به این سؤال شما هرگز نرسیدم که بخواهم پاسخی برایش بیابم

مشاور : اکنون، چه؟ اگر به تو فرصت دوباره داده شود، او را انتخاب می کنی؟ یا فقط می‌خواهی این زندگی را ادامه دهی، برای این‌که به این شیوهٔ زندگی خوگرفته‌ای؟

زن: حقّیقت را بخواهید، به درستی نمی‌دانم چه می‌خواهم. خوگرفته‌ام و راه دیگری برای زندگی‌کردن بلد نیستم.

مشاور : ندانستن، بدترین درد است. اگر ندانی، نمی‌توانی درست تصمیم بگیری. پس می‌خواهم که به این سؤال‌ام خوب فکرکنی و برای آن پاسخی قاطّع داشته باشی. بدتر از ندانستن هم این است که به چیزی که عادت کرده‌ای تن‌دردهی، شاید این

بهترین چیز برای تو نباشد و تو فقط به خاطر یک عادت دیرین و ترس از برهم زدن عادت‌های‌ات می‌خواهی بقیهٔ زندگی‌ات همین‌طوری بگذرد؟

زن: نمی‌دانم

مشاور : معیارهای تو برای انتخاب شریک زندگی‌ات چیست؟

زن : رفتارشایسته، تمکّنِ مالی..

مشاور : الان نمی‌خواهم پاسخی از تو بشنوم روی آن دقیق فکرکن. تو نه می‌خواهی یک نان‌آور خانه استخدام کنی نه مردی که شب‌ها نگهبان خآن‌هات باشد و به تو امنیّت دهد. تو از شریک زندگی‌ات باید چیزی بیشتر از این‌ها بخواهی.

زن با تأّمل، مکث و زیرِلب : نمی‌دانم

مشاور: می‌خواهم از این به بعد حرف‌هامان را ضبط‌کنم تا بتوانم سرِفرصت و درخلوت تجزیه تحلیل کنم. ما باید مشکل را ریشه‌یابی کنیم، ولی عوامل متعّدد در این بین وجود دارند که باید اندازه‌گیری شوند. موافقی؟

زن: اگر شما این‌طور صلاح می‌دانید، من مخالفتی ندارم.

مشاور: باید با تو صادق باشم. بخشی از این ضبط به خاطر کار تحقیقی خودم است. بنابراین می‌خواهم، اجازه بدهی که بتوانم از آن استفاده کنم. البته در یک مقاله و آن هم بدون ذکرِ نام، در کنار نمونه‌های دیگری که در زمینهٔ بروز اختلافات خانوادگی ریشه‌های مشابه دارند.

زن: نه مخالفتی ندارم، بهرحال این‌کار باعث می‌شود که بتوانید به دیگران کمک کنید حتّی اگر به من کمکی نشود.

مشاور: البته هدف اصلی حل مشکلات تو است ولی در کنار آن کار بزرگ‌تری هم صورت می‌گیرد.

زن : موفّق باشید، اگر کمک دیگری هم از دست من برمی‌آید، بفرمائید !

مشاور : حتما" از تو استفاده خواهم کرد، به خصوص به خاطر قلم روانی که داری.

زن : شما لطف دارید.

مشاور: نه، به‌واقع به این امر باور دارم، دست نوشته‌های‌ات را خواندم.

زن : خوشحال‌ام که این را می‌شنوم.

مشاور : من هم خوشحال‌ام که تو این‌جائی، شاید مشکلات خانوادگی بهانۀ خوبی نبود برای آشنائی‌مان، اما خوشحال‌ام که با تو آشنا شدم.

راستی ترجمه‌های‌ات را برایم بیاور. دوست ناشری دارم، در مورد ادبیات عرب هرچه گفته بودی را برایش بازگوکردم و ابراز علاقه کرد که ترجمه‌ها را بخواند و اگر صلاح دید دست به نشر آن‌ها بزند.

زن: واقعا"؟ شما که هنوز خودتان آن‌ها را نخوانده‌اید،چطور به کس دیگری پیشنهاد دادید؟

مشاور: همان دفترچۀ خاطرات کافی بود.

زن : حتما" می‌آورم، ممنون به خاطر همه‌چیز.

مشاور : به امید دیدار

زن : به امید دیدار

مرز بینِ یک اتفاق و فاجعه

اوایل تابستان بود. در باغ، مثل همیشه بساط همسر و برادرش پهن بود، مادرشان در راه آمدن زنگ زد. به سرعت برق‌وباد، همه‌چیز جمع شد، راهی شهر شدند. باید قبل از رسیدن مادر صحنه را بی ردّونشانی از خود، ترک می‌کردند. با همان شتاب که لوازم را جمع‌وجورکردند، رانندگی می‌کرد. از داخل آینهٔ خودرو، خودروی باری سفید برادر پیدا بود که با همان سرعت، در جادّه خاک به پامی‌کرد. گلّهٔ رم‌کردهٔ اسبان را می‌مانند خودروهای هم‌سفران درجاده.

زن فریاد می‌زند: آرام‌تر بران.

او، اما به جای کاهش سرعت بر سرعت خود می‌افزاید.

باید این پیچ را ردّ کنم و به بزرگراه برسم. این‌جا ممکن است با بقیّه رودر رو شویم.

زن : جنایت که نکرده‌ایم، آمده‌ایم باغ داریم برمی‌گردیم

مرد: تو نمی‌فهمی

زن : چه چیز را نمی‌فهمم؟ بگو تا بدانم

مرد: قرار بود با خانوادهٔ آقای بهرامی به باغ بیآئیم، من پیچیدم

زن : خانوادهٔ آقای بهرامی؟ نمی‌شناسم

مرد: معلوم است نمی‌شناسی، پیش از تو مامان دختر آن‌ها را برایم نظرکرده بود

زن : حالا چی؟ دوباره نظرش به سمت او برگشته؟!

مرد: نمی‌دانم و نمی‌خواهم بدانم.

زن: حتما" می‌دانی، وگرنه دلیل این قایم باشک‌بازی‌ها چیست؟

مرد: از دست تو خلاص نمی‌شوم؟ آره، نظرش برگشته

زن: نظرِتو چی؟

مرد: برای من فرقی نمی‌کند.

زن در مقابل این استدلال قوّی او سکوت اختیارکرد. بیرونِ پنجرۀ خودرو چیزی جز گردوغبار جاده به چشم نمی‌آید. خودرو در جادهء خاکی بالا و پائین می‌شود و با سرعتی که مرد می‌راند، چپوراست می‌شود. زن دستش را محکم به دستگیرۀ بالای درگرفته است وخاک‌های برخاسته از بستر خویش را نگاه می‌کند. دانه‌های درشت به شیشۀ خودرو برمی‌خورد.

زن : حتما" راجع به من به آن‌ها چیزی نگفته است؟

مرد: معلوم است که چیزی نگفته، مردم که دخترشان را از سرِراه نیآورده‌اند. اگر بفهمند زن دارم، جواب سلام ما را هم نمی‌دهند.

زن : تا کی می‌خواهی دروغ بگوئی؟

مرد: دروغ نگفتم، فقط چیزی نگفتم

زن : چه فرقی دارد؟ تو وجودِ مرا کتمان کردی

مرد: باز شروع شد؟!

و هم چنان بر سرعت خود می‌افزاید. به جادۀ اصلی می‌رسند، جاده با بلوک‌های سیمانی بلند به دو خط رفت‌وبرگشت تفکیک شده است. جدا کردن دوخط از بار تصادفات در جاده نکاسته، راننده‌های مسیر به دلیل جدا شدن دوخط از هم بر سرعت خویش افزوده و احتمال برخوردها را بیشتر کرده‌اند. در سرِپیچ دیگر طاقتِ زن طاق شده، فریاد می‌زند:

زن: بس است،دارم بالا می‌آورم؟

مرد: جرأت داری الان بالا بیاور

زن: مگر دست خودم است؟! خاکی که بلند شده دارد خفه‌ام می‌کند.

مرد: پس می‌توانی خودت را نگه داری، تا به یک جای امن برسیم

زن: نه به خدا، حالم بد است، آرام بران

....

پیچ می‌پیچد و خودرو روی یک چرخ بلند می‌شود، زن به سوی شیشه پرتاب می‌شود، کمربندِایمنی جلویِ برخورد او را با شیشه می‌گیرد. گردنش کشیده می‌شود و با شتاب به جای خود برمی‌گردد زن بالا می‌آورد.

سرِ مرد شیشه را شکافته و خون بر روی تکّههای مانده از شیشۀ جلوئی خودرو روان است. در بین صدای برخورد خودرو با بلوکهای سیمانی و خرد شدن قطعات خودرو، صدای شکستن استخوانها گم میشود.

بادکنکهای سفید باد میشوند و خالی میشوند. محتویات معده آدمها روی همۀ اشیاء پخشمیشود. روی خط های امتداد یافته بر روی شیشه، لوبیاها و سبزی نقش میبندند.

برادر ،مرد را از خودرو پائین میکشد و سوار خودروِ خود، کرد. زن جا میماند، صدائی از داخل خودروی باری در حال حرکت به گوش میرسد:

_ تو بمان، تا پلیس برسد. یادت باشد بگوئی، خودت راننده بودی. من این را برسانم بیمارستان

به همین سادگی میروند.

زن به جامیماند با خودروئی پر از خونوقی، بلوک سیمانی به بغل افتاده و دردی که در تمام جاناش میپیچد، او را از فکر کردن بازمیدارد. خوابآلودگی عجیبی به زن هجوم میآورد.

زن به سختی، خود را از خودرو بیرون میکشد و چند قدمی برمیدارد. احساس میکند به دونیم تقسیم شده است. سمت چپ بدنش از آن خودش نیست. بیحرکت بر روی نزدیکترین بلوک سیمانی تکیه میدهد. تلفن را برمیدارد و شمارۀ یک را فشار میدهد، صدای خواهرش آن سوی خط کمی آراماش میکند.

زن: کجائی؟

خواهر: من در راهِ خانهام، تو کجائی؟

به سختی حروف را به هم میچسباند تا کلماتی که از دهاناش خارج میشوند، مفهوم باشند.

آآآآآآ

خواهر: خوب خوب، اگر کسی پیشات است، گوش را بده آدرس بدهد.

زن به اطراف خود نگاهی میکند، خیلِ جمعیت دور او را گرفتهاند، پلیس هم از راه رسیده است.

زن گوشی خود را به سوی یکی دراز میکند. پلیسِ جوان گوشی زن را میگیرد.

پلیس: الو؟

از آن سوی خط گوئی خواهر حرفی می‌زند. پلیس جوان، آدرس محّل را می‌دهد. گوشی را به سمت زن دراز می‌کند. زن به سختی می‌گوید:

آآآآآ

نمی‌خواهد حرف بزنی، تا نیم‌ساعت دیگر آنجا هستم.

پلیس با بی‌سیم درخواست نیروی کمکی برای حمل خودرو می‌کند، گوشی را قطع کرده به همکارش می‌گوید :

چند تا عکس از محل وقوع حادثه بگیر، تا خودروها را به کنار جاده بفرستیم. پلیس جوان در حال دورزدن خودرو و عکس‌گرفتن از تمام زوایا، می‌گوید:

قربان،نمی‌خواهد آمبولانس خبر کنیم؟!

به نظر سالم می‌آید

ولی قربان؟

به کارت برس، ترافیک جاده دارد زیاد می‌شود، باید زودتر خودرو را حرکت دهیم.

قربان، جلوی صندلی راننده پر از خون است، ببینید.

افسر سرِ زن را به دقّت بررسی می‌کند.

قربان : شما که سالم هستی، پس این همه خون، مال چه کسی‌است؟

زن به سختی حرف می‌زند : همسرم

قربان: فرارکرد؟ ها؟ با چه فرارکرد؟

زن : برادرش

قربان : سرباز، خانم را تا کلانتری راهنمائی کنید

زن: من حالم خوب نیست، احتیاج به کمک پزشکی دارم

قربان : به نظر سالم می‌آئی. اگر احتیاج به کمک داشتی، چرا همسرت تو را اینجا رها کرده و خود گریخته است؟

زن: نه، قربان. باورکنید

قربان : این‌ها که می‌گوئی، چیزی نیست. حال تو از من هم بهتر است. تا وقتی راننده برنگردد، در بازداشت خواهی بود.

زن : خواهش می‌کنم، اول مرا ببرید درمانگاه،

قربان : تو باید بگوئی اول کجا می‌خواهی بروی؟

زن: حداقل اجازه دهید همین جا بمانم، تا خواهرم از راه برسد.

قربان : کلانتری زیاد دور نیست، آن‌جا بهت رسیدگی می‌کنند تا خواهرت بیآید.

سرباز، زن را تا کلانتری همراهی می‌کند، آن‌جا هم سؤال‌هائی از زن می‌شود. سرباز، زن را تا بازداشت‌گاه همراهی می‌کند. در بین راه چشمان زن تار می‌شود. بالا می‌آورد. خودرو کلانتری کثیف می‌شود.

مدیر بازداشت‌گاه از پشت عینک زن را براندازمی‌کند:

مدیر: چه شده سرباز؟ چه کرده؟

سرباز: تصادف

مدیر: تصادفی را که نمی‌آورند بازداشت، ببرش درمانگاه

سرباز: جناب سروان گفت، راننده فرارکرده است. این باید بماند، تا راننده بیآید.

مدیر: چه شده خانم، من که نفهمیدم

زن: همسرم را برادرش برد

مدیر: تو را گذاشت میان جاده و رفت؟ در این دنیا دیگر مرد پیدا نمی‌شود.

زن: از سمت من کوبید.

مدیر: یعنی می‌خواست بلائی سر تو بیآورد.

زن اشک‌ریزان : بلی

مدیر: بیا، دخترجان! بیا برویم درمانگاه، از آنجا هم می‌رویم خانۀ من تا یکی بیآید دنبالت، رو به سرباز:

مدیر: خودم به جناب سروان زنگ می‌زنم. ماشین را روشن کن، برویم.

چادرش را برمی‌دارد و دست زن را می‌گیرد. زن، سرش گیج می‌رود و تلوتلو می‌خورد. مدیر بازداشت‌گاه به موقع متوجه می‌شود و مانع افتادن او می‌شود. او را تا خودرو کمک می‌کند، سوارش کرده و خود کنار راننده می‌نشیند. گوشی تلفن همراهش را بیرون می‌آورد و با جناب سروان تلفنی حرف می‌زند. اوضاع را شرح می‌دهد، گوئی از آن سویِ گوشی ابتدا با مقاومت جناب سروان روبه‌رو می‌شود، بعد از کمی صحبت رضایتِ طرف مقابل را جلب کرده چشم‌چشمی می‌گوید و گوشی را قطع می‌کند.

شانس آوردیم، حالش خوب بود رضایت داد.

سرباز در سکوت، سری به نشانهٔ تائید به آرامی تکان می‌دهد. خیلی زود به درمانگاه می‌رسند.

درمانگاه فکسنی‌ای است. پزشک کشیک با دمپائی و پیژامه از رختخواب بیرون آمده و در را برایشان باز می‌کند. بعد از معاینهٔ کوتاه و چند سؤال گوشی را روی میز می‌گذارد به پشتی صندلی تکیه می‌دهد.

پزشک: باید سریع برسانیدش بیمارستان، درست نمی‌تواند حرف بزند. شاید ضربه‌ای به سرش خورده باشد.

سرباز : من باید برگردم پاسگاه

مدیر بازداشت‌گاه : یک آژانس زنگ بزن بیآید، من همراهش می‌روم

زن : نمی‌خواهد زحمت بکشید، من خودم می‌روم

مدیر بازداشت‌گاه : نه عزیزم، نمی‌توانی خودت بروی بعد جواب جناب سروان را چه کسی می‌دهد. باید یکی از ما تو را همراهی کند، بعد هم با هم برمی‌گردیم

دکتر به آرامی در گوش مدیر بازداشت‌گاه حرفی می‌زند.

مدیر : خوب حالا شما زنگ بزن آژانس بیآید.

زن می‌گوید : خواهرم در راه است، می‌توانم منتظر او بمانم.

دکتر کشیک : نه، هرلحظه می‌تواند براتان خطرناک باشد باید هرچه زودتر بروید

زن: با آژانس؟!

دکتر: متأسفانه روزِتعطیل است و راننده آمبولانس نداریم، مجبوریم

زن: خواهش می‌کنم ، کمی صبرکنیم، خواهرم دکتر است. با او بروم بهتر است

دکتر گفت : پس می‌خواهید بیرون منتظر بمانید، من مسئولیّتی قبول نمی‌کنم.

بالاخره خواهرش از راه رسید، به داخل درمانگاه رفت. دست خالی برگشت و خواهرش را سوار بر خودرو با خود برد.

در بیمارستان به زن گفته شد، ممکن است دچارِضربهٔ مغزی شده باشد. برگی از نشانه‌های خطر را به دستش دادند.

- به محض مشاهدهٔ یکی از این نشانه‌ها باید به متخصّص مغزواعصاب، مراجعه کنید.

خواهرش برگه را از دستش گرفت و داخل جیبش مچاله کرد:

- نگران نباش، هیچی نیست، خوب می‌شوی.

به سمت مسئول پذیرش رفت و خود را آرام معرفی کرد، یک چیزهائی بهم گفتند و آمدند سراغ زن زخمی، همهٔ پرسنل اورژانس به خدمت فراخوانده شدند.

بعد از عکس‌برداری و... چند شکستگی تشخیص دادند، از زن خون گرفتند و او را به اتاق عمل بردند. با دستِ گچ گرفته شده تا گردن او را به بخش منتقل کردند. خواهرش با وسائل کمکی از راه رسید کتف و کمر زن را با ابزار بست.

خیلی کارهای دیگرکردند که زنده بماند. مسئول آزمایشگاه در بین صحبت هاش با دکتر چیزی گفت.

- داروی بیهوشی که بهش زدید، روی بچه تأثیری نداشته باشد.

- مگر باردار است؟ چرا قبل از عمل نگفتید؟

- اورژانس بود. آن موقع من کنترل نکردم

- دست مریزاد، اورژانس بود، کنترل نکردی؟

- فردا بلائی سرش بیآید، هزارتا صاحب پیدا می‌کنند.

زن، لبخند تلخی زد. راست می‌گفتند، اگر همسرش و دیگران بدانند باردار است، ادعای مالکیت می‌کنند. چیزی که در آن لحظه ذهن زن را به خود مشغول کرده بود راه گسستن از بند بود.

شناخت

مشاور، مشغول ورق زدن دفترِ خاطرات است. مشکل او از همین‌جا شروع شده، یافتم. او در همین اتفاق، دچار گسیختگی شخصیت شده است. گاه در میان خاطراتش، از خود به عنوان شخص سوم یاد می‌کند. نکته در همین‌جاست. او به عنوان یک انسان خودش را یک واحد نمی‌بیند. او به دوتکّه، شاید هم چندتکّه تقسیم شده باشد.

برای خود قهوه‌ای می‌ریزد و به درختِ بهارنارنج ایستاده در حیاط می‌نگرد.

« بهارنارنج من، زیبا

شکوفه‌های‌ات را

به بارنشسته‌ام

من،

بارها

......»

او باردار بوده، زمانی باردار بوده است پس قدرت باروری دارد. و آن جنین چه بلائی سر آن جنین آمده است؟ آیا تصادف منجر به از دست رفتنِ جنین شده است؟ در این‌صورت، با زنجیرهٔ اتفاقاتی که برای او پیش‌آمده، خیلی هم حالش خوب است.

من که یک لحظه هم نمی‌توانم خود را به جای او تصّورکنم، این وحشتناک است.

هرکس،گذشته‌ای دارد.

چقدر از زندگی خسته بودم، ناتوان در برابر تحمل مشکلات، چند بار تصمیم به خودکشی گرفتم، چند بار اقدام کردم و موفق نشدم. خوب است که اقدامات آدمی، همیشه موفقیت‌آمیز نیست. حالا که به گذشته می‌اندیشم، می‌بینم آن همه هیاهوی من، بی‌هوده بوده است. زندگیِ من در برابر وقایع و اتفاقاتی که هرروز خبرش در شهر می‌پیچد، اتفاق هولناکی را در خود به‌همراه نداشته است.

آدم است دیگر، وقتی آزرده و کم طاقت می‌شود، همه‌چیز را به شکل درد می‌بیند. کافی‌است چشم بازکند و نگاهی به اطراف بیاندازد و درد واقعی را در دنیای پیرامون خود جست‌و جو کند.

بعدازظهر یک‌روز، مادرم مرد. روزی دیگر از راه رسید و پدر، همسرِ دومی به خانه آورد. زندگی بی‌هیچ دلیلی، برایم سخت شد.

ورود یک زن، مرا به حاشیه راند. آن بابای نازنین که هنگاه ورود به خانه به دنبال عروسک‌اش می‌گشت، عروسکِ تازه‌ای یافته بود. من، هیچ‌گاه با مادرم احساس رقابت نکردم. نمی‌دانم از چه‌رو، مادردوم از همان روز نخست به چشم رقیب به من نگاه می‌کرد و این نگاه بین ما متقابل بود. من بی‌هوده تلاش می‌کردم تا جا را برای او تنگ کنم، شاید به ستوه بیآید. او همان‌جا ماند و عاقبت من با سرافکندگی و نومیدی صحنه را ترک کردم.

برنامهٔ عصرگاهی هرروز و برنامهء صبح‌گاهی روزهای تعطیل ما، حضور در جایگاه متهم در دادگاه خانوادگی بود که در آن پدر نقش قاضی و جلاد را به‌عهده داشت. نقش هیأت منصفه و تماشاچی را هم، همسرش بازی می‌کرد.

در آخر هم، با لیوانی چای از پدرِ خسته پذیرائی می‌کرد.

همسایه‌ها، مادربزرگ و خیلی دیگران که همیشه مفسرِ وقایع اتفاقی هستند، می‌گفتند: مادرشان،خدا بیامرز ! در حق ایشان بد کرد. بچه‌ها لوس بارآمده‌اند، این بندهٔ خداها هم دارند خیلی اذیت می‌شوند. خدا بیامرزدش ولی اگر یک کم وقت بیشتر می‌گذاشت و سخت می‌گرفت به این بچه‌ها،الان لازم نبود هرروز ترکه بخورند.

برادرها،زیاد مشکلی نداشتند. آن‌ها بیشتر وقت خود را خارج از خانه می‌گذراندند و درگیری کمتری پیدا می‌کردند.

او را برای از دست دادن پدر و برادرانم مقصر می‌دانستم. من، تنها اسیر میدان بودم. اسیری که هیچ حقی نداشت.

رویِ دیگر قصّه این است که ممکن بود مادر من نمرده باشد و هم‌زمان با حضور او، پدر عروسِ نو به خانه آورده باشد. آیا وضع زندگی من چه صورتی به خود می‌گرفت؟

آیا می‌توانستم مادر را مقصر روی‌داد پیش‌آمده بدانم؟ یا این‌که پدر را شماتت می‌کردم؟ نمی‌دانم. نمی‌توانم بدانم که اگر پیش از آن‌که مادر چشم از جهان فرو ببندد، به خیانت پدر در حق او پی می‌بردم، چگونه قضاوت می‌کردم.

من هم، هم آوا با دیگران می‌گفتم : قبل از این‌که کار به اینجا برسد، باید فکر می‌کردی حالا دیگر چه فکری؟ چه چاره‌ای؟

من در خانه پدر می‌ماندم، هرچقدر هم که ناله کردم : می‌خواهم با مادرم بروم، اجازهء من از سوی پدر صادر نمی‌شد.

پدر گفت : او خودش جائی ندارد، برود. دندان روی جگر بگذار، دوروز دیگر برمی‌گردد.

من : به کجا برگردد؟ مگر برای او جائی، راهی برای برگشتن گذاشته‌ای ؟

پدر: دختر، حدّ ِخودت را بدان!

دست پدر بالا می‌رود و در بالای سر دخترک چندبار دست‌های خود را تکان می‌دهد. دختر، جریانِ هوا را روی صورت خود حسّ می‌کند، جنبش هوا موهاش را به حرکت درمی‌آورد، زانوانش می‌لرزد و هقّی می‌زند زیرِگریه و به اتاق خود می‌گریزد و در را از پشت بر روی خود می‌بندد و زار می‌زند.

مادر برنگشت، نه دوروز دیگر و نه روزهای پس از آن. روزهائی پیاپی، بعد از آن آمدند و رفتند. گاه تلفن می‌زد خانۀهمسایه، ما را صدا می‌کردند تا صدای ما را بشنود، همین.

نمی‌دانستم چه می‌کند، چه فکری کرده است؟ آیا راهی پیدا کرده است که خود را و مرا رهاسازد؟

سال‌ها از آن روزهای سخت می‌گذرد، و من به یاد می‌آورم هنوز.

بعد از سال‌ها، در فصل‌های جابه‌جائی که به دنبال خانۀ جدید می‌گشتم، اگر در حیاط خآن‌های حوضی می‌دیدم، به مشاور املاک می‌گفتم: برگردیم، پول من به این‌خانه نمی‌رسد.

حوض میان حیاط در همۀ خانه‌های قدیمی بود، خانه‌های قدیمی مشتری کم‌تری داشتند و با بهائی ارزان‌تر از خانه‌های جدید واگذار می‌شدند.هرچیزی کهنه و قدیمی شود از رونق می‌افتد؟ مشاورینِ املاک برسرِ این موضوع بحث راه می‌انداختند و گاه هم راه آشتی با مشتری را درپیش می‌گرفتند.

مشاور املاک: شما می‌خواهی زندگی کنی، حقّ انتخاب با شماست. برویم مورد دیگری را به شما نشان بدهم.

مشاور املاک: خانه به این خوبی با این قیمت دیگر گیر نمی‌آید. به نظر من بهتراست تا مالک پشیمان نشده، همین را قرارداد کنیم.

مشاور املاک: حالا ببین، مالک این خانه را به تو می‌دهد یا نه؟ بعد روی آن ایراد بگذار، من هنوز نگفته‌ام شما یک خانم تنها هستی. فکر می‌کردم اول شما ببینید، اگر پسندیدید با مالک صحبت کنم.

مشاور املاک: اینجا همسایه ندارد،شما هم که مجردی، از این‌جا بهتر برایت پیدا نمی‌شود.

مشاور املاک: اینجا همسایه دارد، بی‌در و پیکر نیست. برای تو که یک خانم تنهائی، جایِ امن و راحتی است. از ما گفتن بود، بعد پشیمان می‌شوی.

مشاور املاک: اصلا " کسی به یک خانم تنها خانه نمی‌دهد. برو، یک مرد با خودت بیاور، پدری، برادری، دائی‌ای، پسرخاله‌ای. بالاخره آدم که از زیر بوته عمل نمی‌آید، حتما" یک کس‌وکاری داری.

مشاور املاک: نه خانم، برای شما خانه ندارم.

و در حالِ خروج شنیدم که به آن یکی می‌گوید : حواس‌ات به این‌جور آدم‌ها باشد پسرجان، با خود دردسر می‌آورند...

زیرنویس

مرد: همیشه از داستآن‌هائی که پر است از زیرنویس، حاشیه و مقدمه گریزان بوده‌ام. تا می‌آئی در بحر داستان بروی، باید به زیرنویس مراجعه کنی و توضیحی مفصّل در مورد واقعهء تاریخی‌ای که نویسنده از آن تأثیرگرفته یا شخصیت داستان در آن واقعه نقشی کلیدی داشته است را باید بخوانی، یک داستان دیگر را باید بخوانی که هیچ پیوندی با داستان اصلی ندارد. حال‌و هوای آ‌أم را عوض می‌کند. پیوستگی داستان درهم می‌ریزد و اصلا" خوب نیست.

زن: ولی لازم است که آدم بداند، به فهمِ بیشتر داستان کمک می‌کند.

مرد: برای من همیشه برشی در خواندن پیش می‌آید گاه حاشیه تا حدی مرا درگیر کرده که نمی‌توانم به متن بازگردم.

زن: تو این‌طور هستی.

مرد: مگر می‌شود بی‌تفاوت بود؟! حاشیه‌ها در واقعیت روی می‌دهند و تاریخی از یک سرزمین را حکایت می‌کنند که سرنوشت هزارها و شاید میلیون‌ها انسان را تحت تأثیر قرار داده درحالی‌که داستان پیشِ رو تنها تخیّل یک نویسنده است. به طورمثال آیا تو می‌توانی از جریان روی‌دادهای دورهٔ نازیسم در آلمان که در داستآن‌های گونترگراس به صورتِ زیرنویس -بیشتر آن هم توسط مترجم‌ها آمده است- بگذری؟! به نظرِمن که وقایع تاریخی را به‌درستی در همین زیرنویس‌ها و حاشیه‌ها می‌توان جست‌و جو کرد.

زن: منظورت را نمی‌فهمم. می‌خواهی زیرنویس داشته باشی یا نه؟

مرد: نمی‌خواهم بعدها یک مترجم از دنیای دیگر بیآید آن‌چه را که هزاردهان چرخیده تا به گوش او رسیده است، به صورت زیرنویس بیآورد.

زن: یعنی می‌دانی که اثرت قابلیت ترجمه به زبآن‌های مختلف را دارد؟!

مرد: این قابلیت نمی‌خواهد، فقط یک شانس است که شاید اتفاق بیاُفتد شاید هم نه؟

زن: شانس؟!

مرد: آری، مگر یک مترجم چطور داستان‌اش را از بین صدها یا هزارها داستانی که در زبانی دیگر چاپ و نشر شده است، انتخاب کرد؟! در مورد این‌که آثار نشرشده در یک کشور آیا بهترین آثار ادبی هستند یا نه، سخن نمی‌گویم که بسیار پیچیده می‌شود. مثلا" همین فیلم‌هائی که مدام در شبکه‌ها تبلیغ می‌شود، آیا بهترین‌های جهان است یا سرمایه‌داری حاکم بر جهان، آن‌ها را انتخاب کرده و ما از بین انتخاب آن‌ها، مجبور به انتخاب هستیم؟

زن: فیلم فرق دارد.

مرد: چه فرقی؟ مگر گتسبی بزرگ از رویِ کتاب ساخته نشده است؟ چطور می‌توان نام چنین اثری را اثرِ هنری گذاشت؟

زن: تو به همه می‌تازی؟

مرد: نه، من به این باوردارم که میزانِ فروش یک اثر یا نام‌آورشدن آن، نشانهٔ ارزشمند بودن آن نیست.

زن: تا حدّی موافق‌ام.

مرد: تا حدّی؟! آن کاریکاتورکه هنرِ«پاپ» را نشان داده بود، حقّ مطلب را ادا می‌کرد. می‌دانی کدام را می‌گویم؟!

زن : «پاپ » معادل یک‌بار مصرف است؟!

مرد: آری

زن: همهٔ اینها که می‌گوئی، درست؟ ولی ربط آن را به حاشیه‌نویسی نمی‌فهمم.

مرد: حاشیه‌نویسی هم پاپ برخوردکردن با موضوع است. مترجم یا هرکس که اثری را باز نشر کرد، باید بداند نویسنده اگر می‌خواست خود زیرنویس یا حاشیه را اضافه می‌کرد.

زن: از حوصلهٔ نویسنده خارج نیست؟!

مرد: شاید، شاید هم نویسنده به شعورِ خواننده احترام می‌گذارد و لازم نمی‌بیند که هراتفاق را حاشیه‌نویسی کند.

زن: فکر می‌کردم که این‌کار را ویراستارها انجام می‌دهند، نویسنده که نباید برای حاشیه‌ها وقت بگذارد.

مرد: در گذشته این‌طور بوده است، خیلی از کارها دیگر مثل گذشته صورت نمی‌گیرد. در دنیای تکنولوژی دیگر ویراستاری معنای خود را از دست داده است.

زن: تغییر گاه خوب است.

مرد: گاه ویران کننده

«حاشیه‌های داستان را خود افراد هم می‌توانند، برای خود ترسیم کنند. نیاز نیست به همهٔ جزئیات اشاره شود»

من آنقدر دچار حاشیه‌ها وجزئیات شده‌ام که می‌خواهم براتان اعتراف کنم، هم‌اکنون می‌خواستم بنویسم نیمه‌شب، ساعت زیرِصفحه خودی به من نشان داد و باید با شما صادق باشم. ساعت هفت‌وچهل‌ودو دقیقهٔ صبح روزِ شنبه است و من باید امروز مثل هر کارگری سرِموقع سرِکارم حاضر باشم.

کار روزانهٔ یک نویسنده

امروز دیر به سرِکار لعنتی‌ام می‌رسم. دیر رسیدن، یعنی چه؟

گاه هرگز نرسیدن بهتر از دیررسیدن است. امروز، نیز چنین است.

اگر نگاهی به «توافقات بین کارفرما و کارگر» که از سوی کارفرما به صورت حکمِ همایونی صادر شده و قابل برگشت و اصلاح نیست، بیاندازید، به من حقّ می‌دهید که از دست خود عصبانی باشم و این عصبانیت را با شما در میان بگذارم.

در توافقاتِ خصوصیِ بینِ کارگر و کارفرما که الحاقیهٔ به متن تمدید قرارداد سال فلان ه.ش. بود، نقل شده است:

-کسی حق ندارد، پیش از ساعت ۷:۳۰ در محل کار باشد. اگر پیش ازساعتِ ذکر شده در محل کارحاضر باشد، البته موظف است به وظائف و مسئولیت‌های خود رسیدگی کند اما افراد خاطی بدانند و آگاه باشند که حضور آن‌ها جزء ساعات کاری ایشان محسوب نخواهد شد و بابت این حضور هیچ عایدی نصیب آن‌ها نمی‌شود.

- کلیه افراد موظف هستند بین ساعت ۷:۳۰ تا ۷:۴۵ در محل کار خود حاضر باشند. اگر حتی دقیقه‌ای از حدود ذکر شده عدول نمایند، میزان عدول ایشان در چهل ضرب و از حقوق ایشان کسرخواهد شد.

- کلیه افراد بدانند و آگاه باشند، ارسال ایشان به اقصی نقاط کشور و دنیا جهت انجام وظائف محوله، با توجه به توافق فی مابین مجاز می‌باشد.ایشان باید کلیهٔ هزینه‌های سفر، اقامت خوردوخوراک خود را بپردازند و در صورت نیاز به لوازم و تجهیزات آن‌ها را خریداری نمایند. مدیران تصمیم گرفته‌اند به این افراد اختیار بدهند که در صورتِ نیاز با اثبات ادعای خود و تا زمانی‌که اداره اعلام نیاز نکرده است، لوازم و تجهیزات خریداری شده را به منزل خود انتقال دهند. افراد موظف هستند از وسایل انتقالی ذکر شده به صورت امانت نگه‌داری نمایند و به محض اعلام نیاز از سوی اداره وسایل را به اداره انتقال دهند. بدیهی‌است که در صورت واردآمدن خسارت بر وسایل به‌امانت سپرده شده برعلیه فرد اقدام قضائی صورت خواهد گرفت.

- افرادی که به مأموریت‌های خطرناک می‌روند، یا وظیفهٔ محول شده به ایشان جزء مشاغل آزاد وحساس می‌باشد، بدانند و آگاه باشند که جسم و روح آن‌ها امانتی است که از سوی کارفرما به ایشان سپرده شده است. هرگونه آسیب یا صدمهٔ جسمی و روحی که منجر به عدم توانائی انجام صحیح وظائف محوله گردد، مستحق اشد مجازات می‌باشد.

-بنابراین ایشان می‌دانند و آگاه هستندکه در صورت بروز هرگونه صدمه جانی و یا فوت، باید حقّوق و مزایای فرد یا افرادی - با سابقهٔ کاری و تخصّص برابر ایشان- که جایگزین ایشان شده‌اند، را بپردازند.

...

نمی‌خواهم کلیّه توافقات فی‌مابین را بازگوکنم، فقط باید بگویم که من جزء این آدم‌های خوش‌بخت نیستم که توافق‌نامهٔ فوق را امضاء کرده باشم.

همیشه فکر می‌کردم نوشتن این توافقات، فکر و زمان زیادی برده است، تا این‌که یک‌روز ناخواسته مکالمهٔ بین مدیر بخش مالی اداریِ شرکت، یا همان ملیجک، را با یکی از کارگران معترض شنیدم.

- وظیفهٔ من، رسیدگی به قراردادها و دست‌مزدهای معوقهٔ شما نیست

- می‌توانم بپرسم، وظیفهٔ شما چیست دوستِ عزیز؟!

- نمی‌توانی بپرسی، با این همه به تو می‌گویم وظیفهٔ من حفظ و نگه‌داری حقوق مادی و معنوی سهام‌داران و هیئت‌مدیره است.

- البته، آن هم جزءوظایف شما هست ولی...

- آفرین، و این دو با هم مغایرت دارند.

- چه مغایرتی؟

- من برای حفظ منافع سهام‌داران باید تا آن‌جائی که می‌توانم حساب بانکی آن‌ها را افزایش دهم.

- چه ربطی دارد؟ شما باید با برنامه‌ریزی و هدایت درست مجموعه به این مهم دست یابید.

- از آن‌جا که با آن کارها که شما گفتید به هدف نائل نشده‌ام راهِ دیگری برگزیدم.

با نیشخندی می‌افزاید: و آن تأخیر در پرداخت‌های‌ام به شما کارگران دون‌پایه است.

بگذریم، این آدم کلا" نچسب است. نامی که همه همکاران به اتفاق او را به آن می‌خوانند، برازنده است. البته این‌گونه نیست که ما درخفا یا در نبود جناب او را به این نام بخوانیم نه، درحضورش این نام را می‌خوانند و او با لبخند رضایتی، از صحنه خارج می‌شود. در غیابش به نام‌های فراوان دیگری از او یاد می‌برند که بهتر است عنوان نشود.

اما توافق بین افراد نیمه‌وقت یا پاره‌وقت با کارفرما،که من عضوی از همین مجموعه هستم، ذکرِ مصیبت است. توصیّه می‌کنم در ایام خاص و مناسبت‌هایِ ویژه به‌خصوص مراسم یادبود، سالگرد یا مجلسِ ختم، حتما" به این بخش فکرکنید، تأثیرِ خوبی دارد.

توافق من با کارفرما یا قرارداد بین ما، با هیچ منطقی قابل‌درک و فهم نبود، اما از آن‌جا که من نمی‌توانستم تمامِ وقت در محل کار حاضرباشم مجبوربودم برای کارکردن به این نوع قرارداد تن دهم. و به‌خاطر تفسیرهای متفاوتی که در فهمِ قرارداد نوشته شده، قانونِ کار و قوانین نانوشتهٔ مرسوم وجودداشت هرماه باید برای رفع سوء تفاهمات پیش آمده به حضور نمایندهٔ قانونیِ کارفرما یا حسابدار یا خود شخصِ ایشان – درصورتی‌که وقت حضور بدهند - بروم و پاره‌ای توضیحات بین ما ردوبدل شود.

یک‌بار به حضور ایشان رفتم، گفت‌وگوی نسبتا" خوبی با هم داشتیم.

- به عنوان کارفرما توصیّه می‌کنم که پیشنهادِ کارِ نیمه‌وقت و پاره‌وقت به من ندهید، که عجیب خشمگین می‌شوم. خشم من، شما را در خود محاصره خواهد کرد، راه بازگشتی ندارید و شرائط افراد تمام وقت را هم نمی‌توانید داشته باشید. شما، فرصت انتخاب را از دست داده‌اید و این‌کار را آگاهانه و بخردانه انجام داده‌اید.

اما حالا که می‌خواهید کارکنید، باید موارد زیر را بی‌چون‌وچرا، و با رضایت کامل قبول و به آن عمل نمائید. در غیر این صورت، اموال شما – منقول و غیر منقول – ضبط خواهد شد.

شما از آنجا که پاره‌وقت هستید، حقوق‌تان پاره‌وقت پرداخت می‌شود یعنی هروقت که توانستم و دانستم که به صرفه‌وصلاح من است، به شما مبلغی پرداخت می‌نمایم و هیچ اعتراضی هم در این زمینه پذیرفته نمی‌شود.

شما پاره‌وقت هستید، پاره‌وقت یعنی تمامِ زمان حضور شما باید مثبت باشد. شما حق حرف‌زدن حتّی درمورد کار را ندارید.

شما پاره وقت هستید، زمان کار شما باید ثبت و ضبط شود، تائید شود، چندباره کنترل گردد و برای تصویب نهائی ارسال شود.

با وجود رعایت کلیهٔ مواردی که به من تذکر داده شده بود هربار به دلیلی فرم ساعت کاری تائید نمی‌شد.

با امور مالی، اداری، مدیریت واحد، قائم مقام و هرکسی‌که فکر کنید می‌تواند پاسخ‌گوی این عمل باشد، تماس می‌گیرم. هیچ‌کس نمی‌داند چرا؟

سراغ از مدیر عامل می‌گیرم. او هم از همه‌جا بی‌خبر است. و برای دوروز بعد به من وقت می‌دهد که در این‌باره با هم صحبت کنیم و دلیل ماجرا را بیابیم. چک من در این مدت برگشت می‌خورد و من منتظر احضاریهٔ دادگاه هستم.

مدیرعامل: چه کسی به شما گفته، این‌کار را انجام دهید؟

من : آقای..

مدیرعامل : ایشان که الان نیستند تائیدکنند باید منتظر باشید.

من : ایشان نماینده کارفرما بوده است، دستوری صادر کرده. تنها کسی که در برابر دستور صادره مقاومت کرد، من بودم. گفتم این مأموریت کارگروه ویژه خود را می‌خواهد.

مدیرعامل : هیچ سند مکتوبی در این خصوص نیست

من : قائم مقام شما، فرمود می‌خواهد به کارفرما ثابت کند، بدونِ تحمیل هزینه دستورات او را موبه‌مو انجام می‌دهد.

مدیرعامل : این‌کار راکرده است، الان به او اعتماد کامل دارند.

من : قربان،من به ایشان گفتم که انجام مأموریت توسط نیروهای داخلی اداره، هزینه‌های خودش را دارد. این درست است که کسی برای کار ادرای با شما توافق کرده و او را برای کار میدانی مأمور کنید؟! حالا بگوئیم شرائط خاص بوده، در این شرائط خاص، حق مأموریت، رفت‌و آمد، خورد و خوراک و...نباید به پرسنل تعلق گیرد؟! ایشان خود را به کارفرما ثابت کرده و اعتماد آن‌ها را جلب کرده است اما این مسئله برای من و دیگر همکاران که در این زمینه فعالیت داشتیم، چه نتیجه‌ای به دنبال داشته است؟

مدیر عامل: در هرصورت باید منتظر تغییرات باشی، فعلا" من نمی‌توانم هیچ دستور پرداختی به‌امور مالی بدهم.

من : می‌فهمم

مدیر: باید منتظر بمانی تا مدیریت جدید واحد شما به مقامش منصوب و تصمیم‌گیری کند.

من: امیدوارم کسی که قرار است به مقام مدیریت واحد منصوب می‌شود، در جریان کامل این مأموریت قرار گیرد.

در روز برنامه‌ریزی برای مأموریت بی‌جیره‌ومواجب، با ایشان و مشاورین ایشان جلسه‌ای طولانی داشتیم.

- قربان ، بهتر است این‌کار به صورتِ برون‌سپاری انجام شود.
- اصلا" این‌کار بی‌فایده و بی‌هوده است.
- حالا در مورد نتایجی که از کار می‌خواهیم بگیریم، بعد تصمیم‌گیری خواهیم کرد.
- اول باید بدانیم چه‌کار می‌خواهیم بکنیم
- نه،من به شما می‌گویم، باید برای به دست آوردن رضایت کارفرما، همین امروز چندگروه از بین افراد خود ما اعزام شوند.
- برای چه‌کاری؟
- آقایان اجازه بدهید بگویم که من برای این‌کار برنامه‌ریزی کرده و اهداف را هم شناسائی نموده‌ام. متأسفانه قبل از تکمیل مقدماتِ کار، دهان‌ام را بی‌موقع باز کردم و حالا پروژه‌ای که می‌توانست درآمدزائی بالائی بدون مسئولیت فراوان داشته باشد، تبدیل شد به یک کار دم‌دستی، چندساعته.
- شما در این راستا چه کرده‌اید؟
- فرم‌ها و پرسش‌نامه‌هائی آماده کرده‌ام، نقشه جانمائی هم آماده است، اطلاعات موجود غربال شده‌اند.
- از همهٔ این‌ها چه نتیجه‌ای عاید می‌شود؟ من هنوز هم می‌گویم این‌کار بی‌فایده است.

- نحوهٔ اقتباس نتیجه تعریف شده است. بخش کنترل پروژه همکاری خوبی داشته و فرمول‌ها و نمودارها به طورکامل تهیه شده است.

- خوب پس چرا کار را شورع نکرده‌اید؟

- مسئله همین‌جاست، من و بچه‌هائی که با هم روی این پروژه مشغول بودیم. به این نتیجه رسیدیم که باید چند نمونه اولیه را خودمان ارزیابی کنیم تا صحّت روش تعریف شده و ابزار شناسائی را ارزیابی کنیم.

- خوب،چه شد؟ کاری کردید؟

- رفتیم پروژه‌ای که می‌خواست شکل بگیرد را توضیح دادیم، نمونه‌های تحقیقاتی خود را که برای شروع کار انتخاب کرده بودیم، معرفی کردیم تا با دستور کارفرما هماهنگی‌های لازم برای شروع را به انجام رسانیم.

- خوب؟؟

- خوب،خوب؟

- خوب در اینجا بود که مدیر داخلی کناره‌گیری کردند، شما آمدید.

- کارفرما از این موقعیت خوب بهره‌بردای کرده است.

- من خواهش می‌کنم با توّجه به این‌که کارفرما در حضور شما به من اختیار تام داده، اجازه بدهید این پروژه را طبق برنامه‌ریزی قبلی، پیش ببریم

- من صلاح نمی‌بینم

- من بگویم باشد، که کار انجام نمی‌شود ما نفرات نداریم

- خود شما و شما و شما

- با این چندنفر که نمی‌شود کار به آن بزرگی را جمع کرد، در میانهٔ راه درجا خواهیم زد.

باید یادآوری‌کنم اینها که شما نام بردید هر کدام مسئولیت و وظائف خاص خودشان را دارند.

- همهٔ کارها را تعطیل کنید و به همین کار برسید، من می‌گویم

- به کارفرما هم همین را می‌گوئید

- بله

- دوستان خسته می‌شوند. این‌کار نیاز به تخصص بالا ندارد، بهتر است اگر هم می‌خواهیم داخلی حل شود، فرم‌ها و پرسش‌نامه‌ها را بدهیم چهارتا جوان بروند پرکنند

- نه، من می‌گویم متخصّص می‌خواهد. اصلا" هدف من از این‌کار این است که کارکنان متخصّص خود را بیشتر بشناسم و بدانم در مواقع بحرانی روی کدام یکی‌شان می‌توانم حساب کنم.

- مواقع بحرانی؟!!!

- قربان این‌جا که میدان جنگ نیست.

قائم مقام مدیر عامل خیره می‌نگرد.

- من می‌خواهم.

- من نمی‌فهمم، شما که یک پیشرو مذهبی آئینی نیستید که فتوا صادر می‌کنید، مراد ما هم نیستید که در راه‌تان جان بدهیم. پس روی من یکی حساب نکنید.

- تو نمی‌توانی از توافقات فی‌مابین عدول کنی

و این‌گونه بود که مأموریت ویژه با اهداف زیر آغاز شد:

- اعتماد سازی بین کارفرما و مدیر طرح
- عدم تحمیل هزینه بر کارفرما
- انجام کارتوسط نیروهای متخصص با بیش از ده سال سابقه کار

و نتیجه‌ای که حاصل شد :

- بی‌اعتمادی کارفرما به مدیر طرح به دلیل تأخیر در پروژه‌ها و وظائف قانونی محوله
- ناتمام ماندن پروژهٔ تعریف شده
- عدم پرداخت حق مأموریت، دستمزد و دیگرحقوق قانونی تعریف شده به کارشناسان اعزامی

و وقتی در دفاع از زمان کاری‌ام گفتم: من، برای این‌که سایر وظائف و مسئولیت‌های‌ام،در حین این‌کار آسیب نبیند. زمان زیادی صرف می‌کردم. شب‌ها تا نیمه، مسئولیت‌های خود را به انجام می‌رساندم و صبح با دیگر اعضای تیم تخصصی به میدان می‌رفتم.

به من پاسخ دادند: کسی از شما این را نخواسته و مافوق شما هم این‌کار را تائید نمی‌کنند.

شاید باور نکنید ولی قائم مقام مدیر عامل وقتی به سمت سرپرست واحد به ما معرفی شد و مرا رودرروی خود دید، فرمود : کاری را که شروع کردیم، باید تمام‌اش کنیم. چگونه و چطور را برنامه‌ریزی و به من اعلام کنید.

- برای کاری که انجام شد،هیچ دریافتی‌ای نداشتم. سه ماه است، دست‌مزدی به من پرداخت نشده است.

- در حال تنظیم قرارداد جدید برای شما هستند، دستورش به بخش مالی داده شده است.

- قرارداد جدید برای چیست؟ من قرارداد سال پیش را در همین شهریورماه امضاء کرده‌ام، از همان‌موقع هم که قرارداد امضاء شده، هیچ پرداختی‌ای به من صورت نگرفته است. مشکل چیست؟

- مشکل ساعت کار شماست. زیاد شده است. دو برابر ماه‌های قبل.

- دستور خودِ شما بود، به غیر از این است؟!

- با هم برنامه‌ریزی کردیم. مهم نیست، قرارداد جدید نوشته می‌شود و طبق آن پرداخت صورت می‌گیرد. در غیر این‌صورت برای آن پروژه هیچ پرداختی به شما صورت نخواهد گرفت.

- الان باید ممنون شما باشم؟!

- منظورتان چیست؟

- من شش‌ماه بدون قرارداد با شرائط سال پیش کارکرده‌ام چند بار تماس گرفتم بخش مالی گرفتار بودند. در آخر شهریور از من خواستند بروم و قرارداد اول سال را امضاء کنم. اکنون به من می‌گوئید قرارداد جدید نیاز است؟ مگر می‌شود قرارداد را عطف‌به ماسبق کرد؟

- تاریخ تهیه و امضاء را نمی‌زنیم.

- یعنی مشکل قانونی خود را حل می‌کنید و حق هرگونه اعتراضی را ازمن سلب؟

- بگذارید متن قرارداد جدید حاضر شود، اگر ناراضی بودی، با هم صحبت می‌کنیم.

البته قرارداد جدید که حاضر شد، من از آن ناراضی بودم اما هیچ‌کدام از مسئولین وقت برای کارکنان نداشت و بعد از آن تا امروز، چندسال است که می‌گذرد و من هم‌چنان با همان قرارداد که در هر بار تمدید شرائط بدتری به آن اضافه می‌شود، در حال ادامهٔ کار هستم. البته افزایش نرخ بیکاری در جامعه بزرگترین عامل در امضای قراردادهای جدید از سوی کارکنان است.

نمی‌خواستم از مسائل خودم بنویسم، اما حالا که تا این‌جا پیش آمده‌ام، مجبورم انتهای قضیه را مختصر به خود یادآوری‌کنم :

قرارداد جدید پیش روی‌ام بود. تاریخ توافق‌نامه از ابتدای شهریورماه، یعنی پیش از آن مأموریت پرحاشیه، ثبت شده بود. توافق‌نامه به صورت تمام‌وقت تهیه شده بود. در متن توافق‌نامه مشهود نبود، اما با دیدن لیست بیمه، به راحتی می‌شد فهمید که پروندهٔ آن مأموریت پرحاشیه، بسته شده است. برای دویست‌وپنجاه ساعت کارِ انجام شده در میدان،دستمزد صدوبیست ساعت کار اداری پرداخت شد.

نکتهٔ جالب‌تر این است که برای آن دویست‌وپنجاه ساعت، حتی بیمه هم پرداخت نشد. یعنی در محاسبهٔ روزهای مرخصی یا محاسبهٔ سنوات هم منظور نخواهدشد و هیچ‌کس هیچ‌گاه نخواهد دانست که دویست‌وپنجاه ساعت کار در یک ماه چقدر می‌ارزد.

در آخرین رؤیاروئی با مدیرعامل محترم، ایشان لطف کرده از من سؤال کردند:

- همه‌چیز خوب است؟ مشکلی نیست؟

و من با لبخندی اعلام کردم:

- به لطفِ شما

دایره

در آغاز، می‌خواستم مطلبی را به مقدّمه بگویم که سخن به درازا رفت.

بعد از آن همه زیاده‌گوئی در بخش پیشین، که ربطی هم به داستان ما نداشت. می‌توانید، آن را هم نخوانید. آن بخش را دوست ندارم و می‌خواهم آن را دور بریزم تنها عاملی که من را از این‌کار بازمی‌دارد، نگاهی‌است که به وضعیتِ‌کاری کارمندان که خودم هم جزئی از آن‌ها هستم، داشته‌ام. از نحوهٔ نگارش آن اصلا" خوشم نمی‌آید ولی هربار که خواسته‌ام در مورد مسائلِ اداری طورِدیگری بنویسم،نتوانسته‌ام. آخر وقتی به یادِ محیطِ کاری می‌افتم، ناخواسته آن ادبیات سخیفی که روزانه در نامه‌های اداری ردوبدل می‌شود، مرا اسیر خودش می‌سازد. کسانی که در همهٔ عمر خویش یک کتاب هم ورق نزده‌اند، مینشینند و می‌گویند فعلِ است را به قرینهٔ بررسی گردید حذف کن و نمی‌توانید تصّورکنید که چطور می‌شود به آن‌ها ثابت کرد که است و بررسی گردید هیچ تقارنی با هم ندارند. هم امروز یکی از مدیران مسئول ابلاغ کرد که تشدید گذاشتن در مکاتبات اداری اشتباه است، آه !! بحثی طولانی ونه چنان دوستانه درگرفت که اقلّ تشدید ندارد، حالا هرچه من گفتم دارد و نباید تنها به این دلیل‌که نرم افزارهای نوشتاری، روزی دست‌و بال نویسندگان را می‌بست، روش‌های نادرست نوشتاری را ادامه داد. حالا که ایرادات نرم‌افزاری حلّ شده باید به اصول پای‌بند باشیم،کسی نمی‌پذیرفت. سرآخر، به شرط‌بندی روی آوردیم. فرهنگ سازی از راه گفتمان که پیش نرفت، به شما این اجازه را می‌دهد که از روش‌های دیگر استفاده کنید حتی برخورد فیزیکی هم در مواردی توصیه شده است.

می‌خواستم بگویم که اگر می‌خواهید کل داستان را دنبال کنید و علاقه‌ای به حاشیه‌های یک ذهن پریشان ندارید، این بخش را می‌توانید به کل نادیده بگیرید.

اصلا"می‌توانید به طورکل همه‌چیز را نادیده بگیرید. شنیده‌ها را ناشنیده بیانگارید، هیچ اتفاقی نمی‌افتد. هیچ‌کس معترض شما نخواهدشد که چرا فریادی را شنیدید و به کمک نشتافتید. می‌توانید به‌راحتی در روزِ روشن همه‌چیز را منکرشوید. این‌روزها نه تنها دیوارِ حاشا بسیاربلند است، بلکه انتظارها هم بسیار کوتاه شده است.

آن صدای فریادی که از شما کمک خواسته، در یک لحظه خاموش می‌شود و دیگرهیچ و بعد از لختی، هیچ‌کس، هیچ‌چیز را به یاد نخواهد آورد.شما چشم‌هاتان را می‌بندید به روی آن‌چه درحالِ روی‌دادن است و هیچ احساس اندوه و تلخ‌کامی به روح شما رسوخ نخواهدکرد. این همه از دستاوردهای دنیای نوین است.

بخش پیشین، اما یک حسن بی‌نظیر دارد. آن هم مستندنگاری وقایع است. اگر شما یک کارگر یا کارمند هستید - فرقی نمی‌کند در کجای جهان — می‌توانید با خواندن آن همزاد پنداری کنید.

بعد از اتمام آن، می‌توان همان‌طور که گذشتگان می‌گویند، گفت تنها افراد بی‌لیاقت و بی‌عرضه هستند که از کارِ آزاد روی برمی‌گردانند و به کار برای کسی دیگر تن می‌دهند. برای دیگری کار کردن، یعنی بیگاری کردن.

اولین تجربۀ زندگی اجتماعی

اولین باری که شروع به نوشتن‌کردم هنوز املای درست بسیاری از کلمات را نمی‌دانستم. هرچند، هنوز این ایراد بر من وارد است. آخر زبانی که هرکلمه‌اش را از قومی به عاریت گرفته را چگونه می‌توان به تمامی آموخت.

یادگرفتن زبان رسمی، سخت است. برای کسی که زبان مادری‌اش متفاوت است، سخت‌تر. برای کسی که بیش از بیست کلمه تکراری را در محاورۀ روزمره‌اش به کار نمی‌برد، شاقّ. باید اعتراف کنم، گاه برای از یادنبردن کلمات، حتّی به پیگیری سریال‌های تلویزیونی هم می‌نشستم.

داشتم به اولین باری که قصّه نوشتم، فکر می‌کردم. اولین قصّه‌ام را زمانی نوشتم که پولی برای خرید کتاب قصۀجدید نداشتم. پول‌توجیبی‌ام ته کشیده بود و اعتبارم هم به سبب قرض گرفتن های بی‌شمار، پیش همه مخدوش شده بود. دیگر پولی برای خرید کتاب نداشتم و این بیشترین و بزرگ‌ترین اندوه برای یک کرمِ‌کتاب می‌تواند باشد. باید کاری می‌کردم.

به فکر دایرکردن کتاب‌خآن‌های در محل افتادم. شرط عضویت، اهداء حداقل بیست صفحه نوشتار با موضوعات علمی، تخیّلی، فرهنگی، اجتماعی به کتاب‌خانه بود.

کتاب‌های خودم را قبل از همه گذاشتم، حتی تکه‌هائی از مجلۀکیهان بچه‌ها را که به خاطر مطالب خوبش قبلا" برچیده بودم و لای دفترهای قدیمی‌ام بود، به درودیوار زیرِهشتی چسباندم. کتاب‌های کتاب‌خانه رویِ هم، در یک ردیف قفسۀ کوچک یک‌متری جاگرفت. خیلی کم بود. اما برای جلبِ‌توجه کافی بود. فقط لای درِ ورودیِ هشتی را نیمه‌باز گذاشتم. همۀگردن‌ها به سوی داخل درازشد و با دیدن درودیوار آراسته، سؤال‌ها آغاز شد.

طی چندروز اعضاء زیاد شدند، کتاب‌ها هم بیشتر شد. از کوچه‌های بالا و پائین هم برای عضویت می‌آمدند. قصه برای بچه‌ها جذاب بود، به‌خصوص برای آن‌ها که خود قصۀخوبی برای بازگوکردن نداشتند.

عده‌ای هم آمدند برای عضوشدن که هیچ کتابی برای اهداء نداشتند. من حتّی به کتاب‌های بزرگسالان، کتاب‌های درسیِ سال‌های پیش آن‌ها هم راضی شدم، اما در خانهٔ خیلی‌ها همه‌چیز بود، جز کتاب.

پیشنهادهای زیادی به من شد تا شرطِ عضویت را تغییردهم، پول به جای کتاب، پفک‌نمکی به جای کتاب، سیب‌زمینیِ خام برای انداختن زیر «خاکستر بدون دود» اما من نپذیرفتم.

نمی‌توانستم شرطِ عضویت را تغییردهم، این ممکن بود به قیمتِ ریزش اعضاء سابق و در نتیجه ازدست دادن کتاب‌های اهدائی آن‌ها باشد. عده‌ای از تنها کتابی که داشتند، گذشته بودند. به آن‌ها چه می‌توانستم بگویم؟

این اولین مشکل بود که خود را نشان می‌داد همه کتاب نداشتندو این بهانهٔ خوبی برای عضونکردن آن‌ها نبود. تا آن‌روز اصلا" فکر نمی‌کردم خآن‌هایِ بدونِ‌کتاب باشد. در خانهٔ ما، خیلی وقت‌ها به جای غذا، قصّه سرو می‌شد.

در همان محل، به خانه‌های زیادی رفته بودم، اما هیچ‌وقت به محتویاتِ رف، گنجه و یا صندوقچه‌شان توجهی نداشتم.

اولین مشکل، اولین گردهم‌آئی را در پی داشت. دیگر نمی‌توانستم به‌تنهائی در موردکتاب‌خانه تصمیم بگیرم حالا اعضائی داشت و همان‌قدر که من حقّ داشتم در این مورد تصمیم بگیرم، اعضاء دیگر هم حقّ داشتند. آن‌ها را گردهم خواندم و سخن را من آغاز کردم.

- ما داریم یک کتابخانهٔ محلی دایرمی‌کنیم، نباید دوستان‌مان را در استفاده‌کردن از کتاب‌خانه محدودکنیم. باید تعداد اعضاء را بیشترکنیم.

- تعداد اعضاء بیشتر، یعنی کتاب بیشتر
- هرکس با هر سن و هرکلاس و هرسوادی می‌تواند عضو باشد
- نه، فعلا" نه، فعلا" فقط بچه‌ها
- چرا نه؟ بزرگ‌ترها که بیآیند، با خود پول می‌آورند.
- پول؟! ما به پول آن‌ها نیازی نداریم.
- و نه به تصمیم‌گیری آن‌ها.
- آن‌ها فقط بلدند خراب‌کاری کنند.

- اگر فکر می‌کردند چنین‌چیزی در محل نیاز است، خودشان قبل از ما این‌کار را می‌کردند.

- نتیجه می‌گیریم که آن‌ها ضرورتِ این مسئله را درک نمی‌کنند.

- و ما را جدّی نخواهند گرفت.

- کم‌کم ما را دل‌سرد می‌کنند.

- برنامهٔ ما با آن‌ها به جائی نمی‌رسد.

- کافی‌است پای یکی از بزرگ‌تر ها به میان ما بازشود، آن‌وقت اجازه نُطُق‌کشیدن هم به ما نمی‌دهند.

- کتاب‌ها را خودشان انتخاب می‌کنند، به ما دیکته می‌کنند چه بخوانیم و چه نخوانیم

- برای ما شاخ وشانه می‌کشند، قانون می‌گذارند.

- ما را از کتاب خواندن بیزار می‌کنند.

- نگران نباشید، من که فکرنمی‌کنم حتی اگر به ایشان بگوئیم تمایل زیادی از خود نشان بدهند. بزرگ‌ترها اگر پول نباشد، به خود زحمتی نمی‌دهند.

- نباید به آن‌ها بگوئیم.

- ولی می‌بینند.

- می‌بینند و تا زمانی‌که به آن‌ها ضرری نرساند، کاری به کار ما نخواهند داشت اما اگر بگوئیم یعنی به آن‌ها اجازهٔ مداخله کردن را داده‌ایم

- سری را که درد نکرد، دستمال نمیبندند.

- راست می‌گوید، ما خودمان از عهده‌اش برمی‌آئیم.

- اگر برنیامدیم؟!

- اگر برنیامدیم؟ سقّ سیاه، اگر برنیامدیم، آن وقت می‌رویم پیش بابائی.

- در کلِ این محل، شاید یک یا دو نفر از آن‌ها با ما همراه شوند.

- می‌دانم، چه‌کسانی را می‌گوئی، آن‌ها نبودن‌شان بهتر است.

- چه کسی؟

- همان... اگر بقیه بفهمند که او با ما همراهی می‌کند، کلا" محل را با خاک یکسان می‌کنند و دیگر نمی‌گذارند سنگ‌روی‌سنگ بند شود.

- چرا؟

- می‌گویند معتاد است.

- خوب معتاد باشد اعتیاد او به ما چه ربطی دارد؟

- «پسرِ نوح با بدان بنشست، خاندان نبوّتش گم شد»

- پسرِ نوح کیست؟

- هیچ‌کس!

- کسی‌که مورد قبول آن‌هاست، پایهٔ این‌کار نیست و کسی‌که پایهٔ این‌کار است، مورد قبول آن‌ها نیست.

- چرا این‌قدر بی‌راهه می‌روید؟

- چه‌کسی حرف را به این‌جا کشاند؟

- امروز جمع شدیم، در مورد نحوهٔ عضوگیری فکرکنیم.

- خب، مسئلهٔ سنّ حلّ شد؟

- بنا به نظرِ اعضاء حاضر، باید محدودهٔ سنّی داشته باشیم، حداقل تا اطلاعِ ثانوی.

- تا اطلاعِ ثانوی چیست؟ تا همیشه.

- درست می‌گوید، آن‌ها اگر خواستند کتاب‌خآن‌های داشته باشند، می‌توانند درکنارکتاب‌خانهٔ ما برای خود کتاب‌خانه‌ای دایرکنند.

- اما، اشتراک با آن‌ها، نه. اگر روزی با آن‌ها مشترک شوید، باید فاتحهٔ کتاب و کتاب‌خوانی را در محل بگیریم.

- بعدا" در مورد محدودهٔ سنّی صحبت می‌کنیم، از محدودهٔ سنّی مهّم‌تر وجود دارد.

-حقّ عضویت !

-حقّ عضویت را که قبلا" خودت تعیین کرده بودی و ما با همان شرائط عضو شدیم

- من از شرائط همهٔ بچه‌های محل آگاهی نداشتم و با هیچ‌کس، حتّی با هیچ‌کدام از شما صحبت نکرده بودم. بنابراین شرطی را گذاشتم که ممکن است، از عهدهٔ خیلی‌ها بر نیآید.

- اگر شرط را عوض کنی، آن‌ها که قبلا" با شرط قبلی عضو شده‌اند، اعتراض‌خواهندکرد.

- البته حقّ دارند.

- خودِ من، اولین معترض خواهم بود.

- بچه‌ها، یک‌لحظه صبرکنید. ببینید، من چه می‌گویم، بعد جبهه‌گیری کنید. اصلا" چرا جبهه‌گیری؟! می‌توانیم هر پیشنهادی را به رأی بگذاریم.

- من موافق‌ام

- همه موافقید؟

- بله

- خیلی خوب، حرف من این است، کسانی‌که در خانه کتاب ندارند و یا پول برای تهیهٔ‌کتاب به ایشان داده نمی‌شود و یا اصلا" در خانه به آن‌ها اجازهٔ خواندن، داده نمی‌شود، بیشتر حقّ عضویت در یک کتاب‌خانه محلی را دارند. درست است؟

- بله.

- اگر آقام، کتاب دستم ببیند، روزگارم سیاه است.

- پس، چطوری کتاب می‌خوانی؟

- وقت هائی که نیست. وقتی آقام درِحیاط را باز می‌کند، ننّه‌ام دادمی‌زند می‌گوید: ورپریده،پس آن نمک چه شد؟ یا بهآن‌های دیگر می‌آورد که آقام فکرکند من برای کاری رفته‌ام زیرزمین. من هم کتاب را قایم می‌کنم و جِلدی می‌پرِّم بیرون.

- پول از کجا می‌آوری، کتاب می‌خری؟

- ننه‌ام، برای‌ام پول کنار می‌گذارد، ننه‌ام خیلی دوست دارد من برای خودم کسی بشوم. همه نمره‌هام را می‌پرسد، گاهی می‌آید پیش آقامعلّم سفارش‌ام را می‌کند. همیشه به من می‌گوید:

من لقمهٔ دهانِ خواهر و برادرهای‌ات را می‌بُرم می‌دهم تو کتاب بخوانی، درس‌ومشق یادبگیری. مدیونی اگر پشت گوش بیاندازی.

- خوش‌به‌حالت، چه ننهٔ خوبی داری.

- خیلی از همین بچه‌هائی که هرروز باهاشان بازی می‌کنیم، ننه‌هائی مثل ننهٔ تو ندارند.

- بعضی‌ها هم واقعا" پول ندارند.

- ازحقّ نگذریم، آقای من با درس‌ومشق میانهٔ خوبی دارد و همیشه می‌گوید اگر می‌خواهی مثل من حمّال بقیّه نباشی، تا می‌توانی کتاب بخوان. ولی خوب بیچاره درآمدی از حمّالی درنمی‌آورد که بخواهد برای من کتاب بخرد.

آقای من می‌گوید : فلانی را دیدی، آن‌قدر کتاب خوانده، کله‌اش پوک شده

- بچه‌ها، بچه‌ها، این قصّه‌ها را بگذارید برای بعد.

- باید برای آن‌ها که نمی‌توانند حقّ عضویت بدهند، فکری بکنیم.

- پیشنهادت چیست؟

- پیشنهاد من این است، کسانی‌که به هردلیلی امکانِ اهداءِ کتاب به کتاب‌خانه را ندارند.

- خوب؟

- از آن‌جا که در شرطِ اولیه در مورد اهدای «متن» حرف زدیم و نه«کتاب» می‌توانند خودشان داستان بنویسند.

- عالی‌است، به این‌ترتیب جای هیچ اعتراضی هم نمی‌ماند.

- خوب، تعریف تو از متن چیست؟

- نه، این اصلا" خوب نیست.

- بچه‌ها خود می‌توانند قصّه‌شان را بنویسند.

- بچه‌ها می‌توانند سفرنامه بنویسند.

- بچه‌ها می‌توانند خواب‌ها و رؤیاهاشان را بنویسند. بچه‌ها خیلی‌چیزها می‌توانند بنویسند.

- آری، همین، اگر کسی نمی‌تواند به هردلیلی اثری چاپ شده، تهیه و به کتاب‌خانه اهداء کند، باید خودش اثری خلق کند.

- کاش، من عضو نشده بودم.

- چرا؟ تو که این‌همه کتاب داری، یکی‌اش را دادی به بقیه، در عوض آن صدتا کتاب می‌گیری، می‌خوانی.

- تو چرا غُر می‌زنی؟

- من ناراحت نیستم که کتاب به کتاب‌خانه داده‌ام، بقیّهٔ‌کتاب‌هام را هم می‌خواهم اهداء کنم، درصورتی‌که در این شرائط عضویت، درمورد اهدای بیش از یک اثر هم تصمیمی گرفته بشود.

- ما در بیانیهٔ اول هم، حداکثر تعیین نکردیم. هرکس، هر چند تا می‌خواهد می‌تواند، هدیه بدهد.

- تو چقدر خوبی.

- برای همین است این‌قدر همه دوستت دارند.

- گوش‌هام درازشد.

- پس برای چی غُر می‌زنی؟

- دوست داشتم نوشته‌های من را هم بچه‌ها می‌خواندند و البته در یک جلسه‌ای در موردش حرف می‌زدیم.

- این پیشنهاد عالی‌است.

- کدام؟

- جلسهٔ نقدوبررسی.

- الان که ممکن نیست.

- چرا؟ تو همه‌اش نه می‌آوری.

- برای این‌که خیلی‌ها هنوز یک اثر هم نخوانده‌اند. در مورد کاری که نخوانده‌اند، می‌آیند نظر می‌دهند.

- برای چه باید در مورد اثری که نخوانده‌اند، نظر بدهند. شما چه فکرمی‌کنید؟

- من می‌دانم، این اتفاق می‌افتد.

- کسی نمی‌گوید من این اثر را نخوانده‌ام.

- آن‌چنان در مورد موضوع اثر گفت‌وگو خواهندکرد، که تو به خودت شک می‌کنی.

- این جلسه نقدوبررسی را بگذار در برنامهٔ بعدی.

- ولی، تو می‌توانی نوشته‌های خودت را هم به کتاب‌خانه بدهی.

- باید یک‌فکری بکنیم که اعضاء تشویق بشوند و بیش از یک اثر هدیه بدهند.

- و هرکسی هم بتواند نوشته‌های‌اش را با دیگران به‌اشتراک بگذارد.

- در این‌صورت باز همه را در یک میزان خواهیم داشت.
- با این تفاوت که تعدادی از آن‌ها در ابتدای عضویت مجبور شده‌اند اثر چاپ شده، اهداء نمایند.
- در مقابل، آن‌هائی‌که نمی‌توانستند اثری چاپ شده تهیه و اهداء نمایند، مجبور می‌شوند برای عضو شدن بنشینند، فکرکنند و چیزی بنویسند.
- من که‌اشکالی در این‌کار نمی‌بینم.
- همه موافق‌اید؟
- بله

هیئتی چندنفره تشکیل شد برای شورا، هر چند حق تصمیم نهائی را تا اطلاع بعدی برای خود حفظ کردم.

الان فکرمی‌کنم من چنین حقی نداشتم، اما اصلا" دلم نمی‌خواست هدایتِ حرکتی را که تازه شروع کرده بودم، اولین حرکت اجتماعیِ زندگی‌ام را، به دیگری یا دیگران بسپارم. حداقل تا زمانی‌که مشکلات اولیه بروز نمی‌کرد و راه‌کارهای مناسب آن‌ها را نیافته بودم و منشوری کامل و جامع تهیه نشده بود، خودم در رأس امور می‌ماندم. بعد ازگذشت این‌همه سال، می‌بینم در آن‌لحظه بهترین تصمیم را گرفتم، اگر باز هم به گذشته بازگردم، باز همان تصمیم را خواهم گرفت.

چرا من به قضاوت خود درگذشته، پرداخته‌ام؟! این‌کار اصلا"درست نیست. آن‌زمان و آن‌مکان، آن اشخاص، آن موقعیت، آن شرائط تکرار نمی‌شوند. من آن‌روز، برای آن‌روز تصمیم گرفته‌ام.

بعد از آن، البته تنها می‌خواستم یکی از اعضا باشم، کتاب‌خانه‌ای در نزدیکی‌ام باشد با منابع بزرگ‌تر از کتاب‌خانهٔ شخصیِ خودم.

مراسم گشایش کتاب‌خانهٔ محلی

به دلیل حساسیت موضوع، متن مراسم را بعد از تهیه پیش میرزابنویس محل بردیم و از او خواستیم، آن را به صورت اداری براماان بازنویسی کند. البته که نظرات خود را هم برآن اعمال کرد. متن را به یادگار نگاه داشته‌ام، در قابی که همان وقت به دست اعضاء ساخته شد.

« این کتاب‌خانه توسط اهالی محل و با مشارکت همه برپا می‌شود. طبق توافق به عمل آمده، اعضای کمیتهٔ راهبردی با رأی‌گیری انتخاب و برای مدت آزمایشی یک‌ماه مشغول به فعالیت خواهندشد. در صورت جلب رضایت اکثریت اعضاء، زمان انجام فعالیت ایشان به مدت یک‌سال دیگر تمدید خواهد شد. جلسهٔ بررسی عملکرد کمیته در انتهای هرماه برگزارخواهد شد. شرکت در این جلسات برای همهٔ اعضاء، آزاد است. در جلسات ماهانه برنامه‌هائی که برای توسعهٔ کتاب‌خانه توسط اعضاء ارائه شده، بررسی و در صورت تائید اکثریت، به اجرا درخواهد آمد.

اعضاء شاغل، بنا به درخواست خود یا رأی اکثریت می‌توانند از کارکنارهگیری نمایند، دراین‌صورت از بین افراددداوطلب، با اکثریت آراء جایگزین ایشان انتخاب خواهد شد. افراد شاغل در کتاب‌خانه هیچ مزیتی بر دیگر اعضاء ندارند.

حقّ عضویت افراد، اهداء یک‌کتاب یا متن ادبی آزاد از سوی درخواست‌کننده، به کتاب‌خانه است.

داوطلبان عضویت درصورتی‌که کتابی برای اهداء ندارندو می‌خواهند کتابی خریداری نمایند، ابتدا به لیست کتاب‌های موجود مراجعه نمایند، تا هزینه اضافه پرداخت نکنند. بدیهی‌است عنوان موجود در کتاب‌خانه، تنها درصورتی مجددا" پذیرفته می‌شود که تعداد خوانندگان آن زیاد باشد و یک‌جلد آن پاسخ‌گوی نیاز اعضاء نباشد.

کسانی که کتابی برای اهداء ندارند و پول تهیهٔ کتاب را هم ندارند، می‌توانند خود متنی، حداقل در بیست‌برگ بنویسند وتحویل کتاب‌خانه دهند. فردی که با این روش

به عضویت کتاب‌خانه در می‌آید، متعّهدمی‌شود که در صورت استقبال اکثریت اعضاء از نوشته‌اش، به نوشتن مطلب برای کتاب‌خانه ادامه دهد.

بدیهی‌است دوستانی که با کاروندیشهٔ فرهنگی، باعث توسعهٔ منابع کتاب‌خانه می‌شوند، از حمایت کلیهٔ اهالی محل در همهٔ امور برخوردارخواهند بود.

با سپاس از حضور همهٔ دوستان، اعلام می‌کنم این متن روی دیوار نصب می‌شود و دوستان فرصت دارند تا انتهای هفته آن را بخوانند و نظرات و پیشنهادات خود را جهت تصویب نهائی و اجرائی کردن آن اعلام نمایند.

البتّه که این نوشته هیچ‌وقت بازنگری نشد و مانند تمام پیشنهاداتی که در نهادهای اجتماعی داده می‌شود، می‌توان به یقین اعلام داشت که تعداد انگشت‌شماری از اعضاء آن‌را خواندند تا مطمئن شوند چیزی بر خلاف منافع ایشان به رشتهٔ تحریر درنیآمده باشد.

دست‌نوشتهٔ میرزای محل تنها چیزی‌است که از آن کتاب‌خانه برای من به یادگارمانده است. هنگام دورشدن ازکتاب‌خانه، حتی کتاب‌های خودم را - برحسب عادت موقع خرید تاریخ می‌زدم و امضاء می‌کردم و به‌راحتی قابل شناسائی بود — گذاشتم، همان‌جا بماند.

مادرکه می‌دید من همیشه در حال خواندن و نوشتن هستم گاه تذّکر می‌داد که درس‌خواندن هم اندازه دارد. تا زمانی‌که از مدرسه فراخوانده شد و دانست که این همه خواندن و نوشتن ربطی به درس‌ومشق نداشته است.

توزیع دست نوشته‌های خودم در مدرسه، کار دستم داد !

مدیرمدرسه، خوش‌بختانه مادرها را خوب نمی‌شناخت تنبیه مرا به مادر سپرد و مادر تنها کاری که کرد، تشّری محتاطانه در اتاقِ مدیر و پیشِ چشم او بود:

- باید حسابی با هم صحبت کنیم.

مدیر از تشّر تند مادر جا خورد : شما هم زیاد سخت نگیرید!

فراری

سرانجام از خانهٔ پدری گریخت.

مادر در تماس‌های تلفنی گاه‌به‌گاه، حال همه را می‌پرسید. اما، از خود هیچ نمی‌گفت. دختر سعی می‌کرد، او را وادار به سخن گفتن بنماید.

- مامان، چه‌کار می‌کنی؟ کجا زندگی می‌کنی؟ خرجات را چطور تأمین می‌کنی؟

- خوبم مادر، نگران من نباش. از خودت بگو، تو چه‌کار می‌کنی؟ خوب هستی؟

- خوب نیستم. مگر می‌شود در این‌جا خوب بود. تو هم که مرا تنها گذاشتی و رفتی.

- می‌توانستم بمانم و نماندم؟ زود یادت رفته است که چه بلاها سرِ من آوردند.

- من یادم نرفته، کاش تو هم یادت نرفته باشد.

- مگر می‌توانم فراموش کنم؟ بیشتر از تو نگران برادرهای‌ات هستم. جوان‌اند و جاهل، می‌ترسم، نکند به راه خطا بروند.

- اگر نگران ما بودی، ما را هم با خود می‌بردی؟

- کجا می‌بردم؟ ها، دختر، شما را کجا می‌بردم؟ مگر سقف بالای سرم بود؟

- نمی‌دانم، تو چطور زندگی می‌کنی؟ کجاهستی؟ هرچه بود، در کنار هم بودیم، بهتر نبود؟

- نه دختر، بهتر نبود. دختری که پدر بالای سرش نباشد، آخرو عاقبت خوبی ندارد.

- یک چیزی می‌گوئی مادر جان، مگر آقام برای من چه‌کارمی‌کند؟ به‌خدا قسم که اگر قرار باشد، اینجا بمانم، خودم را می‌کشم.

- این حرف‌ها چیست؟ توبه کن. توبه

- نمی‌شود من هم بیآیم پیشِ تو؟

- هر چه من می‌گویم در گوش تو فرو نمی‌رود، دختر باید همان‌جا بمانی

- نمی‌مانم.

- حرف گوش کن،

- تو دختری، جوانی، چند صباح دندان روی جگر بگذاری، یک خواستگار خوب برایت پیدا می‌شود. پدر بالای سرت باشد، برای خودت بهتر است. سر بلند می‌روی خانهٔ بخت.

- نمی‌خواهم، خسته شده‌ام تو که نمی‌دانی چه بلاهائی سر من می‌آورند.

- می‌دانم دخترم ولی چاره‌ای نیست، مجبوری تحمّل کن

تحمل هرکسی یک‌روزی تمام می‌شود، آن‌وقت قیدِ همه‌چیز را می‌زند.

خلوت

مرد به آرامی وارد اتاق می‌شود. زن پشت میز، غرق در مطالعه است. نور صبحگاهی خورشید، تمام پهنهٔ اتاق را از حضور خویش پرکرده است.

زن پشت به فضای سردِ اتاق، روبه روشنائی روز رو به خیابان، نشسته است.

مرد: کی بیدار شدی؟

زن: نمی‌دانم، خیلی وقت نیست.

مرد: فکرکنم یک‌ساعت بیشتر است که از پیش من گریخته‌ای.

در حین حرف‌زدن خود را به پشت میز رسانده و دست در موهای زن، به دفترچه‌ای که در دست اوست، نگاه می‌اندازد.

مرد: تو نمی‌خواهی این آدم را رهاکنی؟ بگذار برود هرکاری می‌خواهد با خودش بکند. تو هم رها می‌شوی و ما دوباره به زندگی خود باز می‌گردیم.

زن: به همین راحتی؟ بگذارم برود؟!

زن به آرامی رویاش را از سمت بیرون به درون فضا می‌کشد: یک اعتراف باید پیش‌ات بکنم.

مرد مشتاقانه: من عاشق اعتراف‌گرفتن هستم، به‌خصوص در یک صبح دل‌انگیز. من فکرمی‌کنم اعتراف در سحرگاه، صداقت بیشتری در خود دارد. برای همین است که محکومین به اعدام را در سحرگاه می‌برند و آخرین اعترافات و خواسته‌هاشان را در همان‌زمان می‌شنوند. آخرین حرف‌های یک محکوم به مرگ در سحرگاهی که برای اعدام می‌رود شنیدنی است..

زن: اعترافِ من البته آخرین اعترافات پیش از مرگ نیست، پس کمی آرام باش.

مرد: منتظرم

زن: این زن، نمونهٔ یک کار تحقیقی برای من است. البته، به خودش هم این را گفته‌ام و مشکلی با این موضوع نداشت، موافقت کرد.

مرد: خوب، خوب، می‌بینم دو بخشِ کار را درهم کردی.

زن: از اول هم جدا از هم نبودند، تو از من خواستی دو فصل جداگانه به آن‌ها اختصاص دهم.

مرد: به نظر من درست نیست از کسی‌که برای استمداد نزد تو آمده، استفادهٔ تحقیقاتی بکنی.

زن: خودش موافقت کرد، با رضایت. گفت خوشحال هم می‌شود. گفت به این‌ترتیب، حتّی اگر نتوانم به طورمستقیم به خودِ او کمک کنم، احساس خوبی خواهد داشت که در کمک به دیگران، نقشی داشته است. حتّی، پیشنهاد کرد که بیش از یک نمونه رویِ او حساب کنم و اگر در روند این تحقیق نیاز بیشتری به حضور و همکاری او داشتم، بگویم.

مرد: و این زن با این خصوصیات که می‌گوئی بیمار است؟

زن: بیمار، نه؟ درمان‌جو.

زن: خوب، باید بگویم او حالش بهتر از خیلی‌هاست.

مرد: به این معنا که مشکلاتی دارد.

زن: همهٔ ما مشکلاتی داریم. انسان در یک‌قالب و چهارچوب مشخص تعریف شده نمی‌گنجد و متأسفانه هرگونه ناهمگونی با این قالب، نام ناهنجاری به خود می‌گیرد.

مرد: اصولِ علمی را که نمی‌شود زیر سؤال ببری. بالاخره او به لحاظ تعاریف و چهارچوب‌های شناخته شده دچار ناهنجاری‌های اجتماعی‌است؟

زن: به طور علمی و تخصصی بخواهم دسته‌بندی کنم، باید بگویم، بله. او تجربه‌های تلخ زیادی از سرگذرانده، تمام زندگی‌اش را ورق زدم. یک‌روز شاد در آن نیافتم، نیست.

مرد: آدم‌ها، معمولا روزهای شادشان را با کسی قسمت نمی‌کنند.

زن: حتی با قلم و کاغذ؟

مرد: بلی، حتی با قلم و کاغذ. آدم شاد، به دنبال لذّت خویش است.

زن: یعنی، هنر زائیدهٔ درد است؟

مرد: کاملا" نه، در واقع کاملا" برعکس. یک انسان معمولی، دردها و غم‌هاش را با دیگران در میان می‌گذارد و اگر دیگرانی حضور نداشته باشند یا احساس کند، آن‌ها او را نمی‌فهمند، به خلوت می‌رود و سکوت پیشه کرد. این آدمی که سکوت پیشه

کرده، در گذر زمان، پوست می‌اندازد. اگر مختصر سابقهٔ آشنائی با هنر داشته و اعجاز هنر را لمس کرده باشد، به سوی هنر رو می‌کند.

زن: و یک‌هنرمند از دلِ درد زاده می‌شود.

مرد: نه، هنوزخیلی راه مانده است. با هنر ورز می‌یابد و تبدیل به دیگری می‌شود.

زن: بحث زیادی می‌طلبد. بگذار برای زمانی دیگر، من درگیر این درمان‌جو هستم. پس تو می‌گوئی، این فرد روزهای شادش را به روی کاغذ نیاورده است. یعنی می‌توان امید داشت که روزگار به آن تلخی هم که ترسیم کرده است، نبوده؟

مرد: همین‌طور است.

زن: در گفتارهای بعدی با او، از این قضیه اطمینان حاصل می‌کنم.

مرد: به غیر از نداشتن روزهای شاد در زندگی، چه نشانهٔ دیگری در او هست؟ به راستی من تاکنون نشنیده‌ام چیز خاصی در مورد او بگوئی، و این پرسش مدام در سر من می‌چرخد که چه‌چیزی این فرد را از دیگران متمایزکرده است؟

زن: او خوب می‌نویسد.

مرد: تو مراجعین هنرمندونویسنده زیاد داشته‌ای، این نمی‌تواند دلیل قانع کننده‌ای برای خاص‌شدن او باشد.

زن: او یک جور خاصی می‌نویسد. اشعار عربی را ترجمه می‌کند. از حال‌وروز خود با آگاهی سخن می‌گوید. او، خودش خاصّ است. برای من این‌چنین است. من اگر جای تو بودم، حتما" چنین کاراکتری را در فیلم‌هام جا می‌دادم و همیشه می‌گذاشتم یک‌جائی باشند و دیده شوند. به عنوان امضای پای‌کار یا چنین‌چیزی.

مرد: داری مرا وسوسه می‌کنی تمام اخلاقیات حرفه ای خودم و ترا کنار بگذارم و آن دفترها را بگیرم، بخوانم.

زن: نه، این اجازه را نمی‌دهم. حداقل تا از خودش اجازه نگرفته باشم.

مرد: باشد، باشد. من دیگر باید بروم سرِ صحنه، می‌خواهی با من بیائی؟

زن: خیلی دوست دارم بیایم، بیشتر ترجیح می‌دهم زمان مونتاژ کنارت باشم.

مرد: آن موقع هم می‌آئی. زود باش بپوش، برویم

زن:کم‌کم کن

فرصتِ دوباره

گاه فرصت‌هائی برای باهم بودن، بی‌دغدغهٔ خاطر پیش می‌آید. این فرصت‌ها، اما در ازدحام روزمرگی‌های بیهودهٔ زندگی دیده نمی‌شوند. آیا این اتفاق یک فرصت دوباره بود؟

من، باردار بودم. آیا می‌توانستم، با مردی که آن‌گونه از صحنه گریخت و مرا تنها رها کرد، ادامه دهم؟

قبل از هرچیز باید از سلامت بچه مطمئن می‌شدم. از دکتر خواهش کردم هرکاری لازم‌است، برای تشخیصِ سلامتِ بچه انجام دهد.

نمی‌خواستم هیچ‌حرفی از این اتفاق زده شود، می‌دانستم که به محض شنیدن این خبر، همهٔ اطرافیان شادی و سرور خواهند کرد. شادی و سرور نزدیکان به طورحتم بر تصمیم‌گیری من تأثیر می‌گذاشت. گاه آدمی بی‌این‌که متوّجه باشد برای خود شرائطی می‌آفریند که او را به سوی انجام کاری می‌راند که در آن حکم منطقی وجود ندارد.

با وضعیت پیش‌آمده و جواب‌هائی که آزمایشگاه و سونوگرافی فرستاده بودند، اولین و مهّم‌ترین تصمیم، قطع باردای یا ادامهٔ آن باوجود آگاهی بر خطراتی که خود و جنین‌ام را تهدید می‌کرد، بود.

خانه‌به‌دوش

دختر، به محض این‌که شماره تماس ثابتی از مادر به دست‌آورد، از خانهٔ پدری گریخت.

از باجهٔ تلفن عمومی به آن شماره زنگ زد.

- الو، ببخشید، خانم قربانی هستند؟
- شما؟
- من دخترَش هستم.
- گوشی.
- الو، مادر، چرا زنگ زدی؟ اتفاقی افتاده است؟
- از خانه بیرون زدم.
- ای وای، دخترجان تو چه کردی؟ چرا؟
- دیگر نمی‌توانستم آنجا دوام بیآورم، تو کجائی؟ می‌خواهم بیآیم پیشِ تو.
- آخر من به تو چه بگویم، دختر. اگر جائی‌که من هستم، جای آمدن تو بود که خودم می‌آوردم‌ات.
- جهّنم که نیست مادر جان، هرجا باشد می‌آیم.
- جهّنم نیست.
- کجاست؟ یک کلام بگو. شاید هم، همهٔ این‌ها بهانه است که از شرِّ من خلاص شوی.آری؟
- نه دخترم، این چه حرفی‌است؟ تو دختر منی؟ عزیزدلم، من همیشه بهترین‌ها را برای تو خواسته‌ام.
- من که باورم نمی‌شود. تا خانه بودی که همیشه دورو بر پسرها می‌پلکیدی، حالاهم که رفته‌ای، می‌خواهی من بمانم اینجا کلفتی پسرهات را بکنم، مبادا آقازاده‌هات به‌شان بد بگذرد.

-	این‌جور با مادرت حرف نزن، اگر بیشتر حواس‌ام پی آن‌ها بود، برای این‌که می‌دانستم تو دختر عاقلی هستی. حواس‌ات به خودت هست. اما آن‌ها، پسرِ جوان از عقّل به دور است. با چندآدم ناحسابی که آشنا شود، راهش را گم می‌کند.

-	حالا که می‌بینی آن‌ها باعث شدند من پای‌ام را کج بگذارم

-	دخترم تا دیرنشده، برگرد خانهٔ پدرت

-	مامان، من به تو چه بگویم. نمی‌توانم. خیابان برای من امن‌تر از آن خانه است.

-	ای وای، ای وای

-	نمی‌خواهی کمک‌ام کنی؟ بگو!! مامان به خدا ازت می‌گذرم، فقط یک کلام بگو! قول می‌دهم اگر بگوئی من را نمی‌خواهی، دیگر بهت زنگ هم نمی‌زنم.

-	دخترک بیچارهٔ من، الان کجائی؟

-	خیابان

- کدام خیابان؟

- خیابان...

- پول همراهت داری؟

- کمی

- می‌توانی ماشین بگیری، بروی به این آدرسی که می‌دهم، من کارم تمام شد، می‌آیم. بعد یک‌فکری می‌کنیم.

- کار می‌کنی؟ چه‌کار؟ چرا نگفتی؟

- حالا آمدم، می‌گویم. الان باید بروم، سرکارگر صدایش درمی‌آید. یک‌ساعت است، داریم با تلفن حرف می‌زنیم

- باشد مامان، کی می‌آی؟

- تو برو، من کارم تمام شد می‌آیم دخترم. مراقب خودت باش

اتاق‌های اضافی

خانه به یک‌باره و با برنامه و نقشهٔ قبلی ساخته نشده بود. آن‌جاها خانه‌ها همین‌طوری ساخته می‌شوند. وقتی دو نفر با هم ازدواج می‌کنند درگوشه‌ای ازحیاط خانهٔ پدری یک اتاق برای آن‌ها ساخته می‌شود، همین‌طور که تعداد اعضای خانواده زیاد می‌شود، متراژ زیربنای خانه هم بالا می‌رود. برای یک نفر، یک اتاق شش‌متری کافی‌است. دو نفر با هم، می‌شود یک اتاق دوازده متری. همین‌طور که مردومردان خانواده در کار گذاشتن آجرروی‌آجر هستند، زنان ودختران خانواده در حال بالا بردن رج‌ها پشت‌دار قالی کمرخم می‌کنند. ابعاد قالی با ابعاد اتاق‌ها می‌خواند. قناسی در هیچ‌کدام پذیرفته نیست. اگر هم، اتاق برحس ضرورت قناس باشد، قالی را بی هیچ قناسی تمام می‌کنند و موقع فرش کردن اتاق لبهٔ قالی تا می‌شود.

اتاق ما به خاطر بریدگی گوشهٔ زمین که در ملک همسایه جامانده بود، گوشهٔ قناسی داشت و در آن‌گوشه قالی را به دیوار میخ کرده بودند. گوشهٔ قالی روی دیوار یک مثلث کوچک سرخ ایجاد کرده بود. همیشه در حال فکرکردن، ناخواسته به آن‌گوشهٔ قالی خیره می‌شدم و لبهٔ تیزبرآمده آن‌گوشه مرا از فکر کردن به چیزهائی که آزارم می‌داد، دور می‌کرد.

همه‌چیز خوب بود، تا زمانی‌که چاه مستراح که در انتهای حیاط قرارداشت، پر شد. چاه مستراح که پرمی‌شود، دهانهٔ چاه را می‌بندند و کمی آن‌سوتر، چاه دیگری حفر می‌کنند.

به این‌ترتیب، بعد از طیِ سالیان متمادی اسکان اهالی در یک محل ، همه‌جا پرمی‌شود از چاه‌های مستراح. شهرهای ما، روستاها و آبادی‌های ما، بر روی چاه‌های مستراح ساخته شده‌اند. گاه فکر می‌کنم، بی‌نیاز به هیچ نیروی بیرونی، یک‌روز تمام شهر درون چاه‌های مستراح فرو می‌رود و چیزی که از آن برجای خواهدماند، دشتی پر از فضولات انسانی‌است.

درِ چاه را بسته بودند، اما آن چاه نمی‌خواست به فراموشی سپرده شود و با هر نم بارانی یا آبی که در حیاط ریخته می‌شد، زردآبی در اطراف حلقهٔ چاه ظاهر می‌شد. از رنگ خاک نم خورده می‌شد محل دهانهٔ چاه را تشخیص داد.

زردآبی که از زیر خاک بیرون‌زده، مرز بین کوچه و حیاط خانه بود. گاه زردآب متعّفن، از کوچه هم بیرون می‌زد. مرز دقیق حرکت زردآب، جوی آب حفر شده در خیابان بود.

بوئی که از چاه قدیمی سربسته، بیرون می‌زد، تمام فضا را اشغال کرده بود.

هیچ‌وقت آن زردآب از روی زمین و از ذهن من محو نمی‌شود. به گذشته که فکر می‌کنم، همیشه تصویر زردآب روی خاک گوشهٔ حیاط را می‌بینم و آن بو را استشمام می‌کنم.

بوئی که می‌آمد، کم‌کم اتاق‌های پائین را به متروکه بدل کرده بود. کمترکسی به سمت‌وسوی آن اتاق‌ها می‌رفت. اتاق‌ها، خالی مانده بود و هراتاق خالی، زیست‌گاهی امن برای حشرات و حیوانات خانگی‌است.

یک‌روز به همراه مادر، خانمی هم‌سن وسال خود او و دختری هم‌سن به خانهٔ ما آمدند.

مادر همهٔ ما بچه‌ها را دور خود جمع کرد وآهسته گفت:

چندروزی میهمان ما خواهند بود، به ایشان احترام بگذارید. یادتان باشد، شب‌ها سمت در ورودی اتاق‌شان نروید، یا مبادا از پنجره به داخل نگاه بیاندازید.

این دوجمله را با نگاهی پر از تشّرو تهدید، بیشتر خطاب به پسرها گفت، و بعد روکرد به دختران و گفت :

بروید کمک کنید، لوازم‌شان را بچینند. هرچیزی هم کم‌وکسر داشتند، از خانه براشان ببرید تا ببینیم خدا چه می‌خواهد.

جلوی در اتاق، به خانم سلامی کردم :

- سلام خاله، خوش آمدید
- سلام دخترم، ممنون
- آمدم ببینم کمک می‌خواهید؟
- نه عزیزم، چهارتا رخت‌و لباس که کمک نمی‌خواهد

- چیزی لازم ندارید؟

- تو نمی‌خواهد زحمت بکشی، راه را نشان بده. الهه می‌آید، خودش می‌آورد. الهه جان، دخترم، بیا با خانم برو چندتا چیز بگیر بیار امشب را سرکنیم، اگر خدا بخواهد، فردا می‌رویم بازار کمی خرت‌وپرت برای خودمان می‌خریم. خدا خیرتان بدهد

- الهه، با من بیا

از روزی که از آقاجان بی‌خبر مانده بودیم، دست‌وبال خودمان هم تنگ بود و حالا من نمی‌دانستم این مهمان‌ها را مادر از کجا آورده است و چطور می‌خواهد از آن‌ها پذیرائی کند؟!

کم‌کم، تمام اتاق‌های خانه پر شد و ما در یک گوشهٔ حیاط، در یک اتاق تودرتو کنار هم چپیدیم. اتاق تودرتو که می‌گفتند درواقع یک اتاق بزرگ بود که توسط دری سرتاسری به دونیمه تقسیم می‌شد. این در زمان میهمانی، اتاق را به دو بخش مردانه و زنانه تقسیم می‌کرد.

تعداد آدم‌های خانه به یک‌باره آنقدر زیاد شد که دیگر زردآب گوشهٔ حیاط نبود که هرروز صبح خودنمائی می‌کرد. همیشه کسی آن‌جا در جلوی سطح زردآب درحال قدم رو رفتن بود.

حلقه

کلیدِ ارتباط را یافت، نام الهه به‌موقع بر زبان مادر جاری شده بود، مرد خوشنود شد.

الهه می‌توانست همان روان‌شناس باشد. برای حضور او، شروع خوبی‌است. به مرور با او آشنا خواهیم شد.

نوشته‌ها را به روی کابینت می‌گذارد. ملاقات با مشاور هرچند کوتاه بود، اما توانست در ناخودآگاه او تصویر خود را ثبت و در زمان مناسب در جای مناسب خود را نشان دهد.

قهوه‌ای برای خود می‌ریزد، قهوه را تلخ می‌خورد.

زن را نمی‌بیند، نمی‌داند از کی او را ندیده است. کمی در اتاق بالا، پائین می‌رود.

گردِهم‌آئی

دور منقل می‌نشستیم، یکی ذغال را درون آتش‌گردان می‌انداخت و می‌گیراند. همه مشتاق گرداندن آتش بودند. هرشب، نوبت به یکی می‌رسید. آتش‌گردان را می‌گرداند و می‌گرداند تا همهٔ ذغال‌های درون آن سرخ شود. بعد آن ذغال‌های سرخ را در انبوه ذغال‌های روسیاه پراکنده می‌کردند و چندذغال هم روی آن‌ها می‌گذاشتند. باد آتش را زنده می‌کرد. صفحهٔ داخل منقل سرخ می‌شد، سرخ‌تر و سرخ‌تر.

بعد آن را زیرکرسی می‌گذاشتیم و دورتا دور کرسی حلقه می‌زدیم. حرف‌های زیادی ردّوبدل می‌شد که هیچ‌کس به‌درستی آن‌ها را دنبال نمی‌کرد. گاه سکوت بود و گاه از جائی دور سخن به میان می‌آمد.

داستان‌های بسیاری نقل می‌شد. افسانه‌های بسیار، آرزوهای بسیار در پای کرسی به زبان رانده می‌شد و پایه‌های تحقق بسیار از آن آرزوها هم در همان‌جا طرح‌ریزی می‌شد.

محیط گرم بود. گرم بود، آرام و من احساس امنیت را در آن‌خانه یافته بودم، با آن‌که آن‌ها کسان من نبودند. مادرم روزها و شب های پیاپی به خانه نمی‌آمد. هیچ‌کس از او نمی‌پرسید چرا؟ من هم دیگر جرأت پرسیدن نداشتم.

با بچه‌های خانه آشنا شده بودم باهم به مدرسه می‌رفتیم و باهم بازمی‌گشتیم باهم غذا می‌خوردیم. باهم درس می‌خواندیم، باهم می‌خندیدیم و باهم می‌گریستیم. خانواده‌ای را که نداشتم، بین آن‌ها یافته بودم.

ترس‌های پنهان

مرد: گاه زندگی آدم را به سوی تنهائی سوق می‌دهد. تنهایی، یعنی دور شدن از کسانی‌که با آدمی نقاط اشتراک فکری و حسّی دارند. برای فرار از این تنهایی، جمع‌شدن دور حلقه‌هائی که هیچ سنخیتی با آدم ندارند، یک راه حل موقت است.

تنهائی، لحظه‌ای بر انسان چیره می‌شود که کسی نباشد حالت را بپرسد.

مشاور: احساس تنهائی می‌کنی؟

مرد: هم آری، هم نه. همسرم درکنار من است. همیشه درکنارم بوده است و ایمان دارم که هیچ‌گاه مرا رها نمی‌سازد.

مشاور: چه احساسی ترا نارحت کرد؟ برای چه به اینجا آمده‌ای؟

مرد: احساس‌های مبهم، زیاد به سراغم می‌آید.

مشاور: بیشتر حرف بزن، خواهش می‌کنم لگام دهانه را رها کن، بگذار کلمات رها بشوند و بیرون بریزند. اگر این سدّ را نشکنی، هیچ پیشرفتی نخواهیم داشت.

مرد: من به جست‌و جوی راه‌های پیشرفت، سراغ شما نیامده‌ام.

مشاور: برای‌چه آمده‌ای؟ خودت می‌دانی؟

مرد: خودم که می‌دانم، البته آدم عاقل‌و بالغ که نادانسته کاری نمی‌کند

مشاور: خب اگر می‌دانید، می‌توانید به من هم بگوئید تا بدانم.

مرد: نه، نمی‌توانم.

مشاور: چرائی آن را هم نمی‌توانید بگوئید؟

مرد: نه، شاید برای گفتن آن زود باشد.

مشاور : باشد، حالا که آمده‌ای باید حرف بزنی. تا سرِصحبت را بازنکنی، من نمی‌توانم هیچ کمکی به تو بکنم.

مرد: بله

مشاور: خوب بالاخره من موفق شدم یک جواب مثبت از تو بگیرم.

مرد: چه چیزی بگویم؟

مشاور: چه چیزی ذهن ترا مشغول کرده؟

مرد : در این لحظه؟

مشاور : بله، در همین لحظه.

مرد: شما.

مشاور: من؟ یعنی‌چه؟ منظورت چیست؟

مرد: ذهن من مشغول این است که بدانم در ذهن شما چه می‌گذرد.

مشاور : این که در ذهن من چه می‌گذرد، مسئلهٔ مهمی نیست. شما باید...

مرد حرف مشاور را قطع می‌کند: ببخشید، چطور می‌توانید بگوئید که مهّم‌نیست، درذهن شما چه می‌گذرد؟ خیلی هم مهّم است. برای‌چه با خود این چنین برخورد می‌کنید؟ با این طرز تفکّر شما چطور می‌خواهید به بیماران تان کمک کنید؟

مشاور : منظور من را اشتباه برداشت کرده‌ای. البته که من برای آنچه در ذهن‌ام می‌گذرد ارزش قائلم. منظور من این بود که ما اینجا، کنار هم هستیم که بدانیم مشکل تو چیست و در ذهن تو چه می‌گذرد؟ چه چیزی تو را آزار می‌دهد؟

مرد: چیزی مرا آزار نمی‌دهد، به جز آنکه نمی‌دانم در ذهن شما چه می‌گذرد؟

مشاور: سؤال خود را طوردیگری مطرح می‌کنم، چه چیزی شما را به اینجا کشانده است؟

مرد: اگر بخواهم صادقانه پاسخ دهم باید بگویم شما.

مشاور: بیشتر توضیح بده.

مرد: من آمده‌ام اینجا، برای این‌که شما را بیشتر بشناسم

مشاور: شخصِ بنده را؟!

مرد: نه، البته آنقدر هم موضوع خصوصی نیست. می‌خواهم روان‌شناس‌ها را بیشتر بشناسم.

مشاور: به چه‌کار شما می‌آید؟!

مرد: آن باشد برای بعد.

مشاور: این‌طورکه می‌گوئی، پس بهتر است تو شروع کنی.

مرد: در هرحالتی من باید شروع کنم؟ نمی‌شود ابتدا شما کمی در مورد خود حرف بزنید؟!

مشاور: از خودم؟!

مرد: من هم دقیقا" برای همین اینجا هستم. می‌خواهم در مورد شما بدانم.

مشاور:چه می‌خواهی بدانی؟ بپرس تا به تو بگویم.

مرد: برای‌چه این شغل را انتخاب کرده‌ای؟ آیا در زندگی شخصی خود مشکلی داری یا نه؟ آیا تاکنون توانسته‌ای به کسی کمک کنی؟ منظورم کمک واقعی‌است. به طور مثال توانسته‌ای کسی را که اقدام به خودکشی کرده است، نجات دهی و امید به زندگی در او بدمی؟ چقدر به کاری که می‌کنی باور داری؟

مشاور : خب، خب، می‌بینم سؤال‌های زیادی در مورد این حرفه تو را به خود مشغول کرده است، اما جواب‌های من کوتاه و مختصر و منحصر به خود من است و نمی‌توانی آن را به کل افرادی که این شغل را برای خود برگزیده‌اند تعمیم دهی.

مرد: این را می‌دانم

مشاور: خب پس می‌توانیم این‌طور نتیجه بگیریم که تو برای شناخت خود من اینجا هستی و آیا می‌توانم بپرسم شناخت من چرا برای شما اهمیت دارد؟

مرد: این یک انتخاب تصادفی است.

مشاور: کاملا" تصادفی؟! آیا می‌توانم این حرف را باورکنم؟!

مرد: باور آن به عهدهٔ شماست.

زن به بیرون پنجره خیره می‌شود، باد در لابلای برگ‌های درختان می‌پیچد. برگی از شاخه می‌چیندبرگی زرد، برگ‌ها زرد که می‌شوند سبک می‌شوند و باد می‌تواند به‌راحتی آن‌ها را از شاخه جداکند.باد تندی نیست، به آرامی می‌وزد و این را از گردش نرم‌وآرام برگ به‌راحتی می‌توان فهمید.

مرد: ما اینجا، کنار هم هستیم که بدانیم مشکل تو چیست و در ذهن تو چه می‌گذرد؟ چه چیزی در گذشته‌ات، تو را آزار می‌دهد و چه چیزی تو را شاد می‌سازد؟

مشاور: فکر می‌کنم، بهتر است بروید و یک‌روز دیگر برگردید که بتوانیم با هم بهتر حرف بزنیم

مرد: ولی، من وقت زیادی ندارم

مشاور: منظورت چیست؟

مرد: من باید هر چه سریع‌تر مسئلهٔ شما را حل کنم.

مشاور: آقاجان، شما مثل این‌که متوجه موقعیت خود نیستید.

مرد: این شما هستید که متوجه موقعیت خود نیستید.

مشاور: می‌شود لطف کنید بروید و یک‌روز دیگر برگردید.

مرد: نه، نمی‌شود من یک‌ساعت وقت دارم و تا لحظهٔ آخر آن را می‌خواهم استفاده کنم.

مشاور : بفرمائید، هرچند این روال درستی نیست، اما می‌توانی سؤال‌هات را شمرده‌شمرده و جدا ازهم عنوان کنی و برای هر کدام پاسخی دریافت کنی. اگر پاسخ کلی می‌خواهی، می‌توانیم جلسهٔ بعد در مورد آن سخن بگوئیم.

مرد: تا کجا با من همکاری می‌کنید؟

مشاور: تا جائی‌که بتوانم به شما کمک کنم.

مرد: خوب است.

زن: ظاهرا" باید پاسخ‌گو باشم. شروع کنید.

مرد: بله،این دقیقا" چیزی‌است که من می‌خواهم.

مشاور : من آماده‌ام.

مرد: از دوران کودکی‌ات برایم بگو.

مشاور: کلی گوئی‌است. پس، تا هفتهٔ بعد

مرد: خود شما این طور از مراجعین‌تان سؤال نمی‌کنید.

مشاور: در مورد آن‌ها هم مباحث کلی را مطرح و پاسخ آن را به جلسهٔ بعد موکول می‌کنم تا آن‌ها فرصت اندیشیدن بیابند.

مرد: ولی شما با آن‌ها فرق دارید

مشاور: چه فرقی؟

مرد: مطمئنم که تاکنون هزاربار در مورد دوران کودکی خود اندیشیده‌اید. هربار که به مراجعین خود پیشنهاد می‌دهید که در مورد دوران کودکی خود بیاندیشند، لابد خود هم ناخواسته یا خواسته به دوران کودکی‌تان سری می‌زنید. اشتباه می‌کنم؟!

مشاور: نه زیاد، گاهی ناخواسته یا خواسته به دوران‌کودکی‌ام رجعت می‌کنم اما سعی می‌کنم زیاد در آن‌زمان متوقّف نشوم.

مرد: چرا؟ از آن می‌گریزید؟!

مشاور: نه، من از گذشتهٔ خود فرار نمی‌کنم، اما

مرد: اما؟!

مشاور: اما در آن چیز غیرمعمولی هم نیست که مرا در خود نگه‌دارد

مرد: این یعنی یک گذشتهٔ نه چندان خوش‌آیند

مشاور: نه، تعبیر درستی نیست

مرد: اگر خوش‌آیند باشد، در آن می‌مانید.

مشاور: شاید گذشته خوب بوده باشد اما هرچقدر هم خوب بوده باشد، نباید ما را از لذّت‌بردن از زمان حال دور کند. می‌فهمی؟

مرد: آه، بله. بهتر است بروم هفتهٔ بعد بازگردم

مشاور: چه شد؟!

مرد: حسادت گاه آن‌چنان آدم را می‌آزارد که توان ادامهٔ یک گفت‌وگوی بی‌طرفانه را از آدم می‌گیرد.

مشاور: زود قضاوت نکنید، زندگی همیشه خوش‌آیند نیست اما در هر ناخوشی هم می‌توان ردّپای احساس‌های خوب را جست‌و جو کرد.

مرد: چگونه؟

مشاور: در ناخوشی است که هم‌دردی پیدا می‌شود و چه چیزی از آن بهتر؟

مرد: یعنی شما همیشه نیمهٔ پرلیوان را می‌بینید؟!

مشاور: سعی می‌کنم.

مرد: اگر در زمان درد، هم‌دردی یافت نشد، چه؟

مشاور: مگر می‌شود؟! همیشه هم‌دردی هست. منظورم این هست که در هربرخوردی که بین انسان و انسان، یا بین انسان و محیط پیرامون او پیش می‌آید، حسّ مشترکی جریان دارد. آن مرد که روزنامه می‌فروشد، در یک لحظه احساس‌اش را با تو شریک می‌شود. وقتی بیمار می‌شوی، همان که دست تو را در دست می‌گیرد و نبض‌هات را به شماره می‌نشیند، در حسّ گرمی و تبی که دارد از درون ترا آتش

۲۱۵

می‌زند، شریک می‌شود. آن لبخندی که اکنون بر چهرهٔ شما نقش بسته، یعنی بخشی از حرف‌های مرا درک می‌کنی و با من احساس نزدیکی می‌کنی. همین‌ها خوب است و برای فردای من کافی‌است که بگویم امروز من به خوبی گذشت.

مرد: دیدگاه شما از زندگی،...

مشاور: می‌خواهید بگذاریم جلسهٔ بعد؟ شما هم در مورد دوران‌کودکی خود فکرکنید، بگذارید گفت‌وگومان دوطرفه باشد.

مرد: فکرخوبی است.

مشاور : پس تا هفتهٔ بعد

مرد: تا هفتهٔ بعد. تا هفتهٔ بعد

و همین‌طور که آرام‌آرام زیرلب زمزمه می‌کند، از در خارج می‌شود.

کشفِ راز و رمزها

زن، خانه را خالی می‌یابد. روی درکاغذی چسبانده شده است. من می‌روم پیش مشاور. لباس‌هاش را درمی‌آورد، خریدها را روی کابینت می‌گذارد تا جابه‌جا کند.چشمش به نوشته‌ها می‌خورد.

نام الهه در آن میان عجیب خودنمائی می‌کند. چندبرگی را برمی‌دارد و شروع می‌کند به خواندن. می‌خواند و می‌خواند. نمی‌تواند باور کند، این چه‌کاری‌است، تمام رازهای زندگی خصوصی‌شان، تمام زندگی او، کاغذها را سیاه کرده است.

برای خود قهوه‌ای می‌ریزد. سیگاری آتش می‌زند و روی کابینت می‌جهد، تکیه بر دیوار می‌دهد و می‌خواند.

تقریبا" تمام داستان را خوانده است که صدای چرخش کلید در داخل قفل به گوشش می‌رسد.

مرد: سلام

زن : سلام

مرد: کجا بودی؟ موقع رفتن ندیدم‌ات

زن: بهت گفتم، دارم می‌روم خرید. لابد حواس‌ات نبوده

مرد : لابد

کفش‌ها را در جاکفشی می‌گذارد.

مرد: داری می‌خوانی‌اش؟

زن : بله، چطور توانستی این‌کار را با من بکنی؟

مرد: چه‌کاری؟

زن : تو همهٔ زندگی من را نوشتی، همهٔ رازهای زندگی خصوصی‌مان را. چرا؟

مرد: بیشتر از استعاره استفاده کردم. چون بعضی اتفاقات برایت آشناست این حسّ را می‌کنی؟ موقع نوشتن اصلا" به خودمان فکر نمی‌کردم

زن: یعنی باید قبول کنم این زائیدهٔ تخیلات توست یا ناخودآگاه بوده؟

مرد: هرچه بوده، تعّمدی نبوده است؟ من فقط پلان کلی را از قبل برنامه‌ریزی کرده‌ام و خوب می‌دانی نوشته‌ای موّفق است که افراد بتوانند با آن همزاد پنداری کنند.

زن: من همزاد پنداری نمی‌کنم تو از واقعیت کپی بردای کرده‌ای

مرد: نه، داری بی انصافی می‌کنی. کجای این داستان شبیه زندگی من وتوست؟

زن: حتی اسم مرا روی این شخصیت گذاشته‌ای. این همزاد پنداری از سوی من است؟ یا اتفاقی‌است؟ یا نقل وقایع روزانه؟

مرد: باورکنی یا نه. بعد از این‌که نوشتم، متوجه شدم از اسم تو استفاده کرده‌ام. این تقصیر من نیست که تو این چنین در روح و جان من تنیده‌ای.

زن: نمی‌خواهی تغییرش بدهی؟

مرد: اسم با مسمائی‌است، چرا تغییردهم؟

زن: تو بگو، چرا؟

مرد : این‌قدر در مورد جزئیات سخت‌گیری نکن، در کل نظرت چیست؟

زن کاغذها را با خنده به سوی مرد پرتاب می‌کند: در کل نظرم این است که حکم قتل خودت را صادرکرده‌ای و من مجبورم آن را اجراکنم.

مرد به سمت زن خیز برمی‌دارد و او را میان زمین و هوا در آغوش می‌گیرد.

مرد: تقصیرخودت است. تقصیر توست که همهٔ ذهن مرا اشغال کرده‌ای. خیلی به آن نام فکرکردم هیچ نام دیگری به ذهن من نیآمد.

زن: باید تغییرش دهی

مرد: چرا؟

زن: می‌گوید چرا؟ محضِ...

مرد: نه جدی، چه ایرادی دارد؟

زن: مردم می‌خوانند.

مرد: بخوانند

زن: همه مرا با انگشت نشان می‌دهند، همین مانده است که در خیابان به من گیر بدهند و بگویند در فلان مورد حقّ با فلانی بوده است.

مرد: داری سخت می‌گیری،

زن را زمین می‌گذارد.

مرد: نظرت چیست؟

زن: در مورد جزئیات زیاد سخت‌گیری کردی.

مرد: واقعا"؟

زن : بله، جدی می‌گویم. آخر اتفاقی که برای بقّال سرکوچه می‌افتد، چه تأثیری در زندگی این دختر خانم دارد، که به آن می‌پردازی؟

مرد: او آن اتفاق را دیده در موردش حرف‌ها شنیده و به آن فکرکرده است.

زن: این دلیل نمی‌شود.

مرد: چطور دلیل نمی‌شود الههٔ من؟ یعنی آدم‌ها را مثل سیب‌زمینی پشندی می‌بینی؟ به نظرمن هر اتفاقی، هرچند در ظاهر بی‌اهمیت به نظر بیآید، در ذهن و روح ما تأثیر می‌گذارد.

زن : به نظرت زیاد به اتفاقات کوچک نپرداخته‌ای؟ باعث می‌شود، روند داستان کند بشود و در یک‌جاهائی حتّی آدم سرِ رشته را گم می‌کند.

مرد: اگر تعّمدی در این‌کار باشد، چه می‌گوئی؟

زن: اگر واقعا" می‌خواستی این اتفاق بیافتد، باید بگویم در خیلی بخش‌ها موفق بوده‌ای. دست مریزاد

مرد: بخشیدی؟

زن: چه را!؟

مرد: حضورت را

زن: باید در مورد آن فکر کنم، از طرفی اگر من را حذف کنی، چیزی از داستانت نمی‌ماند

مرد: من که نمی‌توانم به تو فکر نکنم، خودت می‌دانی و ناخواسته این افکار راه خود را در متن باز می‌کنند، ریشه می‌دوانند و آنقدر خوب جا پیدا می‌کنند که دیگر نمی‌شود به آن دست زد.

زن: در این مورد فکر می‌کنم. درست می‌گوئی، اما باید از من اجازه می‌گرفتی.

مرد: من اصلا" متوّجه نشدم تو کی وارد ماجرا شدی، به یکباره دیدم آنجائی و دیگر کاری از من برنمی‌آمد. تنها باید حضورت را می‌پذیرفتم.

زن: دفعهٔ آخرت باشد بی‌اجازهٔ من از اسمام سوء استفاده می‌کنی

مرد: من که در قدم اول از تو خواهش کردم بخوانی. اگر زودتر خوانده بودی، شاید می‌شد با آسیب کمتری، متن را رفوکرد. اما، الان دیگر فکر نمی‌کنم بتوانم آن را به طور بنیادی تغییردهم.

زن: باشد عزیزم، اصراری ندارم

مرد: عاشقتام

زن با لبخندی شیطنت‌آمیز : من هم به جای تو بودم، همین را می‌گفتم.

تصمیم بزرگ

میوه‌های سربریده را قطعه قطعه می‌کنم و روی هم می‌ریزم، سبزی‌های قطعه قطعه شده را درون کیسهٔ زیپ‌دار برای منجمدشدن حبس می‌کنم چشمانم را درون آینه سرمه می‌کشم، اشک‌های سرریز از تیله سبز چشمانم خطی سیاه برگونه‌ام روان می‌کند، پاک می‌کنم، از نو می‌کشم. این‌بار با امتداد خط سیاه برگونه‌ام آشتی می‌کنم، زندگی همین خط سیاه برگونه من است، باید یاد بگیرم با پیچ‌وخم های این خطوط برچهره‌ام، به تفاهم برسم. چه سود اگر هرخط سیاهی را بزدایم، رد خطوط سیاه همیشه برجای می‌ماند.

گوشت‌ها را با ساطور قطعه‌قطعه می‌کنم، از خوردن گوشت اکراه دارم، از مثله‌کردن آن، بیشتر. بوی مردار می‌دهد اما، باید به وظیفه‌های نانوشتهٔ مرسوم تن داد، بوی گوشت مردار آزارم می‌دهد، دل‌و رودهام به هم می‌پیچد و من سر به روی کاسه توالت ایرانی می‌گذارم. درد درهم می‌پیچد و به شانه‌هام می‌آویزد، شانه‌هام زیربار درد خم می‌شوند. در هنگام بازسازی خانه‌ها باید توجه داشت که برای بالاآوردن، درآغوش گرفتن کاسهٔ‌توالت فرنگی بهتر است.

ساعت های متمادی، دقایق طولانی منتظر می‌نشینم، می‌ایستم. طول‌و عرض هال کوچک خانه را بالا پایین می‌روم، خودم را در آینه نگاه می‌کنم خط سیاه چشمانم را برای چندمین‌بار عوض می‌کنم.

زیرکتری را کم می‌کنم، زیاد می‌کنم؟! غذا را داخل فرگرم می‌کنم؟ سالاد می‌گذارم ترشی،ماست را با پونهٔ وحشی و گل سرخ زینت می‌دهم؟ بر حسب عادت همیشگی، و منتظر می‌مانم تا در بازشود. تمام این بیهودگی های مکرّر هرروز ادامه داشته و آن انتظار شیرین روزهای آغاز رابطه، ملال‌آور و گاه نفرت‌انگیز شده است.

در با فریاد باز می‌شود: باز بوی غذا پیچیده چند بار بگویم، بدم می‌آید بوی غذا درخانه بپیچد. اشتهای آدم کورمی‌شود.خودت هم بوی پیاز سرخ کرده می‌دهی؟! قبل از این‌که من بیایم جای این‌که زنگ بزنی آمار ترافیک خیابان‌های پایتخت را بگیری،

دوش بگیر. اینقدر سخت است مرتب و تمیز بودن؟!‏ وای خدای من، چشم هاش را ببین، شبیه زلیخا شدهای.

-   لابد تو هم یوزارسیفی ؟!‏
-   اگر بیراه میگویم، بگو.
-   تو با چه روئی با من حرف میزنی؟
-   اوه، اوه، زبان باز کردهای؟
-   تو مرا با آن حال رها کردی و رفتی.
-   حال من بدتر بود. من اصلا" در حالی نبودم که بتوانم تصمیم بگیرم. دیدی که داداش، من را با خود برد.
-   و تو هیچچیز به او نگفتی. حتّی حال مرا نپرسیدی.
-   حالا که چهارستون بدنت سالم است، برای چه غرّمیزنی؟
-   دیگر نمیتوانم.
-   ها؟
-   دیگر نمیتوانم، ادامه دهم. بیا تا اوضاع بدتر از این نشده است، از هم جدا شویم.
-   من زن طلاق نمیدهم، با لباس سفید آمدهای، با لباس سفید هم میروی؟
-   زن طلاق نمیدهی؟ برایش هوو میآوری؟
-   این حقّ من است.
-   باشد، تو حقّ خودت را میگیری، من هم حقّ خودم را.
-   چهکار میخواهی بکنی.
-   با لباس سفید میروم، فکر میکنی از زندگی کردن با تو سختتر باشد؟
-   تو چرا از اینرو به آنرو شدی؟ چه شده؟
-   ممکن است ضربهٔ مغزی شده باشم. آن لیست روی یخچال را میبینی، برای کنترل وضعیت بهم دادهاند.
-   دکترها یک چیزی برای خودشان بلغور میکنند.

- هر چی دلت می‌خواهد بگو، ولی من خیلی از علائمی را که دکتر گفته است، درخودم می‌بینم. می‌خواهم پیش از این‌که فلج بشوم، گوشه‌ای بیافتم و برای یک لقمه‌نان یا یک جرعه‌آب نیازمند تو و دیگران باشم، خودم تمام‌اش کنم.

- این حرف‌ها را که می‌زنی، قبول می‌کنم که تنها می‌تواند اثر ضربهٔ مغزی وارده باشد.

- مهم نیست دیگر چه قضاوتی می‌کنی، من تصمیم خودم را گرفته‌ام. یا باید طلاق‌ام دهی یا این‌که خودم تو را و زندگی را طلاق می‌دهم.

- اگر از من جداشوی، چه کسی ترا رتق‌وفتق می‌کند؟!

- نه که حالا خیلی رتق‌وفتق‌ام می‌کنی؟! آدم ازدواج می‌کند که در شرائط بدوخوب یکی کنارش باشد، تو مرا تنها رهاکردی و همان زمان مهر باطل بر ازدواج ما کشیدی.

- من نکردم، خودت می‌دانی برادرم مرا با خود برد.

- تو مقاومت نکردی.

- نمی‌توانستم، حالِ خوبی نداشتم.

- آنقدرکه نتوانستی دست مرا بگیری؟! یک اشارهٔ چشم هم کافی بود.

- ببخش، در حال خود نبودم.

- یک چیزهائی را نمی‌شود بخشید، ببخشم که چه بشود؟! هان؟ آیا می‌توانی قول‌دهی دیگر تکرار نمی‌شود؟ می‌توانی فکرکنی من ضربهٔ مغزی شده باشم، گوشه‌ای افلیج بیافتم و نتوانم کارهای روزمره‌ام را انجام دهم، برای اجابت مزاجم، لگن بیآوری؟

- چه حرف‌هائی می‌زنی؟

- لازم‌است به اینها فکرکنی. اگر می‌توانی و در خودت می‌بینی که مرا تا این حدّ دوست داشته باشی، باز باید فکر کنم ببینم می‌توانم به تو اعتماد کنم؟

- این اتفاق هرگز نمی‌افتد.

- مراقبت از من؟ می‌دانم، پس برای‌چه می‌خواهی مرا به زور نزد خود نگهداری؟

- نه تو از پا نمی‌افتی؟

- اگر افتادم چه؟

- آن وقت در موردش فکر می‌کنم.
- ولی من الان پاسخ می‌خواهم. آری یا نه؟
- نه، نه، نمی‌توانم زمین‌گیر شدن ترا ببینم.
- می‌دانستم.
- طاقت ندارم.
- می‌دانستم.
- چه چیز را می‌دانستی؟
- همهٔ این‌ها را، برای همین بهتراست از هم جدا شویم.
- ولی من ترا دوست دارم.
- نه آن حدّی که برای زندگی کردن لازم است.
- حدّ آن را چطور می‌توانی تعیین کنی؟
- خودت هم‌اکنون گفتی، تو مرا سرپا، سالم و فرمانبردار می‌خواهی و زندگی همیشه بر این پاشنه نمی‌چرخد.
- چرا این‌ها را به من می‌گوئی؟ می‌خواهی عذاب وجدان بگیرم.
- نه، می‌خواهم بدانی برای‌چه باید بروم. نمی‌خواهم گوشهٔ خانهٔ تو زمین‌گیر بشوم و مایهٔ آزار تو باشم.
- اگر زمین‌گیر شدی، خودم یک‌فکری به حالت می‌کنم. تا وقتی حالت خوب است، اینجا می‌مانی.
- چه‌کار می‌خواهی بکنی؟ دست و پایم را ببندی؟
- تو از حرف شوهرت تمرّد نمی‌کنی
- تو دیگر شوهر من نیستی
- قانونا"،شرعا"،عرفا" هستم
- مردی که جاخالی بدهد و زنش را سپربلا بکند، شوهر نیست. قانون هرچه می‌خواهد بگوید.
- نمی‌گذارم، بروی.
- خودت را بیشتر از این خسته نکن، شام‌ات را بخور امشب برای آخرین‌بار باهم شام می‌خوریم.

- مرغ شما یک‌پا دارد.

- شاید هم اصلا" پا نداشته باشد. قبلا" هر دو پای‌اش را قلم کرده‌ای.

- بازهم می‌کنم.

- تمام شد، این را بفهم. تمام شد. من می‌روم، تو هم با خیال راحت، بدون دوز و کلک، زن می‌گیری. سروسامان می‌گیری. بیا، بیشتر از این همدیگر را آزار ندهیم.

- جواب مردم را چه بدهم؟

- سرت را بالا بگیر، بگو زنم را درخیابان به امید رهگذران غریب تنها رهاکردم.

- این‌قدر سرکوفت نزن! اگر حالم خوب بود، اگر حواس‌ام سرجا بود، این‌کار را نمی‌کردم.

- موقع کوبیدن به دیوارهای سیمانی، دیدم با چه دقتی، خودرو را چرخاندی که سمت شاگرد به بلوک‌ها بخورد.

- منظورت چیست؟

- بیا، باهم روراست باشیم. تو می‌خواستی من را بکشی. می‌خواستی؟ نه؟!

- تو دیوانه شده‌ای.

- دیوانه یا عاقل، نمی‌توانم با کسی‌که می‌دانم کمربه قتل من بسته، زیر یک سقف زندگی کنم.

- من هیچ‌وقت این‌کار را نمی‌کردم من همان‌کسی هستم که به خاطر تو می‌مردم.

- این قصه دیگر کهنه شده، الان خودت هم می‌دانی که همه‌چیز تمام شده است. امیدوارم در زندگی بعدی، برای همسر بعدی بتوانی یک مرد باشی.

- جمع کن این‌ها را، برای من سفره هم چیده است. دیوانه.

زن غذاهای دست نخورده روی میز را در سطل زباله خالی می‌کند.

سقفی برای من

در انتخاب خانه برایم مهم بود پنجره‌ای روبه‌روی پنجره‌ام باز نشود. ترجیح می‌دادم، پنجره‌های خانه‌ام رو به آسمان باز شود یا حتی روبه دیوار نه رخ به رخ همسایه، با فاصله‌ای که چشم‌درچشم هم شویم.

درون بنگاه نشسته بودم. مرد با نگاهی به سراپای من، قیمت‌گزاری خویش را به انجام رساند. دوستم سقلمه‌ای به پهلویم زد. بگو، قیمت‌ها خیلی بالاست.

از دوستم مقدار زیادی وقت عاریه گرفته بودم که در این راه صعب تنها نباشم، گاه در تاریک‌روشن عصرگاهی از دیدن خانه‌های خالی به همراه شاگرد آژانس می‌ترسیدم.

چقدر ترس‌های بیهوده، در زندگی همراه آدم رشد می‌کند. ترس از آدم‌ها، دیگران، بیشترین و هولناک‌ترین ترسی‌است که در دل هرکسی به بار می‌نشیند و با آن همراه همیشگی، باید با دیگران رودر رو گردد. سخت است، آن هول و هراس عظیم را در دل پنهان کردن ولبخند زدن به روی بیگانگان. آداب اجتماعی، گارد محافظتی ما را در رودرروئی با بیگانگان برنمی‌تابد. این تضّاد در آموزش تربیتی و شرائط اجتماعی پیرامون، انسان را به انزوا می‌کشاند.

روزهای متمادی از صبح تا شب، از این محله به آن محله، می‌رفتیم. خانه‌های زیادی را در این مدت دیدم. رفتارهای گوناگونی از سوی مشاورین املاک و مستأجرین پیشین به چشم دیدم که نمی‌توانم بگویم برخورد خوبی بود؟ خیلی از آن‌ها به چشم یک غاصب به من نگاه می‌کردند که آمده است خانه و زندگی‌شان را از آن‌ها بگیرد.

این شهر، درون خود قصّه‌های عجیبی را پنهان کرده است. از بعضی خیابان‌ها که عبور می‌کردم صدای چرخ دستی پر از بشکه‌های بیست‌لیتری نفت را به روی سنگفرش خیابان می‌شنیدم. باید کنارمی‌رفتم، تا چرخ دستی عبورکند. در کوچه پس‌کوچه‌های این شهر جائی برای کنار رفتن نیست. چرخ دستی به من می‌سائید و عبور می‌کرد. در کوچه‌های آشتی‌کنان انسانی به من تنه می‌زند و عبور می‌کند. من تنه‌به‌تنه بی‌خانمانان شهر زده بودم.

در این محله‌ها نمی‌شد زندگی کرد. محله‌های سنتی، دیدن یک زن تنها را در شب شهر تاب نمی‌آوردند. باید به محله‌های نوظهور می‌رفتم.

محله‌های نوظهور، رنگارنگ بود. انگار خاک و سنگ این محلات را از هزارگوشهٔ دنیا جمع کرده، آورده بودند. حتّی آدم‌هاشان هم رنگ‌به‌رنگ بودند. زبانشان یکی نبود، آئین‌شان، آداب و رسوم‌شان. هیچ چیز مشترکی در بین اهالی یک محل وجود نداشت. همه با هم بیگانه بودند.

بعد از گذشت یک ماه، من هنوز در بین محلات شهر سرگردان بودم، نمی‌دانستم با این روند چه زمان می‌توانم خانه‌دار شوم. مشاورین املاک می‌گفتند :

- خانم، همهٔ محلات شهرمثل هم هستند.

مشاور املاک روی نقشه‌ای که به دیوار زده بود، با انشگت اشاره مناطق را برایم تشریح کرد.

- این‌جاها نباید دنبال خانه باشید، یک خانم تنها هرجای این شهر نمی‌تواند راحت باشد.

این‌جا را که می‌بینید یک شهر بزرگ است. هم محلهٔ بالا دارد و هم محّله پائین. بازار دارد برای خودش، درمانگاه، مدرسه، طلافروشی‌ها هم بیشتر در این راسته هستند. اگر خواستی دنبال کار بگردی، مراکز کاریابی در این پاساژ قرار دارند و...

- دخترم، این‌جا تا دیروز، بیست تا دِه بود. هر دهی برای خودش بالا و پائین داشت. جمعیّت که زیاد شد، خانه‌ها هم زیاد شدند و این ده‌ها کم‌کم به هم وصل شدند. برای همین همه‌جا عین هم شده است. بهت بگویم که در همهٔ این قریه‌ها به غریبه روی خوش نشان نمی‌دهند. فقط بعضی از آن‌ها مهمان‌نوازند، من فقط خانه‌های آن محلات را به تو نشان می‌دهم. دیدن بقیهٔ جاها، وقت تلف کردن است.

- یک نصیحت از من بشنو، جائی خانه بگیر که به محل کار و بارت نزدیک باشه، وگرنه تمام عمرت را باید در راه بمانی.

فکر می‌کنم سه ماه پیاپی گشتم. ابتدا به صورت نیمه وقت، بعد به صورت تمام وقت. بالاخره باید تصمیم می‌گرفتم، یک‌روز صبح برخاستم و پیش از آن که دیرشود، به اولین جائی که سرزدم و اولین سرپناهی را که دیدم، پذیرفتم.

گردهم‌آئی

برای ساعات طولانی پای منقل بود. اتاق، اتاق نبود. انباری از دود و خاکستر بود. نام تدخین‌خانه برازنده بود.

من حساسیت عجیبی نسبت به بوی افیون داشتم، برای گریز از آن یا در خیابان‌ها و کوچه‌ها می‌چرخیدم یا در سلول انفرادی که تختی به ابعاد دو نفر همه فضای‌اش را اشغال کرده بود، خود را حبس می‌کردم.

صدا از دیوار در می‌آمد، از من در نمی‌آمد. هیچ‌کس متوجه حضور من در خانه نمی‌شد. رایانۀ شخصی‌ام در اتاق، تنها راه ارتباطی من با بیرون بود.

تلفن را برداشتم، تلفن همراه را و پیامی برایش فرستادم :می‌خواهم بروم حمام

بعد از نیم‌ساعت پیغامی آمد : آرام برو،کسی متوجه نشود

حمام، جای خوبی‌ست آب هست صدای آب هست. بوی آب و صابون بوی زندگی آرامشی که آب با نوازش ملایم خود بی منّت ارزانی میکند، رنگ وبوی زندگی را تغییر می‌دهد.

به آرامشی که نیاز داشتم،دست یافتم. زیر آب روان همیشه جائی‌است که ذهن آرام می‌گیرد، آب تمام دردها و ناراحتی‌ها را می‌شوید. راه تنّفس سلول‌ها را باز می‌کندو زیرِ دوش راحت می‌توان اندیشید و به پاسخ همۀ سؤال‌ها رسید. از زیر دوش که بیرون آمدم، لباس پوشیده و از خانه بیرون زدم.

هوایِ تازه، بوی آزادی می‌داد. تئاتر شهر، اجرای یکی از آثار آنتوان چخوف را داشت. به سمت تئاتر می‌روم.

نمایش‌نامۀ کوتاهی از چخوف، می‌تواند زندگی را دگرگون کند.

فصلِ جدائی

تمام طول شب صدایِ نالهٔ ارّهٔ برقی درگوشم می‌پیچید. صدای ارّهٔ برقی، روی سمفونی زیبای طبیعت پارازیت می‌اندازد. هیچ چیز به‌اندازهٔ شنیدن صدای ارّهٔ برقی در دل شب آزاردهنده نیست. این صدا از جائی دور می‌آمد. با این همه می‌دانم، چیزی که مرا آزار می‌دهد، حتّی آن دورها هم باشد، به گوش من خواهد رسید.

صداها، راه خود را برای رسیدن به دروازه‌های گوش منتظر پیدا می‌کنند. خبر از راه رسید، نمی‌دانم چه کسی بود به من گفت یا در حال صحبتِ دو نفر با هم، از روی اتفاق، شنیدم؟ یا دو نفر با آگاهی از حضور من، خبری را بین خود مبادله کردند که به گوش من برسد؟ مهم نیست. مهم این است که خبر، از جائی که نمی‌دانی کجاست و زیاد هم به آن اهمیت نمی‌دهی، درز می‌کند و به گوش می‌رسد.

بالاخره موفق شده بود بعد از رفت‌وآمدهای مکرّر از یکی جواب مثبت بگیرد.

من چه می‌توانستم بکنم؟

زمان جدائی رسیده بود و من در آغاز فصل جدائی برگ‌های خاطرات دوران گذشته را مرور می‌کردم.

همیشه وقتی توافقی در حال شکستن است، ناخودآگاه تاریخچهٔ آن در ذهن زنده می‌شود. نگاه به تاریخچه، می‌تواند با حسرت و اندوه باشد. می‌تواند با یک لبخند به روزهای خوش گذشته تمام شود یا با یادآوری روزهای تلخ و ملال آور برای گشودن دفترچه‌ای دیگر، به شتاب صورت گیرد.

بهارِ زندگی

پرده را از صورت عروس کنار بزن، بگذار بهار را که روی شاخهٔ درختان خودنمائی می‌کند، به تماشا بنشیند. اکنون بهارِ زندگی اوست.

پرده کنار می‌رود از روی دیدگانم و کسی از درون من به نجوا می‌گوید:

کرم‌های روی درخت را می‌بینی، هنوز درخت جان نگرفته، به جانش افتاده‌اند.

هرپدیده‌ای آفتی دارد. به کرم‌های درون خودم می‌اندیشم. کرم‌های درون تو، کرم‌ها در تنهائی آدم رشد می‌کنند. مانند شمارهٔ کفش کودکی است، تا بیآئی به خودت تکانی بدهی، می‌بینی کفش‌ها کوتاه و پاهات دراز شده اند.

هرروز بزرگ و بزرگ‌تر می‌شود. آدم در شادی‌ها و غم‌های روزانه گم می‌شود و حواسش نیست که چیزی دارد در درونش رشدمی‌کند. نطفهٔ جدائی در تنهائی آدم آرام‌آرام رشدمی‌کند.

گاه ذهن من تاریک می‌شود، گوئی فراموش می‌کند ایّام چگونه درحالِ گذر است؟ آن‌چنان به وقایع می‌اندیشد که گوئی سال‌ها از آن روی‌دادها گذشته و هرچیزی که در گذشته‌ای دور دفن شده باشد، قابل بخشش است؟ اما زمان بسیار دیر می‌گذرد، گاه حس می‌کنم صدسال بر من گذشته است.

می‌ترسم، گاه آن‌چنان از فراموشی ذهن، می‌ترسم که جملات کلیدی را با حروف درشت بر دیوار روبه‌روی‌ام حکّ می‌کنم. باید تا چشم باز می‌کنم، به یاد بیآورم. بعضی چیزها را نباید فراموش کرد. بعضی تلخی‌ها را باید در روح و جان حک کرد. از فراموشی می‌ترسم. چندی پیش آلزایمر از همین همسایگی ما عبور کرد و بسیار دردناک بود.

مردی از درون افسانه‌ها

زن نیازمند سرپناه، میان خرابه‌ای که نام خانه به خود گرفته است، کنار اجاق تک شعله‌ای که دیگر نمی‌سوزد، منتظر به جوش آمدن آب است. آب جوشیده، نان خشک ترید شده در آب جوشیده، شوربا، کشک جوشیده در آب به همراه پیاز فراوان، کلجوش. زنی که برای دلخوشی خود، رژیمِ لاغری گرفته، زن نمی‌داند بین خوردن کلجوش و عشق چقدر فاصله است.

به راه می‌افتم، باید از جائی شروع کرد. دل از بی‌توجهی‌ها گرفته و خسته است.

تکلیفم با خودم روشن نیست،گاه آن خزعبل را به یاد می‌آورم که یکی با ریتم شنگول می‌خواند «یه دل دارم و دو دلبر» چطور میتوان به دونفر دل بست؟ شاید نمیتواند خوب تمیّز دهد. یکی از این دو عادت است و آن یکی هوس.

عشق، همهٔ قلب را به تنهائی تسخیرمی‌کند حتی برای خود آدم هم جائی باقی نمی‌گذارد.

از سر عادت‌ها نمی‌توان به‌سادگی گذشت. عادت آن‌چنان در جان آدم رسوب می‌کندکه با احساس‌های دیگر هم‌رنگ می‌شود و گاه جای آن‌ها را می‌گیرد.

آسان نیست. سال‌ها با او زندگی کرده، نفس به نفس او سپرده است. نفس‌ها در نیمهٔ‌شب با هم یکی شده است. ضربان قلب‌ها یکی شده است. همین یکی شدن نادانسته، زندگی را یکنواخت و کسالت‌بارکرده است.

برای فرار از یکنواختی کسالت آور زندگی، باید اتفاق تازه‌ای روی دهد. اگر آدمی از خلاقیّت شگفت‌انگیزی که زندگی برای خلق لحظه‌های ناب تازه می‌طلبد، برخوردار نباشد، همیشه به دنبال اتفاقی در بیرون از خویش می‌گردد غافل از این‌که هر مَرهمی دوایِ درد نیست.

دادسرا

همهمهٔ غریبی‌است، نمی‌داند از کجا باید شروع کند. میزی در یک گوشه افتاده است که کسی پشت آن نیست. مردم می‌روند و می‌آیند. صورت‌های درهم رفته به قطار از پیش چشمانش عبور می‌کند.

نارضایتی در فضا موج می‌زند. نارضایتی میتواند در دهانهٔ دو تیغهٔ قیچی که به‌هم می‌خورند، خلاصه شود. صدای برهم خوردن درها، صدای برهم خوردن اشیاء و آدم‌ها، صدای ناله، فریاد، دشنام. این فضا، فضائی آکنده از صداهای ناخوش‌آیند است. می‌خواهد فریاد بزند و صدایش را در این فضا آزادکند.

فضا او را در خود اسیرکرده موجی که بر فضا حاکم است، او را به پیش می‌راند.

زن: کجا باید دادخواستِ طلاق بدهم؟

ناشناس: برو پائین، برگه بگیر، پرکن.

تصمیم به آزاد شدن، به پیشواز آزادی رفتن، حالا مصمّم‌تر از همیشه گام برمی‌دارد. لبخندی‌تلخ روی لبانش، نقش می‌بندد. شبیه دیگران شده است.

دیوارها، خاکستری‌است. هیچ نوری از بیرون نمی‌تابد. سالن خالی‌است. در آن دورها، در انتهای سالن، نوری از پنجره‌ای کوچک بیرون می‌زند. نگاهی به اطراف می‌اندازد. بوی رطوبت دیوارها، به مشامش می‌خورد. هیچ جا، اثری از فعالیت دیده نمی‌شود. به سوی پنجره می‌رود. بوی محیط، کم‌کم دارد بر او چیره می‌شود.

زن: آقا ببخشید، برگهٔ دادخواست طلاق می‌خواهم

مردِ پشت گیشه: حقِّ طلاق داری؟

زن: نه، نمی‌دانم.

مردِ پشت گیشه: اگر حقّ طلاق نداری، بی‌خود وقت تلف نکن.

فرمی به دست زن می‌دهد.

زن: از کجا باید بدانم حقّ طلاق دارم یا نه؟

مردِ پشت گیشه: داخل عقدنامه نوشته‌اند.

زن: عقدنامه پیش همسرم است.

مردِ پشت گیشه: راه دیگری ندارد.

زن: اگر دادخواست بدهم رسیدگی می‌کنند؟

مردِ پشت گیشه: مدارکی را که باید ارائه بدهی، روی آن ستون نوشته‌اند. برو بخوان.

در نورکم به زحمت نوشته‌های روی ستون را می‌خواند مدارکش کامل نیست. برمی‌گردد پشتِ پنجره.

زن: اگر مدارک نداشته باشم، چه‌کار می‌توانم بکنم؟

مردِ پشت گیشه: هیچی خانم، باید مدارکت کامل باشد.

زن: شما نمی‌توانید کمکم کنید؟

مردِ پشت گیشه: من چه کمکی می‌توانم به شما بکنم؟

زن: هیچی، واقعا" هیچی!!

از دادسرا خارج می‌شود.

آرزویِ نامیرا

اجازهٔ تحصیل در مقاطع مختلف برای دختران از مبادی مختلفی صادر می‌شد. به غیر از نهادهای مسئول تعریف شده، درخانه‌ها و جامعه‌های کوچک عشیره‌ای قوانین خاصی وجودداشت. پس از سال‌ها تلاش، آقا اجازهٔ تحصیل را برای پسران صادرکرد. درخصوص دختران اما او هم به تنهائی نمی‌توانست تصمیم بگیرد. بزرگان طائفه بارها باهم به شور و مشورت نشسته بودند. نتیجه آن همه نشست‌ها و برخاست‌ها، هنوز به دختران اجازهٔ ورود به مدرسه را نمی‌داد. در خانه اما نیروی قوی‌تری وجودداشت که کم‌کم نظرآقام را تغییرداد. او که هرشب سر بر بالین آقام می‌گذاشت و در مورد سرنوشت من و دیگر دختران ابراز نگرانی می‌کرد، مادرم بود.

البته که خانواده برای این به اصطلاح دیگر بزرگان طائفه ضعف آقام در برابر زنش، تاوان هم پرداخت کرد. مادر، اما وردِ زبانش بود که بچه‌های من باید یک‌کسی بشوند. بابت سربلندی بچه‌هام هرتاوانی باشد، به جان می‌خرم.

او در هر مقطع تحصیلی بهانه‌های خاص خود را برای راضی‌کردن آقام داشت. درمقطعی که می‌خواستم کنکور بدهم، از خوان بزرگ دیگری باید عبور می‌کرد و من ایمان داشتم، مادر من می‌تواند. همان‌طور که او همیشه به من می‌گفت تو می‌توانی.

زن: اگر بخواهد شوهرِخوب پیدا کند، باید برود دانشگاه و درس بخواند.

مرد: یعنی شوهرِخوب، فقط تو دانشگاه پیدا می‌شود؟

زن: دورو برهای ما که همه عین خودمان آسمان جل‌اند و بی‌سواد.

مرد: آره، این را راست می‌گوئی.

زن: همهٔ جوان‌های این محل هم معتاد و بی‌کار هستند، آدم درست درمان کجا او را ببیند و بشناسد؟

مرد: این را هم درست می‌گوئی.

زن: تو که نمی‌خواهی، دخترت بدبخت بشود.

مرد: نه که نمی‌خواهم.

زن: تا اینجا زحمت کشیدی، خدا از تو راضی باشد. دوسه سال دیگر هم سختی را به جان بخر. می‌رود دانشگاه درس خوانده می‌شود. می‌تواند سرش را بالا بگیرد.

زن: شاید خدا خواست با یک پسر خوب هم تو دانشگاه آشنا شد.

مرد: تو زن فهمیده‌ای هستی. خدا می‌داند که این بچه‌ها شانس آورده‌اند، تو را دارند.

زن: باشد، بهش بگویم بابات راضی شد، برود کنکور ثبت نام کند؟

مرد: بگو زن، بهش بگو بابات را راضی کردم. بگو افسار بابات دست من است.

زن: این حرف را نزن، به خدا دلگیر می‌شوم ازت.

مرد: دروغ که نمی‌گویم، از این قضیه ناراحت و دلخور هم نیستم. آدم زن عاقل داشته باشد، خوب افسارش را می‌دهد دست زنش، چه ایرادی دارد؟

زن: قربانت بروم، تو آقای این خانه‌ای.

آقاجان شرط کرد : بچه، غربت نمی‌فرستم اگر می‌خواهد درس بخواند باید همین‌جا قبول شود.

حکم آقاجان صریح بود. باید، حتما"در شهرخود قبول می‌شدم. نهایت سعی خود را کردم و وارد دانشگاه شدم.

هم‌شاگردی

مادر که تا اینجا، به درس و تحصیل من بیش از هر چیز اهمیت می‌داد و تلاش‌های ارزشمندی را جهت استمرار تحصیل من کرده بود، گاه به تنگ می‌آمد و به کنایه از بی‌عرضگی من حرف می‌زد. به هرحال هرکس توانی دارد و گوئی توان مادر برای مبارزه با طایفه و تبار خویش به پایان رسیده بود و می‌خواست تا از این‌پس شیوه نرم‌تری را برای مبارزه پیدا کند. به همین‌دلیل مدام از من می‌خواست که بیشتر به دورو اطراف خود توجه کنم و تا حرف‌وحدیث پشت سرما بیش از این نشده، کسی را برای خود بیابم. گاه هم خسته از زخم‌زبان‌های عمه و خاله به کنایه زبان می‌چرخاند و نیش می‌زد. دست خودش نبود.

- هرکس جای تو بود، الان چند تا خواستگار پیدا کرده بود.

- ازدوستانت یاد بگیر، من که نمیتوانم این چیزها را بهت یاد بدهم.

دوستان مرا به خانه دعوت می‌کرد. می‌خواست تا می‌تواند مراودات مرا با این شهرنشین‌هائی که خوب بلدند زندگی کنند، بیشترکند. هرکس بیش از یک‌بار پا به خانهٔ ما نمی‌گذارد. خانهٔ ما، جائی درحاشیهٔ شهر بود که برای رسیدن به آن باید از حلبی‌آباد می‌گذشتند و خیلی از هم‌شاگردی‌ها از حلبی‌نشین‌ها می‌ترسیدند.

چندسالی می‌شود که حلبی‌آبادها را خراب کرده‌اند دیگر در کنار شریان‌هایِ اصلیِ شهر خبری از آن‌ها نیست. اما هم آن‌ها که دست به کلنگ‌وتیشه بردند و شبانه همهٔ آن حلبی‌ها را آوارکردند، می‌دانند که حلبی‌نشین‌ها جائی برای رفتن نداشته‌اند و جائی از همین‌جاها در گوشهٔ خیابان‌های فرعی یا کوچه‌های بن‌بست خانه کرده‌اند و فقط به چشم هرکس نمی‌آیند. مردم کم‌کم حضور آن‌ها را فراموش کرده‌اند. حالا فقط در سیاهِ سردِ زمستان گاه صحبت از کارتن‌خواب‌ها یا گورخواب‌ها می‌شود و به محض طلوع آفتاب آن سخنان هم در دل تاریکی و سرمای شب جا می‌مانند. به خاطر دارم همین‌سال پیش که قراربود کشور میزبان اجلاسی بین المللی باشد، دورِ تمام محله‌های زشتِ حاشیهٔ شریانِ اصلیِ شهر را که مهمانان خارجی از آن عبور می‌کردند، حصار موقتی کشیدند و روی آن را با گرافیتی هنرمندان آذین کردند.

مادر که دید، از من و دوستانم آبی گرم نمی‌شود، جذب دوستان برادرم شد.

پسر، همه‌اش که تو نباید بروی خانهٔ مردم، زشت است. گاهی هم به دوستانت بگو آن‌ها بیآیند.

زمانی‌که او روی پروژه‌های دانشگاهی‌اش در حال کار بود، بهانه می‌یافت.

تنهائی می‌خواهی این‌ها را درست کنی؟ خوب به دو تا از دوست‌هات می‌گفتی بیآیند کمکت.

تلاش‌های بی‌وقفهٔ مادر پاسخ داد. بالاخره یکی از بین دوستان برادرم، نگاه مهربانی به من کرد. البته که هیچ‌چیز از نگاهِ تیزبین مادر دور نمی‌ماند. به محض دیدن لبخند پسر جوان بر صورتش، گل‌ازگل مادر شکفت: این پسر انگار روزی‌اش از پیش می‌آید، حتی بی‌خبر هم که می‌آید، غذا برایش هست خداحفظش کند.

دیگر به هربهانه‌ای به برادرم می‌گفت به فلانی هم بگو بیآید، طفلک اینجا غریب است تنهاست. خوب نیست جوان شب عید تنها بماند. امشب، شب یلداست. فلانی را هم دعوت بگیر. فردا نذری دارم، مادر، به دوستت هم بگو بیآید.

و بالاخره، من ازدواج کردم.

اتفاق

سنگینی نگاهی که روی شانهٔ خود حس می‌کنم، وادارم می‌کند، رو برگردانم. در نگاه مرد چیزِتازه‌ای نیست، به نگاه همسرم می‌ماند. رو برمی‌گردانم. این نگاه برایم آشناست.

در انتظار گشوده شدن گره‌های کور ترافیک، قصه‌های زیادی از این دست را می‌توان دید. چراغ چندبار سبزوقرمز می‌شود، اما صفّ خودروها هم‌چنان ثابت است. کودکی جلوی پنجرهٔ خودرو می‌آید.

- خانم، فال می‌خری؟ یک فال بخر.

- خانم، گل بدهم؟ گل؟ پنج‌تا هزارتومان.

آن‌طرف، سمت راننده، یکی از بچه‌ها به زحمت درازشده و تا آنجا که قدش می‌رسد، شیشه را دستمال می‌کشد.

راننده: بچه نکن، خودم بلدم شیشه را دستمال بکشم، برو سراغ آن ماشین‌های خوب و باکلاس، از ما چیزی به تو نمی‌ماسد.

صدای جغ جغ سوختن اسپند را بیخ گوشم می‌شنوم، بوی اسپند خیلی تند و زننده است،دست جلوی بینی‌ام می‌گیرم و با دست دیگر بوها را به اطراف می‌رانم.

کودکِ‌کار در بهار، بهار زندگی‌اش بی‌قرار اسپندبرآتش می‌ریزد، گریز از آتش بی‌امانِ‌روزگار

- آقا، همین‌جا نگهدار، پیاده می‌شوم.

مرد برخوردهای اتفاقی با زن را مرور می‌کند، راهروی ورودی، همین پائین، کوچه‌وخیابان، داخل تاکسی.

صحبت‌هائی هم که در مورد او شنیده است را کنارهم می‌چیند. وضعیت روحی نامناسبی دارد.

چقدرکم در مورد او می‌داند. چقدر مشتاق است که بیشتر بداند. دانستن، حقّ همه است؟

منشی نامی می‌خواند: الههٔ...

زن، از جا برمی‌خیزد و وارد اتاق می‌شود.

مرد جای زن را می‌گیرد. نزدیک‌تر به اتاقِ مشاور تا شاید صدای گفت‌وگوهای داخل اتاق را بشنود. دیوارها نازک است. این ساختمان‌های جدید به حس کنجکاوی آدم‌ها عجیب احترام می‌گذارند. هیچ صحبتی را نمی‌توان در پسِ دیوارها پنهان کرد.

زن: سلام، حالتان بهتر شده؟

مشاور: سلام، بله بهترم شُکر تو چطوری؟

زن : من هم، بد نیستم.

مشاور : بنشین، چیزی می‌خوری؟

زن: اجازه بدهید من بریزم.

مشاور: بله، حتما"هرچه دوست داری.

برای خودش نسکافه‌ای می‌ریزد و می‌نشیند. زن نیز نسکافه‌ای می‌ریزد و روبه‌روی مشاور می‌نشیند

مشاور: خب؟

زن به مشاور نگاه می‌کند.

مشاور: می‌خواهم بی‌مقدمه شروع کنم.

زن: بی مقدمه حرف‌زدن خوب است.

مشاور: نوشته‌هایت را خواندم. جائی از نوشته‌ها آمده بود که متوّجه شدی بارداری.

زن: بله، من باردار بودم.

مشاور: و بعد؟

زن : وقتی متوجه شدم باردارم که آن اتفاق، تصادف روی داد. پس از آن اتفاق، فکر نمی‌کردم که دیگر هیچ‌دلیلی مرا کنار همسرم نگهدارد. تصمیم گرفته بودم از او جدا شوم.

جرعه‌ای از نسکافه را بالا می‌کشد و ادامه می‌دهد: از بیمارستان که به خانه برگشتم، وسایلم را جمع‌کردم چیززیادی نمی‌خواستم. چنددست لباس و لوازم

شخصی. طلاهایم را هم برداشتم. برای شروع، نیاز به مقداری پول داشتم. شام را آماده کرده، می‌خواستم سرسفرهٔ شام حرف‌هام را بزنم، اما به شام نکشید حرف‌هامان را زدیم. آن‌شب در خانه‌اش ماندم و چندشب دیگر هم مجبور شدم، بمانم. تا خانه‌ای پیداکرده و اجاره کردم. در آن‌شب‌ها هیچ نمی‌گفت، من هم هیچ نمی‌گفتم. گوئی به توافقِ‌قطعی رسیده بودیم.

مشاور: در مورد بچه چیزی به او نگفتی؟

زن: نه، نمی‌خواستم به هیچ بهانه‌ای مرا مجبورکند در کنارش بمانم. برای من، تمام شده بود و وقتی چیزی برای آدم ته می‌کشد، باید بگذارد برود.

مشاور: و تو رفتی؟!

زن : بعد از اجارهٔ خانه و جاگیرشدن رفتم دادگاه که درخواست طلاق بدهم، اما مدارک لازم را نداشتم و نتوانستم. فکر می‌کردم بعد می‌روم و مدارک را از او می‌گیرم و همه‌چیز به خوبی‌وخوشی حل می‌شود. رفتم دنبالِ کار، در دفتری به عنوان منشی مشغول به کار شدم. به نظرم همه‌چیز داشت خوب پیش می‌رفت، می‌دانی، بهرحال روزهام بدون درگیری می‌گذشتند.

مشاور: بعد چه شد؟

زن: خبردار شد. ازکجا و چطور، نمی‌دانم. یک‌شب داشتم برای بچه‌ام لباس صورتی می‌بافتم که صدای زنگِ درآمد. اول اهمیتی ندادم، لابد کسی زنگ را اشتباه زده است، من که منتظر کسی نبودم.

زنگ باز به صدا درآمد، این‌بار گوشی را برداشتم او بود. اولین سؤالی که برایم پیش آمد این بود که او از کجا آدرس مرا یافته است؟ نکند دوستم به او داده باشد؟ در را بازکردم به شتاب بالا آمد.

زن: سلام، این‌جا چه‌کار می‌کنی؟

مرد: چرا به من نگفتی؟

زن: چه؟!

مرد: چرا؟ چرا به من نگفتی بارداری؟ چندوقت است؟

زن: چه کسی به تو گفته من باردارم؟

مرد: مدارک بیمارستان را دیدم.

زن: تو مرا در بیابان رهاکردی، حتی برای مرخص کردن من از بیمارستان نیآمدی، آن‌وقت رفته‌ای مدارک بیمارستان را گرفته‌ای؟ چه می‌کنی؟ این‌کارها برای چیست؟

مرد: نرفتم، دیدم، داخل وسایلت بود. حالا این‌ها چه اهمیت دارد؟

زن: برای من اهمیت دارد. من نمی‌خواهم به خاطر بچه با تو زندگی کنم.

مرد: ولی مشکلِ ما در زندگی فقط نبودن بچه بود.

زن: نه، این برای تو بهانه بود.

مرد: نه به‌خدا، الهه،من با تو مشکلی ندارم. من تو را دوست دارم. بچه‌مان را دوست دارم.

درحالی‌که از شادی این‌سو و آن‌سو می‌رفت و دست‌هاش را تکان می‌داد حرف می‌زد.

مرد: خدایا حکمت‌ات را شکر، می‌بینی. درست وقتی که زندگی‌مان داشت از هم می‌پاشید، لطف خودت را نشان دادی.

زن: فکر می‌کنی، من برمی‌گردم؟! نه، این فکر را از سرت بیرون کن. برای من همه‌چیز تمام شده است. تو تمام شده‌ای.

مرد: الهه، خواهش می‌کنم تو که من را می‌شناسی، اگر به هوش بودم که تو را وسط بیابان نمی‌گذاشتم بروم. تا حالا مگر چنین چیزی از من دیدی؟!

زن: شایدهم تو راست بگوئی ولی دیگر زمان این حرف‌ها نیست، دوباره شروع نکن.

مرد: الهه، الههٔ من،جبران می‌کنم. هرکاری که بخواهی می‌کنم. نگذار زندگی‌مان از هم بپاشد.

زن: زندگی ما از هم پاشیده است، تو چه می‌گوئی؟ من الان هم دارم تنها کوله‌بار زندگی‌ام را به‌دوش می‌کشم و راضی هم هستم. نمی‌خواهم به آن خانه بازگردم.

مرد: هنوز از هم جدا نشده‌ایم اگر فکرکردی من تو را طلاق می‌دهم، اشتباه کرده‌ای. این ممکن نیست. باید به تو هشداردهم که مراجعهٔ تو به دادگاه هم فایده ندارد.

زن: چرا؟! چون مدارک ازدواج‌مان نزدِ توست؟

مرد: پس رفته‌ای؟ اصلا" فکر نمی‌کردم تا این اندازه از من متنّفر باشی.

زن: من از تو متّنفر نیستم، تنها می‌توانم بگویم که دیگر به تو اعتماد ندارم و نمی‌توانم چرخ‌زندگی‌ام را به دست تو بسپارم.

مرد: دوباره اعتماد خواهی کرد بهرحال تا زمانی‌که بارداری دادگاه حکم صادر نخواهدکرد. بعد هم خودت می‌دانی، اگر خواستی در موردش باهم حرف می‌زنیم، اما ازهمین حالا بگویم که من سرپرستی بچه را به هیچ‌وجه به تو نمی‌دهم.

مرد شانه‌هاش را عقب می‌دهد، دست به‌کمر می‌زند و باسری افراشته می‌گوید:

حالا می‌توانی در موردش فکرکنی !

زن: باید فکرکنم، نمی‌توانم الان بهت جواب بدهم.

مرد: باشد عزیزم، فکرکن هر چقدر می‌خواهی فکرکن.

زن: چای می‌خوری؟

مرد: آره اگر یک چائی بریزی می‌خورم اینقدر هول بودم، یادم رفت، شیرینی بگیرم.

زن: شیرینی برای‌چه؟

مرد: برای بچه‌ام، گل پسرم.

روی زمین، کامواهای درهم پیچیدهٔ صورتی خودی نشان می‌دهند.

مرد: دخترم، تاجِ سرم. چه فرقی می‌کند

زن: اگر پسر نباشد که مامان دوباره داستان را از سر می‌گیرد.

مرد: مهم این است که بداند اجاقِ تو کور نیست. اگر پسر نشد،بچهٔ دوم، سوم، چهارم

زن: یعنی باید اینقدر بچه بیآریم که بالاخره یکی‌اش پسر بشود؟!

مرد: می‌شود پسر هم می‌شود.

برایش چای ریختم. با هم چای خوردیم، مثل ماه‌های اول زندگی‌مان فضا آرام و قدری شاد بود.

هرکس، در مرحله‌ای از زندگی عشق را تجربه می‌کند. مهم نیست، در کدام مرحله از زندگی، به این تجربه رسیده باشی. عشق باعث می‌شود درک متفاوتی از محیط داشته باشی. عشق فرصتِ‌دیدن جهان را از دریچه‌ای دیگر را به آدم میدهد. فرصت بخشیدن و بخشوده شدن را به آدم می‌دهد.

عاشق زیبا می‌بیند، اعتماد می‌کند، دل می‌سپارد و هرلحظه مانند نوزادی که به مادر نیازدارد، نگران از دست دادن است.

مشاور: آخر قصه؟

زن: نه، تازه شروع قصه است.

مشاور: فکرکنم وقت‌مان تمام شد. بگذار یک‌هفته هم با این آخرِخوش بگذرد.

زن: باشد. برای من هم، یک‌هفته گذشت.

مشاور: راستی بیا، این‌کارت را بگیر! شماره دوستِ ناشرم است، باهاش هماهنگ‌کردم تماس‌بگیر.

زن: خیلی ممنون

مشاور: به امیدِ دیدار

انتظار

زن از اتاق خارج می‌شود مرد را می‌بیندکه تکیه بردیوار داده است. مرد با دیدن او صاف می‌نشیند.

زیبا است، با قامتِ بلند و سربندی به رنگِ بهار، نگاه را به‌دنبال خود می‌کشد. افسانه را می‌ماند که قامت راست کرده از بین شکست‌های بی‌شمار. زنی از دیروز را می‌ماند، تصویری که تا فردا برجای خواهدماند. از کنار مرد که عبور می‌کند، بوی بهار را از خود به جا می‌گذارد.

زن عبور می‌کند و می‌رود اما انگار که نرفته است،انگار همان‌جا ایستاده در برابر نگاه مرد و قصد رفتن ندارد.

نام بعدی چندبار خوانده می‌شود، مرد از جا برمی‌خیزد. لحظه‌ای مردّد می‌ماند، زن را دنبال کند؟

نام او باز خوانده می‌شود. مرد از در نیمه‌باز وارد می‌شود مشاور همان‌جا نشسته است با لبخند.

مشاور: به، سلام، شما هستید؟

مرد : بله، فکر می‌کنم، من هستم.

مشاور: بیائید اینجا، بفرمائید.

مرد: من هستم.

مشاور: بله بفرمائید. این شما هستید. چیزی میل دارید؟

مرد: نه، نمی‌دانم می‌دانم بگذارید من بروم.

مشاور: کجا؟ شما تازه از راه رسیده‌اید.

مرد: ولی آن زن.

مشاور: بعد هم می‌توانید دنبال آن زن بروید یا دنبال هرزن دیگری که شما را به سوی خود می‌کشد. اینک که این‌جا هستید. بمانید تا با هم حرف بزنیم.

مرد: می‌شود در مورد آن زن حرف بزنیم؟

مشاور: کدام زن؟

مرد: همان‌که پیش از من در حضور شما بود.

مشاور: خب؟!

مرد: من از جائی او را می‌شناسم. می‌شود بگوئید او کیست؟

مشاور: این را باید از خود او بپرسید، من نمی‌توانم در مورد بیمارانم به کسی اطلاعات بدهم.

مرد: اما من کسی نیستم. من هم یکی از بیماران شما هستم و...

مشاور: حالا هرچه من نمی‌توانم در مورد او به شما چیزی بگویم. بهتراست در مورد خودتان حرف‌بزنیم.

مرد: او جزئی از من است.

مشاور: به‌راستی؟ ولی شما حتی نمی‌دانید او را از کجا می‌شناسید. آیا به‌راستی او را می‌شناسید یا این‌هم از آن ترفندهای مردانه است؟

مرد: به‌راستی او را می‌شناسم خوب هم می‌شناسم.

مشاور: پس چرا از من می‌پرسید که او کیست؟

مرد: فقط نمی‌دانم از کجا می‌شناسم‌اش اما خوب می‌دانم که به او بسیار نزدیک بوده‌ام.

مشاور: بگذارید در مورد شما حرف بزنیم، در مورد گذشته‌تان شاید جائی درگذشته او را گم‌کرده‌اید؟!

مرد: راست می‌گوئید من او را جائی در گذشته گم‌کرده‌ام، چقدر بد!!

مشاور: باهم پیداش می‌کنیم، عجله نداشته باشید.

مرد: مگر می‌شود؟ حالا که او را بازیافته‌ام، باید به دنبالش بروم.

مشاور: حالادیگر باید خیلی از این‌جا دور شده باشد، بگذارید برای فرصتی دیگر.

مرد: شاید دیگر فرصتی نباشد.

مشاور: فرصت‌ها همیشه در اطراف ما هستند، تنها باید آن‌ها را بیابیم.

مرد: مثل همین الان، من فرصت به این خوبی را از دست دادم.

مشاور: باز می‌یابی.

مرد: از کجا می‌دانید؟

مشاور : او هرهفته می‌آید اینجا، درست مثل شما و تا وقتی جلسات روان‌درمانی شما ادامه دارد، فرصت دارید که او را بازیابید.

مرد: بسیارخوب است. ممنون هستم. این امیدواری بزرگی است

مشاور: بفرمائید، راحت باشید.

مرد: من، راحت نیستم. باید با شما راحت باشم.

مشاور: البته، باید با من راحت باشید حرف بزنید.

مرد برای خود قهوهٔ تلخی ریخته، به آرامی می‌نشیند.

مشاور به مرد می‌نگرد : بیسکوئیت؟

مرد: نه، نه، می‌توانم با شما صادق باشم؟

مشاور : البته، باید صادق باشید.

مرد: من بیمار نیستم.

مشاور : کسی نگفته است، شما بیمارید.

مرد: نه، منظورم این است که به دلیل بیماری به شما مراجعه نکرده‌ام.

مشاور: می‌خواهید بگوئید هیچ مشکلی در زندگی ندارید؟

مرد: چرا، این ادّعای پوچی‌است. زندگی، خود بزرگ‌ترین مشکل است. مگر می‌شود مشکلی نداشته باشم. شما چه؟ شما مشکلی ندارید؟

مشاور: همان‌طور که گفتید، زندگی مشکل است. مگر بدونِ مشکل هم می‌شود ؟ کسی را می‌توان یافت که مشکلی نداشته باشد؟

مرد: درست می‌گوئید. مشکل شما چیست؟

مشاور : نه، نه، اجازه نمی‌دهم مانند جلسهٔ‌پیش، پیش بروید. شما باید بگوئید مشکلِتان چیست.

مرد: مشکلِ من، شما هستید.

مشاور: می‌شود روشن‌تر صحبت کنید. مرتبهٔ پیش هم همین را گفتید.

مرد: من می‌نویسم.

مشاور : آه، چقد خوب، خب از چه می‌نویسید؟

مرد : از شما

مشاور: از یک روان‌شناس؟

مرد : بله

مشاور: خب این را همان‌روز اول می‌گفتید.

مرد : حالا گفتم.

مشاور: خب بنویسید، از یک روان‌شناس بنویسید. من چه‌کمکی از دستم برمی‌آید؟

مرد: من، روان‌شناس‌ها را نمی‌شناسم.

مشاور : بهترنبود در موردِ کسی بنویسید که او را می‌شناسید؟

مرد: این‌کار را هم می‌کنم. با شما آشنا می‌شوم.

مشاور: ببینید، نمی‌توانید بیائید این‌جا به عنوان بیمار وقت بگیرید و در مورد خودم از من سؤال کنید. شما اجازهٔ چنین‌کاری را ندارید.

مرد: یعنی اجازه ندارم در مورد یک روان‌شناس بنویسم؟

مشاور: مختارید در مورد هرچه می‌خواهید بنویسید، اما در موردِ من، نه.

مرد: خب شما یک روان‌شناس هستید. مگر جز این است؟

مشاور: این همه روان‌شناس در این شهر هست. چرا من؟

مرد: مطّب شما را دیدم.

مشاور: آه چه دلیل خوبی، بی‌معنی‌است آقا، بی‌معنی‌است. یعنی همه نویسنده‌ها راه می‌افتند در خیابان و به اولینِ کسی‌که برخورد می‌کنند، می‌گویند بیا سوژهٔ من باش و از آن‌جا که من قدرت خلاقیت خوبی ندارم و آدم‌ها را هم خوب نمی‌شناسم، تمام زندگی‌ات را برای من بازگو.

مرد: سوژه بودن که بد نیست مهربانو در ضمن، من همین‌جوری راه نیافتادم در خیابان دنبالِ‌سوژه بگردم. این مسئله آنقدرهم که شما ساده به آن نگاه می‌کنید، ساده نیست.

مشاور: پس می‌شود به طورِ دقیق و روشن به من بگوئید چطور راه افتادید و مرا یافتید؟

مرد : من داشتم داستان خودم را می‌نوشتم. اصلا" کاری به کار شما روان‌شناس‌ها نداشتم.

مشاور: خب، خیلی هم خوب بوده.

مرد: ناگهان سر وکلهٔ شما پیدا شد؟

مشاور: کجا؟

مرد : درونِ داستان من.

مشاور: مطمئنا" من به میلِ خود آن‌جا نیآمده‌ام.

مرد: می‌شود سؤال کنم مگر به میل خود به اینجا آمدید؟

مشاور: منظورتان چیست؟

مرد: منظورم همین دنیاست. مگر به میل خود به دنیا آمده‌اید؟!

مشاور بهت‌زده به مرد می‌نگرد.

مرد ادامه می‌دهد : جوابی ندارید بدهید؟! من می‌گویم من جواب شما را می‌دهم. نه، شما به میل خود به این دنیا نیامده‌اید. هیچ‌کس از شما سؤال نکرده می‌خواهید به این‌دنیا بیائید یا نه؟ شما به دنیا آمدید و حتّی در سال‌های آغازین آمدن‌تان، آنقدر فهم و شعور نداشتید که بپرسید چرا به این‌دنیا آمده‌اید. مگر جز این است؟

مشاور: نه ، همین‌طور است که می‌گوئید.

مرد: من هم شما را به دنیا نیاورده‌ام، یعنی به دنیای درون داستانم، من شما را وارد نکردم.

مشاور: یعنی یک‌باره دیدید من آنجا هستم.

مرد: دقیقا" نه، نمی‌توانم تشریح کنم. فقط می‌توانم بگویم که در حال‌حاضر شما آن‌جا حضور دارید.

مشاور : و؟

مرد: و وقتی حضور دارید، باید حضورتان مؤثر باشد. یا می‌خواهید تأثیری نداشته باشید؟ این دیگر به اختیار شماست.

مشاور: می‌توانم تأثیری نداشته باشم؟

مرد: آفرین، مسئله همین است که شما نمی‌توانید و نمی‌خواهید بی‌تأثیر باشید.

مشاور: من باید چه کنم؟

مرد: شما؟ شما خوب می‌دانید چه باید بکنید و دارید می‌کنید. خب مسئله اینجاست که من نمی‌دانم شما دارید چه می‌کنید و یا باید چه بکنید. من با وظائف و مسئولیت‌های شما آشنا نیستم.

مشاور: فکر می‌کنم متوجه شدم، من کارهائی را که درحال انجام آن‌ها هستم به شما می‌گویم.

مرد: کافی نیست. قبل از این‌که بدانم شما چه می‌کنید، باید بدانم شما اصلا" چه‌کسی هستید؟

باید گذشته‌تان را بدانم، مسائل و مشکلات‌تان را. شیوهٔ زندگی‌تان را و هرچه که شما را به این آدمی که هستید تبدیل کرده است، را باید بدانم.

مشاور: متوجه شدم ولی با عرضِ پوزش باید بگویم مسائلی هست که من نمی‌خواهم شما بدانید.

مرد: هرشخصی ممکن است نقاط تاریک و ناشناخته‌ای هم داشته باشد.

مشاور: پس، من هرچه را خودم خواستم به شما می‌گویم.

مرد: تا همین‌جا هم برای من خوب است. نگران بودم که اصلا" نپذیرید.

مشاور: خب برای شروع، باید ابتدا موضوع داستان‌تان را بدانم.

مرد: یعنی لازم‌است؟

مشاور: من باید بدانم، مرا وارد چه دنیائی می‌کنید.

مرد: شما در این‌مورد حقّی ندارید.

مشاور: یعنی‌چه؟ من هم مشارکت نمی‌کنم.

مرد: شما هستید، یا با شخصیّتی که خود برای من تعریف می‌کنید یا با آنچه من از شما می‌سازم.

مشاور: این خیلی بد است. فاجعه است، من نمی‌خواهم شخصیّت ام را دیگری بسازد.

مرد : زندگی، همین است. شما کم‌کم با دنیای پیرامون خود آشنا می‌شوید.

مشاور: بله، آن زندگی است.

مرد: این‌هم زندگی‌است، فکرکنید من به شما امکان می‌دهم که درون زندگی‌تان، دوباره زندگی کنید. این‌فرصت برای هرکس پیش نمی‌آید.

مشاور: و من باید سپاس‌گزار باشم که این فرصت را به من می‌دهید؟

مرد: هرجور مایلید.

مشاور: من واقعا" سپاس‌گزار هستم.

مشاور : ولی وقت شما تمام شد.

مرد: ممنون، می‌بینم‌تان

مشاور: به امیدِ دیدار

فرصتیِ دوباره

روزهای اول دیدارهامان بی‌تاب بود و مهربان. شاید درست می‌گفتند که اگر بچه بیآید همه‌چیز عوض می‌شود تغییرکرده بود. هیچ‌وقت اینقدر با من مهربان نبود.

درون هرموجود، میلی برای تنازع بقاء نسل خویش نهفته است. این میل طبیعی، گاه آنقدر قوی می‌شود که اجازهٔ تفکر منطقی را از انسان می‌گیرد. با وجود اخطار پزشکان، حفظ جنین اولویت اول من بود.

دیری نگذشت که باورکردم بی‌حضور او نمی‌توانم فرزندم را به دنیا بیآورم. حتّی پس از تولد نیز، پدر حقّ حضانت بچه را دارد. با این استدلال‌ها و با دیدن تغییر روحیهٔ او کم‌کم متقاعد می‌شدم که به زندگی‌اش بازگردم به خانه‌اش باز او را باورکردم.

خانه، حالا گرمای خاصی داشت. محبت بود وامید به تولدی دوباره. تولد به‌خودی‌خود، امید به‌همراه دارد.

شرائط زندگی که تغییرکرد روی خلق‌وخوی آدم تأثیر می‌گذارد اما طول مدت حیات این تأثیر، همیشه یک‌سان نیست. بعضی‌آدم‌ها با کمی تغییرشرائطمحیطیِ خود، تمام ناملایمت‌ها را به فراموشی می‌سپارند و سعی در احیاء روابط خود دارند. برخی از آدم‌ها هم این‌گونه نیستند، نمی‌خواهند یا نمی‌توانند. من فکرمی‌کردم شرائط تغییرکرده و شاید این تغییر سبب نجات زندگی مشترک ما گردد.

با تغییرِرفتاری که از او می‌دیدم، فکر می‌کردم که او نیز این تغییر را فرصتی دوباره می‌بیند و می‌خواهد زندگی را از نو بسازد. اما همه‌چیز آنطور که من فکر می‌کردم پیش نرفت.

خیال‌های خوش گاه زیاد دوام نمی‌آورند. یک‌روز می‌رسد که باید نومیدی را به باور نشست. نومیدی از دری که وارد شد، به هیچ‌کس اجازهٔ خروج نمی‌دهد. باید راهی دیگری یافت. اگر نومیدی دست‌وپا بسته به یک گوشه اسیرت نکرده باشد، هنوز فرصت هست.

یک‌شب، با بی‌شرمی تمام در چشمانم خیره شد.

- باید برویم آزمایش بدهیم. من باید مطمئن شوم، این توله بچهٔ من است.

شنیدن این سخن، دیدن چهرهاش به هنگام پرتاب گلولهٔ مشقی به سویام باورکردنی نبود. باز فریب خورده بودم.

انسان چقدر باید مشتاق داشتن محیطی امن وآرام باشد که اجازه دهد چندکلام کوتاه، شیرین و دلخواه در فضا، او را متأثّرکند. این ذات انسان است ؟

بهسادگی باورکرده بودم که با تولّدیدوباره، دنیای ما رنگی خواهد شد.

میخواستم همهٔ زندگی را بالا بیاورم، عقّ زدم، آنقدر عقّ زدم که رودههام بههم پیچید. بازهم عقّ زدم، انگشت به ته حلق فروکردم و باز عقّ زدم.

مرد: چطور شد این رشته را انتخاب کردید؟

مشاور: رشتهٔ تجربی بودم، در زیرگروه تجربی اگر رتبهتان به پزشکی نمیرسید، حقّ انتخابدیگری نداشتید.

مرد : یعنی علاقهای به این رشته نداشتید؟

مشاور: چهکسی از روی علاقه حرفهٔ خود را انتخاب کرده؟ علاقه درکجای زندگی ما جا دارد؟ آیا میتوانید ادعاکنید چیزی را در زندگی از روی علاقه و صرفا" علاقه انتخاب کردهاید و هیچ به مصلحت نیندیشیدهاید؟

مرد: هوم، من با نظر شما مخالفم. من همهٔ زندگیام را با علاقه ساختهام.

مشاور: خوش به حال شما. اولین کسی هستید که این حرف را از زبانش میشنوم؟

مرد: باور نکردنیاست، چه میخواهید بگوئید؟ یعنی شما بیهیچ دلیل تمام عمر خود را صرف کاری میکنید که به آن علاقهای ندارید؟ آدم یکبار زندگی میکند و فرصت دوباره به او داده نمیشود، باید از این فرصت نهایت استفاده را بکند.

مشاور: من نگفتم الان حرفهام را دوست ندارم، گفتم انتخابِ اولیهام برحسب علاقه نبود.

مرد: آه بله دانستم، همان داستان همیشگیاست. علاقه بعدا" خودبهخود بهوجود میآید.

مشاور: واقعا" حقیقت دارد.

مرد: بروید خودتان را رنگ کنید، دوستِ عزیز. مشاور هم شده است. شما خودتان به یک مشاور احتیاج دارید. علاقه بعدا" به‌خودی‌خود، بدون صرف هیچ انرژی یا زحمتی به‌وجود می‌آید؟! نه خانم محترم، برای هرچیزی باید بهای آن را پرداخت. اگر علاقه می‌خواهی باید برای به‌دست‌آوردن آن تلاش کنی به خودت زحمت بدهی.

مشاور: خیلی دارید تند می‌روید آقاجان، صبرکن باهم برویم من نگفتم کاملا" با این ایده موافق‌ام، نه اصلا" وابدا" اما نمی‌شود منکرشد که همه‌چیز به میل و ارادهٔ من‌وتو نیست نمی‌تواندباشد.

مرد: یعنی یک‌چیزهائی را در تقدیر آدم‌ها نوشته‌اند؟!

مشاور: چرا مشاجره می‌کنید؟! نمی‌خواهم جواب بدهم شما از هرحرفی برعلیه آدم استفاده می‌کنید. درضمن من به‌اندازهٔ کافی برای به‌دست‌آوردن این علاقه تلاش کرده و باز هم می‌کنم. هیچ‌وقت دست از تلاش برنخواهم داشت.

مرد: شما خودتان برعلیه خودتان حرف می‌زنید.

مشاور: مگر نیآمده بودی اینجا مرا بشناسی؟

مرد: چرا؟

مشاور: پس بهتر است قبل از شناخت، قضاوت نکنی.

مرد: باشد، معذرت می‌خواهم، تند رفتم. سعی می‌کنم دیگر این‌کار را نکنم.

مشاور: من معمولا" برای شروع از درمان‌جو می‌خواهم زندگی خودش را مرورکند کناری می‌مانم و مرورِزندگی او را زیرنظر می‌گیرم. گاه بدونِ نیاز به دخالت، گاه هم با دخالت‌ها و هشدارهای کوتاه او را متوجه نکات مهم زندگی که به فراموشی سپرده است، می‌کنم. بیشترین کمکی که من به افراد می‌کنم، شناخت خودشان است.

مرد: پس باید خودت را خیلی‌خوب بشناسی.

مشاور: شاید، شایدهم نه ولی محدودیت‌های زندگی‌ام را خوب می‌شناسم من در دایرهٔبستهٔخود می‌توانم حرکت کنم. دایرهٔ بسته‌ای که محیط اجتماعی و شرائط اقتصادی، فرهنگی و نظائر آن بر من تحمیل کرده است.

مرد: این دایره برای همهٔ افراد وجود دارد.

مشاور: بله، بنابراین بدون شناخت محدودیت‌های هرشخص، نمی‌توانی او را قضاوت کنی؟

مرد: حتی یک مجرم؟!

مشاور: هیچ‌کس مجرم به دنیا نمی‌آید و هیچ‌کس با آگاهی مرتکب جرم نمی‌شود.

مرد: با این تفسیر هیچ‌کس را نمی‌توان مجازات کرد.

مشاور: وارد بحث قضا و قضاوت نمی‌شوم، بحث پیچیده‌ای است که از عهدۀ ما برنمی‌آید.

مرد: مثل مثال مرغ و تخمِ‌مرغ؟

مشاور: چیزی شبیه به آن. به نظرمن هیچ قانونی بی‌دلیل نوشته نشده است، به قولِ بزرگی در پسِ هر قانونی، هزارخون ریخته شده است.

مرد: فکر نمی‌کنی داری بی‌راهه می‌روی؟ برای این‌که خود را از من پنهان کنی راه خوبی‌است؟

مشاور: من نمی‌خواهم خود را از تو پنهان کنم.

مرد: پس همان شیوۀ خودت را دنبال می‌کنیم، خوب است؟

مشاور: بد نیست. اما به نوبت.

مرد: یعنی چه؟

مشاور: بخشی از زندگی من در برابر بخشی از زندگی تو قبول است؟ همان‌طور که در جلسۀپیش به‌توافق رسیده بودیم.

مرد: من بیمار یا درمان‌جو نیستم.

مشاور: قبول است یا نه؟

مرد: چارۀ دیگری هم دارم؟

مشاور: خودت چه فکر می‌کنی؟

مرد: قبول است.

خطوطِ متقاطع

زن در برابر مرد نشسته است و از چهرهٔ او خطی برمی‌دارد و روی صفحهٔ سفیدِکاغذ می‌گذارد. سایه‌روشن روی سیمای مرد را به عاریه می‌گیرد و صفحه را سایه می‌زند.

مرد دست از نوشتن برمی‌دارد.

مرد: الی، چندوقت است با هم حرف نزده‌ایم.

زن: تو مشغول نوشتن و تحقیقات میدانی هستی؟ گاهی اصلا" در طول روز نمی‌بینم‌ات، چه‌برسد به حرف‌زدن.

مرد: دلم برای حرف‌هات تنگ می‌شود.

زن: اما انگار سوژه‌های بهتری پیدا کرده‌ای؟ حرف‌هات را با مشاور می‌زنی؟

مرد: نه، زمان کمی برای صحبت به من می‌دهد.

زن: مگر قرار است تو حرف بزنی؟

مرد: فکر می‌کنم همچنان به من مثل یکی از بیمارهاش نگاه می‌کند. توافق کردیم از خودش برایم بگوید و اجازه دهد او را بشناسم، به شرطی‌که من هم از خودم بگویم.

زن: توافق خوبی‌است.

مرد: تو هم فکر می‌کنی، من نیاز به مشاور دارم؟

زن: چه‌اشکالی دارد؟

مرد: هیچ، مهّم‌نیست من هم از خودم برای او می‌گویم بگذار اگر مشکلی دارم حل کند اما این‌کار وقت زیادی می‌گیرد.

زن: کارِ جدّی، وقت می‌گیرد.

مرد: می‌ترسم نتوانم تا آخرش بروم.

زن: سعی خودت را بکن.

مرد: دارم سعی می‌کنم. تو چه می‌کنی؟

زن: نوشته‌هات را دنبال می‌کنم.

مرد: همین؟

زن: چه‌کار دیگری باید بکنم؟

مرد: نظری نداری؟

زن: نظرِ خاصی ندارم.

مرد: واقعا" خوانده‌ای و نظری نداری؟

زن: جسته، گریخته خوانده‌ام، آغاز و پایانش را نمی‌دانم، هرورق را یک‌طرف انداخته‌ای، این بی‌نظمی به کارت آسیب می‌زند.

مرد: می‌دانم ولی هنوز برای منظم کردن، خیلی زود است.

زن: خوش ندارم سیب را کال از درخت بچینم.

مرد: یعنی نخوانده‌ای؟

زن: چرا؟ گفتم که جسته‌گریخته می‌خوانم. نمی‌توان از کنار متن نوشته شده، با بی‌تفاوتی گذشت.

مرد: بیا امشب برویم بیرون یک هوائی بخوریم.

زن: کجا؟

مرد: کوه، خوب است؟! املت می‌زنیم.

صعود، غروبِ آفتاب

کوه سنگلاخ است، مسیر باریکی در میان سنگ‌ها برای رفت‌وآمد ایجاد شده است. یک‌طرف آن با شیب تندی به بالا میل کرده و سمت دیگر با شیب به ظاهر تندتری رو به پائین میل دارد. در آن پائین‌دست، چنددرخت در کنارهم دیده می‌شوند که از لابه‌لای آن‌ها جوی آبی بیرون‌زده و شکاف بین دوتپه را با خطی عمیق نشان می‌دهد.

از بین درخت‌ها دود برمی‌خیزد. جوان‌ها، معمولا" در بین درختان آتش راه می‌اندازند.

مرد نگاه برمی‌گرداند، زن چند قدم پشت سر او در حرکت است. به زن نگاه می‌کند و به آسمان ابری بالای سرش. از اینجا، شهر پیدا نیست از ازدحام شهر فاصله گرفته‌اند. گوئی هیچ چیز آرامش جاری در این فضا را برهم نمی‌زند.

در بالا، ایستگاهی‌است با بوفه‌ای کوچک. تنقلات چای و نیم‌چاشت‌های سبک می‌فروشند. هدف همان ایستگاه اول است. در آن‌جا می‌توان نشست و آسمان شهر را از بالا دید. املت یا عدسی سفارش داد و به گفت‌وگوهای روشنفکران دیروز گوش سپرد. اینجا پاتوق روشنفکران نسلِ گذشته است.

اگر بخواهید انسان‌های امروز را ببینید باید مسیر دیگری را بالارفتن اختیار کنید. از کنار جویِ‌آب در آن‌پائین، جوان‌های شادوخرّم با هدفون‌هائی در گوش، از زندگی لذت می‌برند یا درحال سلفی‌گرفتن با پایه‌های بلند هستند.

مرد می‌ایستد که زن از او پیشی بگیرد. قدم‌های زن را دنبامی‌کند و می‌زند زیرِآواز.دیری نمی‌گذرد که به کافه می‌رسند.

مرد: هوای تازه روح آدم را جوان می‌کند، هرهفته یک‌روز باهم بیائیم این بالا، کمی هوای تازه نفس بکشیم.

زن: هفته‌ای یک‌بار بیائیم این بالا؟

مرد: خسته شدی؟

زن: از تنفّس هوای شهر خسته شده‌ام. گوئی چیزی سنگین در جانم رسوب کرده، جنب‌وجوش برایم سخت شده است. انرژی کم می‌آورم.

مرد: حالا نفس بکش. ببین هوا چقدرخوب است.

زن: من برمی‌گردم.

مرد: یک کم دیگر بنشین باهم برمی‌گردیم.

زن: من برمی‌گردم به روستا.

مرد: مرا تنها می‌گذاری؟

زن: خواستی با من بیا.

مرد: نمی‌توانم.

زن : من هم دیگر نمی‌توانم.

مرد: از من دورشده‌ای.

زن: خودت خواستی.

مرد: من نخواستم، نمی‌خواهم از من دورشوی اما اگر این‌طور راحت‌تری، برو جلویت را نمی‌گیرم. کارم که تمام شد، من هم می‌آیم.

زن: کارت هیچ‌وقت تمام نمی‌شود، این را خودت هم خوب می‌دانی.

در سکوت، از کوه سرازیر می‌شوند.

از پله‌ها که به بالا صعود می‌کنند، زن به نفس‌نفس زدن می‌افتد.

زن: چقدر این پله‌ها سخت است، چرا برای ساختمانی به این بلندی آسانسور نگذاشته‌اند؟!

مرد: ساختمان قدیمی‌است.

زن: از برج ایفل که قدیمی‌تر نیست.

مرد: تا قانون نباشد، سازنده‌ها به فکر رفاه حال مردم نخواهند بود.

زن: خودشان در این خانه‌ها زندگی نمی‌کنند؟

مرد: سؤال خوبی‌است، نمی‌دانم.

زن: این صرفه‌جوئی‌های اقتصادی ابلهانه است. خوب پول بیشتر خرج کن، چه می‌شود. حتما" می‌توانند که ساختمان با آسانسور را با قیمت بالاتر بفروشند، چرا پس این‌کار را می‌کنند؟

مرد: نمی‌دانم، تنها می‌دانم آدم وقتی از چیزی سیر شود، بهانه‌جوئی می‌کند.

زن: منظورت چیست؟

مرد: تو از من سیرشده‌ای از اینجا ماندن برای همین به زمین‌وزمان ایراد می‌گیری.

زن: اصلا" این‌طور نیست، تا چیزی ایراد نداشته باشد، که آدم نمی‌تواند روی‌آن بی‌خودی ایراد بگذارد.

مرد: می‌توان چیزی را با ایرادهاش پذیرفت یا آن‌را به بهانهٔ ایرادهائی که دارد، دورانداخت. وقتی آمدیم این‌جا، درمورد پله‌ها ایرادی نگرفتی. می‌توانستیم جای مناسب‌تری پیداکنیم.

زن: شب را در خیابان می‌گذراندیم؟

مرد: در هتل.

زن: زود به فکرت خطورکرد، دیگر فرقی نمی‌کند.

مرد: داری می‌روی و ماندن من این‌جا درسختی، و از این پله‌ها بالاپائین رفتن برای تو مهّم‌نیست؟!

زن: منظورم این نبود. روزِ اول متوجه این قضیه نبودم ولی وقتی هرروز از این پله‌ها بالاپائین شدم اذیت شدم.

مرد: بودن من درتنهائی و سختی برایت مهم نیست باید می‌دانستم.

زن: چه می‌گوئی؟

مرد: بودن من در سختی برایت مهم نیست.

نفس زن به او یاری نمی‌دهد که به این مجادله ادامه دهد. سکوت پیش می‌گیرد و با سکوت خویش بر سخن مرد صحّه می‌گذارد. سکوت امتداد می‌یابد.

زن وسایل خود را جمع‌کرده زمان رفتن فرارسیده و زن با چمدانش جلوی در ایستاده است.

زن: مراقب خودت باش.

مرد : تو هم مراقب خودت باش جنگل‌های آنجا شغال دارد.

زن بی‌نگاهی به آن‌چه از او برجای مانده است، می‌رود.

سوگ

مشاور: اوضاع زندگی‌ات عوض شد؟

زن: نه، آن‌طور که فکر می‌کردم، پیش نرفت.

زن: بچه‌ام را از دست دادم.

مشاور: خیلی متأسفم، باید سخت بوده باشد.

با چشمانِ نیمه باز به اطراف نگاهی می‌کنم، سایهٔ کسی بالای سرم است.گرمای حضورش به من آرامش می‌دهد، مادرم. چه‌کس دیگری می‌تواند تنها با حضورش، باحس حضورش به انسان آرامش ببخشد و حس حضور او همیشه همراه من است. باشدیانباشد، همیشه در لحظات پرحس این زندگی، لحظات پر از درد یا شادی، او را صدا می‌زنم.

چشمانم را بازکردم، متوجه باز شدن، چشمانم نشد. دست را روی چشمهاش گذاشته بود وشانه‌هاش میلرزید. همیشه بی‌صدا اشک می‌ریخت، گریه‌هاش حتّی صدای هق‌هق هم نمی‌داد، اگر شانه‌هاش را نمی‌دیدی، اصلا متوجه نمی‌شدی، دارد می‌گرید. حتّی با دیدن شانه‌هاش، باز بین خنده وگریه‌اش نمی‌شد، فرق گذاشت. او همان‌طور که بی صدا می‌گریست، به‌همان آرامی، بی‌صدا می‌خندید. اغلب کمتر می‌خندید و بیشتر اشک می‌ریخت.

زن: مامان، مامان !

مادر: جانم عزیزِدلم، بالاخره بیدارشدی؟

زن: چه شده است؟ من کجا هستم؟

مادر: بیمارستان، دخترم، توخوبی؟

زن: چرا بیمارستان؟

مادر: تمام شد دخترم، تمام شد.

زن: چه تمام شد؟ مامان !

مادر: دخترم، چرا به من نگفته بودی، بارداری؟ می‌آمدم از تو مراقبت می‌کردم. آخر آدم این‌چیزها را که پنهان نمی‌کند.

زن: تازه فهمیدم.

مادر: کاش نمی‌فهمیدی، کاش قبل از این‌که بفهمی، تمام می‌شد.

همه‌چیز برایم روشن بود، تمام شد.

به خانه بازگشتم، همان خانه‌ای که برای سقف تنهائی‌ام، پیداکرده بودم. چقدر ساده باورکرده بودم تغییر را. نه، باید بپذیریم که زندگی به یک روال پیش می‌رود و هیچ تغییری بدون ارادهٔ ما نمی‌تواند اتفاق بیافتد.

نشستم رودرروی آینه و به خودم گفتم دیگر نباید به دیگران اجازه دهی، ترا فریب دهند. قیچی را برداشتم و تارهای درهم تنیدهٔ موهام را چنگ زدم و بریدمشان. با ضربه‌های قیچی بر روی موهای افسارگسیخته، می‌خواستم افسارِ زندگی را به دست بگیرم.

مادر: مادرجان، چه می‌کنی با خودت؟ همه‌چیز درست می‌شود. غصّه نخور!

زن: هیچ‌چیزی درست نمی‌شود، همیشه، بدتر از قبل می‌شود.

مادر: تو هنوز جوانی.

زن: نه آن‌چنان که تو فکر می‌کنی. چه می‌دانی درد چقدر زود آدم را پیرمی‌کند.

مادر: می‌دانم، دخترم.

مادر زن را به آغوش می‌گیرد. در آغوش هم گریه می‌کنند، بی‌گمان هرکس برای دردخویش آغوشی نیاز دارد.

زن: هنوزهم فقدانش آزارم می‌دهد. بچه‌ام را از دست دادم و همسرم از من شکایت کرد.

مشاور: بابت؟

زن: اقدام به سقطِ جنین.

مشاور: امکان ندارد. چطور چنین‌کاری کرد؟

زن: چطور؟ باید از او جویا شوید.

مشاور: زندگی پر تلاطمی داشته‌ای، چطور؟ ببخشید نباید این را بگویم، ولی چطور؟ چرا می‌خواهی این زندگی را حفظ‌کنی؟

زن: این را باید شما به من بگوئید.

مشاور: دادگاه به کجا ختم شد؟

زن: مدارک پزشکی را ارائه دادم.

مشاور: به همین سادگی؟

زن: نه، تازه شروع ماجرا بود. به پزشک قانونی فرستاده شدم، پزشک قانونی عمدی بودن سقط را ردّ کرد. چندین بار رفتم و آمدم، تا قاضی جهت مصالحه ما را فرستاد خدمت شما.

مشاور: پرونده‌ات چیزِ دیگری است.

زن: می‌دانم، خوب بین این رفت‌وآمدهای مکرّر و خسته‌کننده به دادگاه و مزاحمت‌های پیاپی همسرم و شکایت همسایه‌ها، از کوره دررفتم.

مشاور: و چاقو کشیدی؟!

زن: کامل نخوانده‌اید؟ او کوبید روی میز شیشه‌ای و آن را خورد کرد.

مشاور: کامل خواندم، متأسفانه شاهدان ماجرا گفته‌اند تو چاقو کشیده‌ای و به او حمله کرده‌ای. این اصلا" به نفعت نیست.

زن : من این‌کار را نکردم شاهدان آن‌شب، دوست و برادرِ او بودند.

مشاور : تو واقعا" می‌خواهی به این زندگی ادامه دهی؟

زن: او نمی‌خواهد مرا طلاق دهد.

مشاور: تو چه؟

زن: دوستش دارم.

مشاور: چه می‌شنوم؟ دوستش داری؟

زن: بله دوستش دارم. متوجه شدم همهٔ آن حرف‌ها بهانه‌ای بیش نبود. من می‌خواستم کنار او باشم و او را ببخشم و چه بهانه‌ای بهتر از بچه می‌توانست مرا کنار او نگاه‌دارد؟! هیچ.

زن بعد از مدّتی سکوت، حرف خود را پایان می‌دهد :

ما آدم‌ها همیشه می‌خواهیم عاقل باشیم. کاری را که از روی حسِّ خوبِ دوست داشتن انجام داده‌ایم را می‌خواهیم با استدلال منطقی، توجیه کنیم ولی هیچ منطقی برگشت دوبارهٔ مرا پیش او توجیه نمی‌کند.

پاسی از شب، در فضایِ خاکستری

مرد : شبها کابوس می‌بینم.

مشاور: کابوس؟

مرد: دیوارها، خاکستری‌است. تنها روزنه‌ای از نور در بالای یکی از دیوارها به شکل یک چهارضلعی کوچک دیده می‌شود. همه‌جا خاکستری‌است.تنها طلوع‌وغروبِ آفتاب را از نوری که روی خاکستری دیوارها می‌تابد، دنبال می‌کنم. نوری که درون یک قاب محبوس شده است. نور از کنج دیوار شروع می‌شود و از دیوار بالامی‌رود، تا آن‌جا که کاملا" از دیدگان محو می‌شود و آن‌جا، شب آغاز می‌شود. همه‌جا تاریک است و خاکستریِ اطراف در دل شب هم به قوّت دیده می‌شود.

مشاور: این تصویرِ اتاق توست، کابوس نیست.

مرد: این کابوس است. نمی‌فهمی؟

مشاور: چرا می‌فهمم برای تو کابوس است. اما این یک واقعیت است که تو باید آن را بپذیری.

مرد: مرا رهاکردی.

مشاور : من کنارِ تو هستم.

مرد: مرا رهاکردی. آن شب، غروب آفتاب را با هم تماشا کردیم و تو عزم رفتن کردی.

مشاور: این توهمی بیش نیست.

مرد: واقعیت همین است. تو برای این‌که نمی‌توانستی خاکستری دیوارها را تحّمل کنی، مرا رهاکردی. با تمام سختی‌ها و دهشتی که در آن فضا بود و آن را می‌دیدی و درک می‌کردی، مرا تنها گذاشتی و رفتی. رفتی میان دشت‌های سبز گم شدی و من هیچ کجای دیگر ترا نیافتم.

مشاور: باید داروهایت را زیادکنم.

مرد می‌خواهد زنجیرها را پاره کند، نمی‌تواند. دست‌هاش را بسته‌اند، پاهاش را بسته‌اند. رو به سوی مشاور می‌کند:

مرد: اینها کابوس نیست؟

مشاور: نه، بله،کابوس توست و تا تو نخواهی این کابوس تمام نمی‌شود.

مرد: تو با من چه کردی؟

مشاور: من با تو کاری نکردم هرچه بود تو خودبا خود کردی.

مرد: خودکرده را تدبیر نیست.

مشاور: نه.

مرد: من آن‌کار را نکردم. من او را نکشتم. من کسی را نکشتم.

مشاور: نه تو کسی را نکشتی.

مرد زار می‌زند در خود می‌پیچد. زنجیرهای دور دست‌هاش را به دور تن می‌پیچد و فریاد می‌زند.

مرد : مرا از این قفس رهاکن!

مشاور: سعی می‌کنم. اما باید خودت هم همکاری کنی. سعی کن به خاطر بیآوری.

مرد: من همه‌چیز را به خاطر می‌آورم. تو خود را به فراموشی سپرده‌ای.

مشاور: سعی کن به خاطر بیاوری. من این‌جا هستم، که به تو کمک کنم.

مرد: همیشه همین حرف را می‌زنی، همیشه فریبم می‌دهی.

مشاور: من اینجا هستم، ببین.

مرد: بگذار لمس‌ات کنم، بگذار مطمئن شوم این خیال نیست.

مشاور: نمی‌توانم، این اجازه را بدهم اما این‌جا هستم، برای کمک به تو.

مرد چشم باز می‌کند درون خاکستری فضا، تنهاست. هیچ‌کس برای کمک به او، آنجا حضور ندارد. باید به تنهائی این مسئله را حل کند.

کابوسی هرشب به سراغ او می‌آید، آن‌جا که سخن از قتل به میان می‌آورد تمام می‌شود. او آزارش به هیچ‌کس و هیچ چیز نمی‌رسد، چطور فریاد می‌زند، من او را نکشته‌ام. می‌گویند رؤیا تصویر واقعیتی‌است که انسان نمی‌تواند و یا نمی‌خواهد با آن رود رو گردد. آیا می‌تواند کسی را کشته باشد؟ او دیگر خود را از خود باز نمی‌شناسد.

صحنه

کارگردان کات می‌دهد.

کارگردان : کمی‌استراحت می‌کنیم، نیم‌ساعت بعد همه برگردند سرِ صحنه.

مرد، از داخل دکور خاکستری بیرون می‌آید.

عواملِ صحنه همه دست از کار می‌کشند و هریک به گوشهٔ استراحت خود می‌خزد.

مشاور : خوب شد، آمدم سر صحنه دیدم داری با من و درمان‌جوهام چه می‌کنی. تو که همیشه می‌گوئی، نباید مسائل شخصی را وارد کارکنیم. چطور این‌همه مرزها را شکسته‌ای؟!

کارگردان : من از داستان‌های واقعی اقتباس کرده‌ام نمی‌توانی مرا متهم کنی که مرزها را شکسته‌ام. شخصیّت‌های داستان همه خیالی هستند.

مشاور: من خیالی‌ام؟ درمان‌جوهای من خیالی‌اند؟ می‌خواهم ببینم، کی پروندهٔ آن‌ها را خوانده‌ای؟

کارگردان : انکار می‌کنم. من پروندهٔ هیچ‌کدام از بیماران تو را نخوانده‌ام. وارد حریم تو هم نشده‌ام. تا آنجا که به من مربوط می‌شد و اجازه داشتم، وارد شدم.

مشاور: این مرز را به‌تنهائی تعریف کرده‌ای؟

کارگردان : نمی‌توانی بگوئی از چه الهام بگیرم. هیچ‌کس نمی‌تواند به یک هنرمند دیکته کند. هرچیزی ممکن است، یک هنرمند را تحت تأثیر قرار دهد.

مشاور: که این‌طور.

کارگردان : خوب شده؟

مشاور: به نظرم، یک کم‌وکاستی‌هائی دارد.

کارگردان: نمی‌خواهم با واقعیت انطباق دهی. قبول دارم شخصیت های تو را استفاده کرده‌ام. اما داستان آن‌جوری که در ذهن من شکل گرفته روایت می‌شود و به افشای رازهای آن‌ها نمی‌پردازد. تو با حرف‌زدن در مورد آن‌ها، آن‌ها را وارد سناریو

کردی اما نمی‌خواهم بیشتر از این به آن‌ها نزدیک شوم و در موردشان بدانم، نمی‌خواهم از استعاره بیرون بزنم و با واقعیت رودر رو گردم.

مشاور : تطبیق ماجرا با واقعیت درست نیست، قبول دارم اما به لحاظِ ساختارِ شخصیتی، تو از یک آدم انتظار رفتار خاصی را داری، که در این‌کار، گاه مغایرت دیده می‌شود.

کارگردان : یعنی آدم را در یک قالب شخصیتی تعریف می‌توان کرد؟ در همان قالب انتظار از او داشت؟ آدم اینقدر قابل پیش‌بینی است؟ ببخشید می‌خندم، ولی یاد این فالگیرها افتادم که همه‌شان اول دست آدم را در دست می‌گیرند و به چشمان آدم خیره می‌شوند و می‌پرسند متوّلد چه ماهی هستی و بعد تمام گذشته و آیندهٔ آدمی را به تصویر می‌کشند. گویا تمام داستان زندگی آدم با ماهِ توّلدش رقم می‌خورد و خطهای کف دست و پیشانی آدم متن زندگی‌است که تنها آن‌ها قادر به خواندن الفبای آن هستند.

مشاور: نه به آن‌سادگی هم نمی‌توان تفسیرکرد. اما چراکه نه؟ روز و ماه تولد آدمی و جغرافیای ِخاصِ زمانی و مکانی، محیط اجتماعی دوران و شرائطِ اقتصادی روی زندگی آدم‌ها و شکل‌گیری شخصیت آن‌ها تأثیر بسیاری دارند.

کارگردان: در آن‌حد که بتوان داستان زندگی‌شان را حدس زد؟

مشاور: منظورم این است که به پس‌زمینه‌ای که خلق کرده‌ای باید توجه بیشتری داشته باشی، تو از یک نویسنده در دههٔ‌پنجاه سخن می‌گوئی که از جائی‌دور شاید از یک سرزمین دور افتادهٔ مهجور در ابتدای جوانی به شهری بزرگ مهاجرت کرده و ازقضا با یک الهه که مانند من از سرزمین بیگانهٔ غارت‌شده گریخته و غربت را در دورانِ کودکی مزّه کرده است روزگار می‌گذراند، آن‌ها شکلِ خود را گرفته‌اند و تو باید همان‌طور که هستند آن‌ها را بپذیری.

کارگردان: شاید هم سختی‌های زندگی دوران کودکی و جوانی بین آن‌ها همدلی ایجادکرده باشد.

مشاور: در آن‌صورت چه اتفاقی سبب می‌شود این همدلی ازهم گسیخته شده و به تنهائی هرکدام از آن‌ها بیانجامد؟!

کارگردان: تو که فکر نمی‌کنی من باید جواب تمام سؤال‌ها را بدهم و بیننده بعد از دیدن فیلم برود پاپ‌کورن‌اش را بخورد؟

مشاور: البته که نه.

مشاور: باید اشاره‌ای به آن نقطهٔ عطفی که باعث ایجاد گسل شده است، داشته باشی. من دلم نمی‌خواهد، با حدس و گمان زوایای پنهان این زندگی را کشف کنم.

کارگردان : اگر برای خود من هم مجهول باشد، چه؟ نمی‌خواهم سروته داستان را هم بیآورم درحالی‌که خوب می‌دانم، برخی آدم‌ها بی‌دلیلی رابطه‌ای را شروع و بی‌هیچ دلیلی آن را به انتها می‌رسانند، پیش از آنکه فصل اختتامیه رسیده باشد.

مشاور: در یک رابطه هرکنش و واکنشی دلیلی دارد، هرچند از دیدِ ما پنهان باشد.

کارگردان: شناخت آن به عهدهٔ شماست.

مشاور: یعنی می‌خواهی این حلقهٔ گمشده را من برایت بیابم؟!

کارگردان: اگر مایل باشی و اگر ضرورت آن را حس می‌کنی.

مشاور: البته که مایلم در کار تو سهیم باشم، پس بگذار از آغاز شروع کنیم شخصیتِ داستان باید با موقعیت اجتماعی، اقتصادی و شرائط محیطی که درآن به سرمی‌برد، هم‌خوانی داشته باشد. موافق‌ای؟!

کارگردان: موافقم ! نمی‌دانم، تحلیل‌هات درست است اما من به اختیار آدمی ایمان دارم.

مشاور: تا کجا؟ فردی که در دوران کودکی پدرومادر خود را از دست داده و به دست نهادهای حقوق بشری به کشور دیگری گسیل شده است و درآن‌جا تحت سرپرستی خانواده‌ای با فرهنگی دیگر رشدکرده و همیشه خود را در میان جامعه بیگانه به‌شمارآورده است، چقدر می‌تواند در شکل‌دهی به شخصیت خود نقش داشته باشد؟

پسر جوان سینیِ چای را روی چهارپایه مقابل آن‌ها می‌گذارد و از صحنه خارج می‌شود.

مشاور: همین پسر، چقدر می‌توانسته است در شکل‌گیری خود نقش داشته باشد؟

کارگردان: خیلی.

مشاور: چقدر؟! واقع‌بین باش، مادر در گریز از سرنوشت شوم خود، فرزند را رهاکرده و گریخته است. پدرش غرق در افیون، او را به دست نامادری سپرده، برای لقمه‌ای نان از بچّگی دست کمک به سوی این‌وآن درازکرده. نتوانسته از تحصیل که حقّ اوست بهره‌مند شود. بعد هم آن‌طور که من شنیده‌ام در ازای مبلغ ماهیانه‌ای که به پدرش می‌داده‌اند،او را به کورهٔ آجرپزی فرستاده‌اند. این بچه به‌سختی توانسته از

میان آن کوره‌ها تا شهر بیآید و در مغازه‌ای مشغول به‌کار شود به عنوان شاگرد در ازای جای‌خوابی که صاحب مغازه برای تفریحات ناسالم خود آن را اجاره کرده است. یک اتاق دارد که آن هم برای خود او نیست.

کارگردان: همهٔ اینها را می‌دانم، برای‌چه از سر می‌گوئی؟

مشاور: می‌خواهم مرورکنم تا بدانم کجا این آدم اختیار داشته چرخِ زندگی‌اش را بچرخاند؟

کارگردان: او یک قربانی است. قربانیِ شرائط

مشاور: و از این قربانی‌ها در اطراف ما چه‌بسیارند.

کارگردان : ولی همین آدم هم اختیار داشته است. می‌توانست دزد شود، بزهکار و یا...

مشاور: مطمئن‌ای نخواهد شد؟ مطمئن‌ای اگر او را پیش خود نمی‌آوردی، رو به این‌کارها نمی‌آورد؟ خودت هم می‌دانی، برای چه او را نزد خود نگه‌داشته‌ای.

کارگردان: می‌دانم

مشاور: برای این‌که هراس داری و می‌دانی ریشه‌ای محکم ندارد و تنهٔ باریک را یارای مقاومت ندارد، او درحال شکستن است و باید تکیه‌گاهی داشته باشد.

در مورد یک‌نفر شاید بتوانی کاری کنی، اما تو به‌تنهائی چقدر می‌توانی کمک کنی؟ به چندنفر؟ آیا نباید به فکر تشکیل نهادها یا مؤسساتی برای کمک به این بچه‌ها باشیم.

کارگردان: از این مؤسسات بسیار است

مشاور: همین شاهد عینی نشان می‌دهد که مؤسسات به تعدادِ کافی نیست وگرنه همین بچه می‌توانست از آن‌ها کمک بگیرد.

کارگردان: درست است.

آن‌ها چای را در سکوت می‌خورند و به دوردست ها می‌نگرند. زمین خاکی پیشِ رو که برای فیلم‌برداری انتخاب شده، جای خوبی برای فکرکردن است.

کارگردان: پس تو می‌گوئی شخصیت آدمی تحت تأثیر شرائط شکل می‌گیرد و می‌توان با توجه به شرائط زندگی هرشخص، به شخصیت پنهان او پی برد؟!

مشاور: به لحاظ روان‌شناختی، درست است مگر در موقعیت‌های خاصّ.

کارگردان : مثلِ؟

مشاور: موقعیت‌های خاصّ احساسی که پیش می‌آید. ممکن است هرآدمی، رفتاری غیرمعمول از خود نشان دهد. برای همین می‌گوئیم غیرمعمول، چون ما تصویری از واکنش فرد در ذهن خود داریم که مطابق آن رفتار نکرده است.

کارگردان: سعی کرده‌ام به این مسئله توجه کنم.

مشاور: موفق نبوده‌ای

کارگردان : زود قضاوت نمی‌کنی؟ باید صحنه‌های قبلی را هم ببینی، شاید نظرت عوض شد.

مشاور: البته، باید صحنه‌های قبل را هم ببینم. ساختارِ کلّیِ کارت را دوست داشتم.

کارگردان : می‌خواهی نام ها را تغییردهم؟ برای تو مشکلی پیش نیآید؟

مشاور: نام‌ها را تغییر بده، نام‌ها باید استعاری باشند و از آن مهم‌تر بارمعنائی داشته باشند.

کارگردان : به نکتۀ خوبی اشاره کردی. حتما"

سایه‌ها

مرد: الهه، ما کی این‌قدر تنها شدیم؟ چرا هیچ‌کسی به دیدن ما نمی‌آید؟ چرا ما به دیدن کسی نمی‌رویم؟

زن: به دیدن چه کسی برویم؟ به دیدن برادر تو؟ به دیدن مادر تو؟ من نمی‌آیم. برای دیدار کسانی که روی دیدن من را ندارند، نمی‌آیم.

مرد: آخر آن‌ها خانوادهٔ من هستند.

زن: خانوادهٔ تو، من هستم. آن‌ها به دنبال ازهم پاشیدن خانوادهٔ تو هستند.

مرد: به دیدار خانوادهٔ تو برویم.

زن: یادت رفته است، آخرین‌باری که مادرم را دیدی، چقدر او را آزردی؟

مرد: دوست، ما دوستی نداریم؟

زن: تو نخواستی با دوستان‌مان رفت‌وآمد کنیم. آن‌ها از نظر تو عوّام بودند و لایق وقت گذاشتن نبودند. حالا چه شده است؟ احساس تنهائی می‌کنی؟

مرد: بدجور، فکر می‌کنم درجهان با چند میلیارد جمعیّت، ما تنها مانده‌ایم و این اصلا" خوب نیست.

زن : خودت خواستی.

مرد: تو چرا پذیرفتی؟

زن: تو همهٔ جهان منی. من با تو، نیاز به هیچ‌کس ندارم.

مرد: اگر من نباشم چه؟ هرلحظه ممکن است آدم با این دنیا وداع گوید، هیچ به این فکر کرده‌ای؟

زن: به بودنم بی‌حضور تو؟ نه، من به این فکر نکرده و نمی‌کنم.

مرد: ولی باید فکر کنی. الهه، من همیشه زنده نمی‌مانم.

زن: تو اول من را دق‌مرگ می‌کنی، بعد می‌میری این را باور دارم.

مرد: دارم جدّی حرف می‌زنم.

زن: من هم جدّی گفتم.

مرد: بیا با آدم‌ها دوست باشیم.

زن: مثلا" با کی؟

مرد: مثلا" با همین مشاور، حتما" همسرخوبی هم دارد می‌توانیم با او از درِدوستی درآئیم.

زن : فراموش کرده‌ای، ما بیمار او هستیم. آن‌ها با بیماران‌شان دوستی نمی‌کنند.

مرد: یعنی، نمی‌توانیم دوستی کنیم؟

زن : واقعا"؟ نمی‌دانم، شاید هم بشود.

مرد: یا اصلا" بیا برویم بیرون، سینما، کافی شاپ، کوه، با چند نفر جدید آشنا شویم.

زن: چرا با دوستان قدیمی از نو شروع نکنیم؟

مرد: یعنی می‌شود؟

زن : چرا که نه؟

مرد: نه، این درست نیست. من فکر می‌کنم ما دلایل قانع‌کننده‌ای برای ترک همهٔ آدم‌ها درگذشته داشته‌ایم. ممکن است گذشت زمان باعث فراموشی دلایل‌مان گردد، اما نباید فراموش کنیم که هیچ آدمی بی‌دلیل از زندگی آدم بیرون نمی‌رود. برگشت به گذشتگان اشتباه بزرگی می‌تواند باشد.

زن: شاید هم درست بگوئی، باید از یک‌جائی شروع کنیم.

مرد: آدم‌های جدید آشنائی با آدم‌های جدید بهتر است. به‌هرحال گذشتِ زمان ما را تغییرداه. به‌گمان من، زمان به بلوغ فکری انسان کمک می‌کند و یک آدم بالغ باید دنبال مجموعه‌ای از آدم‌های بالغ برای پرکردن زمان فراغتش باشد.

زن: عاقل شده‌ای.

مرد: همهٔ ترس من از این است که فردا اتفاقی برایم بیاُفتد و تو دراین دنیا تنها بمانی.

زن: و اگر اتفاقی برای من بیاُفتد.

مرد: نه خواهش می‌کنم این‌طورحرف نزن، نمی‌خواهم لحظه‌ای هم به آن بیاندیشم.

زن: ولی اتفاق برای هردوی ما محتمل است.

مرد: پس به خاطر هردومان، این‌کار را می‌کنیم.

زن: این شد. خوش ندارم کاری را که می‌خواهی بکنی و به آن باورداری، با این
ادّعا که به خاطر من انجام می‌دهی، توجیه کنی.

مرد: به خاطرِ خودم، به خاطر هردومان هردو می‌رویم و دوستانی برای خود انتخاب
می‌کنیم.

زن: امیدوارم موفق شویم.

مرد: دنیا بزرگ است و برای هرکس در بین این همه آدم، دوستان خوب‌وموافقی
یافت می‌شود.

زن: امیدوارم.

مرد: با امید می‌شود زندگی را زیباتر دید.

افشاگری

مشاور: پروندهٔ تو و همسرت باهم بود، اما من هیچ‌گاه همسر تو را ندیدم باید او را همراه بیاوری. فراموش نکن.

زن: ولی او نزد شما آمده است. چندبار.

مشاور: جدی؟ خوب شاید آمده و خود را به من معّرفی نکرده است. باید معرفی شود. من باید شما را باهم ببینم. اگر مناسب دیدم، جلسات مجزا برای هرکدام‌تان خواهم گذاشت.

زن: به او می‌گویم، باهم خواهیم آمد.

مشاور: همسرت، چه‌کاره است؟

زن: درحال‌حاضر کاری ندارد. در خانه می‌نشیند و می‌نویسد. می‌خواهد رمان بنویسد.

مشاور: خب دارد کاری می‌کند، چرا می‌گوئی بی‌کار است؟

زن : کاری که از آن نانی درنمی‌آید. من هم کارهای هنری می‌کنم، خودتان می‌دانید. ولی اسم آن را کار نمی‌گذارم.

مشاور: بد دنیائی شده است.

زن : چطور؟

مشاور: هنرمند برای این‌که نانی برای خوردن داشته باشد، باید بیشتر وقت خود را به کارهای دیگر بپردازد.

زن : مگر جور دیگری هم ممکن است؟

مشاور: درگذشته اینطور نبوده است.

زن: چرا؟ همیشه همین‌طور بوده

مشاور: شاید هم حقّ با تو باشد، بگذریم.

زن: البته که همین‌طور است.

مشاور: پس من با یک زوج هنرمند روبه رو هستم.

زن: اگر بشود گفت، من بیشتر می‌گویم علاقه‌مند به هنر.

مشاور: چرا؟

زن: من مشقِ هنر می‌کنم. او هم همین‌طور، تاکنون کار جدّی تولید نکرده‌ایم.

مشاور: به نظر من که هنرمند ممکن است سال‌ها هم اثری از خود خلق نکند یا درخلوت خود کارکند و در معرض دید عموم نگذارد. این از هنر او نمی‌کاهد.

زن : این طور فکر می‌کنید؟

مشاور: خیلی از آثار هنری بعد از مرگ صاحبشان شناسائی می‌شوند. مثل نقاشی‌های محصّص.

زن : البته او در دوران زندگی‌اش هم برای اهالی هنر شناخته شده بود، اما کسی قابل مقایسه با او نیست. خوب است که شما او را می‌شناسید، خیلی از آدم‌های امروز نام او را هم نشنیده‌اند.

مشاور: متأسّفانه باید بگویم حقّ با شماست.

مشاور: من با هنر و هنرمندان میانهٔ خوبی دارم. در واقع فکر می‌کنم، این هنر است که انسانیّت را زنده نگاه‌داشته است.

زن : حقّ با شماست بی‌جلوه‌های هنر، این دنیا جهنّم است.

مشاور: خوب می‌شود با این همسر هنرمند به توافق برسید و باهم تشریف بیآورید.

زن: باشد

زن بیرون می‌آید، حالا نوبت مرد است که به اتاق مشاور برود.

زن : بیا داخل.

مرد: لو دادی؟

زن: دیگر وقتش رسیده بود.

مرد: تو باید تشخیص بدهی؟!

زن: حالا بیا داخل، بعد با هم بحث می‌کنیم.

زن: معرفی می‌کنم، همسر بنده.

مرد: درود بر شما مهربانو

مشاور: درود بر شما، خوب از راهِ فریب وارد می‌شوید؟

مرد: من شما را فریب ندادم، من با شما صادق بودم.

زن: من نیز قصد فریب شما را نداشتم، این‌که مشکل ما با رمانی که ایشان در دست نوشتن دارد، هم‌زمان شده است یک مسئلهٔ اتفاقی است.

مرد: مشکلِ ما؟ مگر ما مشکلی داریم؟ من تمام این مدت فکر می‌کردم تو برای کمک به من در نوشتن رمان‌ام به این‌جا می‌آئی.

مشاور: انگار این‌جا همه برای هم نقش بازی می‌کرده‌اند!

زن: نه، این‌طور نیست.

مشاور: بنشینید، حرف زیاد داریم برای گفتن.

مرد: من فقط خواستم شخصیت‌هائی که به آن‌ها می‌پردازم، رنگِ واقعی داشته باشند. حتّی تصویر اتاقی که شما در آن مشغول به‌کار هستید، برای من مهّم بود. به شما هم گفته بودم که می‌خواهم شما را بشناسم.

مشاور: همیشه فکر می‌کردم که نویسنده‌ها داستان‌هائی را که در آن زیسته‌اند، می‌نویسند. حرکتِ شما اما تعریف دیگری را برایم بازکرد.

مرد: چطور؟

مشاور: شما چیزی را که مشغول نوشتن آن هستید، زندگی می‌کنید. این درست خلاف روالی است که من فکر می‌کردم. بگذارید این‌جور بگویم که فکر می‌کردم اتفاقات گذشته روی شما تأثیر گذاشته، در ذهن‌تان قوام یافته و شکل‌گرفته است.

مرد: آن‌هم هست، در این بین تفاوت ظریفی هست. من در ابتدا طرحی کلی برای کارم داشتم، اما در بین راه عناصر ناشناخته‌ای وارد کار می‌شوند که بدون شناخت نمی‌توانم به آن‌ها اجازهٔ ورود بدهم و وقتی واردکار شده‌اند، نمی‌توانم آن‌ها را بیرون برانم. باید با این واقعیّت کناربیآیم که گاه داستان مرا به پیش می‌راند و این ناخودآگاه من است یا هرچیز دیگری درحال‌حاضر زمام امور را دردست دارد.

زن: نمی‌دانم نقشِ من در این‌میان چیست؟ من باید به فضاهائی که او می‌خواهد در کار واردکند بروم و با شخصیت‌های او قراروممدار بگذارم.

مشاور: این یعنی اعتماد کامل او به شما. چقدر خوب است.

زن: شاید برای او خوب باشد، اما گاه فکر می‌کنم او از من بهره‌جوئی می‌کند.

مرد: نه نه، این‌گونه نیست. تو خود یکی از شخصیت‌های روایت هستی و در روایت هم در آن فضا حضورداری و با آن اشخاصّ گفت‌وگو و دیدار داری.

مشاور: شما صحنه‌سازی می‌کنی.

مرد: من می‌خواهم عناصر، جزئیات و اشخاص به واقعیت نزدیک‌تر باشند.

مشاور: و خلاقیت هنری در این‌میان، کجا قرار می‌گیرد.

مرد: من بافتهٔ اصلی را از پیش آماده کرده‌ام، جزئیات و رخدادهای کوچک را به این روش تهیه می‌کنم. این یک داستان تخیّلی نیست و نمی‌تواند بدون درنظرگرفتن و شناختن اجزاء واقعی خود به پیش رود.

مشاور: این روش همهٔ نویسنده‌ها است؟

مرد: هرکس شیوهٔ خود را دارد و البتّه به نوع رمان نیز بستگی دارد. به‌طورمثال نویسندهٔ یک رمان تاریخی، نمی‌تواند به خلاقیّت هنری خود زیاد بهاء بدهد. او باید به تاریخ وفادار بماند. خلاقیّتِ‌هنری او در داستان‌هایِ خُرد، داخل ماجرای اصلی به نحوی‌که به رشتهٔ تاریخی جریان لطمه نزند، می‌تواند دیده شود.

زن: این بحث دارد طولانی می‌شود، فکر می‌کنم ما وقت زیادی نداریم.

مشاور نگاهی به ساعت خود می‌اندازد.

مشاور: بله، حقّ با شماست. نظرتان چیست که این بحث را خارج از محیط کاری دنبال کنیم؟!

زن و مرد لبخند پیروزمندانه‌ای به‌هم می‌زنند.

زن : با کمال میل.

مرد: بیرون یا در منزل؟

مشاور: می‌توانید آخرِهفته بیائید منزل ما. مطمئن هستم، همسرم هم از دیدن شما خوشحال خواهد شد.

مرد: به او بگوئید که سوژه خواهد شد، فردا نگوید که فریب خورده است.

مشاور: او خود به دنبال سوژه می‌گردد.

زن: واقعا"؟! حرفهٔ او چیست؟

مشاور: می‌آئید، از نزدیک با او آشنا می‌شوید.

آبیِ عمیق

شب است، آسمان بالای سر آن‌ها سپید است و از داخل آن دانه‌های سفید می‌بارد. آسمان، اما کمی آن‌سوتر به رنگ آبی تیره است. آبی آسمان پس از بارش برف یا درهمان حال که برف می‌بارد، یک آبی عمیق است که هیچ‌جای دیگر نمی‌توان آن را یافت. سرمای آبی‌اش در جان آدم رسوخ می‌کند. سرمائی که استخوان را می‌سوزاند، شوقِ‌حیّات را در دل آدم زنده نگاه می‌دارد گوئی زندگی در این آبی، معنا می‌یابد.

دست‌دردست، به درون بارش برف وارد می‌شوند. باد تندی درحال وزیدن است. نور لامپ‌ها در این هوا، ذرّات معّلق را آشکار می‌سازد. ذرّاتی که به‌آرامی می‌چرخند و می‌رقصند و خیال فرودآمدن ندارند. هنوز چندقدم پیش نرفته‌اند که روی موهای مرد سپید می‌شود. زن سربلند کرده روی طرّه‌ای از موهاش که از شال بیرون‌زده، دانه‌ای سپید نشسته و خیال آب شدن ندارد.

زن : خوب شد؟ نه؟

از لای شال گردن پیچیده بر دورِدهان و بینیِ مرد صدائی بیرون می‌آید : آره.

زن شال گردن را تا زیرچانه پائین می‌کشد.

مرد : خوب شد. اولش ترسیدم، همه‌چیز خراب شود.

زن : چرا؟

مرد: آن‌طوری که گفت به من دروغ گفتید، هول برم داشت.

زن : نگفت دروغ گفتید، بیچاره خیلی مؤدبانه گلایه کرد.

مرد: ولی، خوب شد.

زن: به نظرمن هم خوب شد، راستش خسته شده بودم.

مرد: حقّ داری، ببخشید. من واقعا" نمی‌خواهم از تو بهره‌کشی کنم.

زن: می‌دانم.

مرد: ولی این را به زبان آوردی، یعنی این فکر را پیش خودت کرده‌ای.

زن: بی‌خیال.

مرد: نمی‌توانم بی‌خیال شوم.

مرد: کتاب را به اسم هردومان می‌دهم برای چاپ.

زن : کی تاحالا این‌کار را کرده؟

مرد : من می‌کنم.

زن : مردم فکر می‌کنند، همین‌طوری اسم زنش را آورده.

مرد: مردم نوشته روی کتاب را می‌خوانند، شاید هم فکر کنند تو نویسندهٔ اصلی
هستی و اسم مرا همین‌طوری از سر لطف اضافه کرده‌ای.

زن: نمی‌خواهم این‌طور فکر‌کنند.

مرد: در این مورد ما تصمیم نمی‌گیریم، ولی اثر به اسم هردوی ما چاپ می‌شود.

آشنائی

صبح روز جمعه با شتاب برمی‌خیزند.

مرد: خوب خوابیدی؟

زن : نه، استرس دارم. تو چی؟

مرد: من هم استرس دارم. همهٔ شب فکر می‌کردم آن مرد چه‌کاره است؟!

زن: پیش‌تر از او نوشته بودی؟

مرد: راجع به حرفه‌اش چیزی نگفتم.

زن : چرا؟ من فکر می‌کنم تهیّه کننده یا کارگردان باشد.

مرد: اول فکر می‌کردم مهندس باشد، بعد نظرم عوض شد. یک بخش کوچک دربارهٔ فیلم‌برداری نوشتم، ولی با آن هم خوب ارتباط برقرار نکردم. به نظرم هر شغلی می‌تواند داشته باشد.

زن: هرشغلی؟ نه، به نظر من تنها می‌تواند هنرمند باشد.

مرد: چرا؟

زن: شخصیّت مشاور طوری نیست که با هر شغلی بتواند کنار بیآید.

مرد: حرفهٔ او کنارآمدن با آدم‌هاست.

زن: حرفهٔ آدم با زندگی خصوصی‌اش ممکن است هم‌سو نباشد. سخت است آدم در محیط کار و در منزلش با آدم‌هائی از یک جنس روبه رو شود.

مرد: چرا؟ خیلی هم خوب است. می‌توانند به‌هم کمک کنند.

زن: و می‌توانند باهم رقابت کنند و مشکلات حرفه‌ای را به خانه بیآورند.

مرد: ما که خوب باهم کنار می‌آئیم.

زن : ما همکار نیستیم.

مرد: ولی از یک قماش‌ایم.

زن: من فکر می‌کنم او هم از قماش ما باشد.

مرد: می‌تواند.

زن : حاضرم شرط ببندم.

مرد : سرِ چی؟

زن: شام. من می‌گویم کارگردان است.

مرد: این را که من از قبل پیش‌بینی کرده بودم.

زن : ولی تو شک داری.

مرد: باشد.

مرد: سر راه یادت باشد، یک چیزی هم براشان بگیریم.

زن : یادم می‌ماند.

حالا هر دو حاضر و آماده هستند. جلوی آینه کنارهم می‌ایستند.

زن : زوج خوبی شدیم.

مرد: انگار برای تستِ بارداری داریم می‌رویم. آنقدر هیجان‌زده‌ام.

زن، تنه‌ای به مرد می‌زند. می‌زنند بیرون.

باران درحال باریدن است، شب برف می‌بارد، صبح باران. شب‌وروز در دو اقلیم متفاوت می‌زی‌اند. این‌روزها در این سال‌ها کمتر می‌توان از هوای بارانی، از باد یا از برف سراغ گرفت. همیشه غباری سرد شهر را پوشانده با انبوهی از ریزگردها که راهِ نفس را می‌بندد پیش می‌آید که هوا ابری باشد ولی ابرِ بی باران.

بوی باران و تازگی، زندگی می‌بخشد. هرچند هنوزهم بی‌شک ریزگردهای زیادی در هوا پراکنده‌اند که دیده نمی‌شوند.

مرد: هوای خوبی است.

زن : در چنین هوائی می‌شود عاشق شد.

مرد : می‌شود به عشق زندگی دوباره داد می‌شود جان گرفت و جان داد.

زن : من خاکستری این هوا را دوست دارم، هرچه می‌خواهد درون آن باشد سرب یا بنزن.

مرد: تو که از خاکستری می‌گریزی.

زن: نه،این خاکستری عمق دارد. نگفتم به تو، دیروز رفتم نمایشگاه عکس.

مرد: تنها؟

زن : تنها، رفته بودم خرید، جلوی ورودی فرهنگ‌سرا چند عکس روی تابلو زده بود که مرا به داخل کشاند.

مرد : زود وسوسه می‌شوی!

زن: در مقابل وسوسهٔ هنر مقاومت کردن اشتباه است.

مرد: کاش من هم با تو آمده بودم.

زن : گفتم که برای خرید رفته بودم.

مرد : کارهای که بود؟

زن : نامش.... اولین نمایشگاه او بود. گمان نکنم بشناسی.

مرد: کارهاش چطور بودند؟

زن : خاکستری،تاریک گوئی عکاس به‌عمد خواسته بود حضور نور را کم کند.یکی از عکس‌هاش که خیلی مرا جذب‌کرد از بالای تپه‌های فرحزاد گرفته شده بود. یک کارگاه ساختمانی با خیابان‌های خاکی آن اطراف را نشان می‌داد. احساس کردم عکس مربوط به زمان جنگ جهانی دوّم می‌تواندباشد. این‌قدر سوت‌وکور و خالی از زندگی بود.

مرد : باید بروم ببینم. تاکی دایر است؟

زن: یک‌هفته، گویا. خاکستری و تیرگی حاکم بر عکس‌ها حس خاصّی را القاء می‌کرد. درورودی گالری نوشته‌ای زده بود که درآن سنت خاصّ ژاپنی‌ها برای زدن تابلوی نقاشی درخانه‌هاشان را شرح می‌داد. آن‌ها فضای خاصّی که معنای نام آن «سطح تاریک» یا چنین‌چیزی می‌شود را برای نصب تابو انتخاب می‌کنند.

مرد: نمی‌فهمم.

زن : ببین، اثرهنری را در بخشی از خانهٔ روی دیواری نصب می‌کنند که از پرتو نورکمی برخوردار است و به این روش، بیننده را مجبور می‌کنند برای درک اثر و دیدن آن بایستد و بهترین زاویه را پیدا کند. به این طریق بیننده با یک نگاه سرسری نمی‌تواند از اثر هنری بگذرد.

مرد: ژاپنی‌ها مردم خاصّی هستند و فرهنگ‌شان سرشار از رمزو راز است.

زن: مردم قابل‌احترامی هستند.

مرد: آری.

زن: گل یادت نرود.

مرد: حتما" یک گل‌فروشی درخیابان بعدی هست.

زن : این خیابان‌ها را دوست دارم، این محلّه‌ها را، هنوز زنده‌اند.

مرد: شاید به خاطر باغچه‌ها و درختان سرسبز آن‌هاست.

زن: چقدر حس خوبی‌است، باران باشد، تو باشی و من

مرد: شاعر هم شدی.

زن درحالی‌که دستانش را به‌آرامی با انگشتان باریک بلند آویزان به بالا می‌برد که درجلوی چشمان مرد قرارگیرد.

زن : از هرانگشتم هنری می‌بارد.

مرد: من که فکر نمی‌کنم هنر از انگشت ببارد اما انگشتان تو خود هنر است.

زن : می‌دانی گاه به تقابل بین هنرها می‌اندیشم. به آن‌چه در همهٔ هنرها مشترک است.

مرد: می‌توان آن‌ها را وجوه مختلف بیان دانست. هرکدام زبان خاصّ خود را دارد.

زن: زبان مشترک آن‌ها چیست؟

مرد: سوژه.

زن: همین؟

مرد: آری، چه وجه مشترک دیگری دارند؟ البته می‌توان زبان آن‌ها را به هم برگرداند، مثل ترجمه از زبانی به زبان دیگر، و درست مثل ترجمه در برگرداندن چیزی از یک زبان به زبان دیگر، ممکن است چیزهائی از دست برود. زیرا خصوصیات زبان مادر را نمی‌توان عین به‌عین به زبان دوّم برگرداند.

زن : و ممکن است چیزهائی هم به آن افزود.

مرد : نه،حفظِ امانت در کار ترجمه ضروری است.

زن : منظور من ترجمهٔ ادبی نبود. برگردان هنری بود. مثل این‌که یک اثر نقاشی را به شعر برگردانی یا یک بخش از رمان را به تصویر بکشی.

مرد: این اتفاق درون ذهن بیننده یا خواننده یا حتّی در موسیقی،در ذهن شنونده روی می‌دهد.

زن : این برای مخاطبان ساده‌اندیش است.

مرد : نه،برعکس.

زن : آن‌چیزی که در ذهن من روی می‌دهد به دلیل عدم‌تسلط من به یکی از زبان‌های هنری‌است.

مرد: بیشتر توضیح می‌دهی؟

زن: به طورنمونه بگویم، بیشتر ما آدم‌های امروزی از سواد شنیداری کمی برخورداریم و این باعث می‌شود هنگام گوش کردن به یک قطعهٔ موسیقی آن را به شکل تصویر در ذهن خود مجسم کنیم. حتّی این بی‌سوادی ما تا آنجا پیش می‌رود که موسیقی را به دو بخش باکلام و بدون‌کلام تقسیم‌بندی می‌کنیم و آن‌ها که نمی‌خواهند به خود زحمت شنیدن بدهند، موسیقی بی‌کلام را کاملا" از ردیف موسیقی‌های موردعلاقهٔ خود خارج می‌کنند.

مرد : یعنی این بخش‌بندی درست نیست؟

زن: موسیقی باکلام یعنی‌چه؟ یعنی تلفیق موسیقی با ادّبیات یا شعر. در آن‌جا هم من موسیقی را درک نمی‌کنم یا نمی‌فهمم بلکه آن را پس زمینهٔ شعری که می‌شنوم قرار می‌دهم.

مرد : با این تقسیم‌بندی تو، کسی‌که دارای سواد شنیداری باشد،کمیاب است؟

زن : بله و بعد از آن سواد بصری‌است که خوشبختانه دارد در دانشگاه‌ها تدریس می‌شود.

مرد: آن‌وقت آموزش‌وپرورش کسی را که الفبای خواندن و نوشتن یاد می‌گیرد،باسواد قلمداد می‌کند.

زن : آن تقسیم‌بندی کلیشه‌ای برای نشان دادن امار مثبت است. خیلی از آدم‌ها تنها به یادگرفتن حروف الفبا بسنده می‌کنند. آیا به آن‌ها می‌شود گفت باسواد؟

مرد : نه، البته که نه. گل‌فروشی همین جاست.

زن : بگذار کمی گل‌ها را تماشا کنیم، بعد وارد می‌شویم.

مرد: آره بهتر است بحث‌مان هم نیمه‌تمام نمانَد.

زن : البته این بحث سرِدراز دارد، فقط یک‌چیز دیگر بگویم که همیشه مرا عصبی می‌کند و تاحدی خشمگین وقتی‌است که شنونده‌ها یا بیننده‌های آثارِهنری یا حتّی

خوانندهها به جای اینکه بگویند من درک نمیکنم یا سطح آگاهی و سواد من به درک این اثر قد نمیدهد سرشان را بالا میگیرند و میگویند هرکس سلیقهای دارد.

مرد : البته سلیقه هم جائی دارد. نه؟

زن : این را نگو، سلیقه، بین بتهوون و مورتزارت میتواند انتخاب کند. اما بین عباس قادری و بتهووون سلیقه نیست که حکم میکند.

مرد : آه. مقایسۀ غریبیاست.

زن: این بنفشه را دوست دارم. یکدسته گلِ بنفش و دیگرهیچ.

مرد : زرد نمیخواهی بگذارد؟

زن: نه، نه، اصلا"

دستهگل را میگیرند و به راه خود ادامه میدهند.

خانه‌ای از دیروز

درِ چوبیِ بزرگِ قدیمیِ در انتهای کوچه آن‌ها را می‌خواند. بلندای در به ارتفاع دوقد آدمی‌است و پهنای آن به پهنای کوچه. درون درِ بزرگ درِ کوچک دیگری برای عبور آدم تعبیه شده است. از آن عبور می کنند.

حیاط بزرگی‌است با چنارهای بلند، بیشتر باغ را می‌ماند. ساختمان‌ها به‌طورِپراکنده با قدهای کوتاه و بلند از لابه لای درختان پیداست.

زن: کدام یکی‌است؟

مرد: پیداش می کنیم.

صدائی از پشت درختان شنیده می‌شود.

از این‌سو بیائید.

خانهٔ آجری سه‌طبقه در میان درختان دیده می‌شود. کسی درجلوی در ورودی ایستاده بود. مشاور از طبقهٔ سوم خانه دست تکان می‌دهد. زن و مرد برایش دست تکان می‌دهند.

بعد از آشنائی، مثل آشنایان سال‌های دور باهم وارد گفت‌وگوی خاصّ در مورد هنر و تقابل هنرهای هفت‌گانه می‌شوند. خاصّیت هنر این است، آدم‌ها در این حیطه خیلی سریع به هم نزدیک می‌شوند. حرف هم را می‌فهمند، احساس تعلق آن‌ها به یک دنیای خاصّ، آن‌ها را از دیگران جدا و به هم نزدیک می کند.

نگارنده : من خیلی کار سینما را دوست دارم، به‌خصوص کارگردانی به نظر من کارگردانی جمع همهٔ هنرهاست.

کارگردان : من این نظر را درخصوص نگارش دارم. به خصوص نگارنده‌های نسل پیش‌تر که باخط خوش برروی صفحهٔ سپید کار می‌کردند. وقتی یک کتاب خطی را می‌بینی، سطرها چشم را می‌نوازند و موسیقی کلمات در هنگام خواندن طنین خوشی دارد.

نگارنده : الان دیگر این‌طور نیست. کلمه،تنها یک کلمه است.

کارگردان : بارمعنائی کلمات را نباید فراموش کرد. هرکلمه در بطن خود هم وزن دارد، هم شکل.

نگارنده : هرتصویر، دربردارندهٔ همان شکل، وزن و حتّی بیش از آن موسیقی، رنگ و باپیشرفت‌های جدید کم‌کم می‌تواند صاحب بو و طعم هم باشد.

کارگردان : با وجودکاری که می‌کنم هنوزهم از اشکال سنّتی و اصیل بیشتر لذت می‌برم.

نگارنده : خوب است اما باید با جریان و حتّی پیش از آن راند.

کارگردان : و اگر جریان ترا به ناکجائی ناخواستنی ببرد؟

نگارنده : اگر پیش از جریان باشی، تو سکان هدایت را به دست می‌گیری، اگر ازپسِ آن بخواهی روان شوی، البته ممکن است به ناکجای ناخواستنی بیانجامد اما هرکجا باشد بهتر از درماندن، درجا ماندن و رسوب کردن است.

کارگردان: جسارت می‌خواهد.

نگارنده : و البته نوآوری، خلاقیت.

بحث می‌کنند، آتش زغال را می‌گیرانند.

آن‌سوی صحنه، زن‌ها هم مشغول گفتمان هنری خودشان هستند.

میهمان: چند تا از ترجمه‌هام را آوردم برایت بخوانم.

میزبان : دوستت دارم، گوشم با توست، ناراحت که نمی‌شوی از تو بخواهم درحال کارکردن برایم بخوانی؟!

میهمان : نه،چرا ناراحت شوم. البته ترجیح می‌دهم بهت کمک کنم کارهایت تمام شود بعد با هم بنشینیم.

میزبان: باهم خواهیم نشست اما تا آن موقع نمی‌توانم صبرکنم می‌خوانی یا من خودم بخوانم؟

میهمان: می‌خوانم، به نوبت می‌خوانیم.

میزبان : باشد.

می‌خوانند و سینی سالاد را می‌آرایند.

میز آماده سرو غذاست. غذاخوردن در تراسی که برگ‌های درخت چنار را می‌توانی لمس کنی و هوای بازدم درختان را استنشاق کنی، لطف دیگری دارد. در بین کسانی که ترا می‌فهمند و زبان ادراکشان را می‌فهمی.

مشاور: این آدم‌ها می‌آیند، یک‌کلمه بر زبان می‌رانند، دنیای ترا زیروزبر می‌کنند و می‌روند.

نگارنده: از کدام آدم‌ها سخن می‌گوئی، آدمی که بارِ معنای کلمات را تا این حد بداند و با یک کلمه دنیا را زیروزبر کند، سراغ ندارم.

مشاور: نه باآگاهی، اغلب بدون‌آگاهی این‌کار را می‌کنند. اگر اعتراض کنی، می‌گویند منظوری نداشتم.

نگارنده: آن‌ها قیدِ حیّاتِ کلمه را در نمی‌یابند.

انقلابی درون من درحال روی‌دادن است

انقلابی در سرم.

انقلابی در قلبم

دنیا را از این زاویه واژگون می‌بینم

ترا واژگون می‌بینم

دنیای ترا چه کسی برهم ریخته است

ازچه در این فضا، درمیان این بوته‌ها، درخت ها

چنین درهم، به هم ریخته‌ای

نگارنده: این همه که برای شما می‌خواند، حسادت مرا برمی‌انگیزد.

مترجم: میل به خواندن، از میل به شنیدن جان می‌گیرد.

نگارنده : در من میل فراوان به شنیدن تو هست.

کارگردان : دارید نمایش را برهم می‌زنید، خانم‌ها و آقایان، لطفا" مسئله را شخصی نکنید. ما این‌جا نیستیم که به مسائل شخصی شما رسیدگی کنیم.

مشاور: همهٔ مسائل را می‌توان از نگاه شخصی دید و بررسی کرد. اصلا" چرا مسئله را شخصی نکنیم، ما برای چه این‌جا هستیم.

نگارنده : برای شناخت سوژه‌ها و شخصیت‌های اصلی داستان.

مترجم : نگاه من شخصی‌است، من آمده‌ام در یک گردهمائی دوستانه شرکت کنم.

کارگردان: ببینید من صحنه‌ای نادر و نایاب برای شما خلق کرده‌ام که در آن بنشینید و از فلسفه بگوئید. شما شخصیت‌های عام نیستید، شما باید دیالوگی که براتان نوشته شده است را بخوانید.

مشاور: نه نه این اصلا" درست نیست،پس خلاقیت فردی چه می‌شود؟

نویسنده : من شخصیت را خلق کرده‌ام، من کلمه را واژه را از زبان شما می‌گویم.

مترجم : ولی شما نمی‌توانید هر واژه‌ای را از دهان هرشخصی بیرون برانید. شخص واژه را خود انتخاب خواهدکرد واژه به انتخاب شما نیست.

کارگردان : نه واژه نه حتّی نحوهٔ بیان آن را نمی‌توان تغییرداد. باید شکل و ماهیّت شخصیت را بپذیری.

مشاور: من به دنبال هویت آدمی در این میان هستم، آدم عروسک نیست و شما هم عروسک‌گردان این معرکه نیستید.

نگارنده: قبول دارم که بعد از شکل دادن به یک شخصیت، حدومرز خود را تعیین کرده‌ام و نمی‌توانم از آن فراتر بروم ولی فراموش نکنید که این شخصیت می‌توانست فرم دیگری داشته باشد.

کارگردان : نه نه، تو می‌توانی یک شخصیت دیگر انتخاب کنی، اما کاراکتر شخص از نوع پوشش، گفتار و کردار او پیداست. وقتی فرم ظاهری را عینیت بخشیدی، قالبِ گفتار و کردارمشخص شده است. می‌خواهی این را از صحفهٔ روزگار محو کن و یکی دیگر بیآفرین.

مشاور: هیچ‌وقت اجبار را نمی‌توانم بپذیرم.

مترجم : ولی این حقیقت است، من حتّی نمی‌توانم واژه‌ها را به اختیارخود پس‌وپیش کنم،ممکن است معنا را دچار تغییرکند یا از بار آن بکاهد یا بیهوده بر بارآن بیافزاید. امانت‌داری مهم است.

نویسنده : امانت‌داری خوب است اما امضای خود آدم چه می‌شود؟ می‌دانیم کار هرمترجمی با دیگری تفاوت دارد حتّی در ترجمهٔ عینی یک اثر.

کارگردان : اینجا اصلا" امضاء صاحب اثر اهمیت ندارد.

نگارنده : این یک تعبیر وحشتناک است.

مشاور: مخاطب بر اساس نوع بینش، فرهنگ وسطح سواد هنری خود، مقابل اثر می‌ایستد.

مترجم : ادراک بشری بسیار پیچیده است، به نظرمن گاه بیش از این‌ها، نوع نگاه آدمی به پدیده‌ها از بدو تولد منحصربه‌فرد است و همان نگاه پرورش می‌یابد، در انحصار خود.

مشاور: به تعداد آدم‌ها درک متفاوتی از پدیده‌ها می‌توان یافت. هیچ‌کس مثل دیگری نمی‌نگرد.

کارگردان : بعد از این‌همه باید صحنه را تغییرداد و در فضائی روشنفکرانه‌تر به ادامهٔ بحث‌پرداخت.

سفره را برمی‌چینند، روی میز،چند جاسیگاری با لعاب آبی فیروزه‌ای می‌نشیند. کنار سینی نقره‌ای چای قوری، قندان، ظرفی شیرینی و چنداستکان. مشاور چای می‌ریزد.

کارگردان : به نظر من شناخت هنر معاصر، امر مهّم و دشواری شده است.

مترجم : آری، در هرگوشه از این‌دنیا کسی در حال آفرینش چیزی‌است که شاید هیچ‌گاه دیده، شنیده یا به آن پرداخته نشود.

مشاور: دنیا بزرگ است.

نویسنده :

دنیا چقدرکوچک است،
آدم‌ها چقدر بزرگ
همیشه
همیشه نزاعی ابدی
در مقیاس آدم و فضای پیرامون او
جاری ست
نزاعی ابدی

مشاور: آیا نباید آدم دست از نزاع با خود و پیرامون خود بردارد.

کارگردان : آه عزیزم،خواهش می‌کنم، دست از تئوری‌های بر سرانجام علم در حیطهٔ هنر بردار. با این واژه‌ها من می‌توانم تا انتهای دنیا به این نزاع ادامه دهم.

نگارنده: من از پادرآمدم، تسلیم شدم در این فضا.

مترجم : واژه‌ها بُعد دارند، فضا را اشغال می‌کنند و من گاه هوا کم می‌آورم در میان واژه‌ها.

مشاور: حتّی در این فضا؟

نگارنده:

در این فضای خستهٔ بسته

نگاه‌ها گم می‌شود میان فاصله‌ها

کارگردان: دوست عزیز این فضا بسته نیست، گاه فضا را قربانی واژه‌ها و واژه‌ها را قربانی وزن عبارت می‌کنی.

نگارنده: گاه واژه خود به قربان‌گاه می‌شتابد.

مشاور: گاه واژه شکل می‌گیرد و آن تصویر ایجادشده انتزاعی احساس را برمی‌انگیزد.

مترجم : من فکر می‌کنم، نویسندگان، نقّاشانی درخفا هستند. آن‌ها زحمت ترسیم اشکال را به ذهن مخاطب می‌سپارند.

نگارنده: من نمی‌خواهم مخاطب تصویرِ ذهنی بسازد، می‌خواهم خودِ واژه را درک کند.

کارگردان : نمی‌شود دوست عزیز،شما وقتی چهارفصلِ ویوالدی را به شنیدن می‌نشینی، چگونه آن‌را درک می‌کنی؟ با اوج و فرودها و بازیِ اکتاوها؟ نه، بی‌شماری هستند که به هنگام شنیدن چهارفصل چشم‌ها را می‌بندند و به سفر می‌روند بین فصول رازی هست، رمزی.

مشاور: دگرگونی عناصر از فصلی به فصلی دیگر روح مرا آرام می‌کند، همیشه چیزی درحال‌تغییر هست.

مترجم : این فریبی بیش نیست.

نویسنده : فکر می‌کنم هنرها ارتباط تنگاتنگی باهم دارند. بین آن‌ها مرزی نیست.

کارگردان : همین‌طور است که می‌گوئی، مثل کارهای آن نقّاش چینی-سای-نمی‌دانم اسمش را می‌شود گذاشت نقّاش؟ اگر نه چه اسمی روی او می‌توان گذاشت؟

نگارنده: دنیای واژگان ما محدود است، شاید باید آن را توسعه داد.

مترجم : حتما"،محدودیت واژگان از زبانی به زبان دیگر مرا آزار می‌دهد.

مشاور: من از کارهای سای خیلی متأثر می‌شوم کارش در فضا شکل می‌گیرد در نورخورشید، بُعد دارد، صدا دارد. همهٔ حواس را به‌کار می‌گیرد.

کارگردان : ستودنی‌است.

خورشید درحال غروب است، ابرهای سفیدوسیاه خود را به جریان باد سپرده‌اند. باد، درهم فرومی‌بردشان و ازهم جداشان می‌سازد. غروبی این چنین، خبر از تحوّلی عظیم دارد.

یادِ ایّامی

مرد: یادت می‌آید تا دیرباز در این بالکن با دوستان‌مان می‌نشستیم و گپ‌وگفت‌های هنری داشتیم.

زن: یادم می‌آید من و تو همیشه در این بالکن به شنیدن آواز چکاوکان، نفس می‌کشیدیم.

مرد: یادت می‌آید در گذشته، این‌جا هیچ‌وقت این‌همه خالی نبود.

زن: یادم می‌آید در خلوت خود، چه عاشقانه‌ها می‌سرودیم.

مرد: یادت می‌آید زندگی‌مان چه رنگی داشت.

زن: یادم می‌آید درخت‌های چنار، تغییر فصل را چه خوب به تماشا می‌گذاشتند.

مرد: یادت می‌آید چقدر دوست داشتی در حیاطِ بازی بچه‌ها را به تماشا بنشینی.

زن: یادم می‌آید امید به من می‌دادی، به زندگی‌ام و فردا را بهتر از دیروز نقش می‌کردی.

مرد: یادت می‌آید مرا قهرمان رؤیاها خطاب می‌کردی، می‌خواستی کوه‌ها را برایت جابه‌جا کنم.

زن: یادم می‌آید هرکاری برایم می‌کردی.

مرد: پیر شدیم.

زن: پیری را به جان خریدیم، پیش از آن‌که پیر شویم.

مرد: همه‌چیز تغییرکرده است.

زن: ما در خمودی خودگرفتار شدیم.

مرد: زندگی سخت است.

زن: ما سخت‌ترش کردیم.

مرد: می‌خواهم طرحی نو بیاندازم.

زن: همیشه طرح‌هایت را نیمه‌تمام می‌گذاری.

زن: نمی‌دانم چرا آن باغ را خانه را رها کردی، در این چهاردیوار خاکستری به‌دنبال چه می‌گردی؟

مرد: خانه فرسوده بود، یادت هست؟ بامش زمستان‌ها با بام آسمان یکی می‌شد. زیر باران وبرفِ زمستان می‌خوابیدیم.

زن: زمستان‌ها دیگر برف و باران ندارد.

مرد: بیابان است.

زن : لبم خشکیده شد.

مرد : داستان را رها می‌کردم نیمه‌تمام. جواب کارگردان را چه بایدداد؟

زن: صحنه را خالی رهاکردی.

مرد: صحنه از من می‌گریخت. نقش‌هام، نقش خامی‌شد.

زن: گفته بودم.

پوچی

مرد دست از نوشتن برمی‌دارد.

تنها در اتاق خالی نشسته، اتاق خالی خاکستری. به یک‌باره همه او را تنها گذاشته‌اند. سوژه‌هاش دیگر سراغی از او نمی‌گیرند.

یادش نمی‌آید کی به این اتاق نقل مکان کرده است. یادش نمی‌آید چرا این‌جاست؟

مشتی کاغذ در گوشه‌وکنار اتاق پراکنده است. جای‌جای اتاق را رنگ سرخ خون گرفته، دیوارها با نقوش سرخ به یادش می‌آورد این‌جا کجاست.

درون سلولِ خاکستری بیهوده در تلاش است که از سلول‌های خاکستری درون خویش چیزی بیرون بکشد، یادی، خاطره‌ای.

به میله‌ها چنگ می‌زند به‌آرامی، این حقیقت است یا مجاز؟

میله‌ها را درون مشت خود می‌فشارد سردی میله‌ها در عمق جانش نفوذ می‌کند. من چرا این‌جا هستم؟

و فریاد برمی‌آورد : من بیگناه‌ام، من بی‌گناه‌ام.

صدائی از دور می‌آید : آرام باشید.

مرد آرام می‌شود و روی تخت فنری گوشۀ اتاق می‌نشیند. بشقابی روی زمین خالی مانده است. لیوانی نیمه خالی و آن مربع کوچک نور، تنها چیزی است که درون اتاق به آرامی حرکت می‌کند و به یادش می‌آورد که زمان هیچ‌گاه از حرکت باز نمی‌ایستد، حتّی اگر تو از حرکت بایستی به ناگاه.

چندروز در این اتاق بوده‌ام؟ چرا در مورد این‌روزها چیزی ننوشته‌ام؟ کاغذها را از این‌سو و آن‌سو برمی‌دارد نگاه به نوشته‌ها می‌اندازد و باز آن‌ها را روی زمین می‌اندازد. کسی باید باشد به من بگوید کجا هستم،چگونه و چرا به این‌جا آمده‌ام. کسی باید باشد، فریاد می‌زند.

صدائی از دور می‌گوید :

آرام باش به مشاورت خبر داده‌ایم داری حرف می‌زنی، حتما" در اولین فرصت تو را به حضور خواهد خواست.

مرا به حضور خواهد خواست؟ چه‌کسی؟ گفت مشاور، مشاور در زندان چه می‌کند، تا آن‌جا که شنیده بودم بیماران زندانی را به درمان‌گاهی در آن‌جا می‌فرستند و اگرحالشان وخیم باشد و در درمان‌گاه، پزشک کشیک نتواند کمکی به بهبود بیمار نماید، او را به بیمارستان می‌فرستند البته همۀ بیمارستان‌ها نمی‌توانند طرف قرارداد زندان باشند.

- من کجا هستم؟ الهۀ من کجاست؟

چرا هیچ‌وقت از الهه نپرسیدم چرا این مربع نور را دنبال می‌کند؟ چرا در همۀ آثارش نشانی از این نور کم، که از چالۀ نور آن‌طرف به درون می‌تابد هست. می‌خواهد به‌ما یادآوری کند، هنوز خورشیدی درحال تابیدن است؟ چرا این‌قدر کم با الهه حرف زدم؟

من باورداشتم که او همیشه هست، فنا ناپذیر، وفادار، عاشق و مهربان. من باور داشتم اما حالا او کجا رفته است؟ همۀ باورهای مرا با خود به کجا برده است؟

- الهه

چهاردیوار اتاق را گز می‌کند، باید سه‌درچهار باشد،مثل اتاق دوران کودکی‌ام مثل فرشی که مادر می‌بافت مثل عکس‌هائی که برای شناسائی افراد برمی‌دارند. مثل عکس روی شناسنامه، پاسپورت، کارت ملی، کارت نظام مهندسی، کارت نظام پزشکی، کارت عضویت در هیئت مدیره فلان شرکت و همۀ عکس‌هائی که به ظاهر هویت اجتماعی ما را معّرفی می‌کنند.

همۀ عکس ها سه‌درچهار هستند و همۀ آن‌ها را فوری برمی‌دارند. یک‌لحظه از چهرۀ آدمی که در اضطراب و انتظار سپری شده، ثبت می‌شود. اضطراب از تمام این عکس‌ها پیداست. شاید برای این، روش عکس‌برداری فوری را برای کارت‌های هویتی انسان‌ها تعریف کرده‌اند که همین اضطراب ناشی از انتظار و نومیدی را می‌خواهند ثبت کنند. شاید برای این‌که آن‌هاهم باوردارند زندگی سراسر اضطراب است و چهرۀ حقیقی هرکس در لحظات اضطراب‌آور زندگی خود را می‌نمایاند.

- آب چقدر تشنه‌ام، آب

کسی پارچ آبی درون سینی که کنار آن لیوان و چند عدد قرص و شربت چیده شده است، می‌آورد. سراپاش سفید است، مثل فرشتگان درون قصّه‌ها. شایدهم فرشتهٔ مرگ است و تصمیم گرفته مرا با چندقرص باخود ببرد. او،حقّ انتخاب دارد چندقرص درون یک سلولِ‌خاکستری، تمام خاکستری ذهن مرا خالی خواهدکرد و بعد از آن هیچ.

باید اعتراف کنم که هم‌اکنون نیز درون سر من هیچ نیست، نه یادی، نه خاطره‌ای، نه امیدی.

من کیستم؟ کیستم من؟

درون این سلول چیزی هست که گاه با من نجوا می‌کند، هنوز سایهٔ الهه این‌جاست. کاش می‌توانستم با او حرف بزنم. کاش صدای مرا می‌شنید. اما، او خیلی‌وقت است که دیگر صدای مرا نمی‌شنود، یادم هست همان‌جا روبه‌روی من نشسته بود و به‌جای من، به آن مربع لعنتی نگاه می‌کرد و سهراب می‌خواند.

به‌سراغِ من اگر می‌آئید

نرم‌وآهسته بیائید

مبادا که ترک بردارد چینی نازک تنهائی من

چقدر زود چینی تنهائی‌اش را شکست، از پیله بیرون جست و رفت. نمی‌دانم آیا او رفته است؟ یا جائی در همین گوشه‌وکنارها پنهان شده؟ او با لباس خاکستری و آن رخسار رنگ‌باخته در میان این همه خاکستری مبهم، می‌تواند گم شود. چگونه می‌توانم او را بیابم؟ آرام نجوا می‌کند

- الهه

نمی‌داند روزها شب می‌شود و شب‌ها روز یا این‌که او در پی کسالت اندوه‌بار این فضا مدام به خواب می‌رود و از خواب خسته برمی‌خیزد.

گاه از آن سپیدپوش بی‌همتا که همیشه با دستان پر می‌آید و ظرف های خالی را می‌برد، می‌پرسد:

من چندروز است این‌جا هستم؟ امروز چندشنبه است؟ چه‌سالی است؟ من چندساله شده‌ام؟ من باید برای روز تولدم کار خاصی بکنم، این عادت همیشگی من است، روز تولدم را باید در جائی بهتر از اینجا، جائی‌که همیشه آرزو داشته‌ام، در آن بلندی قله‌ها سپری کنم.

سفیدپوش بلندبالا گاه با مهربانی نگاه می‌کند و لبخند می‌زند، اما هیچ نمی‌گوید. شاید به او گفته‌اند با این دیوانه حرف نزن، شاید هم حرف‌زدن بلد نیست، شاید گنگ است. من چه می‌دانم این‌همه را، تنها می‌دانم که زبان فهم ما، زبان نگاه است و شکلک‌هائی که این ماهیچه‌های لعنتی صورت به ما اجازه می‌دهند بسازیم. راستی را، من چند شکل می‌توانم با ماهیچه‌های صورتم بسازم. اندوه، درد، شادی، غم، غم که فراخ می‌شود، نمی‌توان به شکل بسنده کرد، باید از اشک هم کمک گرفت. می‌گریم، به بلندای فریاد عقّابی دربند، فریادم در فضا می‌پیچد و اشک‌هام جاری می‌شود بی‌اختیار، هق‌هق گریه‌ام را خاموش نمی‌توانم کرد.

- الهه

این‌همه خط‌خطی‌های بیهوده به چه‌کار می‌آید، اگر تو نباشی که آن‌ها را، این بذرهای خشک رو به زوال را از روی این زمین سفت و خشک، برچینی؟ این‌همه کاغذ را بیهوده حرام کردم. چند درخت بریده شدند، در راه گفتن حرفی که به زبان نمی‌توانستم آورد و این‌همه به چه‌کار می‌آید وقتی تو نخوانی و نخواهی که بخوانی یا نباشی که بخوانی و بدانی که من همهٔ این‌ها را برای لالائی شبانهٔ تو سروده‌ام.

- الهه

خود را در آغوش می‌گیرم و می‌خوابم. این روزهای بی‌تو بودن، خود را که به امانت به‌من سپرده‌ای، در آغوش می‌گیرم و می‌گریم. برای خاطرتو برای خاطر آن قول‌ها که داده‌ام، برای زنده ماندن و به یادآوردن تمام خوبی‌هات، به خوبی‌های تو می‌اندیشم و می‌خندم. به نگاه مهربانت، به دستانی که در سرمای زمستان هم گرم بود. و به لبخندت که در اوج غم، از صورت زیبات محو نمی‌شد. خدا تو را از ساختن همهٔ شکلک‌های صورت محروم کرده بود جز لبخندی مهربان. هیچ می‌دانی چگونه می‌توان با چندماهیچهٔ کوچک نعره زد و وحشت برانگیخت؟ نه، تو خیلی‌چیزها را نمی‌دانی. الههٔ من، گاه فکرمی‌کنم شاید تو با یک بیماری خاصّ ژنتیکی به دنیا آمده باشی. تو نوع دیگری از انسان هستی، نوع برتر که خشم را نمی‌شناسی.

الهه از سایه بیرون می‌آید. یک ردای خاکستری تمام‌قد بر تن دارد، با کلاهی که تا پائین چانه را پوشانده و صورتش پیدا نیست.

الهه: من خشمگین‌ام و از آن‌رو که نمی‌توانم خشم خود را نشان دهم از دیدگان تو پنهان می‌شوم.

مرد: الههٔ من، این‌کار را با من نکن، بگذار صورتت را ببینم. بگذار به تماشای چشم‌هات بنشینم. من به دیدن چشمان تو عادت دارم، آن‌ها را ازمن مگیر.

الهه: نه دیگر نمی‌توانم خسته‌ام.

مرد: « دنیا را از من بگیر، چشم‌هات را نه »

الهه: چشمی برای تماشا ندارم.

مرد: چشمان تو همیشه تماشائی‌است.

الهه: خالی‌است، درون کاسهٔ چشمانم خالی شده است. دوحفرهٔ خالی بر صورت من نقش بسته، دوحفرهٔ خالی خاکستری.

مرد: باور نمی‌کنم. چه برسر تو آمده است؟ با تو چه کرداه‌اند؟

الهه: با من چه کرده‌اند؟ نه، تو با من چه کرده‌ای؟

مرد: من با تو چه کرده‌ام؟ به جز این‌که نگاه مهربانت را برای روزهای سخت زندگی‌ام خواسته‌ام، چه کرده‌ام من؟

الهه: با من چه کرده‌ای؟

مرد: با تو چه کرده‌ام؟ به‌جز این‌که تمام رودهای جهان را برات پر آب کرده‌ام.

الهه: با من چه کرده‌ای؟

مرد: جز عشق جز مهربانی، چه کرده‌ام؟

الهه: با من چه کرده‌ای؟

مرد: هیچ. به‌جز خواستن‌ات و همیشه خواستن‌ات، هیچ. گناه من خواستن بیش از اندازهٔ تو بود.

الهه: با من چه کرده‌ای؟

مرد: ترا برای خودم خواسته‌ام، تنها برای خودم و مثل تمام آن چیزهائی که به من تعلق دارد، از تو مراقبت کرده‌ام.

الهه: با من چه کرده‌ای؟

مرد: مراقبت بودم، نگذاشته‌ام آب دردلت تکان بخورد، نگذاشته‌ام نگاه بیگانه‌ای تو را نوازش کند. نگذاشته‌ام هیچ گزندی بر تو رسد. تو را حفظ کردم

الهه: با من چه کرده‌ای؟

مرد: هرچه کرده‌ام برای مراقبت از تو بوده است، برای حفظ تو آری برای حفظ تو بود که خواستم همیشه کنار من باشی، با من نفس بکشی، نفسی را که من فرومی‌دهم، فرو دهی، آبی را که من می‌آشامم، بیاشامی، غذائی را که من تناول می‌کنم، تناول کنی.

الهه: با من چه کرده‌ای؟

مرد: من پیش‌مرگ تو بودم، همه‌چیز را اول خودم امتحان می‌کردم بعد به دست تو می‌دادم. من از تو محافطت کردم درون خانهٔ خود، درون همین اتاق.

الهه: اتاق خاکستری بی‌نور، بی‌روزن.

مرد: برای خاطر تو بود، نور خورشید تن لطیف تو را می‌سوزاند.

الهه: درتنهائی.

مرد: دیگران تو را می‌آزردند.

الهه: در خیال تو

مرد: آری، تو را در خیال خود بزرگ کردم.

الهه: و نشستی به تماشای من.

مرد: نشستم به تماشای آن همه زیبائی، من مفتون تو بودم.

الهه: درونِ حصارِ تاریکِ تنهائیِ خاکستری مرا مدفون کردی.

مرد: من عاشق تو بودم.

الهه: درونِ دیوارهایِ بسته، در این فضای تنگ، مرا اسیرکردی.

مرد: آزادی خطرناک است.

الهه: واکنون خود در این حصار گرفتار آمده‌ای؟

مرد: چندروز است.

الهه: به تعداد روزهای اسارت من نیست.

مرد: تو مرا به اسارت گرفته‌ای؟

الهه: نه.

مرد: اگر بگوئی تو مرا به اسارت گرفته‌ای، به جز این اسارت، هیچ نمی‌خواهم.

الهه: تو خود خودت را اسیرکرده‌ای.

مرد: اسیر عشق

الهه: اسیر خودخواهی

مرد: الهه، تو از من چه می‌خواهی؟

الهه: کمی خیال آسوده،کمی تنهائی.

مرد: تو همیشه تنهائی.

الهه: تو در کنار منی.

مرد: ترا رها نمی‌توانم کرد.

الهه: به خاطر چشم‌هام.

مرد: به خاطر چشم‌هات

صدائی نزدیک می‌شود، الهه در سایه گم می‌شود.

همراه: پاشو برویم، مشاور می‌خواهد ترا ببیند.

مرد: نمی‌شود بگذاریم برای یک‌وقت دیگر.

همراه: چه فرقی می‌کند؟ الان کار مهمی داری؟

مرد: نه، اما

همراه: اما ندارد، بعد از چندماه زبان به دهان گرفتن، صدات درآمده است، مشاور می‌خواهد ترا بشنود. من هم می‌خواهم که مشاور ترا بشنود، شاید کمتر فریادکنی.

مرد: شاید، فریاد من ترا آزار می‌دهد؟

همراه: بله،این چه پرسشی‌است؟ صدای فریاد همه را آزار می‌دهد.

مرد: اما فریاد به یاد من می‌آورد، زنده‌ام هنوز.

همراه: به یاد من هم می‌آورد، نمی‌خواهی بیآئی؟

مرد: نه، بگو « شایدوقتی‌دیگر»

صدا، دور می‌شود.

مرد: الهه، رفت، بیا بیرون.

الهه: نمی‌آیم.

مرد: ببین تو خودت نمی‌خواهی هیچ‌کس را ببینی، آن‌وقت به من می‌گوئی ترا رهاکنم بینِ‌مردم!

الهه: من از آدم‌ها، از بیگانه‌ها می‌ترسم.

مرد: برای همین نباید با آن‌ها رودر رو شوی.

الهه: می‌خواهم با ترسم روبه رو شوم.

مرد: من هم همین را می‌خواستم اما ترس برمن غلبه کرد، بزرگ‌تر شد و مرا در خود بلعید.

الهه: شاید من بتوانم با آن رودر رو شوم و پیروز از میدان به درآیم.

مرد: اگر نیآئی چه؟

الهه: نمی‌شود که به خاطر احتمال شکست، وارد مبارزه نشوم.

مرد: اگر تو پیروز میدان نباشی، من چه کنم؟

الهه: آن‌وقت می‌توانی با آن نیروی عشق که از آن دم می‌زنی برای نجات من قدم‌درراه بگذاری.

مرد: آخر این‌همه زحمت بیهوده را برای رسیدن به چه آمالی باید برخود و تو تحمیل کنم؟

الهه: برای رسیدن به آزادی.

مرد: من اسارت را ترجیح می‌دهم.

الهه: اما من نمی‌توانم. اسارت، عشق را در من می‌کشد، در ما.

مرد: عشق در من نمی‌میرد.

الهه: تو برای حفاظت از عشق چه می‌کنی؟ مظهر عشق را دربند می‌کشی؟ این است رای تو؟

مرد: من بهترین و مطمئن‌ترین راه را برای محافظت از عشق انتخاب کردم.

الهه: چه به‌دست آوردی؟

مرد: ترا از دست دادم، خیلی وقت است احساس می‌کنم ترا از دست داده‌ام، دیگر کنار من نیستی، مرا نمی‌شنوی، مرا نمی‌بینی، مرا نمی‌خواهی.

الهه: «گر مرد رهی، مرد خطر باش»

مرد: می‌ترسم

الهه: نگذار ترس زندگی را بر تو تنگ کند

صدائی از دور نزدیک می‌شود. الهه، در سایه گم می‌شود.

همراه: مشاور می‌خواهد تو را ببیند؟

مرد: نمی‌دانم.

همراه: تا نیم‌ساعت دیگر، می‌توانی نظرت را تغییردهی وگرنه می‌رود تا هفتهٔ دیگر.

مرد: من که ساعت ندارم

همراه: من می‌آیم، برای بارآخر از تو سؤال می‌کنم.

مرد: باشد تا دیداری دیگر بدرود.

همراه: بدرود استاد.

صدا دور می‌شود. الهه از پناه سایه بیرون می‌خزد.

الهه: برو

مرد: تو این‌گونه می‌خواهی؟

الهه: آری، قرار ما همین بود

مرد: باشد

همراهی

بلندتر می‌گوید باشد می‌آیم.

صدا بازمی‌گردد، الهه می‌رود.

همراه: چه شد؟ نظرت را تغییر دادی یا نه؟

مرد: آری.

همراه: خوب، پس برو کنار رو به دیوار بایست تا من وارد شوم.

مرد: چرا روبه دیوار.

همراه: اگر می‌خواهی مشاور را ببینی، رو به دیوار بایست که من وارد شوم و دست‌هات را پشت کمرت به‌هم چفت کن.

مرد: این‌کارها برای چیست؟ من که درخواست دیدار مشاور شما را نکردم او خواسته است مرا ببیند.

همراه: می‌خواهی یا نه؟ آخرین‌بار است سؤال می‌کنم.

مرد رو به دیوار می‌ایستد. الهه را در سایه می‌بیند. خطوط خاکستری ردای خاکستری او را. شاید او الهه باشد، شایدهم سایه‌ای دیگر. اگر صدای آشناش نبود، به حضور او شک می‌کرد.

صدا دست‌بند به دست او می‌زند و آرام او را برمی‌گرداند.

مرد: این چه رفتاری است؟ مگر من چه‌کرده‌ام؟

همراه: از مشاور سؤال‌هات را بپرس، من هیچ نمی‌دانم.

مرد: تو با همهٔ‌کسانی که از آن‌ها هیچ نمی‌دانی، این‌قدر نامهربانی؟!

همراه: قانون است.

مرد: دست‌بند؟!

همراه: بله

مرد: به همه دست‌بند می‌زنید؟

۳۰۴

همراه: نه

مرد: من چه فرقی با دیگران دارم؟

همراه: از مشاور بپرس.

از میان راهروی خاکستری عبور می‌کنند، هرچه پیش‌تر می‌روند، نور بیشتر می‌شود. می‌تواند در اطراف خود، سایه‌هائی را پشت میله‌ها ببیند که در سکوت رفتن او را به تماشا نشسته‌اند.

مرد: اینها کیست‌اند؟

همراه: آدم‌هائی مثل تو.

مرد: مگر من چه جور آدمی هستم.

همراه: نمی‌دانم.

مرد: آه چه جالب، من هم نمی‌دانم تو چطور آدمی هستی، آیا این به من حقّ می‌دهد، بر دست‌تو دست‌بند بزنم؟ یا ترا در سلولِ‌خاکستری تنهائی دفن کنم؟

همراه: تو تاکنون با هیچ‌کس چنین نکرده‌ای؟

مرد: نه، نمی‌دانم، آیا من چنین جنایتی را برکسی روا داشته‌ام؟

همراه: نمی‌دانم.

مرد: پس برای‌چه به من تهمت ناروا می‌زنی.

همراه: شاید هم روا باشد.

مرد: تو که گفتی نمی‌دانی.

همراه: من نباید با تو حرف بزنم، می‌فهمی. تنها مشاورحقّ دارد با تو واردِ گفت‌وگو شود.

مرد: حرف‌زدن با من چه خطری دارد؟

همراه: نمی‌دانم.

مرد: شد من چیزی سؤال کنم و تو پاسخی بهتر داشته باشی.

همراه: من حقّ ندارم با تو حرف بزنم.

راهرو تمام می‌شود. سؤالات مرد در راهرو جا می‌ماند. مرد وارد فضائی جدید می‌شود. آیا قبلا" از این فضا عبورکرده است؟ بی‌گمان برای بردن‌اش به آن سلول از همین راهرو استفاده کرده‌اند، اما او هیچ به یاد نمی‌آورد آن‌جا را قبلا" دیده باشد.

مرد: من چندوقت است، اینجا هستم؟

همراه: وقتی من آمدم، شما اینجا بودید.

مرد: و تو چندوقت است که به اینجا آمدهای؟

همراه: خیلیوقت است.

مرد: برای چه به اینجا آمدهای؟

همراه: شغل من این است؟

مرد: زندانبانی هم شد شغل؟

همراه: من همراه توام.

مرد: چهجالب، من فکر کردم زندانبانی.

همراه: چرا؟ من همیشه سعی کردهام در حیطهٔ وظائف و اختیاراتام با بیماران مهربان باشم.

مرد: چقدرهم که تو مهربانی.

همراه: نیستم؟

مرد: نمیدانم.

همراه: اگر نمیدانی، برایچه گفتی؟

مرد: ببین تا حالا تو میگفتی نمیدانم،من هم یکبار گفتم نمیدانم، اینقدر برایت شنیدن جواب سربالا سخت است؟ خوب باید بگویم برای من هم سخت است.

همراه: گفتم در حیطهٔ اختیاراتم میتوانم مهربان باشم، نه بیش ازآن.

مرد: نمیدانستم برای مهربانی هم مرزی هست.

همراه: برای همهٔ پدیدهها میتوان مرز قائل شد.

مرد: من با یک همراه فاشیست طرف هستم، این خیلیخوب است، مشتاق شدم بیشتر با تو گفتوگو داشته باشم.

همراه: اما من اجازه ندارم با بیمارن بند ۱۸ حرف بزنم.

مرد: برای بخشبندی بیماران هم از واژهٔ بند استفاده میکنند؟ نمیدانستم. این یعنی تفاوتی بین بیمارستان و زندان نیست.

همراه: اینجا که بیمارستان نیست.

مرد: پس همراه اینجا چه میکند؟

همراه: شبیه بیمارستان است

مرد: این خراب شده نامش چیست؟

همراه: مرکز نگه‌داری

مرد: از معلولین ذهنی؟

همراه: نه

صدا : بین زندان و این‌جا خیلی فرق هست.

مرد: چه فرقی؟

مرد: بگذار من بگوی‌ام افرادی مثل من که نادانسته و بدونِ تسلطِ برعقل و اندیشه مرتکب خطائی شده باشند که برای خود یا دیگران خطرساز باشد را می‌آورند این‌جا.

همراه: چه تعریف جامعی، آن‌وقت چه‌کسی را می‌برند زندان؟ آیا کسی‌که با تسلط برعقل‌واندیشه مرتکب خطا شده است به زندان می‌رود؟

مرد: بله می‌توان این‌گونه گفت.

همراه: آخرکدام انسان عاقلی با تسلط بر خرد خود باعث آسیب رساندن به خود و یا دیگران می‌شود.

مرد: پس نباید هیچ زندانی‌ای داشته باشیم، اصلا" باید همهٔ زندان‌ها را به مراکز توان‌بخشی اخلاقی و رفتار اجتماعی تغییرنام دهند.

همراه: با یک تغییرنام که همهٔ شرائط تغییرنخواهدکرد. مگرالان شرائط شما با یک زندانی فرقی می‌کند؟

مرد: پس با من موافق‌ای که من یک زندانی‌ام و تو یک زندان‌بان.

همراه: نه، من زندان‌بان نیستم.

مرد: تو تنها سنگینی واژه را تاب نمی‌آوری، وگرنه در عمل همان‌کاری را می‌کنی که یک زندان‌بان می‌کند.

وارد هال مربع شکلی می‌شوند که نور بسیاری از همه‌طرف به آن هجوم آورده است. از سقف مرتفع آن گرفته تا در شیشه‌ای سرتاسری که یک‌ضلع از هال را به فضای بیرون ارتباط می‌دهد.

مرد بیرون را می‌نگرد.

همراه: اصلا" فکرش را هم نکن، بیا از این‌طرف.

مرد: من اصلا" فکری نمی‌کردم فقط نگاه می‌کردم.

همراه: افکار از نگاه‌ها زاده می‌شوند.

مرد: نگاه هم نمی‌توانم بکنم، الهه هم مرا از دیدن روی خود محروم کرده است.

مشاور در پیش ورودی اتاق خود ظاهر می‌شود. صدای آشناش مرد را وادار می‌کند روبه سوی او بگرداند.

مشاور: بیا، برای دیدن روی الهه باید کاری کرد.

مرد: من هرچه می‌توانستم، انجام دادم.

مشاور: هرآن‌چه؟ نه، خودت را دست‌کم گرفته‌ای بیا تو.

وارد می‌شوند.

لوازم اتاق آشناست. سینی نقره قلم‌کار، استکان‌ها و فنجان‌ها نحوهٔ چیده شدن ساده و دم‌دستی همه‌چیز، قهوه‌جوش و چای‌ساز آن‌جا درگوشه‌ای روی میز.

مرد: پس،مشاور شما هستید؟

مشاور: بله

مرد: من پیش‌ترها شما را جائی ندیده‌ام؟

مشاور: همین‌جا

مرد: این‌جا را یادم نمی‌آید اما آن ظروف را قهوه‌جوش و چای‌ساز را خوب به خاطردارم.

مشاور: یک قهوه برای خودت بریز

مرد: دستانم بسته است

مشاور: دستانش را بازکن

همراه: ولی

مشاور: گفتم بازکن

مرد برای خود قهوه‌ای می‌ریزد و می‌آورد روی میز شیشه‌ای وسط مبل‌ها قرار می‌دهد.

مرد: شما هم چیزی می‌نوشید؟

مشاور: شما بنشین، خودم می‌ریزم.

مرد: می‌ریزم

مشاور: خیلی‌خوب یک چای سبز برای من بیاندازید داخل فنجان

مرد: چای سبز می‌نوشید، از کی؟

مشاور: چای سبز به انسان آرامش می‌دهد

مرد: قهوه هم آرامش می‌دهد، چای سیاه هم آرامش می‌دهد. بهانهٔ بیهوده برای انتخاب خود می‌آورید. چرا به سادگی نمی‌گوئید چای سبز را دوست‌تر دارم.

مشاور: چای سبز را دوست‌تر دارم

مرد: آن‌هم از نوع چای کیسه‌ای؟ یک پیشنهاد براتان دارم، شما که چای سبزمی‌خورید،می‌توانید چای سبز تازه خریداری کنید و دم کنید. خیلی بهتر از این چای‌های کیسه‌ای است. اگر از آن‌ها داشتید، من هم آن را به انواع دیگر نوشیدنی کافئین‌دار ترجیح می‌دهم.

مشاور:برای کافئین‌اش می‌خورید؟

مرد: مگر شما یا دیگران برای چیز دیگرش می‌خورید؟ خب همین کافئین است که خستگی را از تن به در می‌آورد و آرامش می‌بخشد.

مشاور: خب معلوم است که حالتان بهتر شده است.

مرد: حالم بهتر شده است؟ مگر حال من چه مشکلی داشت؟ بد بود؟

مشاور: بلی،حالتان بد بود.

مرد: نمی‌دانم، در سر من هیچ نیست، خالی خالی است این خاکستری و این همه پوچ بودن مرا می‌ترساند.

مشاور: این طبیعی‌است، کم‌کم به یادخواهی‌آورد. مثل همین فنجان‌ها، قهوه‌جوش یا میل من به خوردن چای سبز، همه‌چیز را به یادخواهی آورد.

مرد: من دچار فراموشی شده‌ام؟

مشاور: فراموشی هم بخشی از حال این روزهای شماست؟

مرد: و دیگر چه؟

مشاور: بگذار از آن حرفی نزنیم، من به تو کمک می‌کنم که خاطراتت را باز یادآوری، آن‌وقت خودت همه‌چیز را کشف خواهی کرد.

مرد: یعنی نمی‌توانید به من بگوئید چه بلائی دارد سرم می‌آید یا چه بلائی سرم آمده است.

مشاور: ببینید، من می‌توانم بگویم ولی این به بهبود شما کمکی نخواهد کرد، اگر من بگویم، شما آن را به‌عنوان خاطرهٔ خود بازیابی نخواهیدکرد و حتی ممکن است در روند یادآوری طبیعی سانحه هم اختلال ایجاد کند.

مرد: ممکن است؟! یعنی مطمئن نیستید و من را در این برزخ رها می‌کنید؟!

مشاور: من هیچ‌وقت شما را رها نمی‌کنم،من همیشه کنار شما هستم.

مرد: الهه هم همین را می‌گفت؟

مشاور: بله،کسانی که زمانی ترا دوست داشته‌اند، هنوز هم دوستت دارند و می‌خواهند با تو باشند. این بستگی به تو دارد.

مرد: من چه‌کار می‌توانم بکنم؟ وقتی اصلا" نمی‌دانم کجا هستم

مشاور: حرف بزن.

مرد: با چه کسی حرف بزنم، تنها این سفیدپوش بلندبالا را زیارت می‌کنم که حرف‌زدن با من در حیطهٔ اختیاراتش نیست.

مشاور: می‌تواند با تو حرف بزند اما نباید حرفی‌که روند بازیابی حافظهٔ تو را به خطر بیاندازد ردوبدل شود.

مرد: چه‌کسی می‌داند چه‌حرفی ممکن است این روند را به مخاطره بیاندازد؟

مشاور: او می‌داند خودت هم می‌دانی. نباید از چیستی و کیستی خود و دلیل آمدن و بودن‌ات در این‌جا سؤالی به میان آوری، نباید انتظار پاسخ‌های هستی شناسانه داشته باشی.

مرد: تمام سؤال من این است. هرروز بارها و بارها از خودم می‌پرسم،کیستم من؟ از کجا آمده‌ام؟ آمدن‌ام بهرچه بود؟

مشاور: بایدخودت پاسخ این‌ها را بیابی کسی نمی‌تواند و حقّ ندارد به این سؤال تو پاسخ دهد. پاسخ دیگران بیشتر ترا گمراه خواهدکرد و همان‌طورکه گفتم روند بازیابی خاطرات انسانی ترا مختل خواهد کرد.

مرد: من سؤال دیگری ندارم. اصلا" به عنوان یک انسان وقتی پاسخ به این سؤال‌ها را ندانم، آیا پرسش از چیز دیگری، اتلاف بیهودهٔ وقت نیست؟

مشاور: نه، بگذار زمان پاسخ این سؤال‌ها را به تو بدهد. زمان و تجربه.

مرد: تا آن زمان من چه باید بکنم؟!

مشاور: زندگی

مرد: زندگی؟ چگونه؟

مشاور: به‌سادگی،

مرد: این زندگی که ساده می‌توان آن را سپری کرد، چیست؟ زندگی‌ای بدون دانستن هویت فردی خویش چه معنائی دارد؟

مشاور: نفس‌کشیدن، خوردن، خوابیدن و ارتباط برقرارکردن با دیگران

مرد: امکان آن آخری را که از من گرفته‌اید،آن بقیه هم که می‌گوئید نامش زندگی نیست اگرهم بخواهیم چنین نامی به آن بدهیم باید بگوئیم زندگی نباتی

مشاور: آن هم کم‌کم به شما اعطا می‌شود.

مرد: چه وقت؟

مشاور: زمانش که برسد.

مرد: زمانش چه وقت می‌رسد؟

مشاور: این هم بستگی کامل به شما دارد.

مرد: تا آن‌وقت من فقط باید بخورم، بیاشامم و چندی بخوابم.

مشاور: بله

مرد: و به هیچ‌چیز نیندیشم

مشاور: اندیشه خود سراغ از شما می‌گیرد، شما نمی‌خواهد برای پرداختن به آن اصرار داشته باشید.

مرد: در تعریف علمی شما، مشاور، این یعنی زندگی؟!

مشاور: بله

مرد: من، من، نمی‌توانم، نمی‌توانم بدون اندیشیدن، زندگی کنم، نمی‌توانم بدون یافتن پاسخ‌سؤال‌هام، به‌سادگی بخورم و بیآشامم و بخسبم. نه، ازعهدهٔ من بر نمی‌آید.

مشاور: این‌کاری‌است که همهٔ انسان‌ها می‌کنند.

مرد: بگذار همه بکنند، بگذار آن‌ها که می‌توانند این‌طور زندگی کنندو به زندگی خود لبخند بزنند.

مشاور: و تو؟

مرد: یک سؤال اساسی از شما می‌توانم بکنم؟

مشاور: به‌جز خطِ قرمزهائی که شرح دادم.

مرد: نمی‌دانم، خط کشی‌های شما را هنوز به درستی درک نکرده‌ام. اگر از خط زدم بیرون یا روی خط حرکت کردم می‌توانید به من تذکر دهید.

مشاور: باشد، چیست؟

مرد: برای‌چه اصراردارید من به این زندگی تن دهم؟

مشاور: منظورت چیست؟

مرد: منظورم این است که چرا اجازه نمی‌دهی که من به زندگی خود پایان دهم؟

مشاور: من نمی‌توانم

مرد: چرا؟ دل‌بستگی خاصی به این بیمار روان‌پریش خود دارید؟

مشاور: مسئله دل‌بستگی نیست.

مرد: پس مسئله چیست؟ هان؟ احساس وظیفه‌شناسی؟

مشاور: کمی پیچیده است.

مرد: اصلا" هم پیچیده نیست، من همین الان به شما گفتم و باوردارم مسئله دقیقا" دل‌بستگی شخصی‌است وگرنه چه تفاوت دارد یک بیمار کمتر یا بیشتر آن‌هم در این‌جا که فکر می‌کنم دست‌مزد خود را بر حسب نفر دریافت نمی‌کنید اگر اشتباه می‌کنم، بگوئید.

مشاور: او را ببرید، برای امروزکافی است.

مرد: تو حقّ نداری با من این‌کار را بکنی، می‌فهمی حقّ نداری.

مشاور در حال جمع کردن وسایل خود است و نگاهی هم به او نمی‌اندازد.

مشاور: گفتم او را ببرید.

مرد: من هم به تو گفتم حقّ نداری با من این‌کار را بکنی گفت‌وگو دوطرف دارد و یک‌طرف نمی‌تواند بدون رضایت طرف دیگر به آن خاتمه دهد.

مشاور داخل رخت‌کن اتاق خود گم می‌شود. مرد به در رخت‌کن چشم می‌دوزد.

مرد: من هم‌چنان منتظر تو اینجا می‌مانم، می‌شنوی، تو موظفی بازگردی و پاسخ سؤال مرا به روشنی و صداقت بر زبان بیآوری.

مشاور با لباس سیاه از رخت‌کن بیرون می‌آید.

مرد: به مجلس ترحیم من خوش آمدید.

مشاور: آرام باشید،هفتهٔ دیگر شما را می‌بینم.

مرد: نه، نمی‌بینید.

مشاور: می‌بینم.

مرد: اگر پاسخ مرا همین حالا ندهید دیگر مرا نخواهید دید من به حقّوق خودم آگاه‌ام، هیچ‌کس نمی‌تواند مرا مجبور به دیدار مجدد شما بکند.

مشاور: اما این به نفع خودتان است.

مرد: نفع و ضررم را خودم می‌دانم.

مشاور: اگر می‌دانستی، اینجا نبودی.

مرد: اگر می‌دانستم؟ پاسخ مرا نمی‌دهید و از خط عبورمی‌کنید. نه این اجازه را به شما نمی‌دهم که قوانین مورد توافق‌مان را برهم بزنید.

مشاور: هرجور راحت هستید دوست عزیز، من باید بروم، کارهای دیگری هم دارم.

مرد: از من مهم‌تر؟

مشاور با تأمل اندکی می‌گوید : البته نه، از شما مهم‌تر نیست.

مرد در سکوت زن را برانداز می‌کند.

مشاور: همین را می‌خواستید بشنوید؟ آری

مرد: همین را می‌خواستم بشنوم،

و قهقه‌ای کش‌دار سر می‌دهد.

مرد: همین را می‌خواستم بشنوم، همین را.

مرد دور خود می‌چرخد دست‌هاش را با کم‌کم بالا می‌آورد و می‌خندد

مرد: به امید دیدار

مشاور: به امید دیدار

بازگشت به سلولِ خویش

سفیدپوش بلندبالا نزدیک می‌شود.

همراه: دست‌هات

مرد: آه خدای من، راحت‌ام بگذار، دیدی که من هیچ خطری برای تو او و حتی دیگران ندارم.

همراه: این‌جا دوربین دارد، مجبورم تا اعلام وضعیت جدید، به دستورکارهای قبلی عمل کنم.

مرد: باشد دوست من بیا این دستان من برای تو، آن‌ها را ببند. مرا اسیرکن، اسیر زنجیری.

راه آمده را بازمی‌گردند مرد چیزهائی دیگری در راه می‌بیند. درها، گنجه‌ها، آدم‌هائی در پشت درها و درختانی در پشت پنجره‌ها، صدای آدم از پشت درها می‌آید صدای چکاوک از پشت پنجره مرد در دنیای جدیدی قدم گذاشته است.

در این دنیای جدید مرد، سؤال‌ها کم رنگ می‌شوند و می‌روند که به فراموشی سپرده شوند. مرد مزهٔ تازه‌ای را درون خود تجربه می‌کند مثل کودکی نوزاده که مهر مادر را کشف کرده باشد، برسرِنشاط است زیرلب آواز می‌خواند و در طول راهروی بلند باریک صداش را رها کرده است.

دهان بسته که در هنگام رفتن، به‌آرامی داشت سکوت را می‌شکست، اکنون فریادی در خود دارد. فک‌ها ازهم دورمی‌شوند و صدای مرد در راهروی خاکستری رنگ می‌پاشد.

« گفته بودم چو بیآئی غمِ دل با تو بگویم

چه بگویم چو تو آئی برود غم ز دل من»

همراه: بهت گفتم بیا مشاور را ببین، هی این‌پا و آن‌پا می‌کردی وقت‌ات را بیهوده ازدست دادی.

مرد: آری، کاش حرف تو را گوش می‌دادم.

همراه: بازهم خوب است، زود نظرت را تغییردادی، خوشحال‌ام که حالت بهتر شده است.

مرد: نمی‌دانم این‌حال بهتر است یا آن‌حال، اما دگرگون شده‌ام او همیشه مرا دگرگون می‌کند.

همراه: نه، بارقبلی که من بردم‌ات برای ملاقات،اصلا" او را به خاطر نمی‌آوردی.

مرد: مگرمی‌شود من همهٔ‌عمر با او زیسته‌ام، من او را نفس کشیده‌ام، با او مرده‌ام و با او باز به حیّات بازگشته‌ام. او همهٔ دلیل زنده بودن من است.

همراه: عاشق مشاور هستید؟

مرد: واژهٔ عشق در برابرمن چیزی کم می‌آورد. دلداده، شیدا.

همراه: شیدا

مرد: آری، این می‌تواند معنا را خوب برساند، من واله و شیدای‌ام.

همراه: پس چرا از دیدن‌اش احتراز می‌کردی؟

مرد: یاد او هردم با من بود و من می‌هراسیدم، می‌هراسیدم با تجسم این شیدائی آن‌را ازدست بدهم.

همراه: این همان عشق افلاطونی است؟

مرد: «این چیز دگر است، هیچ مگو»

همراه: کاش من‌هم این‌حال را داشتم به تو غبطه می‌خورم.

مرد: برای رسیدن، باید ابتدا از خودبی‌خود شوی.

همراه: سخت است، حال تو را در این مدّت دیده‌ام و ازآن می‌هراسم

مرد: الههٔ من همیشه می‌گوید«ترس، مادر بدبختی‌هاست» چه بدبختی از این بدتر که کسی در زندگی طعم شیدائی را مزه‌مزه نکند.

همراه: بازهم می‌گویم به تو غبطه می‌خورم

مرد: « بارها گفته‌ام و باردگر می‌گویم

من خود دل‌شده این‌ره، نه به خود، می‌پویم»

همراه: خوشابه‌حال تو

مرد: «خنده وگریهٔ عشاق ز جائی دگراست

می‌سرایم به شب و وقت سحر می‌مویم»

سفیدپوش بلندبالا درِ سلولِ‌خاکستری را می‌گشاید. نور به درون می‌رود.

کمی‌استراحت کن، زمان غذاخوردن باز می‌گردم.

« قرار و خواب زحافظ طمع مدار، ای دوست

قرارچیست، صبوری کجا و خواب کجا؟

مرد با ورود خویش، اتاق را روشن می‌کند در پشت سر او بسته می‌شود و او در هاله‌ای از نور می‌چرخد و می‌رقصد.

زمان آفت شور و شوق شیدائی‌است. مرد از خواب بیدار می‌شود. اتاق، یک سلولِ‌خاکستری بیش نیست و او درمیان این سلولِ‌خاکستری، تنهائی را به مدارا نشسته است. به‌یادمی‌آورد که دیرزمانی است در این سلولِ‌خاکستری اسیر است. در این سلولِ‌خاکستری و پیش‌ازآن نیز در سلول‌های خاکستری مشابه با ابعادی نظیربه نظیر، اسارت را به تصویرکشیده است.

سایه‌ها بیشتر می‌شوند و امید او به پیداشدن سایهٔ الهه در درون سایه‌ها زنده می‌شود.

چطور فراموش کرد که او دل‌بستهٔ الهه بوده است از دیرباز؟ چطور به یک لحن سرد اجباری، سرازتن نمی‌شناسد؟«کودک است هنوز، عشق را نمی‌شناسد»

مرزها، نمایان می‌شوند و او الهه را میان مرز سایه‌ها پیدا می‌کند. سایه‌هائی که خالی اطراف را در خود پنهان می‌دارند.

الهه: رفتی؟

مرد: کجا بودی؟ سخت ترسیدم،

الهه: هیچ دلیلی بر ترس تو نبود.

مرد: ترسیدم، دیگر به سراغ من نیآئی.

الهه: از این سایه، یک سایه چه می‌خواهی؟

مرد: همه‌چیز

الهه: اما، سایه مادام که مادام است سایه است و درخود چیزی برای عرضه ندارد

مرد: من تنها حضورت را می‌طلبم بی‌هیچ کم یا زیادتی

الهه: حضور یک سایه در بین سایه‌ها، تا کجا می‌تواند امتداد یابد؟ تا کی؟

مرد: همیشه و همه‌جا

الهه: من به یک شعاع نور می‌میرم.

مرد: از نورخواهم گریخت

الهه: نمی‌توانی، گریزی از نور نیست، نور می‌تابد و همهٔ سایه‌ها را می‌زداید روشنی می‌بخشد.

من در سایه‌سار تو می‌مانم. می‌خواهی مرا در سایهٔ خودت محفوظ داری؟

مرد: آری

الهه: سایه‌ات بلندبالا باد اما درظهرتابستان که هیچ سایه‌ای نیست، نور مرا خواهد بلعید.

مرد: در همین سلولِ‌خاکستری خواهم ماند تا همیشه، کنارتو

الهه: آه اگر دل به سلول‌های خاکستری بسته نمی‌سپاردی، نیازی نبود مرا در سایه‌ها دنبال کنی

الهه درون سایه فرو می‌رود، آن‌جا نشسته است مثل گذشته‌های دور، درون سایه، به درد خویش به‌آرامی مویه می‌کند.

مرد: مرا ببخش، من اسیرت کردم درون سایهٔ بین این دیوارها، شادی ترا گرفتم و..

الهه: «مرا اسیرکردی و بدیدی بختم را،

کنون رهائی ده دلِ نگون‌بخت‌ات را»

مرد: اسیر توام، مرا میل رهائی نیست

الهه: چو من درون سایه شدم، ترا، رهاکردم

به سایهٔ گذران، اعتماد نشایدکردن

مرد: مرا رهاکن از بار اندوه، بیا، خوش باش

الهه: چو جان ز تن رَست، نمی‌توان رُستن

مرد: کنون این دل بیچاره را چه‌چاره کنم

الهه: برو که چاره به دست خود، توانی کرد

مرد: مرو، درون سایه، بدون تو، نَتوانم

الهه: گذر از این قال‌ومقال، به‌هنگام ناچاری

مرد: بود که من هم به سایه‌ها، بپیوندم؟ !

الهه: به اختیار تو نَبود،

مرد: کنون چه چاره کنم؟

الهه: زمن رها شو، رها شو ز این منِ من

صدا نزدیک می‌شود و الهه دور.

همراه: برایت غذا آوردم.

مرد: چندروز مانده است؟

همراه: تا کی؟

مرد: تا موعد دیدار.

همراه: نمی‌دانم

مرد: تو روزوشب را پی می‌گیری؟ چرا به من نمی‌گوئی؟

همراه: او که هرهفته به یک‌روز مشخص این‌جا نیست.

مرد: ولی او به من گفت تا هفته بعد، به امید دیدار

همراه: می‌دانم اما ممکن است اول هفته بیاید،یا آخر هفته

مرد: ولی هرهفته، یک‌بار را می‌آید؟ نه؟

همراه: بیشتر اوقات

مرد: به من دلگرمی بیهوده می‌دهی؟ او نخواهد آمد. مرا فریب داد.

همراه: نه، حتما" می‌آید، این هفته نیآید، هفتۀ دیگر می‌آید.

مرد: از کجا می‌دانی؟

همراه: خوب، پولش را می‌گیرد.

مرد:آری درست می‌گوئی او برای پول می‌آید. نه؟

همراه: آنقدرها هم محتاج نیست که فکرکنی فقط به خاطر پول می‌آید.

مرد: پس چه؟

همراه: لابد کارش را دوست دارد. مریض‌هاش را.

مرد: یعنی به‌جز من کس دیگری را هم دوست می‌دارد.

همراه: تو واقعا" چه فکرکرده‌ای پیش خودت؟ تو عاشق و شیدا شدی، او هم مجبور است به عشق تو آری بگوید.

۳۱۸

مرد: مگر جز این است؟

همراه: بله که جز این است، اگر اینطور باشد، او حداقل باید به تمام بچه‌های این بند جواب آری دهد.

مرد: یعنی دیگرانی هم عاشق و شیدای او هستند از همین‌گونه که منم؟

همراه: آری، می‌گویند معمول است که بیماران روانی دل‌بستهٔ پزشک معالج خویش شوند.

مرد: اما تو خودت می‌دانی، من فقط دل‌بستهٔ او نیستم. من به او وابسته‌ام. می‌فهمی این رگ‌های حیّات در درون من به خاطر او جاری است.

همراه: دیگران هم همین را می‌گویند

مرد: دیگران چه‌کاره‌اند که این را بگویند؟ وقتی من برای او ترانه می‌سرودم این دیگران کجا بودند؟ وقتی او را در سایهٔ خود گرفتم و از او خواستم به من تکیه کند،کجا بودند؟ به دیگران بگو، فکر غلط از سربه‌درکنند. مرا مادر برای او زاد، این را بگو تا همه بدانند، فریاد کن. من برای خاطر او زاده شدم.

همراه: آیا نمی‌شود که دیگری هم برای او زاده شده باشد؟

مرد: نه،من انحصارطلب هستم.

همراه: اما این وادی، وادی عشق وادیِ انحصارطلبی نیست.

مرد: چیست این؟

همراه: وادی رنج و تحمل.

مرد: من تحمل می‌کنم، می‌دانم. چنین عشقی به من نیروئی دوصدچندان عطاکرده، خوب می‌دانم، بگو تا دیگران هم این را بدانند. «من این ره به خود نیآمدم،که به خود باز روم»

سفیدپوش بلندبالا دورمی‌شود.

سفیدپوش بلندبالای دیگری از کنار در سلولِ‌خاکستری درحال‌گذر است.

مرد: آی با توام، بگو تا همه بدانند

همراه: باشد، من پیام تو را به همه خواهم رساند.

مرد: تو را پیام‌آور مهربانی‌ها، پیام‌آورعشق نام می‌نهم اینک. برو و قاصد خوب رهائی باش.

رویِ دیگرِ سکّه

مشاور یا همان مشاور سابق خودمان — اگر حقیقی باشد، نه زادهٔ خیال مرد روان‌پریش یا نگارنده- درون دفتر مدیریت نشسته است.

مشاور: جناب رئیس من نمی‌توانم

مدیر: چرا نمی‌توانی؟ فراموش نکن ، تو تنها امید این بیماران هستی.

مشاور: دیگر نمی‌توانم، گاه به شدت مرا می‌ترسانند

مدیر: گاه هم ترا شاد می‌کنند، جز این است؟

مشاور: نه، گاه واقعا" شادم می‌کنند، زمانی که احساس می‌کنم، حال یکی رو به بهبود است، خوشحال می‌شوم. از این‌که توانسته‌ام کمکی کنم، احساس رضایت می‌کنم.

مدیر: فراموش نکن که این‌کار برای خود تو هم مفید خواهد بود، تو از روز اول که به این‌جا منتقل شدی، خیلی بهترشدی.

مشاور: این‌هم یکی از دلایل ترس من است، اگر یکی از بیماران متوجه شود که خود من هم بیمارم، اعتمادش از بین می‌رود.

مدیر: نه، نمی‌توان یک سویه نگاه کرد، شاید هم علم بر این‌که یکی از آن‌هائی، بتواند اعتماد آن‌ها را بیشترجلب کند و همکاری بیشتری با تو داشته باشند.

مشاور: شاید، شاید، ما نمی‌توانیم بر مبنای احتمالات برنامه‌ریزی کنیم.

مدیر: در زندگی هیچ‌چیز قطعیت ندارد.

مشاور: اما!

مدیر: اما؟! بگو، مشکل جای دیگری است من می‌دانم آن را بگو با فرافکنی مشکل تو حل نمی‌شود.

مشاور: خوب می‌دانم.

مدیر: فکرنمی‌کنم نیازباشد یادآوری‌کنم که تو موظف هستی که به‌کاری که دادگاه برایت تعریف کرده است بپردازی،

۳۲۱

مشاور: بله،من که نمی‌گویم این‌کار را نخواهم کرد، اما اینجا نه.

مدیر: این‌جا یا جای دیگر چه فرقی می‌کند؟ در ضمن محل خدمت هم در حکم ابلاغی تعیین شده است، برای جابه جائی باید درخواست بدهی که در صورت موافقت من باید در مرکز بررسی شود، اگر آن‌ها هم قبول کنند، شاید مرکز دیگری نیرو بخواهد و ترا جذب کند. می‌فهمی؟ ولی اگر همین حالا هم درخواست بدهی تا پاسخ قطعی و یافتن محل مناسب دیگر باید به وظائفی که در این مرکز داری ادامه دهی.

مشاور: بله می‌فهمم

مدیر: و همهٔ این تلاش‌های مذبوحانه برای چیست؟

مشاور: او این‌جاست؟

مدیر به دوردست‌های بیرون از قاب پنجره چشم می‌دوزد، حسی غریب در او بیدار می‌شود. تمام اعضاءوجوارح مدیر به چیزی غریب گواهی می‌دهند. مدیر چیزی را که در دهانش نیست مزه‌مزه می‌کند و با ترش‌روئی به‌زحمت به سمت مشاور نگاه می‌اندازد.

مدیر: تو مجبوری

مشاور: حالتان دگرگون شد، چیزی شده است؟

مدیر: نمی‌خواستم این را بگویم، گفتن‌اش برایم سخت است اما ناچارم بگویم که تو مجبوری، مثل من، مثل او که در راهرو بالاوپائین می‌رود و مثل خود او، که در درون سلولِ‌خاکستری خویش اسیر شده است، همهٔ ما مجبوریم و تازمانی‌که این جبر را با جان و دل پذیرا نشوی، ترس همراهی‌ات خواهدکرد. پس بهتر است،خود را هرچه زودتر برهانی

مشاور: با او چه کنم؟

مدیر: مدارا، با بقیهٔ بیماران چه می‌کنی؟

مشاور: اما او فرق دارد؟

مدیر: چه فرقی دارد؟ مگر می‌شود بین عشق این‌همه، تفاوت قائل شد؟ اصلا" تو که هستی که بخواهی عشق آن‌ها را بیآزمائی و درجه‌بندی کنی؟

مشاور: من، هیچ،من، نخواستم درجه‌بندی کنم اما آن تجربهٔ مشترک بین ما فراموش‌شدنی نیست.

مدیر: او فراموش کرده است، تو هم فراموش کن

مشاور: اما، شما از من می‌خواهید فراموشی او را درمان باشم و از من می‌خواهید در عین درمان او خود فراموش کنم؟

مدیر: می‌توانی بخش‌های لذت‌بخش و شیرین را جداکنی و به‌یادبیاوری و بقیه را به فراموشی بسپاری، برای او هم همین را تجویز می‌کنم.

مشاور: قسمت‌های تلخ چه؟

مدیر: فراموش‌شان کن، بایگانی راکد را برای همین ساخته‌اند. همهٔ شکست‌ها و ناکامی‌ها جاشان در بایگانی راکد است تا خاک بخورد گردوغبار برروی‌آن بنشیند و زودتر از طول عمر مفید خود به‌پایان برسد.

مشاور: می‌شود؟

مدیر: اگر بخواهی، می‌شود؟

مشاور: اما خاطرات گاه از بین درزهای اتاق، انبار و بایگانی سرک می‌کشند و آرامش ما را برهم می‌زنند.

مدیر: درآن لحظات، به حادثه‌ای خوب فکرکن، مزه‌ای دردهانت بگذار و زندگی راشیرین کن، ببین به‌همین سادگی.

و شکلاتی از داخل ظرف روی میز برمی‌دارد و در دهان می‌گذارد،با ولع می‌خورد گوئی چندساعتی است که طعم تلخ دهان آزارش می‌داده است.

مشاور: او به خاطرخواهدآورد تمام لحظه‌های تلخ را به خاطرخواهدآورد.

مدیر: آری، تلخی طعم قالب زندگی است و درون تلخی، شیرینی هست، باورکن. همین شکلات که من در دهانم گذاشتم، شکلات تلخ بود، باور نمی‌کنی روی این را بخوان.

و کاغذ بسته‌بندی شکلات را از درون بشقاب به دست مشاور می‌دهد.

مدیر: می‌بینی؟ تلخ است و همین تلخی، طعم دهان مرا تغییرداد. مهم دگرگون شدن احوال آدمی است. این را هم برای تو و هم برای او می‌خواهم. حالا برو و اینقدر به‌خود هراس راه نده. درکوران حوادث درمی‌یابی که این نبرد ساده‌تر از آن بود که می‌اندیشیدی.

تردید

مشاور: تو مرا در این راه کمک خواهی کرد؟ می‌توانم روی کمک تو حساب کنم؟

همراه: نمی‌گویم کمکت نخواهم کرد اما روی من، روی هیچ‌کس بیهوده حساب
باز نکن.

مشاور: مرا می‌ترسانی

همراه: این راه را، باید تنها بروی. همسفری نیست.

مشاور: اما مردم همه زوج اند.

همراه: به ظاهر، اما درون هرکسی، منِ فرد به تنهائی به قضاوت می‌نشیند.

مشاور: حتی زوج ها؟

همراه: حتی آن‌ها، برای آن‌ها سخت‌تر است.

مشاور: چرا؟

همراه: زیرا حضور هم‌سفر و همراه را پذیرفته‌اند.

مشاور: این زیاد هم بد به نظر نمی‌رسد.

همراه: ازدور چنین می‌نماید، کسی‌که تنها قدم در راه می‌گذارد، به تنهائی
برنامه‌ریزی کرده نیازهاش را در طول راه شناسائی کرده و برای آن‌ها از پیش، چاره‌ای
می‌اندیشد. کسی‌که امید به همراهی ندارد، مستقلانه می‌اندیشد و عمل می‌کند و
همین استقلال، اقبال او را برای رسیدن بیشتر خواهدکرد.

مشاور: اما؟

همراه: اما کسی که به امید همراهی دیگری قدم در راه می‌گذارد، بی‌دغدغهٔ خاطر
رهسپار راهی می‌شوند پر از ناشناخته‌هائی که برای مقابله با آن آمادگی ندارند.

مشاور: اما تنها نیستند.

همراه: تنها نیستند و در این باهم بودن، هرکسی به اعتماد دیگری، خوش‌دلانه و بی‌برنامه، بی‌هدف به‌راه یا بی‌راهه می‌زند و در زمان بروز اولین مشکل، نگاه انتقادآمیز آن‌ها به سوی یکدیگر نشانه‌می‌رود.

مشاور:نمی‌توانی ادعاکنی همهٔ زوج ها این‌گونه‌اند. به اعتقاد من عاشق، برای عبور امن و بی‌خطر برای معشوق خود، با خردواندیشه قدم در راه می‌گذارد.

همراه: آیا خرد این دو باهم برابری خواهدکرد؟ آیا عشق این دو باهم برابری خواهدکرد؟

مشاور:نه، حتما" کفهٔ ترازوی به سوی یکی سنگینی خواهدکرد.

همراه: و آن که کفهٔ ترازو به سمتش مایل شده، همان‌کسی است که عاشقانه‌تر قدم درراه گذاشته است؟

مشاور:قطعیتی نیست؟

همراه: بله و مسئله در همین‌جا رخ می‌نماید.

مشاور:بله، او که بار دلش از عشق مملو نیست، کفهٔ ترازو را می‌بنید و می‌رمد.

همراه: او که باردلش از عشق مملو باشد، نمی‌تواند هیچ‌چیز را حتّی کفهٔ ترازو را به سمت یارش، مایل ببیند.

مشاور:درهرصورت، راه آن‌ها ازهم جدا خواهد شد.

همراه: شایدهم در راه کنار هم قدم بردارند، و از دور منظرهٔ بدیع وفاداری را به ذهن متبادر سازند، اما نزدیک‌ترکه شوی، عمقِ فاصله را ادراک توانی کرد.

مشاور:همراهی شما با من تفاوت دارد.

همراه: چه تفاوتی؟

مشاور:شما راهنمای راه هستید

همراه: در راهی که نمی‌شناسم، چگونه راهنما توانم بود؟

مشاور:اما، شما خود این راه را پیموده‌اید، از همان تأمل ابتدای بحث‌مان دانستم.

همراه: آفرین به تو،کشف مهمی کردی. اما باید بگویم راه ما شاید شباهت‌های ظاهری به هم داشته باشد اما نقش فردیت را در این میان نمی‌توانی نادیده بگیری.

مشاور:بیائید یک لطفی به من بکنید و راهی را که رفته‌اید برای من بازگو کنید، شباهت‌ها و تفاوت‌ها را به من بشناسانید و از خطرات احتمالی بین راه آگاهم کنید.

همراه: به این سادگی هم نیست، می‌دانی.

مشاور: می‌دانم، هیچ‌چیز آسان به دست نمی‌آید.

همراه: در این میان باید اضافه کرد که خوشبختی آسان از دست می‌رود.

مشاور: شما از دست داده‌اید؟

همراه: بله و نه

مشاور: روشن‌تر سخن بگوئید.

همراه: بله، من چیزی یا کسی را که دلیل خوشبختی خود می‌پنداشتم، از دست دادم.

مشاور: و نه؟

همراه: بعد از عبور از درد بی‌حساب فقدان، به خودآمدم.

مشاور: حاصل این به خود آمدن، چه بود؟

همراه: این همان سری‌است که هرکس باید خود آن را بیابد.

مشاور: حس گرم و فناناپذیر، خوش‌بختی؟

همراه: اشتباه نکن، باید فناپذیربودن را باورداشته باشی، وگرنه آن را حس نخواهی کرد.

مشاور: می‌خواهید بگوئید؟

همراه: بله، باور به فناپذیری حس خوشبختی را حیّات می‌بخشد.

مشاور: آیا، او پیش از جسم بی‌ارزش من، فنا را به آغوش خواهدکشید؟

همراه: این را تو باید تعیین کنی.

مشاور: نمی‌خواهم پیش از مرگ جسم فانی من، حس ناب خوش‌بختی در من بمیرد. حس خوب حیّات.

همراه: و باید مراقب آن باشی، بیش از هرچیز، حتّی بیش از سلامت جسمات، باید به جانت بیندیشی.

مشاور: و در این راه باید او را با خود همراه کنم؟

همراه: این هم پاسخی‌است که خود باید به آن دست یابی، او را همراه می‌کنی یا نه؟

مشاور:باید در همین ابتدای راه تکلیف هردوی شما مشخص شود. از آن‌جا که اگر راه‌هاتان جدا ازهم باشد، امکان تلاقی آن‌ها در بین راه بسیار کم است، و اگر راه شما باهم یکی باشد، امکان جدائی نیست یا به سختی فراهم است.

همراه: آری، گاه هم با همهٔ تلاشی که انسان می‌کند نمی‌تواند به جدائی مطلق برسد. می‌دانی، همان خاطراتی که گاه از لابه‌لای درزهای زندگی رخ می‌نمایانند، جدائی مطلق را نا ممکن می‌سازند. همیشه چیزی هست برای به‌خاطرآوردن و اندوه خوردن و همیشه تردید در بین راه خواهد بود. گاه انسان به تردید میدان می‌دهد و از راه باز می‌ماند. گاه تردید را با بی‌اعتمادی پس می‌زند، و به این شیوه بذر بی‌اعتمادی در دل خویش می‌کارد، و درز خاطرات تلخ و شیرین از گذشته،می‌شود آب و دانهٔ بذر بی‌اعتمادی.

مشاور:من هنوز به این مرحله نرسیده‌ام، نه؟!

همراه: به همین‌دلیل می‌گویم برو، با او روبه رو شو، برای بهبود او و خودت تلاش کن. تا فردا غبطه در خانهٔ دلت جا باز نکند و خانه‌نشین نگردد.

مشاور به‌آرامی و با تعمق بسیار: فکر می‌کنی موفق شوم.

همراه: فکر می‌کنم و می‌دانم که تو خود نیز خود را باورداری.

مشاور:این نتیجه از کجا حاصل شد؟

همراه: اگر به خود ایمان نداشتی، از بهبود او، از به یادآوری خاطرات تلخ و شیرین چنین هراس به خود راه نمی‌دادی.

مشاور:شایدکمی زیادی به خود باوردارم؟

همراه: نه، به خود ایمان داشته باش باایمان و محکم قدم در این راه بگذار.

مشاور:باید بیشتر فکرکنم.

همراه: آری، باید بیشتر فکرکنی، اگر شده تمام عمر را برای فکرکردن بگذاری، پیش ازآن، نباید قدم در راه بگذاری.

مشاور:راهی چنین صعب و جانفرسا.

همراه: در این ره، همدلی باید

هردو سکوت می‌کنند. در دوردست‌ها خبری نیست. نگاه خیره به دوردست‌ها به دنبال یافتن و دیدن چیزی در آن دورها نیست، برای گریز از تلاقیِ نگاه‌ها در همین

نزدیکی است. او، درون خود را می‌جوید. به خود نگاه‌انداخته چنین بی‌پروا و خود را در راه می‌بیند، راهی صعب و جان‌فرسا، توان و قدرت خود را.

مشاور: باید برای دیدن‌اش بروم

همراه: امروز؟

مشاور: دیر هم شده است، دوروز پیش،یک هفته‌اش سرآمده.

همراه: می‌توانم به خاطر این بی‌مبالاتی و عدم تعهد، ترا تنبیه کنم.

مشاور: نه خواهش می‌کنم.

همراه: برای چیزی که نمی‌دانی چیست، خواهش می‌کنی؟

مشاور: آخر تنبیه که نمی‌تواند چیز خوبی باشد، می‌تواند؟

همراه: حتما" به‌گمان من بد است که نام آن را تنبیه می‌گذرام، اما شاید از نظر تو و او، خوب هم باشد.

مشاور: تنبیهی که برای من در نظرگرفته‌اید، چیست؟

همراه: جلسهٔ جبرانی برای او خواهی داشت، در طی همین یکی دوروز آینده

مشاور: شایدهم خوب باشد، شما که برای من بد نمی‌خواهید.

همراه: دیگران را قضاوت نکن.

مشاور با لبخند : بروم.

همراه با خنده‌ای شیطنت‌بار: می‌بینم چقدر به‌هم ریخته‌ای.

مشاور: به امید دیدار، برایم دعا کنید

همراه: موفق باشی

سلولِ خاکستری

درون اتاق خاکستری بالاوپائین می‌رود، ژله‌ای را می‌ماند که درحال‌سکون هم، قرارش نیست.

دیدی چه کردم با خودم؟ حالا الهه هم دیگر از سایه بیرون نمی‌آید. نباید به او می‌گفتم، زن است دیگر، سایه هم باشد باز حسادت زنانه را در خود دارد.

الهه: این‌که من در سایه پناه گرفته‌ام، دلیل نمی‌شود به خودت اجازه دهی و مرا قضاوت کنی.

مرد: برای چه نیستی؟ آیا این برای به قضاوت نشستن تو کافی نیست؟

الهه: نه، تو، تو مرا تا مرز سایه‌ها راندی و اکنون به خودت اجازه می‌دهی مرا به قضاوت بنشینی.

مرد: یعنی نبود تو دلیل حسادت نیست.

الهه: نه، من برای تو خوشحالم، برای او دل‌نگران.

مرد: چرا؟

الهه: تو بازهم یک افسانه‌داری در خیال خود که با آن این زندگی را رنگ کنی، خاکستری‌ها چندی از تو دورخواهند شد.

مرد:چندی؟ تو دم از نومیدی می‌زنی؟ گمانت که هرزنی مثل تو راه می‌بندد به رویِ من؟

الهه: این بازی که تقدیر تو با من کرد، پندش چیست؟

مرد: نمی‌دانم

الهه: نمی‌خواهی بدانی؟

مرد: به عشق روی ماهت، سوگندکه از جان می‌خواهم این را بدانم

الهه: به تو یک‌بار می‌گویم، آن خاکستری در تو و این خاکستری درمن، جان مرا افسرد. پیش‌روی‌ام چاره‌ای باقی نمانده، جز شکستن و پیوستن به دنیای پر از درد و فریب و جنگ، به دنیای بی وفا، بی‌رنگ.

مرد: تو می‌خواهی بگوئی گناه از من شیدای بیدل بود

الهه: شیدای بیدل، عاشق و مغرور

مرد: در ره تو، اندوخته‌ها دادم

الهه: و حتّی، خود مرا نیز

مرد: من ترا از دست دادم، اما نمی‌دانم چرا؟ گرکه راه بازگشتی بود، باز می‌گشتم.

الهه: نمی‌خواهم که برگردی، و باید گفت که گه خوب است که راه بازگشتی نیست

مرد: چرا؟ این چنین تصویر تلخی از من در دلت مانده؟

الهه: تو من را در این صحنه، به کنج خلوت بیهوده‌ای راندی، وزان پس در سرم خواندی که تو مال منی، با مدرک و اسناد بی‌بنیاد مرا از خود به درکردی،

مرد: این همه بد بود؟

الهه: نه من ماندم، نه عشق تو در دلم مانده است. من اکنون سایه‌ای هستم،بی‌بدیل و پست.

مرد: تو در بالای این صحنه، در بالای سر من جای داری.

الهه: بلی خوب می‌دانم سایهٔ من نیز سنگین است و تو حس می‌کنی آن را.

مرد: چنین جاری نشد آنچه که من گفتم

الهه: هر چه را گفتی، شنودم، بس است این ناله و آه

مرد: تو غمگینی؟

الهه: زیاد از حد

مرد: و من را به کرسی دلالت می‌نشانی؟

الهه: دلیل این همه‌اندوه من، تو بودی اما بگویم آن‌چنان دوستت دارم که بعد از این همه حزن، اندوه و ملال لحظه‌هام باز، گر سراغ از تو می‌گیرم، از سر مهر است.

مرد: خشم تو از چیست؟

الهه: از این‌که من، آن‌گونه که خود بودم، نبودم.

مرد:چنین بی‌عدل بودی تو؟ ترا من در همان روز نخست، نخستین دیدارمان در باغ سیب خانهٔ‌همسایه، تا دیدم، پسندیدم.

الهه: چرا؟پس چرا؟ چرا هردم ز من چیز دگر می‌خواستی؟چیزی به جز آن کس که من بودم.

مرد: من ترا می‌خواستم، می‌خواهم اینک نیز،جز تو را گر خواستم، بر من حرامم باد

الهه: حرامت باد که با من تو چنین کردی.

مرد: مگر من با تو بد کردم؟

الهه: بد نیست؟ که در سایه، نگاهت را بدزدی از کس و ناکس و آیا باز هم باید بگویم که این بد نیست؟ که دیگر خود تو هم، من را نمی‌جوئی ببین،درون سایه‌ها هستم ولی هستم. اگر هم سایه‌ها گشته پناه من، به فرمان تو این‌چنین گشته. کنون تو دلبر دیگر، یار دیگری از جنس من خواهی؟ که او را باز مثل من در کنار خود به‌آرامی به کنج عزلتی رانی و پس آن روز که دیگر روی او در درون سایه‌ها قابل تمییز نمی‌باشد، به رای دیگری، مهرِدیگری جوئی.

مرد: من آیا این چنین مردی بودم که در این بازی دهشتناک فرمایشی، در وقتِاضافه به رؤیاروئی ناجوانمردانه با تو، این‌چنین صحنهٔ دلخراشی را تصویر کردم؟ من با تو چه کردم؟ های؟چرا فریادی از تو بر زبان جاری نشد؟ چرا بر من نتاختی در همه احوال تقدیرم؟ چرا این‌گونه بر من مهر می‌ورزی؟ چرا زخم دلم را نیشتر، نیشتر، سرباز می‌کند هردم؟ چرا با من چنین می‌کنی تو ای همدم؟

الهه: من اما در سکوتم، در سایهٔ تو، در کنار تو خفته‌ام اینک و خود خوب می‌دانی تا زمانی‌که ندا سر نی دهی بر من، در آن کنج شوم خاموش.

مرد: کنون اینجا چه در سر می‌پرورانی پس؟

الهه: در سرم چیزی نیست، هیچ، تو از هیچ به جا مانده درون من، هراسی دردلت داری؟

مرد: تو این‌جا روبه‌روی من، با نقابی بر چهره استاده، مرا یک مجرم و محکوم می‌دانی.

الهه: جز این هم نیست، باور کن،تو مرا کشتی، مرا از من گرفتی، از خودت نیز. کنون زندگی من، با درد، فقدان خویشم میان سایه‌ها جاری است.

مرد: کنون کاری ز دست من بر نمی‌آید؟

الهه: برای من دگردیر است اما ترا سوگند می‌دهم بر جان خود که از جان جهان دوست‌تر داریش، او را کنار خود، میان نور، میان بزم و شادی، در میان جمع، حرمت نه.

مرد: به جان تو، به عشق پاک تو سوگند، که او را هردم و هرجا به هررنگ و به هررؤیا، جان می‌بخشم هم او را و هم حرمتش را در همه برزن به فریادرسای خویش، آواز خواهم داد.

الهه: به جان عشق‌مان سوگند خوردی، فراموشش نکن هرگز. درون هرحادثه، رخداد به او بالی دهی پر باد، که بگریزد از درون حادثه، جان بر ره عشق می‌باید داد.

مرد: به تو سوگند، به مهرچشم مهربان تو قسم می‌خورم هرگز دل او را نلرزانم.

مرد کاغذها را مچاله کرده و به زمین پرتاب می‌کند. گوشهٔ خلوت در میان سایه‌ها. گویا سایه‌ای جنبید، چشم برّاق می‌کند. خواب می‌بیند، مگر در سایه‌ها هم می‌توان دنبالِ نشانی از زندگی بود؟

ببین به چه روزی افتاده‌ام من؟ او را درون سایه‌ها می‌جویم، درون خود، به او جان می‌بخشم و او به جای تجلیل از این‌کار، بر منِ مسکین چنین می‌تازد، مگر من با او چه کرده‌ام؟

اما، بخواهم جانب انصاف را نگاه دارم، گاه هم حقّ با او بود. همیشه به من می‌گفت از زندگی بنویس، از عشق و امید، رؤیای شیرین. مردم نیاز به خوش‌بینی دارند، نیاز به باور خوشبختی در این دوران نکبت‌بار، عصر دود و افیون و این همه تلاش خفت‌بار در دل مردم موج می‌زند. این موج امید به بهبودی دوران را دریاب.

من چه کردم؟ هیچ. برای دلخوشی‌های کوچک او، حتّی یک واژه هم بر زبان جاری نشد، افسوس. و اینک، در میان سایه‌ها بنشسته دارد از عشق می‌گوید این دل خسته، از پریشانی، از نیاز آدمی به ابراز کمی هم پشیمانی آن هم به شیوه‌ای بس ارتجاعی، با وزن می‌خوانم و می‌نویسم بر هرورق اندیشه‌های‌ام را، خوب می‌دانم اما این کمی دیر است. باور به خوشبختی دیربازی است که در زنجیر پندارهای خاکستری بسته به زنجیر است.

کاش می‌شد، این تعقّل را کناری راند و مثل آن زمان‌های دور، آن دورترهای خوب و شیرین، از افسانهٔ دیو و پری، از راز دلبری و از حسن جمال دختر همسایه‌مان، زری ترانه‌ای خواند که وردزبان بچه‌های شاد کوچه‌های تنگ باشد.

بی‌راه نمی‌روند اینان، بیهوده مرا به این زندان گسیل نکرده‌اند بی‌گمان. دارم به باور روان‌پریشی می‌رسم. باید ببینم بعد از آن چه خواهد شد؟

همراه نزدیک می‌شود.

مرد: چرا به هنگام گام برداشتن این‌قدر فضا را آلوده می‌کنی؟

همراه: من فضا را آلوده می‌کنم؟ اصلا" بهتر است به سراغت نیآیم.

مرد: اگر جز برای غذا، نان و آب است، نیا.

همراه: نان و آب نمی‌خواهی دیگر؟

مرد: نه که نان و آب نمی‌خواهم، نان و آب به چه‌کار دل شکسته می‌آید.

همراه: اگر دلت هم شکسته باشد، برای بستن آن نیاز به آب و نان هست. اما تو هنوز نشکسته‌ای، نه؟ دل تو هنوز امیدوار است؟

مرد: در اوج نومیدی طاقت‌فرسا هم، امید درگوشه‌ای کمین کرده و گرمی می‌بخشد زندگی را.

همراه: باید بگویم امیدت زیاد هم بیهوده نبوده است.

مرد: چطور؟

همراه: او آمده است و پیش از هرکس دیگری، می‌خواهد ترا بیند.

مرد: نمی‌خواهم نه پیش از من و نه پس از من، دیگری را ببیند.

همراه: به‌راستی دیوانه‌ای تو.

مرد: این را خودم هم خوب می‌دانم.

همراه: این را باید به او بگویم، مرحلهٔ اعتراف و آگاهی نخستین مرحله و سخت‌ترین مرحله است، برای خیلی از دیگرانی که نمی‌خواهم با نام‌آوری‌شان لحظات خوب ترا خراب کنم، سال‌ها طول می‌کشد که به این مرحله برسند. خیلی‌ها هم هرگز به این مرحله نمی‌رسند و در نادانی خویش می‌مانند و می‌میرند. باید به او بگویم،حتما"خوشحال خواهد شد.

مرد: نگو

همراه: چرا؟

مرد: او خود این را خوب می‌داند، گفتن‌اش چه سودی دارد.

همراه: احمق نباش، اگر بداند که اعتراف کرده‌ای، به تو امید می‌بندد. مگر همین را نمی‌خواهی؟

مرد: چرا؟ همین را می‌خواهم. توچقدر مهربانی.ببخشید که در مورد تو اشتباه قضاوت کرده بودم.

همراه: برای اجتناب از چنین اشتباهاتی، بهتر است هرگز به قضاوت دیگران نپردازی.

مرد: حتما"،این نصیحتات را آویزهٔ گوش خواهم کرد.

از میان راهروئی که پیش‌تر خاکستری بود، عبور می‌کنند. نورهای آبی از لای درزهای ساختمان، دیوارها و از بین درهای باز اتاق‌ها، به راهرو می‌تابد. این راهرو آبی‌است. یاد « اتاق آبی» سهراب می‌افتد. خوش به‌حال سهراب که اتاقش، آبی بود.

اتاقِ آبی

درآستانهٔ در ورودی اتاق مشاور متوّجه شد که دارد نفس‌نفس می‌زند.

سلام، بنشین کمی نفس تازه کن

با صدای منقطعی که عبور هوا از بین آواها، آن را به سختی قابل فهم می‌کند:

سلام، امیدوارم حالتان خوب باشد. دو روز پیش منتظرتان بودم، نیآمدید نگران شدم. خوب هستید؟

دلش می‌خواست از زبان او بهانه‌ای مناسب و منطقی بشنود، بیماری، سرماخوردگی،آنفلونزا یا هرچیز دیگر. باید دلیلی برای نیآمدنش، دلیل خوبی برای دوروز دیرآمدن، داشته باشد.

مشاور: من خوبم، شما چطورید؟

مرد: من نگران شما بودم،می‌شود بگوئید چرا با دوروز تأخیر باید شما را ببینم؟

مشاور: دلیل خاصّی ندارد.

مرد: شما دیگر چطور مشاوری هستید؟ اصلا" تعهدکاری ندارید؟ باید کمی بیشتر در مورد نحوهٔ ارتباط خود با یک بیمار روان‌پریش دقّت داشته باشید.

مشاور: شما الان خود را یک بیمار روان‌پریش خواندید؟

مرد: بله،مگر عنوان دیگری هم می‌توانم به خودم بدهم. گاه حتّی فکر می‌کنم وضعیت من پیچیده‌تر از یک روان‌پریشی ساده است.

مشاور: بنشین، قهوه؟

مرد: ممنون، من هم‌چنان منتظر پاسخی قانع کننده و یا دلگرم‌کننده از سوی شما هستم.

مشاور درحال ریختن چای سبز برای خودش و قهوهٔ تلخ برای دوست‌مان رو به همراه می‌گوید:

نشانه‌های دیگری هم در او مشاهده کردید؟

همراه : گزارش‌های روزانه مشاهداتم را براتان ایمیل‌کردم نرسید؟

مشاور: رسید، اما فرصت نکردم بخوانم..

مرد که گفت‌وگوی آن‌ها را دنبال می‌کند، به ناگهان با صدای غرّائی می‌گوید:

من باید مشاور معالجم را عوض‌کنم سفیدپوش بلندبالا، همراه من، چگونه می‌توانم خواستهٔ خود را به گوش مسئولان برسانم؟

همراه: برای‌چه می‌خواهی این‌کار را بکنی؟ تو که تا امروز برای ملاقات با ایشان لحظه‌شماری می‌کردی.

مرد: اشتباه می‌کردم آدم است دیگر اشتباه می‌کند دیگر، این‌که مهم نیست،مهم این است که هرزمان متوجه اشتباه خود شد، آن را بپذیرد و در جهت رفع پی‌آمدهای آن تلاش‌کند.

مشاور: صبرکن ببینم خیلی تند داری می‌روی، برای‌چه می‌خواهی کس دیگری جای مرا بگیرد.

مرد: برای‌این‌که شما آدم مسئولیت‌پذیری نیستید.

مشاور: چگونه به این کشف مهم رسیدی؟

مرد: کار سختی نبود، شما روزملاقات مرا بی‌هیچ دلیل محکمه‌پسندی به تعویق انداخته‌اید. بابت تأخیر پیش‌آمده هیچ عذروبهانه ای که نمی‌آورید بماند. در چشمان من خیره می‌شوید و به‌جای عذرخواهی می‌گوئید دلیل خاصی برای برهم‌خوردن برنامه ندارید و از همه بدتر این‌که، شما گزارش روزانهٔ‌حال مرا که این مهربان بلندبالای سفیدپوش تهیه کرده و براتان ارسال کرده است را نخوانده‌اید. مشخص‌است که برای شما، من در چه درجهٔ اهمیتی قراردارم. این حقّ من است که بخواهم به جای شما کس دیگری برای من وقت بگذارد.

مشاور: می‌دانم که اینها را از ته دل نمی‌گوئی

مرد: مطمئن باشید بین زبان من و دل من هیچ‌چیز فاصله نمی‌اندازد

برای گرفتن اعتراف از مشاور، سیاست به‌خرج می‌دهد، اما در دل از موفقیت‌آمیزبودن سیاستی که در پیش‌گرفته، زیاد مطمئن نیست. برای دانستن، باید بهای آن را پرداخت. با دلهره به مشاور نگاه‌می‌کند، اگر او بپذیرد و کس دیگری را جایگزین خود معرفی‌کند، چه؟ من چه‌کارکردم؟

مرد: مثل همیشه، من فقط اوضاع را خراب‌تر و خراب‌تر می‌کنم.

مشاور: نه دوست عزیز این‌بار من بودم که خراب‌کردم باید ببخشید. می‌خواستم عذرخواهی‌کنم و دلایل این تأخیر را برایت بازگویم، شاید مرا ببخشی. اما تو باید درک‌کنی که من باید حالات و بازتاب‌های رفتاری تو را در موقعیت‌های مختلف مشاهده‌کنم تا بتوانم به تو بیشتروبهتر کمک کنم. دلیل تأخیر من در ابرازتأسفم از برهم خوردن برنامه‌مان،همین بود. می‌فهمی؟ مرا می‌بخشی؟

بار سنگینی از روی دوش مرد برداشته شد، ترس بیهوده از خانهٔ دلش رخت بربست و رفت.

مرد: من تندرفتم، مرا ببخشید. مطمئن هستم که هیچ‌کس نمی‌تواند بیشتروبهتر از شما به من کمک کند.

مشاور: چرا این را می‌گوئی؟

مرد: احساس می‌کنم از جائی دور شما را می‌شناسم و به شما اعتماد دارم.

مشاور: بله، اعتماد مسئله مهمی است.

مرد: من به شما اعتماد دارم.

بارسنگینی که از روی دوش مرد برداشته شده بود، جای خود را بر دوش مشاور پیدا می‌کند و آن‌جا می‌نشیند. این اعتماد را نباید خدشه‌دار کند. باید با او صادق باشد. نفس‌های عمیق می‌کشد و نگاهش را به روی اجسام واشیاء می‌سراند، همهٔ این‌ها برای گریز از تلاقی با نگاه پرسشگر اوست. باید کلام مناسبی بیآبد. صداقت خوب است و اعتمادی که می‌زاید در ارتباط بین دو انسان تأثیر زیادی دارد اما مهم‌تر از صداقت وجلب اعتماد، دقّت درگفتاررفتار است. در صادقانه‌ترین رفتار هم باید شأن وشخصیت نفر مقابل را احترام نهاد. گاه آدم‌ها ترجیح می‌دهند یک دروغ محترمانه تحویل بگیرند تا شنوندهٔ کلام صادقانهٔ همراه با بی‌احترامی- به شخصیت، هوش، ذکاوت و هر آنچه ماهیّت آن‌ها را شکل می‌دهد- باشند.

مشاور با لحنی مضطرب: حتّی اگر بگویم، من پیش از تو درخواست کردم که کس دیگری را جایگزین من‌کنند؟

عرق سردی بر پیشانی مرد می‌نشیند نفس درسینه‌اش حبس می‌شود با نگاهی پرسشگر به چهرهٔ زن خیره شده و تمام جنبش‌های محسوس ماهیچه‌های صورت او را از نظر می‌گذارند.

مشاور: من به‌خودم باور نداشتم گاه این‌حالت برایم پیش می‌آید و در مورد پروندهٔ شما شک داشتم که بتوانم از عهدهٔ آن برآیم و درخواست کردم که جایگزینی برایم بیایند که البته مدیر موافقت نکرد. حالا که صحبت از اعتماد شد، باید صادقانه به شما می‌گفتم.

مرد: در موردمن؟ یا می‌خواهید به خاطر بیماری مثل من کلا" شغل‌تان را کنار بگذارید؟

مشاور: در مورد شخص شما این حس را دارم.

مرد: چرا؟

مشاور: چرائی آن یک مسئله شخصی‌است

مرد: می‌توانم بپرسم مدیر چرا با درخواست شما موافقت نکرد؟ خواهش می‌کنم دیگر برای من بهانه نیآورید، درست است که من به روان‌پریشی خود اعتراف دارم اما هنوز کاملا" عقلم را از دست نداده‌ام. خواهش می‌کنم بیش از این به شعور من توهین نکنید.

مشاور: من هیچ‌گاه نخواستم چنین کنم، حتما" سوءتفاهمی‌شده است.

مرد: هرسؤال من که بی‌پاسخ می‌ماند توهین به‌شمار می‌آید.

مشاور: از این پس به همهٔ سؤال‌های شما پاسخ می‌دهم این را قول می‌دهم به‌شرطی که شما هم قول دهید، حد و مرزها را رعایت کنید.

مرد: از زمانی‌که شما در مورد محدودیت‌های گفتمان جاری بین‌مان سخن گفتید، من همهٔ مرزها را رعایت کرده‌ام. حتّی مرزها و حدود این بلند بالا را هم رعایت می‌کنم. نمی‌خواهم بهانه به دست شما بدهم، اما شما هم نباید بیش از این سؤال‌های مرا بی‌پاسخ در فضا رها کنید. هرسؤال بی‌پاسخ، گرهٔ‌کوری می‌شود در کلاف سردرگم ذهنِ من، متوّجه هستید؟

مشاور: بله،بله متوجه‌ام قول می‌دهم که دیگر سؤالی بی‌پاسخ در هوا معطل نماند.

مرد: خوب است، تنها دلیل شما برای نیآمدن تان در روزمقرر همین بود که گفتید؟

مشاور: بله

مرد: هیچ دلیل دیگری در میان نبود؟

مشاور: نه

مرد: از شما می‌خواهم قول دهید که هیچوقت به این دلیل مرا رها نمی‌کنید، چون مهم‌تر از باور شما به توانمندی‌هاتان، باوراعتماد من به شما و گروه مشاورها می‌باشد و شما با یک لغزش، اعتماد مرا نه فقط به خود که به کل این مجموعه، خدشه‌دار می‌کنید.

مشاور: از این پس من با شما صادقانه برخورد خواهم کرد، اگر تردیدی در ذهن من رسوخ کرد، پیش از همه با خود شما درمیان‌خواهم گذاشت.

مرد : خوب است، این‌گونه من احساس امنیت بیشتری می‌کنم.

مشاور: شما چطور؟ آیا وقعا" باوردارید که من بهترین کسی هستم که می‌توانم شما را در این موقعیت کمک کنم؟

مرد: بله

مشاور: می‌توانم بپرسم چرا به این نتیجه رسیدید؟

مرد: اشاره کردم حس آشنائی نزدیکی با شما را دارم، در گذشته‌ای که به خاطرنمی‌آورم، شما در گذشتۀ من حضورداشته‌اید، حضوری پررنگ درست است؟

مشاور: شاید، شاید هم نه

مرد: باز هم جواب‌های..

مشاور: این از آن دست سؤال‌هائی‌است که به مرور، با ترمیم حافظۀ شما باید به خاطرتان بیآید.

مرد: قبول، من که می‌دانم احساس من کمتر راه به خطا می‌برد. به همین دلیل گمان می‌کنم شما با حافظۀ تاریخی مشترکی که احتمالا" با من دارید، درجریان به‌هم پیوستن روی‌دادهائی که به مرور زمان در ذهنم زنده می‌شوند می‌توانید کمک زیادی به من بکنید.

مشاور: درست است، به هم پیونددادن حوادث و از آن‌ها سریالی با حرکت متناوب و آرام ساختن در ذهن مهم است. اما نباید زیاد هم در زمینۀ به یادآوری اتفاقات گذشته و یا جزئیات وحواشی روی‌دادها یا حتّی پی‌آمدهای آن اصرارکنی.

مرد: برای من جزئیات هم مهّم است.

مشاور: می‌دانم برای هرکسی مهّم است.

مرد: من هرکسی نیستم، من یک نویسنده‌ام.

مشاور: بله خوب حتما" برای شما جزئیات از اهمیت بیشتری برخوردار است.

مرد: هرجزء زمانی به کار می‌آید، مثل آن بشقابی که آن گوشهٔ میز گذاشته‌ای یا آن المانِ‌چوبی که به گمان من از آفریقای جنوبی براتان به ارمغان آورده‌اند، ممکن است در صحنهٔ بعدی که دراین اتاق اتفاق می‌افتد آن المان چوبی آفریقائی برای ضربه زدن برکسی مورد استفاده قرارگیرد.

مشاور: در این اتاق، قرار نیست کسی به کسی ضربه بزند.

مرد: منظور من اتفاقات عینی و حقّیقی که شما قادر به مشاهدهٔ آن هستید، نبود. درهمین لحظه که شما سعی دارید با وضعیت موجود به طورمنطقی برخورد کنید و به بیمارتان بفهمانید که نباید به فکر ضربه زدن به سرِ کسی یا چیزی باشد، در ذهن من یکی دارد با هما ن وسیلهٔ آویخته بر دیوار بر سرم می‌کوبد. سر من از درون متلاشی شده و از گوشهٔ چشم‌هام خون جهنده، جاری شده است در همان حال من دارم سعی می‌کنم به شمات بگوی‌ام که یادآوری جزئیات روی‌دادها و صحنه‌هائی که در آن‌ها زیسته‌ام، برای من اهمیتی حیّاتی دارد. اگر قرارباشد وارد جزئیات نشوم و هم‌چنان نسبت به جزئیات نادان بمانم، ترجیح می‌دهم از دانائی بر کل هم صرف‌نظر کنم. چه که به نظر من دانائی بر کل یک رویداد و احاطهٔ بر آن، بدون پرداختن به جزئیات ممکن نیست.

مشاور: ما در روند درمان، یادآوری همه‌چیز را در دستورکارخویش قرار می‌دهیم، اما باید با حوصله و صبر فراوان این‌کار را شروع کنیم، باید صبور باشی، اصرار به خاطرآوردن را فراموش کن. ناخودآگاه آدمی برای احیاء هرخاطره‌ای، زمانی مناسب انتخاب می‌کند. باید به آن‌ها اجازه دهی،در زمان و مکان مناسب خودنمائی کنند در غیر این‌صورت به یک مجموعهٔ کامل پیوسته دست نخواهیم یافت.

مرد: به یادآوردن چیزی در زمان و مکان نامناسب، ممکن است؟

مشاور: اگر اصرار بورزی، ذهن پاسخ می‌دهد اما پاسخی نامناسب و ناقص. مثل این می‌ماند که سیبی را نرسیده از شاخهٔ درخت بچینی.

مرد: این جمله را یادم است الهه همیشه می‌گفت سیب را تا نرسیده نباید از درخت چید، اصرار نمی‌ورزم، بگذار این ذهن بیمار، بازی‌های زمانی و مکانی خودش را داشته باشد.

مشاور: بگذار با مسئله کمی شخصی‌تر برخورد‌کنیم.

مرد: خوب؟

مشاور: آیا این روزها تصاویری را در خواب، رؤیا یا به هنگام بیداری می‌بینی؟ منظورم تصاویر عینی پیش رویات نیست.

مرد: بله، گاه چیزهای مبهم می‌آیند و می‌روند.

مشاور: مثل؟

مرد: منقطع هستند، مثل فریم‌های عکس، یک صحنه پیش چشم‌هام ظاهرمی‌شود بی‌هیچ قبل و بعدی، حتّی بی‌هیچ صدا، رنگ و بوئی. گوئی یک تابلوی نقاشی را در یک نمایشگاه آثار رئالیسمی به تماشا نشسته‌ام. گاه سعی می‌کنم تصویر را پیش چشم‌هام به حرکت درآورم و زنده کنم اما موفق نمی‌شوم.

مشاور: تلاش خوبی‌است باید سعی کنی تصاویری را که می‌بینی درحافظهٔ کوتاه مدّت ذخیره کنی و به دفعات و در زمان‌های مختلف به آن نگاهی بیاندازی تا زمان درست آن کشف شود.

مرد: لازم‌است به شما خانم محترم یادآوری‌کنم که من ربات نیستم، و نمی‌توانم با اراده‌وآگاهی تصاویر را در درایور مخصوص خود یا در هارد دستگاه‌ام ذخیره کنم.

مشاور: این گفته‌ها را به حساب شوخ طبعی شما می‌گذارم البته که شما منظور مرا خوب متوّجه شدید و به‌خوبی هم می‌توانید از عهدهٔ این‌کار برآئید.

مرد زیرلب چیزی می‌گوید که به‌سختی قابل شنیدن است: مثل الهه حرف می‌زند.

مشاور، واگویهٔ آرام و زیر لبی را می‌شنود اما نشنیده می‌گیرد.

مشاور: به خودت فشار نیاور، تنها زمان‌هائی که تصویر خود را عرضه کرد، آن را به‌خاطربسپار.

مرد: من هیچ‌گاه حافظهٔ بصری خوبی نداشته‌ام و ازآن‌جا که همیشه بین آنچه به عینیت مشاهده می‌کنم و تصویرهای ذهنی که برای خود می‌سازم، رابطه‌ای هست، نمی‌توانم مطمئن باشم آنچه به‌یاد می‌آورم، برای من و در زندگی من روی داده یا برای یکی از شخصیت‌های گمنام داستانی از خودم یا نویسنده‌ای دیگر.

مشاور: این‌کار را مشکل می‌کند اما ناممکن نیست، می‌توانیم، باکمک هم از پس‌اش برآئیم، اگر در مورد عینی بودن تصویر دچار تردیدشدی، به داستان‌هائی که فکر می‌کنی تصویر از آن‌ها به عاریت گرفته شده رجوع می‌کنیم و منبع آن را می‌یابیم.

مرد: اگر به من اجازهٔ دسترسی به کتاب‌خانه یا نمی‌دانم سایت کامپیوتری را بدهند که بتوانم، به دنبال داستان‌های خودم و کسانی که از آن‌ها متأثر شده‌ام، بگردم حتما" بسیار به من کمک خواهدکرد.

مشاور رو به همراه: امکان استفادهٔ شخصی ایشان از رایانه‌های فضای امن را بررسی‌کنید.

مرد: فضای امن چه جورجائی است؟

مشاور: فضای انفرادی با حفاظ‌های امنیتی، برای حفظ امنیت خود شما و البته دیگر بیماران

مرد: همهٔ بیماران از این فضا برای دسترسی به اطلاعات رایانه‌ای استفاده می‌کنند؟

مشاور: خیر

مرد: می‌توانم سؤال کنم کدام بیماران را به این بخش می‌فرستید؟

مشاور: جواب این سؤال را خوب می‌دانی.

مرد: آیا برای‌استفاده از کتاب‌خانه هم همین روال حاکم است.

مشاور:کمی سخت‌تر، برای همین پیشنهاد دادم از رایانه استفاده کنی.

مرد: چرا؟ شما که فکر نمی‌کنید کسی‌که اهل مطالعه است، می‌تواند خطرناک باشد؟

مشاور: این دو هیچ ربطی به هم ندارند، نه کسی با مطالعه بسیارخطرناک می‌شود و نه کسی‌که خطرناک است با احساس تمایل به کتاب‌خوانی، به یک‌باره از خشونت تبری می‌جوید.

مرد: متوّجه شدم، ولی باید بگویم هیچ‌کس یک‌روزه اهل مطالعه نمی‌شود. آدم برای اهل شدن باید تربیت شود، آموزش ببیند، تمرین‌کند. اگر به یک‌باره و بادادن فرصت به هرکسی، قرار بود آدم اهل مطالعه به بارآید که این همه آدم هرروز در خیابان‌های شهر از جلوی کتاب‌فروشی‌ها می‌گذرند کتاب‌خوان می‌شدند. چنددرصد از آن‌ها به پشت ویترین نگاه می‌اندازند؟ هیچ می‌دانی؟ همین آدم‌ها را از جلوی بقالی،قصابی، خنزرپنزر فروشی ردکن، با جرآت می‌توانم بگویم همه می‌ایستند و نگاه می‌کنند. آن‌ها که ته‌جیب‌شان پولی باشد، حتما" خریدهم می‌کنند. این واقعیتی‌است که در خیابان‌ها به چشم می‌خورد، آدم اهل مطالعه، باید یک چیزی‌اش شده باشد،که دست به خشونت بزند. این باور من است.

مشاور: من برای اهل مطالعه احترام بسیار قائل هستم، اما باید بدانی که آن‌ها که می‌خوانند و می‌دانند نسبت به روی‌دادهای پیرامون خود حساس‌تر می‌شوند.

مرد: این حساسیت به خشونت پهلو نمی‌زند، این را به زبان هم نیآور.

مشاور: باشد، باید بدانی که من هم مثل تو، با برخی از محدودیت‌های اعمال شده مشکل دارم. اما ما باید قوانین را رعایت‌کنیم، حتّی اگر نادرستی یک مادهٔ قانونی در زمان و مکانی که ایستاده‌ایم، ثابت شود. باز هم باید آن را رعایت کنیم، تا زمانی‌که اصلاحیه‌ای بر آن نوشته شود. اگر هرکس به تشخیص خود بخواهد مفاد قانون را تفسیروتعبیرکند و به آن‌ها که به نظرش ناصواب می‌آیند، عمل نکند. روابط اجتماعی و بده بستان‌های آن بسیار پیچیده خواهد شد.

مرد: من آدم قانون‌گریزی نیستم، فقط یک روان‌پریش تنها هستم که می‌خواهد تنهائی‌اش را با کتاب پرکند می‌خواهد از این یار مهربان برای باز پس‌گیری خاطراتش کمک بگیرد.

مشاور: باشد، ترتیبش را می‌دهیم.

مرد: سپاس‌گزارم.

مشاور: امروز دیگر باید جلسه را تمام کنیم، فکر می‌کنم بیش از یک ساعت است که با هم نشسته‌ایم.

مرد: این حداقل کاری بود که می‌توانستید برای جبران تأخیر خود انجام دهید.

مشاور: ای ای، من که عذرخواهی کردم و باید بگویم نیاز به یادآوری تو نبود، خودم برای جبران خطایم، چاره‌ای اندیشیدم که‌امیدوارم تو هم با آن موافق باشی.

مرد: منتظرم.

مشاور: من دوروز دیگر باز به دیدارت خواهم آمد.

مرد: نه

مشاور: چرا؟ فکرمی‌کردم خوشحال می‌شوی.

مرد: البته از ته دل می‌خواهم که شما رابیشتر ملاقات کنم، اما..

مشاور: اما؟

مرد: چطور بگویم، ذهن من زود شرطی می‌شود، کافی‌است یک‌بار وعدۀ دیدارمان به فاصلۀ یک‌روز یا دوروز باشد، ذهن من عادت می‌کند. نه، من نمی‌توانم تاب بیاورم. مگراین‌که

مشاور: مگر این‌که؟ نکند می‌خواهی هردوروز یک‌بار به دیدارت بیآیم؟! ببین واقعا" امکانش برایم نیست. باید با مدیر صحبت کنم، راه دیگری خواهم یافت. بهرحال خطای نابخشودنی خود را باید جبران کنم.

مرد: می‌خواستم ببخش‌ام اما این وعده‌هاکه می‌دهید مرا منصرف کرد. بهتر است از این فرصتی که پیش‌آمده، نهایت بهره را ببرم.

مشاور: صداقت تو، آدم را مبهوت کرد.

مرد: همیشه تاوان صداقت خود را پرداخته‌ام.

مشاور: یعنی حافظۀ همیشگی‌ات در یک لحظه همه خاطرات را بازیابی کرد.

مرد: نه، فکر می‌کنم این جملۀ کلیشه‌ای را زیاد درمحاورات روزمره‌ام به کار برده‌ام. دلیل دیگری نمی‌تواند داشته باشد.

مشاور: امیدوارم، نخواهی مرا بازی دهی

مرد: این‌که گفتی یعنی‌چه؟ مگر پیش از این ترا بازی داده‌ام؟

مشاور: شاید، شاید هم نه

مرد: من فکر می‌کنم که همیشه آدم خوب به معنای عام کلمه بوده‌ام و آزارم به هیچ‌کس نرسیده است.

مشاور: مهّم‌نیست چه بوده‌ای؟ و چه کرده‌ای؟ مهّم این است که الان کیستی و چه می‌کنی؟ یا برنامه‌ات برای آینده چیست؟

مرد: من کیستم؟ خود نمی‌دانم.

مشاور: کم‌کم خود را خواهی شناخت. و بعد بر اساس شناختی که از خود به دست می‌آوری اهداف درازمدت و کوتاه‌مدت برای خود تعریف می‌کنی و برای رسیدن به هدف، هرچقدر هم کوچک و دم دستی، برنامه‌ریزی می‌کنی.

مرد: باز با من مثل یک ربات برخورد می‌کنی؟ پس تکلیف احساسات انسانی چه می‌شود؟

مشاور: احساسات انسانی برای خود جا باز می‌کنند.

مرد: به زور؟! فکر نمی‌کنی باید به احساسات بهای بیشتری داد؟

مشاور: می‌دانی بحث ما دارد به درازا می‌کشد و من خسته شده‌ام، دیگر توان ادامه دادن ندارم. بگذار برای بعد.

مرد: همیشه تا خواستم حرف بزنم کسی دهانم را بست. با گفتن یک عبارت کوتاه «خسته‌ام» دهان آدمی را قفل می‌زنند و وقتی این همه صدای فروخورده، فریادی می‌شود. می‌گویند چه شد؟ چه برسرش آمد؟ این که تا دیروز حالش خوب بود.

مشاور: این جمله هم از همان کلیشه‌هاست؟

مرد: کلیشه هم باشد، به حقیقت پهلو می‌زند.

مشاور: شاید هم کلیشه نباشد، به آن بیاندیش و به من اجازه بده این جلسه را تمام کنم.

مرد: شاید حقّ با تو بود.

مشاور: کجا؟

مرد: که خواستی جای خودت را با مشاور دیگری عوض کنی.

مشاور: تمامش کن،

مرد: شاید بهتر باشد همین کار را بکنید مطمئنا" به درخواست شما مجدد رسیدگی خواهندکرد.

مشاور: مرا بازی نده، می‌دانم برای دراختیارگرفتن من و زندگی‌ام ترفندهای زیادی به کارخواهی بست، تو هم این را بدان که من دیگر در دام تو نمی‌افتم.

مرد: افسوس

مشاور: آری باید افسوس بخوری و بدانی که اگر یک‌بار دیگر بخواهی با من بازی کنی، بی‌هیچ تردید جای‌ام را به دیگری واگذار می‌کنم.

مرد: این را از آن رو می‌گوئی که می‌دانی جایگاه تو پیش من، در قلب و روح من محفوظ است و هیچ‌گاه روزگار، هیچ‌کس را به آن کرسی نخواهم نشاند.

مشاور رو به همراه: تمام شد، ببریدش.

مشاور: می‌توانی بروی از این پس زمان ملاقات مان را از پیش تعریف می‌کنیم و ساعت می‌گذاریم و به محض خوردن زنگ، هرجای بحث که باشیم، باید تمامش کنیم.

مرد: به شرط‌آن که سروقت بیآئید.

مشاور: اگر دیرآمدم دوبرابر آن را با هم حساب خواهیم کرد. خوب است؟

مرد: کم نیست؟ می‌شود در مورد جبران ساعات تأخیری، بیشتر با هم مذاکره کنیم.

مشاور: همین است که گفتم، تمام شد. ببرش

مرد: به امیددیدار

مشاور: به امید دیدار

پسِ پرده

همراه: چرا این‌قدرسر به سرش می‌گذاری؟

مرد: در رابطهٔ ما دخالت نکن، این یک مسئله خصوصی است.

همراه: برای خاطر خودت می‌گویم، با شناختی که از او دارم می‌دانم...

مرد: می‌خواهی بگوئی بیش از من او را می‌شناسی.

مرد آن‌چنان با خشونتِ ناشی از تملّک‌خواهی جملهٔ آخر را فریاد می‌زند که همراه خود را عقّب می‌کشد.

همراه: خود دانی.

مرد: بله، دیگر هم دخالت نکن.

همراه: بهرحال هروقت نیاز داشتی، من اینجا هستم.

مرد: من هیچ‌وقت به تو نیاز نخواهم داشت، تنها کسی‌که من به او نیاز دارم، اوست. می‌خواهم همیشه درکنارم باشد.

همراه: خطا پشت خطا، خوب بگذار رک وراست بهت بگویم که تو نمی‌توانی او را درکنار خودت داشته باشی.

مرد: چرا؟

با خشم برمی‌گردد. همراه شانس آورده که دست‌های مرد هم‌چنان بسته است.

همراه: یک این‌که تو می‌خواهی او را داشته باشی یعنی می‌خواهی او را به تملک خود درآوری؟ این نمی‌شود و دوّم این‌که می‌خواهی او در کنار تو باشد و نه تودر کنار او.

مرد: چه فرقی می‌کند؟ سفسطه می‌کنی؟ می‌گویم، تو هم زیاد فرقی با من نداری؟ به این فکر هستم که تو چرا در آن لباس سفید باید پنهان شوی و من در این راه راه آبی خاکستری بی‌خاصیت.

همراه: من آنچه را باید بدانی به تو گفتم.

مرد: من نفهمیدم، می‌شود دوباره با کلمات شمرده و جملات صحیح منظورت را بیان کنی؟

همراه: من شمرده و صحیح گفتم، شاید نخواستی بشنوی؟

مرد: حالا زحمت اگر نیست دوباره بگو، برادر من اخبار را هم چندبار تکرار می‌کنند که اگر کسی هم نخواست بشنود، به زور درگوشش فروکنند.

همراه: می‌گویم این فکر را از سرت بیرون کن که بخواهی او را داشته باشی و یا او کنار تو باشد.

مرد: نکند جناب‌عالی نظرخاصی در مورد او داری؟ اگر این‌طور باشد؟

همراه: نه، بدگمان نباش. منظورم این است که در لفاظی های خود دقّت کن. از دل یک عبارت ساده می‌توان معانی بسیار استخراج کرد و این بانوان گرامی در این مورد استادان قابلی هستند.

مرد: من کلامی عاشقانه بر زبان آورده‌ام، چه استخراج دیگری می‌توان از آن داشت؟

همراه: بی‌خود نیست کارت به اینجا کشیده است، نویسنده هم هستی؟ چندتا کتاب نوشته‌ای؟

مرد: نویسنده را به تعداد کتاب‌هائی که نوشته است، محک نمی‌زنند.

همراه: ببخشید سنگ محک را اشتباه انتخاب کردم بگذریم.

مرد: حرفت را بگو

همراه: درکدام مورد

مرد: در مورد مشاور، چه خطائی کردم

همراه: ببین در موقع حرف‌زدن با ایشان باید جانب احتّیاط را رعایت کنی، گاهی با عوض کردن جای فاعل و مفعول، معنا به کلی دگرگون می‌شود.

مرد: تو نمی‌خواهد این‌ها را به من یاد بدهی، من این‌ها را به دیگران می‌آموختم اما نزد او، همهٔ دانسته‌هام فراموش می‌شود و ممکن است خطا کنم.

همراه: حالا در حضورش چند تا سوتی دادی به کنار،آن دسته‌گل‌ها را به آب دادی و تمام شد. اما این را هنوز به او نگفته‌ای و می‌دانم دیر یا زود خواهی گفت، برای همین بهت هشداردادم.

مرد: جان به لبم رساندی، آن عبارت لعنت شده را بر زبان می‌آوری یا نه؟

همراه: همان که گفتی می‌خواهم او را در کنارم داشته باشم.

مرد: خوب ایرادش چی بود؟

همراه: دو تا ایراد محتوائی داشت، ولی تو که نمی‌فهمی بهتراست فقط یادت باشد که اگرخواستی این عبارت را بگوئی، به صورتی که من می‌گویم، تصحیحاش کن.

مرد: خب، درستش را شما بگو، سعی می‌کنم به خاطربسپارم.

همراه: باید بگوئی، همهٔ وجودم از آن توست، می‌خواهم برای همیشه کنار تو باشم.

مرد در حال ورود به اتاق و تا ساعت‌های پیاپی،عبارت تصحیح شده را با خود زمزمه می‌کند.

همهٔ وجودم از آن توست، می‌خواهم برای همیشه کنار تو باشم.

روی کاغذ می‌نویسد تا فراموش نکند.

خلوت

ردای خاکستری از میان سایه‌ها بیرون می‌جهد،چرخی می‌زند و در زاویهٔ دیوار پناه می‌گیرد. مرد بادقّت بسیار می‌تواند لبهٔ ردا را از ترک دیوار تشخیص دهد.

مرد: بازی‌ات گرفته؟

الهه با ردایش بیرون می‌زند؟ درمیان اتاق می‌ایستد، جائی‌که به خوبی دیده و شنیده شود.

الهه: لحن صدایت عوض شده است؟ او را به جای من نشاندی؟

مرد: نه،جای تو همیشه محفوظ است نمی‌خواهد به مهمان از راه نیآمده، حسّادت کنی

الهه: یعنی می‌خواهی بیآید و چندروزی میهمان خانهٔ من شود.

مرد: نه من چنین حرفی نزدم

الهه: من تو را خوب می‌شناسم، همیشه وقتی می‌خواهی کسی را به خانهٔ من دعوت کنی، لحن صدایت تغییرمی‌کند

مرد: خودت گفتی برایم خوشحالی، آن همه توصیه برای‌چه بود؟ اکنون چه می‌خواهی؟ من چه باید بکنم که تو راضی و خوشنود گردی؟

الهه: توصیه‌هام را از این گوش گرفتی و از آن یکی..

مرد: نه، به توصیه‌هات عمل می‌کنم. به قول‌های که داده‌ام، عمل می‌کنم. این‌بار فرق دارد.

الهه: همیشه همین را می‌گوئی.

مرد: این‌بار فرق دارد، باورکن.

الهه: اگر خطا کنی، حتی یک‌بار او را خواهم راند.

مرد: من قول داده‌ام.

الهه: من هم به تو فرصت می‌دهم، برای آخرین‌بار.

مرد: برای آخرین‌بار، این‌بار اگر اشتباه کنم، دیگر کارم تمام است.

الهه: اگر هم نیمه تمام ماند، نگران نباش. خودم کارت را تمام می‌کنم.

مرد: چرا خشمگینی؟

الهه: از این‌همه شتاب در تو خشمگین می‌شوم. هنوز هیچ از او نمی‌دانی، آن‌وقت داری متعلّقات مرا درون خانهٔ خودم جابه جا می‌کنی تا جائی برای او باز شود.

مرد: من به حریم تو تجاوز نمی‌کنم قلب من بزرگ است، به وسعت پذیرش مهر تمامی مردم این زمین.

الهه: با چنین قلب بزرگی، چرا این چنین تنهائی؟

مرد: آیا تو مرا تنها نمی‌خواهی؟

الهه: ناتوانی خود را به گردن بگیر.

مرد: ناتوانی من؟

الهه: بله،تو از برقراری ارتباطی درست، انسانی و متّقابل با دیگران ناتوانی.

مرد: قرائت خوبی از جرم واقع شده، بود حکم را هم ابلاغ کن.

الهه: حکم پیش از این اجرا شده است.

مرد: این انصاف نیست، باید به من ابلاغ می‌شد.

الهه: شده.

مرد: به یاد نمی‌آورم.

الهه: تو محکوم به سفر در زمان، به تنهائی هستی.

مرد: برای چه مدت؟

الهه: تمام عمر

مرد: امیدی به بخشودگی هست؟

الهه: نه با این منوال که تو پیش می‌روی.

مرد: خسته‌ام،خسته و دیگر نمی‌خواهم و نمی‌توانم تلاش کنم.

الهه: در سرت سودائی‌است، دیگر نمی‌توان از تو امید بهبود داشت.

مرد: من همهٔ تلاش‌ام را می‌کنم. در جلسات شرکت می‌کنم، به سؤال‌ها صادقانه پاسخ می‌گویم و هرآنچه را در من می‌گذرد، عیّان می‌کنم.

الهه: همهٔ تلاش‌ها برای بهتر شدن حال خراب توست؟

مرد: آری.

الهه: تو هیچ‌وقت تغییرنخواهی کرد. چرا نمی‌خواهی درک کنی که من جزئی از وجود تو شده‌ام، هرکس را بتوانی فریب دهی، مرا سایهٔ خود را که همیشه همراه تو و ناظر اعمال توست را نمی‌توانی فریب دهی.

مرد: تو همیشه همراه‌ام نبوده‌ای.

الهه: حرف‌های تازه می‌شنوم.

مرد: خیلی‌وقت ها مرا تنها رهاکردی.

ردای خاکستری به سرعت در خود می‌پیچد و در کنج اتاق گم می‌شود. مرد به دقّت نگاه می‌کند، چیزی نمی‌بیند.

مرد: می‌گوید همراه همیشگی من است.

صدائی از همه‌سو پاسخ می‌دهد: - من همیشه با توام، البته اگر تو بخواهی.

رایزنی

مدیرمرکز پشت میز درون صفحهٔ چنداینچی مقاله می‌خواند. مشاور از لای در نیمه‌باز سرک می‌کشد:

مشاور: اجازه هست؟

مدیر: البته، بیا تو. می‌خواستم حتما" ببینمت. چطور شد؟ خوب پیش رفت؟

مشاور: بد نبود، باید بگویم شروع سختی داشتیم.

مدیر: چه فکر می‌کنی؟ امیدی هست؟

مشاوذ: هنوز خیلی زود است قضاوت کنیم.

مدیر: ولی این مورد فرق دارد، باید قبل از درگیر شدن کامل با آن، از درستی راهی که انتخاب کرده‌ایم، اطمینان حاصل کنیم وگرنه هم تو آسیب می‌بینی و هم او.

مشاور: درحال حاضر نمی‌توانم اظهار نظر بکنم، شاید جلسهٔ بعد.

مدیر: می‌دانم تو هم می‌خواهی با او وقت بگذرانی، عادت‌است دیگر، یک‌روزه نمی‌شود عادات را کنارگذاشت اما به‌عنوان مشاور باید مراقب باشی

مشاور: سعی می‌کنم، ولی گاه شرائط را بر من سخت می‌کند، و من نمی‌توانم اوضاع را اداره کنم، بیشتر او جلسات را هدایت می‌کند تا من.

مدیر: برای شروع کمی آزادی به او بدهی بد نیست اما این روند نباید ادامه پیدا کند.

مشاور: هنوز هم مطمئن نیستم که بتوانم از عهده‌اش برآیم

مدیر: من به تو ایمان دارم

مشاور: به او گفتم

مدیر: چه گفتی؟

مشاور: به او گفتم که می‌خواستم کس دیگری را به عنوان جایگزین خودم برای گفت‌وگو با او بفرستم.

مدیر: چرا این‌کار را کردی؟

مشاور: فکر می‌کنم در بازی او گیرافتادم.

مدیر: این اتفاق نباید به هیچ روی تکرار شود.

مشاور: می‌دانم خراب کردم اما در آن لحظه فکر می‌کردم به‌دقت به تمام زوایا و پی‌آمدهای احتمالی حرف‌هام فکر کرده‌ام و باور داشتم که کار صحیح را دارم انجام می‌دهم.

مدیر: تو هنوز در مقابل این تیپ شخصیتی آسیب پذیری، باید بیشتر مراقب باشی

مشاور: باورم نمی‌شود که چطور توانست با چند جمله مرا وادار به اعتراف کند،

مدیر: بهتر است ضعف خود را بپذیری و تنها در مواقع ضروری حرف بزنی، یادت باشد که روند صحیح بازیابی حافظه، حرف‌زدن است پس بگذار او سخن بگوید و تو شنونده باشی

مشاور: او مرا وارد بحث کرد، مجادله به راه می‌اندازد و به‌طور عجیبی حضورش مرا خسته می‌کند.

مدیر: همهٔ اینها نشانهٔ ضعف توست. باید بیشتر روی این موضوع باهم تمرین داشته باشیم. الان دیگر می‌توانم به طورقطع بگویم که جلسات با این آدم برای تو ضروری و سازنده است اما برای او؟ نمی‌دانم. شایدهم ترجیح دهم از صلاح او به خاطر تو عبورکنم.

مشاور: چنین کاری نمی‌کنی

مدیر: چرا؟

مشاور: انسانی نیست.

مدیر: چه چیزی انسانی نیست؟ که من سلامت و رفاه عزیزم را به یک بیگانه ترجیح دهم، انسانی نیست؟

مشاور: ولی نمی‌شود برای سلامت عزیز خود، قربانی بگیری

مدیر: چرا؟ انسان با دلبستگی‌هاش زندگی می‌کند و برای آن قربانی هم می‌گیرد، بگو ببینم اگر قرار باشد برای سلامت فرزندت پیوند عضو ضروری گردد. تو چه می‌کنی؟

مشاور: مقایسهٔ درستی نیست.

مدیر: از مقایسه می‌گذریم، بهرحال من آنچه را در ذهنم جریان دارد با تو گفتم، هیچ هم از این قضاوت پر احساس خود شرمسار نیستم.

مشاور: امکان دسترسی به کتابخانه رایانه را دادم گفتم پیگیری کنند در یکی از اتاق‌های امن، برایش وقت بگذارند.

مدیر: خوب است ذهنش دارد بیدار می‌شود و دنبال رهکارهای خروج از این بحران می‌گردد. ذهن فعال و خلاقی دارد، می‌دانم خودش راه را پیدا خواهد کرد. فقط باید در کنارش باشی و هدایتاش کنی.

مشاور: سعی خودم را می‌کنم.

مدیر: موفق باشی

مشاور: ممنون،

تولد دوباره

مشاور: سلام امروز حالت چطور است؟

مرد: شما را که می‌بینم، خوبم

مشاور: امیدوارم همین طور باش

مرد: همین طور است

مشاور: خوب امروز من شروع می‌کنم، باید به‌دقت به حرف‌هام گوش کنی و درعمل به آن‌ها، نهایت سعی خود را بکنی. همکاری تو با ما برای بهبهودی‌ات ضرورت دارد

مرد: چه کار باید بکنم؟

مشاور: عجله نکن، صبر داشته باش، در ابتدا باید کمی‌اطلاعات پایه در مورد وضعیت فیزیکی و جسمی‌ات بدهم

مرد: جالب است،خوشحالم که بالاخره این کلاف سردرگم گفت‌وگوهامان به من رسید

مشاور: موضوع اصلی در جلسات ما همیشه شما هستید

مرد: از این بابت خوشحالم بالاخره من هم سوژهٔ خاصی شدم

مشاور: درست است شما سوژهٔ خاصی هستید، بگذارید ساده بگویم که شما یک‌سال‌وچهارماه پیش در اثر سانحه‌ای، آسیب مغزی دیده‌اید

مرد: این جزو خط قرمزها نبود؟

مشاور: چرا؟ ولی برای حفظ سلامت شما ناچار شدم از آن عبورکنم

مرد: تکرار که نمی‌شود؟

مشاور: نه این مورد اضطراری بود و برای حفظ سلامت شما

مرد: همین که تکرار نمی‌شود خوب است، اگر خط و محدوده‌ای تعیین شده،باید رعایت شود

مشاور: بگذارید به اصل موضوع بپردازیم

مرد: من دچار آسیب مغزی شده‌ام بازهم خوب است. من گمان می‌کردم دچار اختلال‌شخصیتی یا روان پریشی و از آن دست مشکلات شده‌ام

مشاور: مشکلاتی که به لحاظ اختلال شخصیتی در خود مشاهده می‌کنید، می‌تواند به‌دلیل آسیب مغزی وارده باشد اما دلیل قطعی آن قابل شناسایی نیست

مرد: اهمیت چندانی هم ندارد

مشاور: اصل موضوع این است که در مواردی شبیه مورد شما که آسیب وارد شده نه تنها سبب پاک شدن حافظه بلکه سبب فراموشی مهارت‌های ابتدائی زندگی نیز شده است امکان گسترش منطقهٔ آسیب دیدهٔ مغز به اطراف و بروز نشانه‌های جدید وجود دارد

مرد: به نظرتان، می‌مردم، بهتر نبود؟

مشاور: گفتم ممکن است، نگفتم حتما" قرار است این اتفاق برای شما بیفتد داریم حرف می‌زنیم که با همکاری هم از بروز چنین فاجعه‌ای جلوگیری کنیم

مرد: فاجعه است

مشاور: مهارت‌های ابتدائی زندگی که می‌گویم دو دسته هستند اکتسابی و غریزی، و باید بگویم خطری که فراموشی مهارت‌های غریزی به‌دنبال دارد، بسیار بااهمیت است. مهارت‌های غریزی، مهارت‌های حیّاتی نظیر نفس کشیدن به‌خصوص نفس کشیدن در هنگام خواب، بلعیدن غذا، نوشیدن آب، دفع ادرار و مدفوع و...اطلاق می‌شود.

مرد: یعنی ممکن است فراموش کنم؟

مشاور: بله و فراموشی فعالیت‌های حیّاتی همان‌طور که از اسمش پیداست، بسیار خطرناک است. تصورکنیدکه اگر به موقع اکسیژن‌رسانی به مکانیسم‌های حیاتی بدن صورت نگیرد، چه‌اتفاقی در انتظار شماست؟

مرد: البته در انتظار شما و سایر دوستان و عزیزان راستی می‌توانید در مجلس ختم من حلواشکری عقّاب را جایگزین حلوا کنید، آماده در مغازه‌ها هست، راضی به زحمت عزیزان و آشنایان نیستم

مشاور: خواهش می‌کنم بحث را جدی بگیرید

مرد: از این جدی‌تر، خوب آدمی‌که رفتنی است، باید تدارکات سفر را ببیند

مشاور: بگذارید حرف‌های اساسی تمام شود، به مسئلهٔ کفن‌ودفن شما هم رسیدگی خواهیم کرد

مرد: واقعاً لطف دارید

مشاور: بعضی از مشکلات جسمی ممکن است براتان پیش بیآید که برای کاهش عوارض ناشی از آن، به همکاری شما نیاز است

مرد: من دیگر چه‌کاری می‌توانم بکنم؟ این‌طورکه شما از فراموشی می‌گوئید کاری از دست من برنمی‌آید

مشاور: راه‌های مقابله با آن را هم خواهم گفت، کمی صبر داشته باشید. دومین خطری که شما را تهدید می‌کند، فراوشی عمل بلع است

مرد: قبل از سانحه هم این را تجربه کرده‌ام

مشاور: این به آن سادگی که تجربه کرده اید نیست، به هرحال زنگ خطری به گردن شما آویخته می‌شود که باید مراقبش باشید در زمان بروز هرکدام از مشکلاتی که تشریح می‌کنم بی‌فوت وقت باید زنگ را به صدا درآورید. اصلا فکر نکنید که می‌توانید مشکلات را به تنهائی حل کنید

مرد: خوشحال می‌شوم بلعیدن جرعه‌ای آب بهانه‌ای شود برای دیدار شما

مشاور: البته همراه شما مسئول رسیدگی به این مشکلات است

مرد: باید حدس می‌زدم

مشاور: ممکن است کنترل مدفوع و ادرار خود را نداشته باشید

مرد: باید پوشاک ببندم؟

مشاور: اگر لازم باشد، ممکن است در حین فعالیت‌های روزانه به ناگاه بینائی‌تان را از دست بدهید

مرد: چطور ممکن است؟

مشاور: در واقع این بینائی شما نیست که صدمه دیده، دستگاه گرفتن تصویر و ارسال آن به مغز کارش را به درستی انجام می‌دهد، اما مغز نمی‌تواند تصاویر دریافتی را درست پردازش کند، درنتیجه بیمار دچار اختلال در پردازش رنگ، فرم، و زوایای متفاوت تصویر می‌گردد. به این ترتیب شما یا تصویری را که در مقابل چشم‌هاتان است نمی‌بینید و یا به اصطلاح همه کس فهم بگویم با پارازیت می‌بینید.

مرد: برای صدا هم این اتفاق می‌افتد

مشاور: متأسفانه باید بگویم، این آسیب روی همهٔ ارگان‌های بدن شما تأثیر می‌گذارد، بنابراین من لیستی را براتان تهیه کرده‌ام که فعالیت‌های صحیح ارگان‌های متفاوت بدن را در آن توضیح می‌دهد و در کنارش اختلال‌هائی که موجب نگرانی جدی است را ذکرکرده‌ام. می‌دهم آن را در جائی در اتاق‌تان جلوی دید نصب کنند، هربار که از خواب بیدار می‌شوید یا پیش از به خواب رفتن آن را مرورکنید. در تمام مدّت، فعالیت‌های ارگان‌هاتان را رصدکنید، هرمورد مشکوکی را باید به من گزارش بدهید

مرد: به طورمستقیم و بی‌واسطه

مشاور: بله به طورمستقیم و بی‌واسطه اگر توان اجرائی آن را در موقعیت پیش آمده داشته باشید، اگر نه به همراه بگوئید

مرد: خوب بگوئید به طورمستقیم برقراری ارتباط برای من با شما میسر نیست، چرا می‌پیچانید؟

مشاور: چرا؟ میسر است اما ممکن است در آن زمان به شما دسترسی به رایانه را ندهند، چون زمان اتاق‌های امن از قبل برنامه‌ریزی می‌شود.

مرد: کاش جای شما و آن سفیدپوشِ بلندبالا را تغییردهند

مشاور: هرکس وظیفه ای دارد

مرد: می‌دانم که نمی‌شود آرزو که می‌توانم بکنم؟

مشاور: مختاری

مرد: من از تمام صحبت‌های شما نتیجه‌گیری خاصی دارم

مشاور: بله؟

مرد: من یک ماشین‌ام یا بهتر است بگویم یک رایانه که مرکزاصلی داده‌های آن آسیب دیده و تمام اطلاعات، فایل‌ها و برنامه‌های آن ازدست رفته است

مشاور: نه به آن قطعیت، ما داریم تلاش می‌کنیم، اطلاعات مغز شما را بازیابی کنیم و با کمک خودتان از آسیب‌های احتمالی بیشتر پیشگیری کنیم

مرد: این همه زحمت می‌بری؟

مشاور: وظیفهٔ من است

مرد: وظیفه شناسی شما مرا تحت تأثیر قرار می‌دهد. من جای شما بودم، به کسی با این همه نقاط حساس بحرانی در پیش‌رو امید بیهوده نمی‌دادم، بهتر است در مورد روش‌های آسان مردن، کمی‌حرف بزنیم

مشاور: نه، نمی‌پسندم. شما درحال حاضر مشکل خاصّی ندارید

مرد: به جز اینکه چیزی به خاطرنمی‌آورم چگونه دم را فرو برم

مشاور: به خاطر خواهیدآورد، نگران نباشید

مرد: من نگران نیستم اما گویا شما خیلی نگران هستید.

مشاور: نگران نیستم

مرد: نگران سلامتی من هستید؟

مشاور: اگر مراقب باشید جای نگرانی نیست

مرد کمی به جلو خم می‌شود، دستش را روی میز به سوی دست زن می‌سراند :

فقط چون وظیفه‌تان است این‌همه به من محبت می‌کنید؟

مشاور: بس کنید فکر می‌کنم درابتدا باید این مشکل خودبزرگ‌بینی و گستاخی غیرقابل تحمل را در رفتارتان حل کنم.

مرد: شما هرچه از من را می‌خواهید، حل کنید. اصلا" من و این تن سراپا مشکل می‌تواند نمونهٔ تحقیقاتی خوبی براتان باشد.

مشاور: پیشنهاد بدی نیست

مرد: پیشنهادهای من همیشه خوب است، فقط کافی‌است با دقت بررسی شود.

مشاور: من متوجه وقت‌کشی تو هستم.

مرد: این وقت‌کشی نبود

مشاور: خارج از بحث بود

مرد: گاهی لازم است

مشاور: زیاده از حد است

مرد: باشد، این‌بار را در نظر نگیر

مشاور: بازداری بحث بیهوده می‌کنی

مرد: تسلیم

مشاور با نگاه جدی، سکوت را به مرد تحمیل کرده و خود شروع به صحبت می‌کند.

در روند تشخیص میزان آسیب واردشده و امید به بهبود، نقطهٔ کلیدی‌ای هست که به آن «زمان تولدِ دوباره» می‌گوئیم

مرد: واژه را پسندیدم، امیدوارم فعل هم به زیبائی واژه باشد.

مشاور: «زمان تولد دوباره» زمان آغازِ مجدد سخن گفتن است، زیرا در این فعالیت هردو بخش مهارت‌های غریزی و اکتسابی تداخل دارند. مهارت بازوبسته کردن حنجره و دهان، حرکت دادن زبان و تولید صوت که غریزی هستند و مهارت فرم‌دادن به اصوات و ساختن واژه‌هاکه اکتسابی است. هم‌چنین در «زمان تولدِ دوباره» حافظه هم نقش مهمی دارد.

مرد: حافظه در تولد چه نقشی دارد.

مشاور: حافظهٔ کلمات و بار معنائی آن‌ها باید در این روند احیاء شده باشد وگرنه بیمار با استفاده از مهارت تولید صدا و ساختن اصوات، به تولید صداهای نامفهوم و ادای کلمات بی‌معنا و بی‌شکل ساختاری می‌پردازد که اغلب به‌اشتباه به عنوان گونه‌ای از اختلال روانی دسته‌بندی شده، یدک کشیدن عنوان اختلال روانی برای بسیاری از بیماران، سخت است.

مرد: باید خدا را شکر کنم که کلمات را از من نگرفت

مشاور: بله، شما در«زمان تولد دوباره» مانند یک نوزاد تازه متولد شده هستید با این تفاوت که گنجینهٔ لغات و واژگان شما موجود است و به سرعت احیاء می‌شود

مرد: فکر کنید نوزاد نارس در این مرحله را بخواهید بفرستید داخل دستگاه

مشاور: می‌فرستیم، عجیب است؟

مرد: به ناگاه تصوّر کردم که اگر این سفیدپوشِ بلندبالا در چنین مرحله‌ای گرفتار شود، با آن شکم‌گنده و دست‌های پشمالو، نامش را به رنگ صورتی روی دستمال سفید مینویسند و دورمچ او می‌پیچانند، او انگشت شصت دستان پشمالوی خود را به سمت دهان می‌برد. بازوبسته کردن آن دست‌های بزرگ را با مهارت‌های نوزاد مقایسه کنید واقعا" تصویر بدیعی می‌دهد

مشاور: از همهٔ شوخی‌های زشتی که با همراه مهربان‌تان کرده‌اید، باید شرمنده باشید. نکته‌ای که در صحبت‌هاتان جلب توجه می‌کرد، بازگشت حافظهٔ تصویری‌تان است.

مرد: جای بسی خوشبختی است. تصویر، نور، صدا، حرکت.

مشاور: نوشته‌ها فراموش نشود

مرد: این جمله، لحن اختتامیه داشت؟!

مشاور: می‌توانم بگویم زمان ما تمام شد

مرد: من قبول ندارم

مشاور: چرا؟

مرد: زمان ما، باید درست محاسبه شود

مشاور: ساعت گرفتم

مرد: می‌دانم ساعت گرفتی، من که نگفتم ساعت نگرفتی

مشاور: پس مشکل چیست؟

مرد: زمان گفتمان باید زمان گفتمان باشد تو با حرکتی که امروز زدی واژهٔ گفتمان را به مسلخ بردی

مشاور: چطور؟

مرد: حرف‌زدن با گفتمان تفاوت دارد، حرف‌های بسیار در مورد کنترل ادرار و مدفوع زده شد. حرف‌هائی ازاین‌دست را نمی‌توانی زیرمجموعهٔ گفتمان قرارداد. منکر نمی‌شوم که آگاهی به موضوعات مطرح شده، برای من لازم بود. اما خوب به خاطردارم که شما به صراحت گفتید هفته‌ای یک جلسه گفتار درمانی ضرورت دارد.

مشاور: بله این را گفتم

مرد: پس جلسه گفتاردرمانی هفتگی من چه می‌شود؟

مشاور: بسیارخوب قبول دارم که فقر ادبی من، باعث این خطا شده است

مرد: پس با این حساب زمان ما از هم اکنون محاسبه خواهد شد

مشاور: نه، فردا یا روز دیگر، من تا یک ساعت دیگر باید در کنفرانسی شرکت کنم. غیبت به هیچ وجه برایم ممکن نیست

مرد: دیررسیدن هم؟

مشاور: حتی دیررسیدن

مرد: چرا؟ چه کسی متوجه عدم حضورتان می‌شود؟

مشاور: همه

مرد: فراموش کرده بودم، شما آدم مهمی هستید. خوب شد، یادآوری کردید.

مشاور: من سخنران کنفرانس هستم، چوب خطهایت دارد پرمی‌شود.

مرد: قفل بر دهانم زدی، خب امیدوارم به‌خوبی برگزار شود

به امید دیدار

به امید دیدار

گزارشِ کار

مدیر مثل همیشه، پشت میز درحال خواندن چیزی روی صفحهٔ مونیتور است.

مدیر: اوضاع چطور پیش می‌رود؟

مشاور: دارم موفق می‌شوم هدایت جلسات را به عهده بگیرم

مدیر: دیگر؟

مشاور: فکر می‌کنم و امیدوارم که بهبودی کامل را به دست آورد

مدیر: پیشرفت‌هائی حاصل شده؟

مشاور: بله، حافظهٔ ادبی‌اش کاملا"سالم و بی‌نقص است، مهارت شنیداری‌اش، آسیب جدی ندیده است، حافظهٔ بصری او کم‌کم دارد بیدارمی‌شود. به جهت اولویت برنامه‌های حفاظت و پیشگیری و آموزش به او فرصت نشد روی حافظهٔ صوتی او آزمایشی انجام دهیم، در برنامه هفتهٔ بعد قرارمی‌دهم.

مدیر: خوب، خوب است. خودت چطوری؟

مشاور: تغییر را از درون دارم حس می‌کنم، فقط کمی آهسته است.

مدیر: تغییر پیش بیآید، مهم است. نگذار دنبال‌کردن سرعت تغییرات بطنی نومیدت کند. این تغییرات در ابتدا به‌آرامی پیش می‌روند،حتی برخی از ارگان‌های داخلی ممکن است در برابر تغییرات مقاومت نشان دهند.

مشاور: مهم نیست؟

مدیر: نه، مهم نیست. توگام نخست را برداشته‌ای، تحوّل در تو آغاز شده است و طبیعی است که در ابتدا مکانیسم بدن حالت تدّافعی به‌خود بگیرد و از سرعت تغییرات بکاهد، اما بعد منفعل می‌شود و پس از آن همکاری روبه‌رشد مکانیسم‌ها و ارگان‌های داخلی با تغییر و تحوّل، آن‌چنان شتابی ایجاد می‌کند که گاه ممکن است، وحشت زده شوی

مشاور: احساس خوبی دارم،

مدیر: بعد از مدّت‌ها، امیدوارکننده است

مشاور: امیدوارم، هرچند اتفاقی کوچک، اما فکر می‌کنم باید با شما در میان بگذارم. او همیشه سعی می‌کند با طرح‌های نو، اداهای جدید، ابراز نارضایتی و تظاهر به نیاز به محبّت، مرا اسیرکند

مدیر: تلاش او امری طبیعی است و اتفاقاً بد نیست که مدام با این چالش روبه رو باشی و یادبگیری که درهرلحظه درعین‌پرداختن به موضوع اصلی باید به پیرامون خود هم توّجه کنی. هراتفاقِ‌کوچکی که ازنظر دوربماند، ممکن است باعث ایجاد اختلالی جبران‌ناپذیر گردد. شغل ما، جمیع حواس ما را با تمام توانائی می‌طلبد.

مشاور: تمریناتی را که گفتید، انجام می‌دهم. باید بگویم توانائی دنبال کردن حوادث پیرامون در من تقویت شده است

مدیر: تقویت ارتباط با محیط اطراف، تمرین و توّجه زیاد می‌خواهد. باید روی آن برنامهٔ ثابت و متمرکزی داشته باشی

مشاور: حتما"

جلسهٔ جبرانی

مشاورساعت روی میز را می‌چرخاند و به تنظیم زنگ ساعت می‌پردازد.

مشاور: باید وقت‌های اضافه را هم اضافه کنیم.

مرد: وقتِ‌اضافه دیگر چیست؟

مشاور: وقت‌های تلف شده

مرد: خوب بهتراست سعی کنیم وقت‌مان تلف نشود.

مشاور: حتی در فوتبال هم وقتِ‌اضافه می‌گیرند

مرد :ما که فوتبال بازی نمی‌کنیم. لازم‌است یادآوری‌کنم که در بازی فوتبال با وجود دو تیم که هرکدام یک‌دوجین آدم هستند و به‌عمد وقت را تلف می‌کنند

مشاور: بااین همه داور در آخرِنیمه، دوسه‌دقیقه وقتِ‌اضافه به آن‌ها می‌دهد. دویاسه دقیقه در چهل‌وپنج دقیقه، این برای شما کافی‌است؟

مرد: دویاسه دقیقه هم، زمان خوبی است شاید بهترین فرصت باشد می‌دانید که همیشه این چند دقیقهٔ وقتِ اضافه خیلی تعیین کننده است.

مشاور: چرا این چنین است؟ بازی‌کنان این‌همه فرصت برای بازی دارند اما گلِ سرنوشت‌ساز در وقت اضافه درون دروازه جای می‌گیرد.

مرد: بی‌شک انسان وقتی به زمان پایان آگاهی می‌یابد با دقت و هوشیاری بیشتری عمل می‌کند

مشاور: شک ندارم اگر بر سر این موضوع با شما توافق نکنم، راه‌های بی‌شماری برای تلف‌کردن وقت خواهی یافت

مرد :چرا در مورد من این چنین قضاوت می‌کنید؟ این چه نوع برخورد با بیمار است؟

مشاور: من می‌دانم با بیمارانم چگونه برخوردکنم؟ و این بارآخر است که چشم بر توهین‌آشکاری که به من می‌کنی، می‌بندم.

مرد :آه ببخشید شما را ناراحت کردم

مشاور: به چه حقّی به خودت اجازه می‌دهی با این لحن با من حرف بزنی

مرد: من بیمار تو هستم

مشاور: بیمار؟ من به هیچ‌کس اجازه نمی‌دهم به من توهین کند.

مرد: ببخشید

مشاور: بارِ آخرتان باشد

مرد: یادم نمی‌ماند

مشاور: این دیگر مشکل شماست

مرد: فراموش کرده‌اید ما برای حل همین مشکل با هم گفت‌وگو می‌کنیم؟

نه، فراموش نکرده‌ام، اما توهین‌های شما آزاردهنده و بی‌حساب است. من فکر می‌کنم این رفتار شما اصلا" ربطی به فراموش‌کاری شما ندارد، این هویت اخلاقی فرهنگی شماست که متأسفانه در آن سانحه هم به بقاء خود ادامه داده است.

مرد: الان چه کسی توهین کرد؟

مشاور: آقای محترم این‌که من زوایای تاریک ذهن شما را می‌شکافم و مشکلات اخلاقی شما را بازگومی‌کنم توهین نیست خودتان هم خوب می‌دانید وارد چه بازیِ کثیفی شده‌اید و اگر فکرمی‌کنید باکشیدن بحث به بی‌راهه‌هائی این‌چنین می‌توانید وقتِ‌اضافه برای خود بخرید، باید بگویم سخت در اشتباه‌اید. هرخطای اخلاقی، امتیاز منفی برای شما دارد و بهتر است بگویم حداکثر مجاز امتیازهای منفی ۵ عدد است. بنابراین به شما هشدار می‌دهم که هیچ توهینی را نمی‌پذیرم می‌خواهد لفظی باشد، یا با حرکات صورت و بدن.

مرد: گفتم ببخشید سعی می‌کنم به خاطر بسپارم

مشاور: تو داری از وضعیتی که برایت پیش آمده سوء استفاده می‌کنی

مرد: امروز چرا خلق و خوتان درهم ریخته است؟

مشاور: تو مگر خلق‌وخو برای آدم می‌گذاری؟ من در روز بیش از ده بیمار ویزیت می‌کنم، بعضی حتّی شرائطی بسیار بدتر از تو دارند ولی هیچ‌کدامشان به من بی‌احترامی نمی‌کنند.

مرد: ببخشید، تکرار نمی‌شود

مشاور: تمام‌اش کن دیگر نمی‌توانم تو را تحمل کنم

مرد: این را جدی نمی‌گوئی

مشاور: خیلی هم جدی هستم، سکه دورو دارد. اضافهٔ وقت می‌خواهی، باشد. از آن طرف هم، اگر به عمد مرا بهم بریزی یا به کوچه خاکی بزنی، از وقتات کاسته می‌شود.

مرد: من حرفم را پس می‌گیرم، نه کاهش نه افزایش، همان عدد ثابت

مشاور: نمی‌توانی حرف بزنی و ساعتی از آن نگذشته، نظرت را تغییردهی

مرد: هیچ راهی برای مصالحه وجود ندارد؟

مشاور: همین که هنوز دارم با تو حرف می‌زنم، کافی‌است

مرد :اوه بسیار سپاسگزارم

مشاور: خواهش می‌کنم

مشاور فریاد می‌زند : او را از این‌جا ببرید!

فردا

مشاور: بگذار ببینم، موقع به هوش آمدن مدام نام الهه را می‌خواندی، چیزی از او به یادمی‌آوری؟

مرد: او هیچ‌گاه از یاد من نرفته است که بازگردد

مشاور: چطور ممکن است؟ حافظهٔ تو خالی بود، کاملا" خالی

مرد: او جزئی از من است، گوشه ای از قلبم برای خود خانه کرده

مشاور: پس او را به یاد داری؟

مرد: خوب دقّت کن، او در یادوخاطرهٔ من نیست. این را چندبار تکرارکن تا ناباوری از تو دورگردد

مشاور: چرا از او برای بازیابی حافظه‌ات کمک نمی‌گیری؟

مرد: او مرا این‌گونه می‌خواهد بی‌یادوخاطره، در این فضای خالی ذهن‌ام، جولان می‌دهد. قلبم را می‌آراید و هروقت میل داشته باشد، با من سخن می‌گوید، یا جلوی چشم‌هام می‌چرخد

مشاور: تصویر او واضح است؟

مرد: تا تفسیر شما از وضوح چه باشد؟

مشاور: روشنی، عین به عین حقیقت ماده

مرد: او را در یک ردای خاکستری می‌بینم که تا روی پاهاش را پوشانده، رداش کلاهی بزرگ‌تر از سر او دارد، و آن کلاه تمام سروگردن او را از دید من پنهان می‌کند

مشاور: از کجا می‌دانی خود اوست؟

مرد: او را خوب می‌شناسم صداش، حرکات نرم و هم آهنگین دست‌هاش، بوش، فضائی که اشغال می‌کند. ظهور و نهان‌های پی‌درپی اش.

مشاور: ابتدا او را کجا و کی دیدی؟

مرد: او با من به دنیا آمده است در باغها ودشتهای وسیع دوران کودکی من بود.
اولین بار، همهمهٔ جمعیت و صدای فریاد مردان که نام او را برفراز خوشههای گندم به
رقص درمیآوردند، توجهام را جلب کرد. همه با هم یک صدا فریاد میکردند، الهه
صدای زیرزنان از پی هم به گوش میآمد : الهه

من که به زحمت، در میان تراکم خوشههای بلندبالا نفس فرو میدادم، با نگاهی
به سوی آبی آسمان، به جلو میراندم. اگر سرم را کمیاز شیب ملایم رو به بالا، به
پائین میسراندم، خوشههای تیز در چشمهام فرو میرفت. راه رفتن آرام و محتاطانه
در میان خوشهها، زود خستهام میکرد.. نور آفتاب از میان خوشههای زرد، به سوی
چشمان آدم نشانه میگرفت. در میان این همه نور، زرد طلائی، روشن و براق، گیسوان
بور ریخته بر شانههاش که با هرتکان باد به پرواز درمیآمد، نگاهم را ربود.هیاهوی همه
در جستن او بیهوده نبود. آنجا در دل دشت وسیع، در دامن کوهها، لشکری خوشه
چین در کمین بودند.

مشاور: خوشه چینان اهالی همان اطراف نبودند؟

مرد: نه، آنها از دورونزدیک میآمدند. کسی در پی یافتن اصل و نسبشان نبود
روزمزد کارمیگرفتند. و بدنامی مسئولیت اتفاقهای ناخوشآیند را یدک میکشیدند.
بهرحال منطق حکم میکرد، آنکه بر بستان و خرمن آتش میزند، غیرِخودی باشد.

مزرعه که تمام میشد باغهای پر درخت بود، در میان باغ به او رسیدم از او
پرسیدم :

مرد: نام تو چیست؟

الهه: الهه

مرد: کجا میروی؟

الهه: هیچ، میچرخم و میگردم

مرد: چرا این همه صدات کردند، پاسخی ندادی؟

الهه: آنها همیشه مرا صدا میزنند

مرد: شاید نگران شده باشند. شاید فکرکردهاند گم شدهای یا کسی تو را فریب
داده، با خود همراه کرده است

الهه: من گم نمیشوم، همهٔ اینجاها را خوب بلدم، فریب کسی را هم نخواهم خورد

۳۷۰

مرد: ولی تو کودکی، باید کنار بزرگ‌ترها بمانی تا از تو مراقبت کنند

الهه: وقتی کنارشان هستم، بیشتر آسیب می‌بینم

مرد: پس، چه کار باید کرد؟

الهه: هیچ، تو چرا به دنبال من آمده‌ای؟

مرد: خواستم مراقبت باشم

الهه: تو؟ نمی‌توانی

مرد: می‌توانم

الهه: نمی‌خواهم تو مراقب‌ام باشی

مرد: باید بخواهی

او چرخ زد و از بین دستان‌ام که برای مراقبت از او گشوده بودم، گریخت.

هنوزهم به همان سیاق، آشکار می‌شود، با من یکی‌به‌دو می‌کند، چرخی می‌زند و از میان دست‌هام می‌گریزد.

مشاور: چطور به قلبت راه یافت؟

مرد: چطور؟ نمی‌دانم، یک روز صداش را از درونم شنیدم، ابتدا هول برم داشت، اما او خوب می‌داند چطور مرا رام آرام کند.

همهٔ اهالی این‌جا

پروفسور کنار پنجره ایستاده بود، در محوطه عده‌ای مشغول بازی بودند، عده‌ای مشغول گفت‌وگو. چندنفر گوشه‌ای گردآمده بودند، جوری که انگار دارند توطئه‌ای را طرح‌ریزی می‌کنند. پروفسور همهٔ‌اهالی مرکز را از پزشک، روان‌پزشک، همراه، مشاور، بیمار و حتی خدمه و پرسنل بخشِ اداری از نزدیک می‌شناخت. پروندهٔ همه را به‌دقت مطالعه کرده بود. برای او همهٔ‌اهالی دچار بودند، دچار بیماری‌ها و اختلالات روحی‌وروانی یا جسمی، شدّت اختلال یا ناهنجاری افراد باعث می‌شد که لباس‌های متفاوت برتن داشته باشند.

مشاور با لباس سفید وارد شد.

مشاور: با من کار داشتید؟

مدیر: می‌خواستم وقت بیشتری با هم گفت‌وگو کنیم، فکرمی‌کنم زمان آن رسیده است.

مشاور: الان؟

مدیر: مشکلی هست؟

مشاور: نه، نه

خوب بنشین و حرف بزن

مشاور: گزارش‌ها را هرروز روی صفحه آپلود می‌کنم، در مورد کدام‌شان می‌خواهید صحبت کنیم؟

مدیر: در مورد خودت.

مشاور: متوجه شدم، بالاخره نوبت من هم رسید.

مدیر: چطور؟

مشاور: پرسنل می‌گویند اگر پرنده‌ای هم از آسمان اینجا ردشود، شما حتما" ویزیتش کرده‌اید.

مدیر: می‌خواهم تمام کسانی را که با ایشان سروکار دارم، خوب بشناسم. باید بدانی هدایت یک مجموعه با آدم‌هائی که دچار اختلالات روحی، روانی هستند، بسیارحسّاس است.

مشاور: بله می‌دانم

مدیر: فکر می‌کنی، می‌دانی. هیچ‌کدام از شما باورندارید که هرکس بمبی را می‌ماند منتظر جرّقه‌ای برای انفجار.

مشاور: گاه به آن می‌اندیشم.

مدیر: اما من درهرلحظه باید به آن بیاندیشم، وگرنه امنیت و آرامشی نخواهدبود.

مشاور: مسئولیت سنگینی‌است.

مدیر: بد نیست، نگاهی به تاریخچه این گروه اجتماعی بیندازی. آمار حوادث ده‌سال گذشته را مقایسه کنی. برای حفظ آرامش وامنیّت انسان‌ها در کنار یکدیگر، مشاهده و مراقبت تمام‌وقت ضروری است.

مشاور: از نظر شما من هم می‌توانم خطرساز باشم؟

مدیر: هرکسی می‌تواند خطرناک باشد، برای همین ما اینجا هستیم. برای این‌که این آدم‌ها را از شرّ خودشان و دیگران حفظ کنیم.

مشاور: امیدوارم موفّق باشید، در این راه اگر بتوانم کمکی بکنم، خوشنود خواهم شد.

مدیر: ابتدا باید از شرِّ خودت محفوظ بمانی.

مشاور: چگونه؟

مدیر: با شناخت. حالا، برای این‌که بتوانی شروع‌کنی اساسی‌ترین سؤالی که هرکس باید از خود داشته باشد،کیستی؟

مشاور به نقطه‌ای فرضی روی دیوار خیره مانده است.

مدیر: نمی‌توانی خودت را معرفی کنی؟ من چطور اعضای این مجموعه را به تو بسپارم؟ کسانی را که احتیاج به کمک دارند، به تو بسپارم در حالی‌که می‌دانم تو هم به‌اندازهٔ هرکدام از آن‌ها نیاز به کمک داری. به همین دلیل است که من به طور دوره‌ای جایگاه آدم‌ها را تغییر می‌دهم، تو امروز به عنوان مددیار به آن‌ها کمک می‌کنی و ممکن است فردا به جای مددجو بستری شوی. این سیاست‌کاری مجموعه است که

به درستی طرح‌ریزی شده چون من معتقدم هرانسانی در برخورد با چالش‌های محیط و روابط اجتماعی، ظرفیت خاصی دارد و من باید مراقب باشم که ظرف تحمّل آدم‌ها لبریز نگردد. حالا که نمی‌توانی خودت را معرفی کنی، من نقاب از چهرهٔ تو برمی‌دارم.

می‌نشیند و پروندهٔ روی میز را باز می‌کند.

مدیر: بگذار ببینم،آه، بله. تو کارشناس ارشد مددکاری اجتماعی و مشاور از دانشگاه معتبر با بیش از ده‌سال سابقهٔ‌کار هستی. به هنر و هنرمندان علاقهٔ خاصی داری در چندسال گذشته به مطالعه و تحقیق انگیزش رفتارهای اجتماعی به طورعام، پرداخته و چندنظریه هم ارائه داده‌ای. کارنامهٔ فعالیت حرفه‌ای تو به همین‌جا ختم نمی‌شود علاوه برآن، تو در مطب کارشخصی به‌عنوان مشاور و روان‌شناس مراجعینی از گروه‌ها و طبقات اجتماعی متفاوت پرداخته و به‌نظر درکار خود موّفق هستی. اما،کارنامهٔ زندگی شخصی تو پیچیده‌تر است. در پروفایل اداری تو آمده مجرّد زندگی می‌کنی، حیوانِ‌خانگی داری و به فعالیت‌های اجتماعی، به‌خصوص فعالیت در نهادهای بشردوستانه علاقه داری و برای آن وقت می‌گذاری.

مدیر سری تکان می‌دهد: خوب، تا اینجا به‌نظر با یک آدم موّفق که از شرائط خوبِ‌اجتماعی، اقتصادی در زندگی برخوردار است، روبه رو هستیم اما ضعف تو در برابر برخی از الگوهای شخصیتی درهیچ سندی ثبت نشده است. من با کمی جست‌وجو در احوال تو و نوع برخوردت با اهالی مجموعه، متوجه شدم که شما نسبت به الگوی شخصیتی خاصی، ضعف نشان‌می‌دهی. بله، من پروندهٔ او را مطالعه‌کردم و متوجه شدم که درخواست کار شما در این مجموعه، به‌طوراتفاقی با زمان انتقال او هم‌خوانی دارد. چیزدیگری هم یافتم، او درگذشته به مطّب شخصی شما هم رفت‌وآمد داشته و گویا از بیماران شما بوده است. چه حسنِ تصادفی؟ نه؟

پروفسور به دقت به چهرهٔ زن خیره شده است، مشاور سرش را پائین انداخته و گوئی از برملاشدن رازش، آشفته گشته. باسکوتی که در کلام پروفسّور ایجاد شده، سربلند کرده می‌خواهد چیزی بگوید، پروفسور با حرکت دست او را آرام می‌کند برمی‌خیزد، دستان را در پشت قلاب کرده و از پنجره بیرون را نگاه می‌کند.

مدیر: به این فکرمی‌کنم که آیا بین تو و او دل‌بستگی خاصّی وجود دارد؟ می‌تواند وجود داشته باشد. خیلی‌وقت‌ها بین بیمار و مشاور ارتباط و علاقهٔ خاصی به‌وجود

می‌آید، اما این علاقه به‌طورمعمول از سوی بیمار نسبت به مشاور است. درخصوص شما، این ارتباط دوسویه است یا از جانب شماست؟

مدیر: احساسات شما قابل احترام است، اما شما می‌بایستی وقتی وارد حیطهٔ‌کاری و مجموعهٔ تحت‌نظر من شدید این را اظهار می‌کردید. اگر روزاول، می‌آمدید و به من می‌گفتید که درحال مطالعه برروی نمونهٔ خاصی هستی که در این مرکز بستری شده، هم‌چنان اجازه داشتی که به او دسترسی داشته باشی اما این‌کار را نکرده‌ای، می‌دانی چرا؟

مدیر روبه سوی مشاور می‌گرداند و چشم در چشم نگران و شرمنده او می‌اندازد: من به تو می‌گویم، او ترا تسخیرکرده است، به طورکامل. آن‌چنان که روش زندگی‌ات را تحت شعاع قرارداده، کارت را. خوب در اینجا ثبت نشده، اما من با مراجعه به سایت نظام متوجه شدم که تو مطّب شخصی خود را تعطیل کرده‌ای کی؟ چندماه بعد از مشغول شدن در اینجا، یا درست است بگویم چندماه پس از ملحق شدن به او.

قدم می‌زند و بالای سر مشاور می‌ایستد: سؤال اصلی که در اینجا مطرح می‌شود این است که تو تا کجا پیش‌خواهی رفت؟ و چقدرخواهی پرداخت؟ همهٔ زندگی‌ات را؟

پشت به مشاور می‌کند و درحالی‌که به سوی پنجره می‌رود ادامه می‌دهد: من مانع ارتباط تو با این شخص نخواهم شد، فقط طیّ این مسیر را مشاهده خواهم کرد.

مشاور با آرامی سرش را بلند کرده او را که هم‌چنان از پنجره وزش ملایم باد را دربین درختان دنبال می‌کند، می‌بیند. درون او چه می‌گذرد؟

پروفسّور سرانجام روی از پنجره می‌گرداند.

مدیر: می‌خواهی حرف بزنی؟

مشاور: فکر می‌کنم نیازدارم.

مدیر: خب من فرصت کافی برای گوش کردن حکایت تو دارم.

مشاور: شما درست تشخیص دادید، او روح مرا تسخیر کرده است. بدون هیچ کلامی مرا وادار به اتخاذِتصمیم‌هائی می‌کند که می‌دانم اشتباه است آری، برای این‌که بیشتر با او وقت بگذرانم و هرزمان که می‌خواهد به دیدنش بروم و پای صحبت‌هاش بنشینم، مطّب را تعطیل کردم. برای خاطر این‌که حرفهاش را قطع نکنم، نشستم کنارش و جلسات متعدد سخنرانی را از دست دادم.برای این‌که حرفی ازآن‌گونه که او دوست دارد، بشنود برای گفتن داشته باشم، سینما رفتم، رمان خواندم و شوپن گوش

کردم. حتّی برای این‌که گفت گیسوان بور دختری را در مزرعه به خاطرمی‌آورد، رنگ موهام را تغییر دادم. او تا این‌حدّ و خیلی بیش از این، مرا تسخیر کرده است. احساس می‌کنم تجربه‌های زیادی با او در زندگی به‌دست آورده‌ام و خیلی چیزها را ازدست داده‌ام. هربار که از او جدا می‌شوم، قطعه‌ای از من، پیش او جا می‌ماند.

مشاور بعد از مکثی طولانی ادامه می‌دهد: در مقابل او ناتوانم. به ظاهر برابرش می‌ایستم، مقابله می‌کنم، تهدید می‌کنم که تنهاش خواهم گذارد اما او نیز به‌خوبی من می‌داند که این‌ها همه لاف‌گزاف است. من در برابر او تسلیم شده‌ام. نمی‌دانم عاقبت این‌همه دل‌بستگی چه خواهد شد. گاه به رؤیا می‌بینم که او به زندگی عادی بازگشته و در کنارهم، در یک اتاق کوچک خاکستری بی‌نور، بی‌روزن به تنهائی و آرامی روزگار سپری می‌کنیم. گاه او را در نقش کارگردان نمایش‌های درام می‌بینم که مرا به سرصحنهٔ آخر «رومئو و ژولیت» می‌برد. گاه با او در چمنزار مشغول چرای گاوهاوگوسفندها هستم،گاه بر سر قلّهٔ‌کوه، گاه در دریا. عاقبت من چه خواهد شد؟

مدیر: برو زندگی کن، زندگی حسّ خوش ثانیه‌هاست.

مشاور به آرامی در ساحل دریا، قدم برمی‌دارد.

پروفسّور در اتاق ایستاده و از پنجره بیرون را می‌پاید.

مدیر با تامل می‌گوید: هرکدام از این آدم‌ها بمبی‌است در انتظار جرّقه‌ای، برای انفجار.

سایه‌ها حکم می‌رانند

مرد: بازهم بدعهدی کردی، تا کی می‌خواهی این چنین مرا آزار دهی؟

الهه: چیزی در تو هست که مرا از تو دور می‌کند.

مرد: همهٔ وجود من در آرزوی توست.

الهه: نه، او مرا می‌راند. اجازه نمی‌دهد وارد قلب تو شوم.

مرد: قلب من از آن خود من است و هرکه را بخواهم در آن می‌نشانم.

الهه: گویا این‌گونه نیست، پیش از این کسی قلب ترا تسخیر کرده و اجازهٔ ورود به من نمی‌دهد.

مرد: نمی‌تواند، او را خواهم راند.

الهه: توان‌اش را داری؟

مرد: هرکه ترا از من دور کند، از سر راه برمی‌دارم.

الهه: روزی به او نیز چنین گفته بودی.

مرد: نه، هیچ‌گاه.

مرد چشم می‌گشاید، به اطراف نگاه می‌کند در خاکستری روی دیوارها، هیچ نیست. نمی‌داند خواب است یا بیدار.

مرد: الهه

صدائی درنمی‌آید.

مرد: الهه، روی از من مپوشان.

صدائی در نمی‌آید.

مرد: باز مرا تنها رها کردی الهه.

صدائی در نمی‌آید از سنگ.

بلندبالای سفیدپوش کلید در در می‌چرخاند، در قاب در با لبخندی به پهنای تمام صورت ایستاده.

مرد: ها؟ چه شده؟ بختت برده؟

همراه: بخت تو برده

مرد: چطور؟

همراه: امروزهم برای دیدارت وقت گذاشته

مرد: دیروز هم که اینجا بود !!

همراه: مگر همین را نمی‌خواهی؟

مرد: می‌ترسم

همراه: از چه؟

مرد: از باختن

همراه: چیزی برای باختن داری؟

مرد: آری، چیزی گرانبها

همراه: باید بهت اطلاع بدهم از آن‌که می‌ترسی، بر سرت آمده

مرد: یعنی باخته‌ام

همراه: آری، باید آن را قبول کرد

مرد: من آماده نیستم.

همراه: از تو نمی‌پرسند

مرد: پس باید آن را بپذیرم

همراه: میل خودت است، بهرحال این اتفاق روی داده، باید با آن کنار بیائی

مرد: چارۀ دیگری هم دارم؟

همراه: نه، تمام شد

مشاور برخلاف همیشه، در ورودی اتاق نیست. رو به پنجره ایستاده، گوئی صدای واردشدن آن‌ها را نشنیده است. مرد او را به تماشا می‌ایستد.

بلندبالایِ سفیدپوش دستهای مرد را باز کرده و خارج می‌شود.

مرد به سوی مشاور خود می‌رود، می‌خواهد او را در آغوش گیرد. دست‌ها را به آرامی بالا می‌برد. مراقب است که زن متوجّه نشود. باید او را غافلگیرکند.

زن به یکباره روبرمی‌گرداند. دست‌های مرد در آسمان می‌ماند. زن نگاهی به دست‌های خالی که روبه سوی او دراز شده‌اند،می‌کند.

زن: بنشین

مرد: خوشحال شدم که‌امروز به من وقت ملاقات دادید

زن: می‌خواهم کمی سریع‌تر پیش برویم

مرد: من همیشه سرعت را دوست دارم

زن: تا ببینیم چه پیش می‌آید، باید مراقب بود. اگر بی‌ملاحظه سرعت بگیریم ممکن است نتیجهٔ‌خوبی نداشته باشد.

مرد: از حالا نباید نگرانی به خود راه دهی

زن: نگران نیستم، اما مراقبام

مرد: خواهش می‌کنم، فقط باید سرعتمان یکی باشد

زن: تو همیشه شتاب داری

مرد: همیشه؟ نه، نه، اما در رابطه با تو، آری

زن: من حرکت آرام و پیوسته را ترجیح می‌دهم

مرد: ممکن است نتوانم خودم را کنترل کنم

زن: می‌دانم، اما باید این‌کار را بکنی، به خاطر من

مرد: پروفسّور را دیدی؟

زن: آری

مرد: چه گفت؟

زن: هیچ

مرد: می‌خواهم بدانم

زن: گفت سدّ راه ما نخواهد شد

مرد: خوب است

زن: نه زیاد

مرد: چرا؟

زن: مطمئن نیستم که واقعا" به حرف خویش پایبند باشد

مرد: چرا؟

زن: نمی‌دانم، حسّ خوبی ندارم

مرد: به من شک داری؟

زن: نه

مرد: پس چه؟

زن: می‌ترسم

مرد: من هم می‌ترسم

زن: لا اقل یک احساس مشترک داریم

مرد: اجازه بده این نسیم راه خود را پیدا کند

زن: از طوفان می‌ترسم

مرد: طوفانی در راه نیست، هوای حال ما خوب است

زن: تا کی؟

مرد: دست‌هات را به من بده

زن چشم‌هاش را می‌بندد و دست‌هاش را به پیش می‌راند، اسیری را می‌ماند در انتظار زنجیر. مرد دستان زن را در دست می‌گیرد.

مرد: دیدی، چه آسان بود

زن: تسلیم شدن، همیشه آسان است

مرد: از من به تو آسیبی نخواهد رسید

زن: هرچه از تو رسد، را می‌پذیرم

مرد: پیش‌تر هم گفته بودی؟

زن: پیش‌تر؟

مرد: آری، خوب یادم هست. دست‌هات را پیش‌آوردی و گفتی ببند زنجیر را

زن: عاقبت به خاطر آوردی

مرد: همیشه در خاطرم بودی، همیشه

۳۸۰

زن: دیگر چه؟

مرد: یادم هست گفتی همیشه با تو می‌مانم

زن: یادت هست، می‌گفتی باد در گوش درختان راز من و تو را بازخواهدگفت

مرد: خوب یادم هست، سال‌ها از آن روز دل‌انگیز بهاری، ورق‌خورده

زن: باید راه رهائی از این قفس را بیابیم

مرد: بیا برگردیم صفحهٔ اول

زن: قبل از کوچ

مرد: قبل از کوچ

«پرواز را به خاطر بسپار»

پروفسّور از انتهای راهرو، بلندبالایِ سفیدپوش را در کنار در می‌بیند که دستبند از دستش آویزان است. بر سرعت قدم هاش می‌افزاید.

مدیر: چرا دست بندهاش را بازکرده‌ای؟

همراه: چندروزی می‌شود بدون دست‌بند همدیگر را ملاقات می‌کنند

مدیر: چه‌کسی این اجازه را داده است؟ من از خطرات این ملاقات‌ها به تو گفته بود، از تو خواستم هیچ‌گاه آن‌ها را تنها نگذاری. ببین به چه کسی اعتماد می‌کنم.

باشتاب در اتاق را باز می‌کند، همه‌چیز آرام است. آن دو، روبه روی هم، دست دردست هم نشسته و به‌هم خیره شده‌اند. پروفسّور نفس عمیقی می‌کشد و در را می‌بندد.

مدیر: مراقب باش، چنددقیقهٔ دیگر به آن‌ها فرصت بده، بعد هرکدام باید به اتاق خود بازگردد. این‌بار هم بدون اجازهٔ من تغییری نخواهد بود.

همراه: بله

پروفسّور می‌رود به اتاقش، پشت میز می‌نشیند، صفحهٔ لپ‌تاب را باز می‌کند، دوربین شماره ۱۶ را می‌زند و اتاق را می‌بیند. مرد دست‌ها را در هوا تکان می‌دهد پشتش به دوربین است. دروبینِ‌شمارهٔ ۱۷ را می‌زند. صورت مرد خشمگین است. با تمام قدرت فریاد می‌زند، زن در تصویر نیست. دوربین بعد، همهٔ دوربین‌ها را کنترل می‌کند، نشانی از زن نیست. گوشی بی‌سیم را از روی میز برمی‌دارد و برمی‌خیزد. شمارهٔ بلندبالا را می‌گیرد.

مدیر: کجائی؟

همراه: جلوی در اتاق ایستاده‌ام

مدیر: دروغ نگو، بعد از این‌که آن زن را پیدا کردی، جایت را تغییرخواهم داد

همراه: قربان یک لحظه آمدم آبخوری، چیزی شده است؟

مدیر: آخر من هم از دست شما دیوانه می‌شوم، اول دستبندش را باز می‌کنی و آن‌ها را در اتاق تنها می‌گذاری، حالاهم برای خودت رفته‌ای آبخوری؟

همراه: قربان همه‌چیز آرام بود، شما گفتید چنددقیقه به آن‌ها فرصت بدهم

مدیر: چنددقیقه نه نیم‌ساعت، سریع برگرد ببین چه اتفاقی افتاده، من هم در راه‌ام

بلندبالا در اتاق را بازمی‌کند، مرد تنها و بی‌قرار است دست‌هاش را به این‌سو و آن‌سو پرتاب می‌کند و فریاد می‌زند. به سمت پنجره می‌رود، دست به میله‌هامی‌گیرد و صداش را در فضا رها می‌کند.

الهه

پروفسّور از راه می‌رسد.

مدیر: نگهبانان، سریع نگهبانان را خبرکن

بلندبالا سراسیمه می‌رود و با چند سفیدپوش دیگر از راه می‌آید. دوتن از آن‌ها بازوهای مرد را می‌گیرند و او را از پنجره دورمی‌کنند. بلند بالا با سرنگی روی مرد خم می‌شود. مرد فریاد می‌زند و می‌خواهد خودش را رها کند. سرنگ در بازوی او فرو می‌رود. کمی تقّلا می‌کند آرامش باز برمی‌گردد.

مدیر: کجا رفت؟

مرد با نومیدی و گریان: میان سایه‌ها گم شد.

صحنهٔ آخر

کارگردان رو می‌گرداند، چشم درچشم الهه می‌دوزد به امید دیدن برقی از رضایت یا چیزی شبیه به آن، الهه در دنیای دیگری است.

کارگردان: چطور بود؟

الهه: ها؟ خوب بود. یعنی یک‌جورهائی هنوز در آن صحنه مانده‌ام. چه شد؟ همه‌چیز که داشت خوب پیش می‌رفت، درآن لحظه‌هائی که دوربین را از روی آن‌ها برداشتی و بی‌خود و بی‌جهت به دنبال پروفسّور رفتی و راهروهای تکراری را به تصویر کشیدی، چه پیش آمد؟

کارگردان: نمی‌دانم.

الهه: نمی‌دانی؟ یعنی چه؟ سرِکار گذاشتی؟

کارگردان: نه به‌راستی نمی‌دانم. مسئله همین است که ما درحال تکرار روزمرگی‌ها آن‌چنان غرق می‌شویم که نمی‌دانیم چه برسر آن رابطهٔ خوب رؤیائی‌مان می‌آید.

الهه: این پایان یک داستان نیست، نمی‌تواند باشد.

کارگردان: چه‌کسی می‌گوید پایان داستان کجاست؟ اگر برای آن‌ها فرصتی دوباره نباشد، چه؟ آیا همین پایان داستان نخواهد بود؟

الهه: تلخ است.

کارگردان: خیلی‌هم تلخ.

الهه: نمی‌شود در پایان آن تجدیدِنظر کنی؟

کارگردان: همیشه به ما فرصت دوباره داده خواهد شد؟

الهه: نه، نه، نه

کارگردان هم‌چنان که صداش اوج می‌گیرد. درحال تکرار، از جا برمی‌خیزد، دورخود می‌چرخد، می‌چرخد و آن‌چنان سرعت می‌گیرد که جز سایه‌ای از حرکت او به چشم نمی‌آید.

صحفهٔ آخر

مرد دست از نوشتن برمی‌دارد. زن را در حال نقاشی بر روی دیوار نگاه می‌کند. زن به‌تازگی، شیوهٔ‌کارش را تغییرداده است، ابعاد کارش بزرگ شده است. هرروز تصویری برروی یکی از دیوارهای خاکستری نقش می‌کند. دیوارها که تمام شد، ازنو شروع می‌کند و روی تصویر قبلی تصویر جدیدی می‌کشد. اتاق دیگر خاکستری نیست، هرروز رنگی به خود می‌گیرد، گاه هم همان خاکستری برمی‌گردد، اما خاکستری نو نمی‌تواند به طورکامل، نقش‌هائی را که روی دیوار موجود است، از دیدگان پنهان کند. هرچقدر هم تلاش کند باز سایه‌ای از نقش دیروز از زیرِ خاکستری، پیداست.

مرد: خیلی خوب شد. این را بگذار چندروزی روی دیوار بماند.

الهه: تا ببینیم.

مرد: خواهش می‌کنم.

الهه: هرروز رنگ خودش را دارد.

مرد خوب می‌داند که باید از فرصتی که دارد بهترین استفاده را ببرد، شاید این تصویر هیچ‌گاه تکرار نشود موبایلش را برمی‌دارد تا صحنه را ثبت‌کند.

الهه: همین، شیوهٔ تو همین است. با ثبت صحنه نمی‌توانی آن را به تجربه بنشینی، لحظه را هم از دست می‌دهی.

مرد: چه باید بکنم؟

الهه: زندگی کن، در همین لحظه. ممکن است این تصویر تا فردا هم نپاید.

مرد: برای همین ثبت‌اش می‌کنم.

الهه: ول کن این پزهای تکنولوژیک را، بلندشو بیا از نزدیک این لحظه را لمس کن.

مرد کاغذها را روی کابینت می‌گذارد و برمی‌خیزد. به دیوار نزدیک می‌شود، آن را لمس می‌کند. صورتش را روی آبی آسمان می‌گذارد، نفس می‌کشد. چشم‌هاش را می‌بندد و نوازش‌کنان از این‌سو تا آن‌سوی تصویر می‌رود و باز برمی‌گردد.

چقدر همه‌چیز خوب است.

زن، قلم‌مو را روی پالت کنار نوشته‌های مرد می‌گذارد، دست بر نقش روی دیوار می‌کشد. مرد را با چشمان بسته می‌پاید. صورتش را روی آبی آسمان می‌گذارد و خرّامان پیش می‌رود.

هیچ‌چیز به این اندازه واقعی نیست.

Title: **No One and One** (Persian Poem)
Author: **Manizheh Rafiey**
Cover Design: **Kourosh Rafiey**
ISBN-13: **978- 1942912361**
ISBN-10: **1942912366**
Library of Congress Control Number: **2018901665**
Publisher: **Supreme Art**, Reseda, CA